汽/车/技/术/精/品/著/作/系/列

汽车NVH一本通
建模、优化与应用

成传胜 著

机械工业出版社
CHINA MACHINE PRESS

本书在简要讲解汽车 NVH 相关理论的基础上，全面地阐述了整车各系统 NVH 建模及分析功能模块的使用方法和技巧，包含丰富的优化问题方法和思路，以及工程应用实例。本书分为两篇，共 30 章。上篇为整车 NVH 建模技巧及流程，侧重于各系统的建模及总成装配的方法和技巧，包括第 2~15 章；下篇为整车 NVH 工程应用及解决方案，侧重于实际工程的应用，包括第 16~30 章。本书详细介绍了多种动刚度分析方法、多种结果处理方法以及优化流程和技巧，包括振动传递函数、噪声传递函数、传递路径多种分析方法以及优化流程和技巧，传动轴实际问题的解决方法和思路，车身阻尼片、钣金灵敏度、接头灵敏度等的拓扑优化方法，以及整车多种超单元建模流程及分析方法。

本书是学习结构及 NVH 分析技术的必备手册，可作为从事机械、汽车、航空航天、船舶、电子等行业工程技术人员的自学或参考用书，也可作为理工科院校相关专业师生的教学用书。

图书在版编目（CIP）数据

汽车 NVH 一本通：建模、优化与应用/成传胜著. —北京：机械工业出版社，2022.8（2024.1 重印）

（汽车技术精品著作系列）

ISBN 978-7-111-72308-0

Ⅰ.①汽⋯ Ⅱ.①成⋯ Ⅲ.①汽车-振动控制②汽车噪声-噪声控制 Ⅳ.①U467.4

中国版本图书馆 CIP 数据核字（2022）第 252729 号

机械工业出版社（北京市百万庄大街 22 号　邮政编码 100037）

策划编辑：舒　恬　　　　　责任编辑：舒　恬　丁　锋
责任校对：张晓蓉　梁　静　封面设计：马精明
责任印制：刘　媛
北京中科印刷有限公司印刷
2024 年 1 月第 1 版第 2 次印刷
184mm×260mm・33.5 印张・830 千字
标准书号：ISBN 978-7-111-72308-0
定价：199.90 元

电话服务　　　　　　　　　网络服务
客服电话：010-88361066　　机　工　官　网：www.cmpbook.com
　　　　　010-88379833　　机　工　官　博：weibo.com/cmp1952
　　　　　010-68326294　　金　书　网：www.golden-book.com
封底无防伪标均为盗版　机工教育服务网：www.cmpedu.com

序 一

汽车NVH性能号称是汽车性能开发中的一门"玄学",涵盖的内容非常广泛,涉及振动、噪声、材料、力学等基础学科。汽车的NVH性能是汽车中一个非常重要的性能,是衡量汽车制造质量的一个重要指标。NVH性能开发通常包括零部件系统和整车NVH性能的仿真与测试,仿真是NVH性能开发中非常重要的一部分。前期开展的对零部件系统和整车NVH性能的仿真分析和优化,可缩短产品开发周期,为解决工程问题提供方案和数据支持。

作为一名NVH性能仿真工程师,要想把整车NVH性能仿真工作做好,第一需要掌握相关系统结构与组成,正确理解各系统之间的连接形式;第二需要具备扎实的基础理论知识,具有有效的零部件及其不同连接方式的建模方法;第三需深入分析试验与仿真之间的关联,以验证NVH仿真模型,进而进行零部件、子系统和整车NVH性能的分析及优化,为产品开发提供依据。

本书作者从事汽车结构分析及NVH仿真分析工作十余载,积累了大量解决实际工程问题的经验。在本书中,作者从基础的各个子系统建模到整车级建模,对每个模块的建模方法及模块之间连接的建模方法进行了非常细致的论述;同时对模块的多种建模方法也进行了详细的阐述和对比。本书以分-总的形式编写,从子系统NVH分析到整车NVH仿真分析。本书注重基础理论与实际应用相结合,使复杂的理论变得浅显易懂。对初学者,本书算得上保姆级教程,对有经验的工程师,同样具有很好的参考价值。

本书作者在工作之余,总结了NVH性能仿真方法和技巧、工作中解决实际NVH工程问题的流程和方法,这是一个非常好的习惯,值得在一线从事NVH的工程师学习。作为一名企业在职人员,能利用业余时间将自己多年的经验总结成文,供同行共享,为NVH性能开发做贡献,着实不易。我向来乐于支持年轻人,故特为其作序,希望各位读者能读有所获。

华南理工大学机械与汽车工程学院副院长　教授

序 二

汽车 NVH（Noise，Vibration and Harshness）性能是汽车舒适性的关键因素。随着汽车 NVH 控制技术的不断发展以及生活水平的提高，人们对汽车 NVH 的要求也越来越高。舒适、振动小、噪声小甚至静谧的驾驶性能，也逐渐成为人们对汽车产品的追求。提高汽车 NVH 性能需要花费大量的精力和人力，做好 NVH 仿真同样需要扎实的理论知识和仿真技巧。

汽车 NVH 仿真包含众多的分析项目，从零部件到系统再到整车，每一项分析都有其要求和技巧，目的就是在前期通过仿真识别问题点、预测问题点，进而设计出经济实用且性能优异的方案和结构。一名汽车 NVH 仿真工程师要想把汽车 NVH 仿真做好，必须具备以下三个方面的知识：第一是扎实的理论知识，包括数学、声学、材料以及振动等相关理论；第二是掌握汽车 NVH 仿真的分析项目以及要求和技巧；第三是具有解决实际工程问题的严密逻辑和思路，更重要的是解决问题的方法，特别是借助仿真工具的方法。除此之外，丰富的实际工程经验和实践尤为重要。

本书作者扎根于一线多年，历经多款传统燃油车以及新能源汽车的 NVH 仿真工作，积累了较为丰富的工程实战经验，其经验已成功应用到目前市场众多的畅销车型上，得到了行业和同仁的高度认可和肯定。他将自己多年的仿真经验和实战经历以文字的形式通过自己创立的公众号"CAE 之家"等平台分享给同仁，得到了汽车 NVH 仿真学习朋友的高度评价和称赞。

本书从整车 NVH 仿真的角度从系统建模到整车建模，从系统仿真流程及技巧到整车 NVH 工程应用方法和思路，将枯燥的理论进行"浅显"的融入和释疑，同一个问题采用多种方法进行分解和解答，让读者不拘于固定的思路，拓展解决问题的眼界和边界。本书整体结构清晰，做到了理论与实际结合，同时更贴近于实际工程应用，让读者读有所想、有所获，对 NVH 仿真和性能开发工程师具有很好的参考价值。

本书作者利用工作之余将多年的经验进行梳理和分享，非常不容易。本书内容简练，层次分明，概念清晰，图文并茂，通俗易懂，实用性强。作为一直从事汽车 NVH 开发的汽车人，强烈推荐本书给各位同行，相信大家一定能从中学到很多实用高价值的汽车 NVH 仿真知识和技巧，同时书中也能提供很多宝贵的参考资料。

上汽通用五菱汽车股份有限公司　技术中心　悬置系统专家（正高级工程师）

序 三

NVH 性能是衡量汽车制造质量的一个综合性指标，它给汽车用户的感受是最直接的。车辆的 NVH 问题是各大整车制造企业和零部件制造企业关注的问题之一。

研究汽车的 NVH 特性，首先必须利用 CAE 技术建立汽车的数字化模型。由于有限元方法的日益完善以及相应分析软件的成熟，有限元仿真技术已成为研究汽车 NVH 特性的重要方法，适用于车身结构振动、车室内部空腔噪声的仿真分析。

"工欲善其事，必先利其器"，一个准确的仿真结果，必然基于准确的数字化模型、合理的分析工况以及强大的理论基础。虽然汽车结构有限元仿真技术已经有几十年的经验积累，但国内各个主机厂的仿真技术仍是互相封锁的。广大汽车 NVH 开发与仿真的从业人员急需要一本既具有一定理论知识，又能与 NVH 仿真工作密切贴合的著作。正是基于此需求，《汽车 NVH 一本通——建模、优化与应用》应运而生。

多年前，我与成工曾在国内某主机厂一起工作数年，他经验丰富，熟悉整车 NVH 开发流程，善于解决各类实际问题，是我们公司的技术骨干。后来，他创办了公众号"CAE 之家"，分享仿真专业知识，在仿真秀及汽车人等汽车仿真专业平台开展过多次汽车仿真知识分享，累计参与人员上万人。正是这种乐于分享的精神，促使他完成了本书，愿与国内外的汽车同仁们分享他十几年的工作经验与技术。

这本著作系统地介绍了汽车整车结构的组成、NVH 仿真的基本原理、从系统到 TB 再到整车级的 NVH 建模方法和流程、各系统的模型分析及优化，还包含车身刚度、NTF、VTF、阻尼板布置、整车路噪等多个实际 NVH 性能仿真与优化的案例介绍。

这本书将汽车 NVH 理论与实践结合在一起，兼顾技术细节与全貌，可供从事汽车振动与噪声研究的工程师、科研人员参考和借鉴，是一本很好的参考书。

陈馨蕊

浙江吉智新能源汽车科技有限公司 NVH 仿真负责人

序 四

当本书作者成传胜邀请我为他的新书作序时，一开始我是拒绝的，担心写不好。在他的盛情邀请之下，我答应尝试着写一写。

我与成传胜因 NVH 而相识，在我的第一本书出版后，成传胜是第一批读者，就书中内容，他与我交流了许多。在与他的交流中，我了解到，他主要从事汽车 NVH 仿真工作，多年来一直在主机厂深耕，参与了多款车型的开发，包括传统燃油车及新能源纯电动汽车。他曾担任过多个项目的仿真负责人和企业 CAE 及 NVH 负责人，具有丰富的汽车结构和 NVH 仿真及优化经验。

将自己这么多年的工作经验与总结分享给大家，一直是他想做的事情。后来，他创办了公众号"CAE 之家"，坚持定期分享仿真专业知识，原创文章已超过 300 篇。除此之外，他还在相关汽车仿真专业平台上多次分享仿真知识与经验，累计受众上万人次。

但他并没有止步于此，在坚持分享多年之后，他又将自己原创的文章，以及还未及时分享的内容，以更系统的方式汇聚成图书，也就是即将与大家见面的《汽车 NVH 一本通——建模、优化与应用》。图书更便捷，也更便于读者系统学习。

我们知道，汽车与人们的日常生活联系非常密切，汽车的振动噪声会让乘员直接感受到该车的舒适性，因此，人们在购买汽车时对其 NVH 性能会特别关心。为此，各大汽车公司在汽车的开发过程中投入大量人力和物力来提高汽车的 NVH 性能。在车辆正向开发阶段主要通过 CAE 仿真技术分析车辆各个系统、子系统和部件，验证其 NVH 指标是否满足设计目标。在后期的结构故障排查改进阶段，仿真技术也是不可或缺的工具之一。

汽车是一个极其复杂的系统，一辆汽车包含近 2000 个零部件。不同的零部件在进行仿真时，要考虑不同的因素与要求。这本书在讲解汽车 NVH 仿真时，囊括了从整车、TB 模型到部件，从 NTF、VTF 到整车 TPA 分析，从频响分析、模态分析到灵敏度分析，从结构、NVH 分析到拓扑优化等方面。全书共 30 章，内容包括汽车主要部件的建模处理与难点，以及汽车 NVH 仿真常用的技术，如模态分析、动刚度分析、VTF/NTF 分析、TPA 分析、灵敏度分析等；还介绍了车辆目标值的确定方法，如弯曲刚度与扭转刚度的确定等。可以说，这本书囊括了汽车 NVH 仿真的方方面面，是一本不可多得的宝贵资料。

对于一名汽车 NVH 仿真工程师而言，积累并完全掌握这些经验知识是一个漫长的过程。除了从自身的工作中积累这些经验之外，通过借鉴他人的经验也能迅速提高技能。本书将帮助汽车 NVH 仿真工程师快速掌握这些经验，从而迅速提高仿真分析能力，获益匪浅。

模态空间创始人，《从这里学 NVH》著作人

前 言

在汽车行业工作近十二年了，一直以来想梳理和总结从事汽车NVH工作以来的相关经验和心得，记得在七年前就写过这本书的初步目录。在当时编写的目录中，完整地描述了本书的框架，当然在那时还只是雏形，其目的主要是想把自己从事的全套整车NVH结构仿真的流程进行梳理，包括最基础的建模要求、整车模型的划分、各系统的建模细节、各系统的组装、整车NVH模型的组装以及相关的工程分析。虽然这些都是基础，也不是很高深，但是里面的一些流程和处理细节，以及特点和技巧等值得反复回味和学习。

从开始想整理这方面的内容，到最终去做，中间经历了很多的曲折，完全没有想到其工作量之大，一度在思考做这件事的意义和价值。当今社会信息网络非常发达，远超十多年前，记得当时在网上一看到好资料就收藏，有时还手动一个字一个字地复制编写保存；各种汽车NVH相关的学习资料、书籍、论坛等收藏了不少，看了很多，收获也很多，但还是有些没有看完。虽然网络以及市场上相关NVH的书籍不少，但是一直没有找到一本完整的关于整车NVH建模及工程分析的书籍，这也进一步促进了我想继续完成这件事情。

在正式编写这本书之前，我在我创建的公众号"CAE之家"以及相关的仿真平台上分享了很多实操级的NVH相关内容，基本上都是流程式的内容。有人说这些都是很基础的内容，太"LOW"了，拿不上台面；也有人说这块内容其实挺实用的，我自己在公众号写文章时也曾想过这些事情。但是想想CAE或NVH相关的理论已经很成熟，况且我们在学校也学习了很多的相关知识，作为过来人，都有一种感觉，如果纯粹讲理论总难免让人感到"枯燥乏味"；大部分人都想来点实际的，即能完成一个让人有"成就感"的操作。理论在我们学习CAE或NVH的路上确实很重要，但是就像我们学习吉他等乐器一样，如果一开始说一大堆基础的理论，我想很多人都会退缩。

记得在大学期间学习弹吉他，当时觉得Beyond的《光辉岁月》这首曲子非常好听，反复听；正好有个室友会弹吉他，所以刚开始拿奖学金买了把木吉他，跟着室友学习按和弦和指法等。开始学习的时候并没有学习什么乐理知识，从最基本的C和弦和最基础的指法开始；在学会了弹奏一些歌曲之后，就开始穿插学习相关的乐理知识。这件事也再一次告诉我们，学习一种新的东西，首先是爱上它，爱上它的前提是你得去体会；就像我们从事CAE分析一样，从基础的几何处理、划分网格、赋材料、赋属性、设置载荷及工况、设置求解参数和输出，通过计算得到应力结果。只有走过这整个流程，而且都是你亲自操作过，并且还得到了分析结果，这时你就会感觉到很兴奋。在完成这些之后，我们会对结果进行思考，这个计算到底对不对，建模有没有问题，处理细节有没有差错，之后可能会回顾或查找相关的理论再进行验证，或者请教前辈；这整个过程就是学习实操—结果分析—理论再学习的过程。当我们学会了这些实操，同时还解决了很多的实际工程问题后，我们就会信心倍增，同时对理论学习也会更加渴望，这样在专业的路上才会成长得更快，心态也会更加平稳。

这些想法，更加坚定了我完成这项工作的信心，从最基础的建模开始，包括处理细节、流程以及穿插一些理论的讨论，同时讲述如何在实际工程中应用等。在整理这些内容的时候我一直是站在初学者的角度和立场，所以花费了很多的时间和精力，也参考了很多的资料和文献；但是总感觉不够全面，总觉得有些遗漏，也总想把流程及细节讲述得更加具体，力求做得更好。

俗话说"NVH 是一门玄学"，确实如此，不仅在建模上，而且在解决工程问题中同样如此。比如一个简单的密封条建模，可能方法有多种，只是有的高效一点，有的慢一点，但是最终结果都能实现；再比如在 TB 建模中，关于后视镜的模拟，方法就有很多种，有的采用 RBE3+CONM2，也有的采用 RBE2+CONM2，至于哪一种完全准确，还真不好说，只是通过对标一些车型，以及结合后视镜的结构和安装方式进行分析后，才会发现 RBE2+CONM2 精度相对高一点，所以很多企业在处理这类问题时就统一采用这种方式了。在解决实际问题过程中，有时按正常的流程结果往往达不到理想的预期，而调整一下相关的策略就可能解决了，这或许就是汽车 NVH 的奥妙之处，也是吸引人的地方。

致谢

在编写本书的过程中，得到了很多好友的帮助和支持，也特别感谢我的家人。

衷心感谢华南理工大学上官文斌教授和上汽通用五菱汽车股份有限公司吕兆平专家在百忙之中抽出时间帮忙指导和给愚作撰写序言。

衷心感谢青岛理工大学曹金凤博士、国创能源仿真总监江丙云博士、模态空间创始人谭祥军老师以及浙江吉智新能源汽车科技有限公司 NVH 仿真负责人陈馨蕊博士等行业专家的指点；感谢诸位老师在百忙之中抽出时间撰写荐言，特别感谢曹老师和江博士在图书出版过程中给予的指导和帮助。

在编写本书的过程中，参考了一些相关的书籍和文献，在此感谢这些作者的劳动和付出。

由于笔者水平有限，书中难免出现错误和纰漏，敬请各位专家和广大读者对本书内容进行批评指正，并欢迎通过电子邮件 chengchuansheng8@163.com 或公众号"CAE 之家"留言与笔者交流讨论。同时我也会在公众号上持续更新 CAE 相关知识，敬请各位关注我的公众号，以下是我的公众号"CAE 之家"的二维码。

最后，由衷感谢一直支持、鼓励和鞭策过我的广大朋友们；希望这本书在您学习 NVH 仿真的征程中有所帮助，也希望更多的同行分享自己的专业知识和经验。

成传胜

目　录

序一
序二
序三
序四
前言

上篇　整车 NVH 建模技巧及流程

第 1 章　绪论 ········· 1
- 1.1　整车 NVH 开发背景 ········· 1
  - 1.1.1　NVH 性能开发流程 ········· 1
  - 1.1.2　NVH 仿真分析 ········· 2
  - 1.1.3　NVH 仿真分析常用术语 ········· 2
  - 1.1.4　NVH 仿真的频率段划分 ········· 3
- 1.2　汽车 NVH 仿真的主要内容 ········· 3
  - 1.2.1　汽车 NVH 仿真类型 ········· 3
  - 1.2.2　汽车 NVH 仿真内容 ········· 3
- 1.3　NVH 仿真目标或参考值来源 ········· 4
- 1.4　本书的主要特色和价值 ········· 4
  - 1.4.1　主要特色 ········· 4
  - 1.4.2　主要价值 ········· 5
- 1.5　本书的主要内容 ········· 5

第 2 章　整车 NVH 总成建模要求及网格划分规范 ········· 6
- 2.1　整车 NVH 模型总成建模要求 ········· 6
  - 2.1.1　整车 NVH 模型建模模板 ········· 6
  - 2.1.2　整车 NVH 模型单位说明 ········· 6
  - 2.1.3　整车 NVH 网格尺寸要求 ········· 7
  - 2.1.4　整车 NVH 网格单元质量检查原则 ········· 8
  - 2.1.5　网格单元质量要求 ········· 10
- 2.2　整车模型装配规则 ········· 15
  - 2.2.1　整车模型命名规则 ········· 15

2.2.2　整车模型编号范围规则 ··· 16
2.2.3　整车模型关键连接建模规则 ··· 18
2.3　整车 NVH 模型建模思路 ··· 19
2.3.1　采用头文件模块化建模 ·· 19
2.3.2　界面建模 ·· 20
2.4　整车 NVH 模型建模要求 ··· 20
2.4.1　孔的建模规则 ··· 20
2.4.2　凸台的建模规则 ·· 21
2.4.3　翻边的建模规则 ·· 21
2.4.4　倒圆角的建模规则 ··· 22
2.4.5　包边的建模规则 ·· 22
2.5　小结 ··· 23
思考题 ··· 23

第 3 章　白车身及焊点焊缝胶粘模型处理方法 ································ 24
3.1　白车身总成建模流程 ·· 24
3.1.1　焊点的焊核创建方法 ·· 24
3.1.2　二层焊点的创建方法 ·· 27
3.1.3　三层焊点的创建方法 ·· 28
3.1.4　白车身焊缝的建模方法 ··· 29
3.1.5　白车身螺栓的建模方法 ··· 31
3.1.6　白车身粘胶连接的建模方法 ··· 32
3.1.7　白车身 PLOTEL 单元的建模方法 ··· 38
3.2　白车身总成模态分析及识别流程 ·· 39
3.2.1　白车身模态分析流程 ·· 39
3.2.2　白车身模态识别分析流程 ·· 40
3.3　小结 ··· 50
思考题 ··· 50

第 4 章　闭合件模型的处理方法及难点 ·· 51
4.1　侧门总成及建模 ·· 51
4.1.1　侧门结构及组成 ·· 51
4.1.2　门盖密封条结构及组成 ··· 51
4.2　门盖铰链的建模方法 ·· 52
4.2.1　铰链采用 RBE2 建模基本操作流程 ··· 52
4.2.2　铰链采用 RBE2+CBAR 单元建模基本操作流程 ························· 56
4.3　门盖总成及附件的建模方法 ·· 58
4.3.1　门盖锁的组成及建模方法 ·· 58
4.3.2　门盖密封条的建模方法 ··· 60
4.3.3　门盖膨胀胶的生成方法 ··· 65
4.3.4　门盖内饰附件的建模 ·· 66

4.4 尾门锁扣建模流程	68
4.4.1 尾门锁扣坐标系建立方法	68
4.4.2 尾门限位块的建模流程	70
4.4.3 尾门气弹簧的建模流程	71
4.5 闭合件系统的模态验算	72
4.6 小结	74
思考题	74
第 5 章 转向系统模型的处理方法及难点	**75**
5.1 转向系统建模流程	75
5.1.1 转向系统参数准备	75
5.1.2 转向系统建模	75
5.1.3 转向机齿轮齿条模拟	81
5.2 MPC 介绍	81
5.2.1 MPC 的相关概念	81
5.2.2 MPC 建模	82
5.3 转向系统模态分析	84
5.3.1 转向系统模态分析设置	84
5.3.2 转向系统模态计算	84
5.4 小结	85
思考题	86
第 6 章 座椅模型的处理方法及难点	**87**
6.1 座椅的组成和功用	87
6.2 座椅系统有限元建模	88
6.2.1 前排座椅系统建模	88
6.2.2 后排座椅系统建模	91
6.2.3 座椅座垫及附件建模	91
6.3 座椅系统的模态分析及结果读取	92
6.3.1 座椅系统模态分析设置	92
6.3.2 座椅系统模态分析结果	93
6.4 座椅系统的性能要求	94
6.4.1 座椅系统的 NVH 性能要求	94
6.4.2 座椅系统的可靠性要求	94
6.5 小结	94
思考题	94
第 7 章 内外饰模型的处理方法及难点	**95**
7.1 内外饰的建模	95
7.1.1 集中质量建模	95
7.1.2 非结构质量建模	106
7.1.3 电池包建模	113

  7.1.4 常见材料参数列表 114
 7.2 小结 115
 思考题 115

第 8 章 密封条模型的处理方法及难点 116
 8.1 密封条的分类及功能 116
  8.1.1 密封条的分类 116
  8.1.2 密封性要求及密封结构特点 119
 8.2 密封条的建模流程 119
  8.2.1 密封条属性及模拟方式 119
  8.2.2 密封条建模方法 120
 8.3 小结 129
 思考题 129

第 9 章 TB 模型的处理方法及 Include 关键运用 130
 9.1 TB 模型装配的目的 130
  9.1.1 TB 模型的组成 130
  9.1.2 TB 装配方法 131
 9.2 TB 模型的创建方法及流程 131
  9.2.1 TB 模型装配方法一 131
  9.2.2 TB 模型装配方法二 135
  9.2.3 TB 模型模态计算 142
 9.3 小结 145
 思考题 146

第 10 章 减振器及弹簧的模型处理方法及难点 147
 10.1 前减振器系统建模 148
  10.1.1 前减振器部件建模流程 148
  10.1.2 前螺旋弹簧建模流程 151
 10.2 后减振器系统建模 151
  10.2.1 后减振器部件建模流程 151
  10.2.2 后螺旋弹簧建模流程 154
 10.3 减振器运动模式模拟方法 155
  10.3.1 减振器的功能和作用 155
  10.3.2 减振器运动模式模拟流程 156
 10.4 小结 159
 思考题 159

第 11 章 动力总成模型的处理方法及难点 160
 11.1 动力总成 NVH 建模流程 160
  11.1.1 动力总成相关参数 160
  11.1.2 动力总成部件建模流程 161
  11.1.3 动力总成动力传递建模方法 163

11.2　动力总成NVH模型验证及模态分析 …………………………………………… 167
　　11.2.1　动力总成传动比验证 ………………………………………………………… 167
　　11.2.2　动力总成模态验证 …………………………………………………………… 169
11.3　小结 …………………………………………………………………………………… 171
思考题 ………………………………………………………………………………………… 171

第12章　传动轴系统模型的处理方法及难点 …………………………………………… 172

12.1　传动轴的组成及功用 ………………………………………………………………… 172
　　12.1.1　传动轴的组成 ………………………………………………………………… 172
　　12.1.2　传动轴的功用 ………………………………………………………………… 173
12.2　实心传动轴建模及分析 ……………………………………………………………… 174
　　12.2.1　传动轴万向节建模方法一 …………………………………………………… 174
　　12.2.2　传动轴万向节建模方法二 …………………………………………………… 179
　　12.2.3　传动轴万向节建模方法三 …………………………………………………… 182
　　12.2.4　传动轴万向节建模方法四 …………………………………………………… 183
　　12.2.5　传动轴万向节不同建模方法结果 …………………………………………… 184
12.3　空心传动轴建模及分析 ……………………………………………………………… 184
　　12.3.1　空心传动轴典型结构图示 …………………………………………………… 184
　　12.3.2　空心传动轴建模流程 ………………………………………………………… 184
　　12.3.3　空心传动轴模态计算 ………………………………………………………… 187
12.4　传动轴模态理论计算公式 …………………………………………………………… 188
　　12.4.1　传动轴模态计算公式 ………………………………………………………… 188
　　12.4.2　传动轴模态与车速之间的关系 ……………………………………………… 188
12.5　传动轴在设计中如何避免共振 ……………………………………………………… 189
　　12.5.1　传动轴的激励模式 …………………………………………………………… 189
　　12.5.2　传动轴动力吸振器理论设计 ………………………………………………… 189
　　12.5.3　传动轴动力吸振器响应效果计算 …………………………………………… 191
12.6　小结 …………………………………………………………………………………… 192
思考题 ………………………………………………………………………………………… 193

第13章　轮胎模型处理方法及难点 ……………………………………………………… 194

13.1　轮胎的结构与功能 …………………………………………………………………… 194
13.2　整车路噪仿真轮胎模型 ……………………………………………………………… 194
　　13.2.1　整车路噪仿真中轮胎的主要模拟方法 ……………………………………… 194
　　13.2.2　线性轮胎建模说明 …………………………………………………………… 195
　　13.2.3　线性轮胎建模流程 …………………………………………………………… 196
　　13.2.4　线性轮胎质量建立 …………………………………………………………… 203
　　13.2.5　轮胎接地刚度的模拟 ………………………………………………………… 205
13.3　小结 …………………………………………………………………………………… 209
思考题 ………………………………………………………………………………………… 209

第 14 章 悬架系统的建模及技术要点 ········ 210
14.1 悬架系统的组成及功能 ········ 210
- 14.1.1 悬架系统的组成 ········ 210
- 14.1.2 悬架系统的结构类型 ········ 211

14.2 整车 NVH 中底盘系统的建模 ········ 212
- 14.2.1 前悬架总成的建模 ········ 212
- 14.2.2 后悬架总成的建模 ········ 217

14.3 底盘系统模态计算 ········ 220
- 14.3.1 底盘系统模态设置 ········ 220
- 14.3.2 底盘系统动力总成模态计算结果 ········ 220
- 14.3.3 底盘系统悬架模态计算结果 ········ 221

14.4 小结 ········ 223
思考题 ········ 223

第 15 章 整车模型装配处理方法及 Include 关键运用 ········ 224
15.1 整车模型组成 ········ 224
15.2 整车模型装配方法 ········ 224
- 15.2.1 整车 NVH 模型创建方法及流程一 ········ 225
- 15.2.2 整车 NVH 模型创建方法及流程二 ········ 229

15.3 整车 NVH 模型模态分析方法及流程 ········ 234
- 15.3.1 整车 NVH 模型模态计算头文件设置 ········ 234
- 15.3.2 整车 NVH 模态计算结果 ········ 236
- 15.3.3 整车底盘模态计算 ········ 241

15.4 小结 ········ 241
思考题 ········ 241

下篇 整车 NVH 工程应用及解决方案

第 16 章 声腔模型处理方法及难点 ········ 242
16.1 车内声腔常见的建模方法 ········ 242
- 16.1.1 车内声腔的建模类型 ········ 242
- 16.1.2 车内声腔建模方法 ········ 242
- 16.1.3 车内声腔建模模型 ········ 242

16.2 车内声腔的建模操作流程 ········ 243
- 16.2.1 座椅声腔面模型建立 ········ 243
- 16.2.2 车内空腔面模型建立 ········ 243
- 16.2.3 车内空腔体模型创建方法 ········ 245
- 16.2.4 车内声腔模型导出 ········ 257

16.3 小结 ········ 258
思考题 ········ 258

第 17 章　车身安装点动刚度分析及优化方法　259
17.1　动刚度分析基础　259
17.1.1　白车身动刚度分析的目的　259
17.1.2　动刚度分析的相关概念　259
17.1.3　多自由度系统动刚度的基本理论　262
17.1.4　动刚度分析的方法　264
17.1.5　动刚度目标制定的方法　264
17.2　车身关键安装点动刚度分析的设置流程　268
17.2.1　计算参数设置　268
17.2.2　动刚度分析关键点设定　268
17.2.3　IPI 分析设置流程　270
17.2.4　IPI 后处理操作流程　278
17.2.5　动刚度结果的常用处理方法　282
17.3　坐标系对白车身安装点动刚度的影响研究　295
17.3.1　坐标系说明　296
17.3.2　静刚度分析　296
17.3.3　动刚度分析　299
17.4　BIP 与 TB 状态下安装点动刚度的对比研究　301
17.4.1　分析模型说明　301
17.4.2　两种状态动刚度分析　302
17.5　动刚度优化实例　303
17.5.1　车身安装点动刚度基础分析　304
17.5.2　车身安装点动刚度优化分析　304
17.5.3　车身安装点动刚度优化结果对比　306
17.6　小结　307
思考题　307

第 18 章　TB 振动传递函数分析及优化方法　308
18.1　VTF 分析的相关设置　308
18.1.1　VTF 分析的边界设置　308
18.1.2　VTF 分析设置流程　311
18.1.3　VTF 后处理操作流程　325
18.2　VTF 优化方法及思路　328
18.2.1　VTF 常见的优化方法　329
18.2.2　VTF 中模态贡献量优化流程　329
18.2.3　VTF 优化实例　332
18.3　小结　336
思考题　336

第 19 章　TB 噪声传递函数分析及优化方法　337
19.1　NTF 分析的相关基础　337

| | 19.1.1 NTF 的定义 | 337 |
| 19.1.2 NTF 分析计算公式 | 338 |

19.2 NTF 分析的相关设置 … 338
 19.2.1 NTF 分析的激励点与响应点设置 … 338
 19.2.2 NTF 分析设置流程 … 340
 19.2.3 NTF 后处理操作流程 … 352

19.3 NTF 优化方法及思路 … 356
 19.3.1 NTF 优化的一般流程 … 356
 19.3.2 NTF 优化实例 … 356
 19.3.3 阻尼片在 NTF 优化中的应用 … 365

19.4 小结 … 373
思考题 … 373

第 20 章 整车传递路径分析方法及难点 … 374

20.1 传递路径分析的基本概念 … 374

20.2 一步法传递路径分析设置流程 … 375
 20.2.1 一步法传递路径关键字设置 … 376
 20.2.2 求解工况及参数设置 … 378
 20.2.3 采用头文件设置求解工况及参数 … 382
 20.2.4 一步法传递路径后处理流程 … 383

20.3 两步法传递路径分析设置流程 … 391
 20.3.1 TB 传递函数设置方法一 … 391
 20.3.2 TB 传递函数设置方法二 … 393
 20.3.3 整车接附点的载荷计算 … 393
 20.3.4 两步法传递路径分析后处理流程 … 395

20.4 整车路噪工程案例简析 … 400
 20.4.1 整车模型建立及分析 … 400
 20.4.2 整车路噪分析 … 400
 20.4.3 节点贡献量分析 … 400
 20.4.4 优化分析 … 401
 20.4.5 实车方案验证 … 401
 20.4.6 结论 … 401

20.5 小结 … 402
思考题 … 402

第 21 章 车身弯曲及扭转刚度目标值制定方法 … 403

21.1 车身刚度目标的来源 … 403

21.2 车身弯曲刚度目标值的确定方法 … 403
 21.2.1 均匀梁弯曲刚度理论公式 … 403
 21.2.2 均匀梁弯曲刚度与弯曲频率关系 … 404
 21.2.3 车身弯曲刚度目标值制定方法案例 … 404

21.3　车身扭转刚度目标值的确定方法 ·· 405
    21.3.1　悬架侧倾刚度相关基础 ·· 406
    21.3.2　车身扭转刚度与悬架刚度关系 ·· 407
21.4　小结 ··· 407
思考题 ··· 408

第22章　车身弯曲及扭转刚度分析方法 ·· 409

22.1　车身弯扭刚度与整车 NVH 的关系 ·· 409
22.2　车身弯曲及扭转刚度分析基础 ·· 410
    22.2.1　车身弯曲及扭转刚度的常用分析方法 ·· 410
    22.2.2　车身弯曲刚度常见分析方法 ·· 411
    22.2.3　车身扭转刚度常见分析方法 ·· 412
    22.2.4　车身刚度修正方法计算公式 ·· 413
    22.2.5　车身弯曲刚度计算结果 ·· 415
    22.2.6　车身扭转刚度计算结果 ·· 417
22.3　车身弯扭刚度提升方法 ·· 419
    22.3.1　结构应变能原理 ·· 419
    22.3.2　车身刚度常见的优化方法 ·· 420
22.4　小结 ··· 421
思考题 ··· 421

第23章　BIP、TB 及整车状态下弯曲及扭转刚度分析 ·· 422

23.1　刚度分析设置流程 ··· 422
    23.1.1　刚度分析模型说明 ·· 422
    23.1.2　弯曲刚度分析边界设置 ·· 422
    23.1.3　扭转刚度分析边界设置 ·· 422
23.2　刚度分析结果处理流程 ·· 423
    23.2.1　弯曲刚度分析结果处理流程 ·· 423
    23.2.2　扭转刚度分析结果处理流程 ·· 425
    23.2.3　刚度分析结果汇总 ·· 425
23.3　小结 ··· 426
思考题 ··· 427

第24章　车身关键接头灵敏度分析 ··· 428

24.1　车身接头灵敏度分析相关基础 ·· 428
24.2　车身接头定义流程 ··· 428
    24.2.1　车身接头位置定义流程 ·· 428
    24.2.2　车身接头工况定义流程 ·· 429
    24.2.3　车身接头材料定义流程 ·· 430
    24.2.4　车身接头属性定义流程 ·· 430
    24.2.5　车身接头部件定义流程 ·· 430

24.3 车身接头灵敏度分析流程 ·· 431
  24.3.1 接头设计变量定义流程 ····································· 431
  24.3.2 接头灵敏度响应定义流程 ··································· 432
  24.3.3 接头灵敏度约束定义流程 ··································· 434
  24.3.4 接头灵敏度目标定义流程 ··································· 437
  24.3.5 控制参数定义流程 ··· 437
24.4 车身接头灵敏度后处理流程 ·· 438
  24.4.1 扭转模态灵敏度结果分析 ··································· 438
  24.4.2 弯曲模态灵敏度结果分析 ··································· 439
  24.4.3 弯曲刚度灵敏度结果分析 ··································· 439
  24.4.4 扭转刚度灵敏度结果分析 ··································· 439
24.5 小结 ·· 440
思考题 ·· 440

第 25 章 车身钣金灵敏度分析及工程应用 ······························· 441

25.1 钣金灵敏度分析基础 ··· 441
25.2 钣金灵敏度定义流程 ··· 441
25.3 钣金灵敏度分析流程 ··· 442
  25.3.1 设计变量创建方法一 ······································· 442
  25.3.2 设计变量创建方法二 ······································· 442
  25.3.3 钣金灵敏度响应定义流程 ··································· 443
  25.3.4 钣金灵敏度约束定义流程 ··································· 444
  25.3.5 钣金灵敏度目标定义流程 ··································· 444
25.4 钣金灵敏度后处理流程 ··· 444
  25.4.1 钣金灵敏度分析结果 ······································· 444
  25.4.2 钣金灵敏度分析响应迭代图 ································· 446
  25.4.3 钣金灵敏度分析结果对比 ··································· 448
25.5 小结 ·· 451
思考题 ·· 452

第 26 章 基于 Shrink Wrap 的车身拓扑优化分析及工程应用 ·············· 453

26.1 拓扑分析相关基础 ··· 453
  26.1.1 拓扑分析的目的 ··· 453
  26.1.2 拓扑分析的范围 ··· 453
  26.1.3 拓扑分析的流程 ··· 453
26.2 拓扑分析操作流程 ··· 454
  26.2.1 拓扑分析的工况 ··· 454
  26.2.2 拓扑空间设置步骤 ··· 454
  26.2.3 拓扑设计变量定义流程 ····································· 457

26.2.4　拓扑响应定义流程 · 458

26.3　拓扑优化结果解读 · 459

26.3.1　拓扑结果查看 · 459

26.3.2　拓扑响应迭代图 · 460

26.4　小结 · 463

思考题 · 463

第27章　基于 Shell 的车身拓扑优化分析及工程应用 · 464

27.1　拓扑分析操作流程 · 464

27.1.1　拓扑分析的流程 · 464

27.1.2　拓扑分析的工况 · 464

27.2　拓扑空间设置步骤 · 465

27.2.1　定义设计空间 · 465

27.2.2　设计空间材料定义流程 · 465

27.2.3　设计空间属性定义流程 · 465

27.2.4　设计空间部件定义流程 · 466

27.2.5　拓扑设计变量定义流程 · 466

27.2.6　拓扑响应、约束及目标定义流程 · 467

27.3　拓扑优化结果解读 · 467

27.3.1　拓扑结果查看 · 467

27.3.2　拓扑响应迭代图 · 468

27.4　拓扑优化在整车路噪优化中的应用 · 470

27.4.1　设计空间材料定义流程 · 470

27.4.2　设计空间属性定义流程 · 470

27.4.3　设计变量定义 · 471

27.4.4　优化响应定义 · 471

27.4.5　优化约束定义 · 472

27.4.6　目标函数定义 · 472

27.4.7　拓扑优化结果 · 474

27.5　小结 · 475

思考题 · 475

第28章　车身阻尼片潜在位置分析及工程应用 · 476

28.1　BIP ERP 相关基础 · 476

28.2　BIP ERP 分析设置流程 · 477

28.2.1　ERP 分析边界设置 · 477

28.2.2　ERP 分析模型设置方法一 · 477

28.2.3　ERP 分析模型设置方法二 · 478

28.2.4　ERP 分析控制卡片设置 · 479

28.2.5　ERP 分析结果处理流程一 ……………………………………………… 482
28.2.6　ERP 分析结果处理流程二 ……………………………………………… 487
28.3　BIP 模态综合应变能分析 …………………………………………………………… 489
28.3.1　模态应变能分析设置流程 ………………………………………………… 489
28.3.2　模态应变能分析后处理流程 ……………………………………………… 489
28.4　小结 …………………………………………………………………………………… 491
思考题 ………………………………………………………………………………………… 491

第 29 章　整车模态超单元分析及工程应用 ……………………………………………… 492
29.1　模态超单元相关基础 ………………………………………………………………… 492
29.1.1　超单元法的相关理论 ……………………………………………………… 492
29.1.2　超单元法的主要分析流程 ………………………………………………… 494
29.1.3　超单元主要计算方法 ……………………………………………………… 494
29.2　模态超单元分析流程 ………………………………………………………………… 496
29.2.1　模态超单元模型分解方法 ………………………………………………… 496
29.2.2　模态超单元模型计算方法一 ……………………………………………… 496
29.2.3　模态超单元模型计算方法二 ……………………………………………… 498
29.2.4　模态超单元参数设置 ……………………………………………………… 499
29.3　模态超单元后处理流程 ……………………………………………………………… 501
29.4　小结 …………………………………………………………………………………… 502
思考题 ………………………………………………………………………………………… 502

第 30 章　整车频响函数超单元分析及工程应用 ………………………………………… 503
30.1　频响函数超单元相关基础 …………………………………………………………… 503
30.1.1　超单元法的主要分析流程 ………………………………………………… 503
30.1.2　超单元主要计算方法 ……………………………………………………… 503
30.2　频响函数超单元分析流程 …………………………………………………………… 505
30.2.1　频响函数超单元模型分解方法 …………………………………………… 505
30.2.2　频响函数超单元模型计算方法一 ………………………………………… 505
30.2.3　频响函数超单元模型计算方法二 ………………………………………… 507
30.2.4　频响函数超单元参数设置 ………………………………………………… 508
30.3　频响函数超单元后处理流程 ………………………………………………………… 511
30.4　小结 …………………………………………………………………………………… 513
思考题 ………………………………………………………………………………………… 513

参考文献 ………………………………………………………………………………………… 514

上篇 整车 NVH 建模技巧及流程

第 1 章 绪 论

NVH 是指 Noise（噪声）、Vibration（振动）和 Harshness（声振粗糙度），其中声振粗糙度是指噪声和振动的品质，是描述人体对振动和噪声的主观感觉的，因而不能直接用客观测量方法来度量。

NVH 是衡量汽车制造质量的一个综合性因素，它给汽车用户的感受是最直接的。有统计资料显示，整车约有 1/3 的故障问题和汽车的 NVH 问题有关，而各大汽车企业有近 20% 的研发费用花在解决汽车的 NVH 问题上。在汽车 NVH 开发过程中，仿真是其中非常重要的一部分，它可以在设计前期进行性能分析和改善，在后期可提供改进方向指导和建议参考。

NVH 的重要性主要表现在以下几个方面：
1）NVH 影响顾客的购买行为：NVH 的感受是顾客购买汽车的一个非常重要的因素。
2）NVH 影响顾客的满意度：在所有顾客不满意的问题中，约有 1/3 与 NVH 有关。
3）NVH 影响售后服务：约 1/5 的售后服务与 NVH 有关。

以 NVH 的观点来看，汽车是由激励源（发动机、驱动电机、路面等）、振动传递器（悬架系统和连接件）以及噪声发射器（车身）组成的系统。

1.1 整车 NVH 开发背景

NVH 涉及面非常广，在所有动态性能领域（NVH、碰撞安全、操稳、经济性等）中，NVH 是涉及面最广的领域，包括车身，发动机、驱动电机、变速器等动力系统，以及底盘及悬架、内饰系统、电子电器等。

其中决定 NVH 开发的因素主要有国家政策、法规，市场以及竞争对手等。

1.1.1 NVH 性能开发流程

NVH 开发是一个目标制定—分解—验证的综合性过程，包括以下内容：
1）Benchmark 分析：数据库数据；竞争车型的比较测试与分析（主观与客观）。
2）目标设定：确定市场及竞争目标；考虑成本、重量与其他系统之间的平衡；确定目标。
3）目标分解。
4）设计认证（包括仿真分析）。
① CAE 是 NVH 开发中重要的一环，特别是在数字样机阶段，能预测设计缺陷及缩短开

发周期等。

② 在实车调校阶段，能协助支持实车问题并提供相应方案。

③ 整车 NVH 仿真的主要阶段，如图 1.1 所示，其主要的仿真内容如图 1.2 所示。

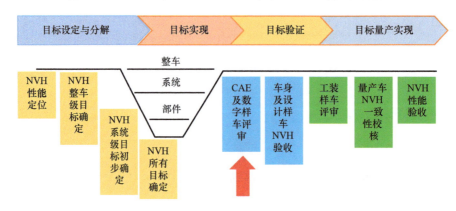

图 1.1　NVH 仿真的主要阶段

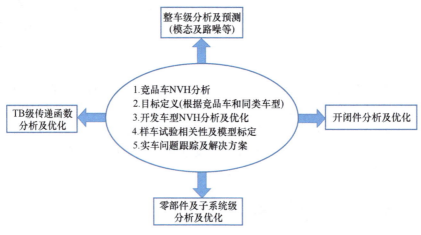

图 1.2　NVH 仿真的主要内容

1.1.2　NVH 仿真分析

NVH 仿真分析主要包括以下几个方面：

1) 竞品车 NVH 分析。
2) 目标定义（根据竞品车和相近车型）。
3) 开发车型 NVH 分析及优化（包括开发的前期各阶段）。
4) 开发车型的试验相关性及模型标定。
5) 实车问题跟踪及解决方案。

1.1.3　NVH 仿真分析常用术语

1) 模态：指结构的固有属性，包括模态频率、模态振型和阻尼比；一般可通过仿真或试验获取。

2）刚度：指结构抵抗变形的能力。

3）动刚度：指结构在动态激励下抵抗变形的能力。

4）工作状态变形：Operational Deflection Shape，ODS。

5）共振：指激励频率与系统固有频率一致，系统以更大的振幅进行振动。

6）结构噪声：指由于结构振动引发的低频噪声，通常在500Hz以内。

7）空气噪声：指激励源发出的通过空气传播的中高频噪声，通常在250~8000Hz频率范围。

8）隔振：指通过柔性连接件连接两个系统，以衰减振动或噪声的传递。

1.1.4　NVH 仿真的频率段划分

1）超低频段：2~50Hz，如悬架模态分析、座椅安装点静刚度分析、振动传递函数（VTF）分析等。

2）低频段：20~200Hz，如模态分析、阻尼分析、接附点动刚度分析、噪声传递函数（NTF）分析等。

3）中频段：100~1000Hz，如正碰、侧碰传感器安装点动刚度分析，ECU安装点动刚度分析，零部件及关系子系统隔声性能分析（如防火墙）。

4）高频段：400~8000Hz，如零部件及关键子系统隔声性能分析、整车声学包性能分析及优化、整车内外声场分析等。

1.2　汽车 NVH 仿真的主要内容

1.2.1　汽车 NVH 仿真类型

NVH仿真类型从整体上可分为结构NVH及声学NVH仿真，目前结构NVH仿真在汽车CAE开发中仍占有较大比重，结构NVH是基础；在基础的结构NVH性能满足要求时，同步进行声学包等提升整车性能及品质的仿真分析优化。

1.2.2　汽车 NVH 仿真内容

1. 结构 NVH 分析（不限于）

（1）车身骨架系统　包括车身模态分析、车身弯曲刚度分析、车身扭转刚度分析、车身接附点动刚度分析（包括底盘安装点及附件安装点）、车身钣金灵敏度分析、车身阻尼片布置分析、车身局部安装点静刚度分析（如座椅及安全带卷收器）等。

（2）底盘系统　包括转向系统模态分析、动力传动系统模态分析、传动系统扭振分析、悬置系统模态分析、关键支架及系统模态分析等。

（3）Trimmed Body 级　包括TB模态分析、GPA分析、PACA分析、FRF分析、声腔模态分析、NTF分析、VTF分析、IPI分析（一般放在车身里进行分析，可在早期进行优化分析）。

（4）整车级　包括整车模态分析、整车TPA分析、整车路噪分析（如怠速分析、加速分析)、动力总成质心灵敏度分析、整车 Spindle 灵敏度分析、传动轴不平衡分析、轮胎不平衡分析、整车 Brake Shudder 分析、整车 Impact 分析、整车冷却风扇不平衡分析等。

(5) 声品质相关分析　包括异响分析、锁扣安装点动刚度分析、关门瞬时冲击分析等。

2. 声学 NVH 分析（不限于）

1）零部件及关键子系统隔声量分析（如防火墙）。
2）整车风噪分析。
3）整车声学包性能分析。
4）整车内外声场分析等。

1.3　NVH 仿真目标或参考值来源

NVH 仿真目标或参考值没有统一的具体数值，每个企业要求也不一样，但目标定义原则一般包括如下几个方面。

1）激励源频率（如路面激励、发动机激励、风扇激励、压缩机激励等）。
2）目标分解（如性能分解提供）。
3）NVH 相关理论（如隔振理论、模态理论等）。
4）相近车型参考值。
5）竞品车型分析或测试值。
6）已有的数据库。

每一项分析都有其分析意义及目的，若希望一个产品具有竞争力的 NVH 性能，则 NVH 仿真过程必不可少，这也是企业核心竞争力非常重要的一部分。NVH 性能优越，需要经验丰富的 NVH 分析及开发人员、合理的目标值、充分的分析考察条目、良好的工艺及制造能力、优秀的产品设计能力、全面的试验测试能力及完善的产品开发流程及管控等。

1.4　本书的主要特色和价值

本书主要面向 NVH 开发和仿真的初级到高级人员，为 NVH 性能开发和仿真设计人员提供有价值的参考和借鉴。

1.4.1　主要特色

1）采用由分到合的内容编排形式，将整个流程进行细化。
2）结合实际工程解决方案的思路和逻辑，将解决过程进行详细的说明和解答。
3）力求文字更具体、更易理解，详解分析要点和操作步骤。
4）将积累的多年实战经验融入书籍中，力求初学者快速入门，学习路径清晰全面，轻松入门到进阶。
5）全面丰富的基础知识、分析思路、分析流程讲解，也十分适合作为学习其他 CAE 工具书的辅助用书。

1.4.2 主要价值

通过本书的学习，可以获得或达到以下能力：
1）掌握汽车整车结构的组成。
2）掌握 NVH 仿真的基本原理、逻辑和脉络。
3）掌握 NVH 仿真的原则、建模基础、建模流程以及细节等。
4）掌握 NVH 中各系统建模的方法和细节等。
5）掌握从系统—TB—整车级的 NVH 建模方法和流程。
6）掌握 IPI、VTF 及 NTF 等重要传递函数的多种分析、优化方法及细节。
7）掌握整车级 NVH 模态、传递路径的多种分析、优化方法及细节。
8）掌握各种实际工程应用的系统分析和优化方法。

1.5 本书的主要内容

本书分为两篇，共 30 章。上篇侧重于各系统的建模及总成装配的方法和技巧，包括 2~15 章；下篇侧重于实际工程的应用，包括 16~30 章。本书的主要内容如下：
1）详细介绍了系统及整车建模方法、细节及技巧。
2）各系统的模态分析方法及优化流程。
3）动刚度的多种分析方法、多种结果处理方法以及优化流程和技巧。
4）振动传递函数的多种分析方法以及优化流程和技巧。
5）噪声传递函数的多种分析方法以及优化流程和技巧。
6）传递路径的多种分析方法以及优化流程和技巧。
7）传动轴实际问题的解决方法和思路。
8）车身阻尼片、钣金灵敏度、接头灵敏度、拓扑优化方法等。
9）整车多种超单元建模流程以及分析方法。

全书在简要讲解相关理论的基础上，较全面地阐述了整车各系统 NVH 建模及分析功能模块的使用方法和技巧，并包含丰富的优化问题方法和思路，以及工程应用实例。

本书是学习 NVH 建模及分析技术的必备手册，可作为从事机械、汽车、航空航天、船舶、电子等行业的工程技术人员的自学或参考用书，也可作为理工科院校相关专业师生的教学用书。

第 2 章
整车 NVH 总成建模要求及网格划分规范

本章将从整车 NVH 建模的基本原则出发，首先阐述建模的总体要求，包括建模的尺寸选择、命名规则以及基础的单元选择要求等；然后对建模的一些细节进行展开讲解，使读者对整车 NVH 建模有一个初步的认识，帮助读者掌握整车 NVH 建模总体思路。

2.1 整车 NVH 模型总成建模要求

为了更好地建立整车 NVH 模型，本节对其涉及的一般建模要求、建模方法等进行了阐述，以便为汽车整车 NVH CAE 分析结果的正确性、准确性和一致性提供重要的帮助和指导。

2.1.1 整车 NVH 模型建模模板

对于进行整车 NVH 模型建模，包括各系统的网格建模及连接等，通常采用 OptiStruct 模板或 nastran 模板，本书后续内容统一在 OptiStruct 模板下建模，如图 2.1 所示，在 User Profiles 中选择 OptiStruct。

2.1.2 整车 NVH 模型单位说明

在有限元模型中，单位采用闭合制，为了保证有限元模型中各物理量单位的一致性，同时避免自己推导时出错，可以参照现有的单位系统。根据分析问题的尺度，选择一套合适的单位系统，然后各物理量均按照该单位系统的单位输入数值。常用的单位制见表 2.1。本书采用的单位制为 mm-N-s-t 制，如某支架厚度为 2.0mm，在外力 100N 作用下产生的最大应力为 102MPa，其 Q235 材料的弹性模量为 210GPa，泊松比为 0.3，密度为 $7.85 \times 10^{-9} t/mm^3$。

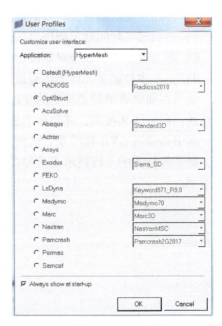

图 2.1 整车 NVH 建模模板图示

表 2.1 有限元计算中常用的单位制

名称	m-N-s-kg 制	mm-N-s-t 制	mm-mN-s-kg 制
长度	m	mm	mm
力	N	N	mN
力矩	N·m	N·mm	mN·mm
时间	s	s	s
速度	m/s	mm/s	mm/s
加速度	m/s^2	mm/s^2	mm/s^2
质量	kg	t	kg
应力/模量	Pa	MPa	kPa
密度	kg/m^3	10^{-9}t/mm^3	10^9kg/m^3
刚度	N/m	N/mm	mN/mm
频率	Hz	Hz	Hz
弧度	rad	rad	rad
温度	K	K	K
功	J	10^{-3}J	10^{-6}J
功率	W	10^{-3}W	10^{-6}W
导热系数	W/(m·K)	W/(m·K)	10^{-3}W/(m·K)
换热系数	J/(m^2·K)	10^3J/(m^2·K)	J/(m^2·K)
比热容	J/(kg·K)	10^{-6}J/(kg·K)	10^{-6}J/(kg·K)

2.1.3 整车 NVH 网格尺寸要求

对于整车 NVH 模型建模，钣金一般按平均尺寸 8mm（对于小零件网格尺寸可采用 3~5mm，读者可灵活选择），铸件按平均尺寸 4~5mm，实体建模尽量采用六面体，若选择四面体需要采用二阶单元类型。整车网格尺寸一般要求见表 2.2 所示。

表 2.2 整车网格尺寸一般要求

名称	单元尺寸	说明
白车身	8mm×8mm	壳单元
闭合件	8mm×8mm	壳单元
底盘件	(4~5)mm×(4~5)mm	壳单元及实体单元
转向系统	(4~5)mm×(4~5)mm	壳单元及实体单元
动力总成	(4~5)mm×(4~5)mm	壳单元及实体单元
座椅	(4~8)mm×(4~8)mm	壳单元及梁单元
内饰	(4~5)mm×(4~5)mm	壳单元
外饰	(4~5)mm×(4~5)mm	壳单元
IP 总成	(4~5)mm×(4~5)mm	壳单元
声腔	50mm×50mm	包括空气、座椅等
胶	—	建模容差 10~20mm
焊点	6mm	建模容差 10mm

2.1.4 整车 NVH 网格单元质量检查原则

单元质量的好坏决定了分析结果的准确性，所以专业的有限元分析软件都有对单元质量进行检查的选项，可以根据实际需要对阈值进行调整；若要获得较高的准确度，根据有限元理论，对 3D 单元划分成六面体网格，或对 2D 单元划分成四边形网格是最好的网格划分。2D 网格标准参数设置如图 2.2 所示，3D 网格标准参数设置如图 2.5 所示。

检查网格质量好坏的 7 个指标主要是：

1）长宽比（Aspect Ratio），或者叫纵横比（软件默认值一般为 5）。

2）扭曲角（Skew Angle）（软件默认值一般为 60）。

3）翘曲（Warpage）（软件默认值一般为 5）。

4）锥度（Taper）（软件默认值一般为 0.5）。

5）雅可比比率（Jacobian Ratio）（软件默认值一般为 0.7）。

6）单元角度（Element Angle）（软件默认值一般为三角形 20～120，四边形 45～135）。

7）单元长度（Element Length）（软件默认值一般为最小长度 0.1mm，最大长度 100mm）。

若采用批处理对多个零件进行批处理网格划分，可采用以下方法：

1）方法一：按 F12 进入 2D 网格 automesh 界面，再选择 batchmesh/QI optimize，在右侧 batchmesh 下选择网格划分参数及网格质量标准（可以先建立不同尺寸的网格质量及划分参数），然后选择需要划分网格的几何（surfs），再单击 mesh 按钮，即可完成按要求设置的网格自动划分，如图 2.3 所示。

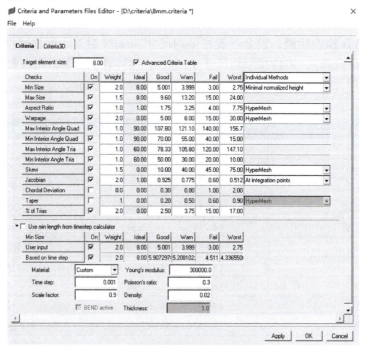

a) 网格质量标准参考设置(用于评估创建的网格质量，该参数可以软件自带的基础上调整成自己期望的)

图 2.2　2D 网格标准参数界面设置图示

第 2 章　整车 NVH 总成建模要求及网格划分规范

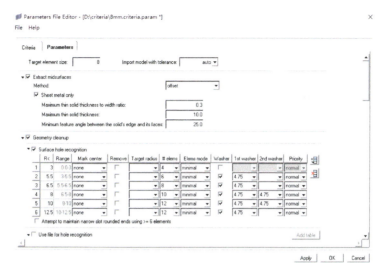

b）网格划分参数参考设置（用于对几何划成网格的要求）
图 2.2　2D 网格标准参数界面设置图示（续）

图 2.3　批处理网格划分方法一

2）方法二：单独打开 BatchMesher 14.0，可以在界面中的 configurations 中设置网格质量及网格划分参数等，然后选择要划分网格的几何所在的文件夹等，再单击右下角 Submit 按钮即可完成网格批处理划分，如图 2.4 所示。

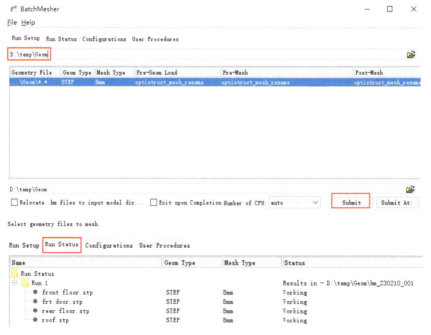

图 2.4　批处理网格划分方法二

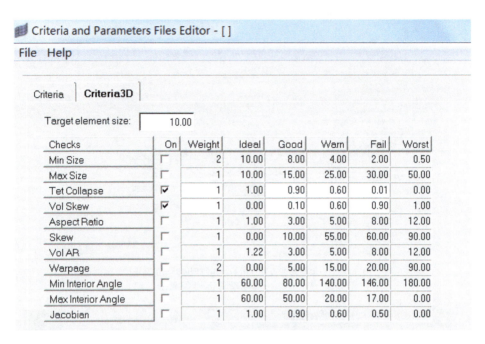

图 2.5　3D 网格标准参数界面设置图示

小结：该两种方法各有优势，读者可根据自己的需要选择，通常方法一比较直观，可直接在软件界面上操作完成。

2.1.5　网格单元质量要求

1）长宽比（Aspect Ratio）。长宽比指的是单元中最长边和最短边的比值，其中四面体长宽比指单元内最长边长与最短的高度值之比。

理想情况是长宽比为 1，即为正方形；当长宽比过大时，可能会得到不正确的结果。

对 2D 网格来说，单元可分为四边形和三角形，不论是 3D 单元还是 2D 单元，通常都要检查网格的长宽比。图 2.6 为 2D 网格的长宽比图示，图 2.7 为 3D 网格的长宽比图示。

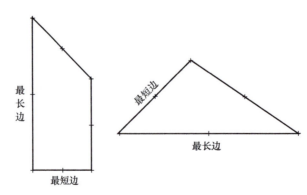

图 2.6　2D 网格长宽比图示

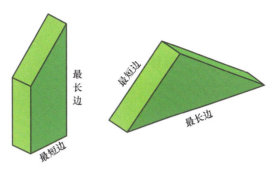

图 2.7　3D 网格长宽比图示

2）扭曲角（Skew Angle）。扭曲角主要是针对平面而言，它定义了形状偏离垂直方向的角度。对于三角形是连接相邻边的中点和顶点到对边的夹角中最小角的余角（SA = 90−MIN($\partial 1, \partial 2, \partial 3$)）；对于四边形是分别连接对边中点连线的夹角中最小角的余角（SA = 90−MIN($\partial 1, \partial 2$)）；对于 3D 单元，扭曲角是指通过球体 4 个顶点的理想四面体体积之差值和理想体积之比；通常扭曲角过大对 2D 单元影响较大，具体如图 2.8 所示。

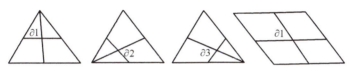

图 2.8　扭曲角图示

3）翘曲（Warpage）。翘曲度主要是用于表述平面在空间中的扭曲程度，它通常被定义为翘曲平面在高度方向上距离最远的两点间的距离。绝对平面的翘曲度为 0，具体如图 2.9 所示。

4）锥度（Taper）。锥度一般定义为圆锥的底面直径与锥体高度之比，在网格检查中，锥度指的是四边形被压缩的程度，如图 2.10 所示。当把锥度值设置过小，如设为 0.25 时，对 2D 单元影响最大。

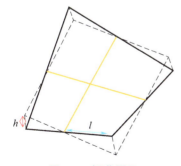 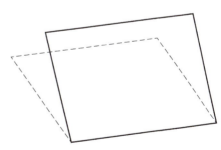

图 2.9　翘曲图示　　　　　　　　图 2.10　锥度图示

5）雅可比比率（Jacobian Ratio）。雅可比比率是指单元内单个积分点雅可比矩阵中的最小值与最大值之比，一般在 −1~+1 之间，小于 0 时不能接受，最理想的值为 1。雅克比比率直接决定了网格质量的好坏，一般 2D 四边形和 3D 六面体单元需要大于 0.6，至少也要在 0.5 以上。

6）单元角度（Element Angle）。不管在 2D 还是 3D 网格中，单元角度都必须要检查，特别是最小角度，过小的单元角度，其网格质量一般比较差，通常三角形角度需要满足 8°～145°，四边形角度需要满足 15°～165°，具体如图 2.11 所示。

图 2.11　单元角度图示

7）单元长度（Element Length）。单元长度过小表明单元质量较差，特别是狭长的单元是不允许出现的；若在检查中发现长度较小或较长的单元，需要对单元进行优化调整，一般需要大于 0.5mm 以上。

8）单元质量检查的一般标准。对于网格单元质量检查，一般检查项目有以下几种情况。

① 1D 单元中的所有选项都需要检查查看，特别是自由单元（free 1-d's）、自由节点（free 1-d nodes）、从属性（dependency）、重复单元（duplicates）及连续性检查（connectivity）等，具体如图 2.12 所示。

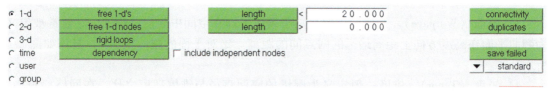

图 2.12　1D 单元质量检查界面图示

② 2D 单元中特别需要检查雅克比比率（对于整车 NVH 模型，可以设置为 0.5 以上）、长度、三角形及四边形单元最大最小角度、重复单元及连续性检查等，具体如图 2.13 所示。

图 2.13　2D 单元质量检查界面图示

③ 3D 单元中特别需要检查雅克比、长度、三角形及四边形单元最大最小角度、崩塌（tet collapse）、重复单元及连续性检查等，具体如图 2.14 所示。

9）实体单元平均尺寸为 4～5mm，尽量采用六面体单元，对复杂件可采用二阶四面体单元。

第2章 整车NVH总成建模要求及网格划分规范

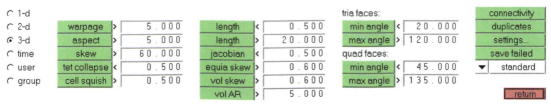

图 2.14 3D 单元质量检查界面图示

10）整车网格优化操作。对于整车网格，其中 2D 网格单元占有较大的比重，其网格质量必须满足要求。下文对 2D 网格检查流程及优化方法进行讲述。

① 2D 单元质量优化操作流程如图 2.15 所示。在 2D 界面中单击 qualityindex，即进行壳单元质量检查。在此界面中包括 QI 设置及网格优化操作，如移动节点（place node）、节点优化（node optimize）及单元优化（element optimize）操作等。

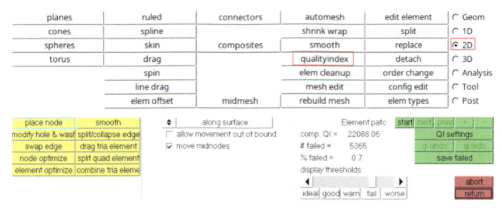

图 2.15 2D 单元质量优化操作图示

单击 QI settings 可以进入网格质量显示界面，在此界面中可以查看网格质量，以及优化调整网格形状以满足要求。图 2.16b 所列的项目即为检查项，默认全部勾选，如 min size 为网格最小尺寸、max size 为网格最大尺寸、aspect ratio 为网格长宽比、warpage 为单元翘曲、skew 为单元扭曲、jacobian 为雅可比比率，这仅仅是 page 1（第一页）检查项，其他页可单击图 2-16b 左上角翻页，具体内容如图 2.16c~e 所示。

注意：这些界面中的参数可以根据需要进行勾选，如不希望查看最大尺寸，可以取消勾选 max size 即可。对于 2D 单元需特别关注雅克比（jacobian）比率和最小尺寸，原则上不允许出现红色网格，黄色网格允许部分出现，具体如图 2.16a~e 所示。

② 网格优化，对于检查中不合格的网格需要进行优化调整，特别是红色网格，首先可以使用 element optimize 网格自动优化工具，选择该工具后，在图形界面单击不合格单元或其周边单元即可自动优化，一般可以成功。如单元 166546，原先显示红色，通过单击 element optimize 按钮后变为绿色（可连续单击）。该工具网格优化的原理是自动优化调整该单元和周边单元节点位置，来满足风格质量要求。如果网格太差，通过 element optimize 无法实现绿色或黄色时，可通过其他按钮操作进行，如图 2.17 所示。

a. place node（手动调整节点工具）。该工具可手动放置单元节点，以修复红色或黄色

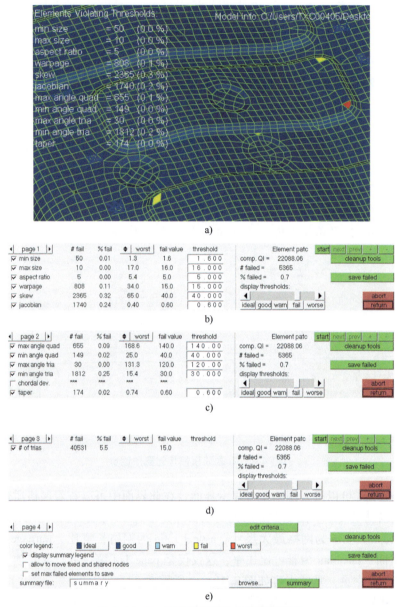

图 2.16 2D 单元质量优化参数界面图示

类型网格。这种修复方式有可能引起周边单元失效，通常修复一个网格需要调整多个临近网格，可以结合其他工具一起使用。

b. split quad element（四边形网格切分工具），它可将四边形壳单元分割成两个三角形壳单元。

c. combine tria element（三角形网格合并工具），它可将相邻的两个三角形壳单元合并为一个四边形壳单元等。

通过 QI 操作可以对模型中壳单元的质量进行优化调整，保证其网格质量满足要求。

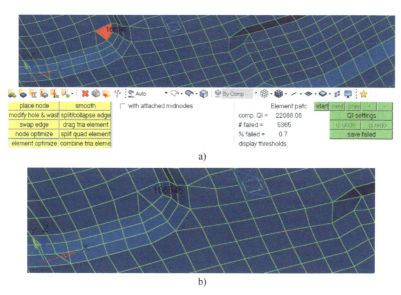

图 2.17 2D 单元优化操作图示

2.2 整车模型装配规则

2.2.1 整车模型命名规则

在整车 NVH 建模过程中,各个系统及子系统都有专门的命名规则,包括 Assembly、Component、Property、Material、System 等,以便于整个模型的管理和操作。

(1) Assembly 命名　主要是针对系统及子系统,如白车身总成、门盖系统总成、转向系统总成、座椅系统总成、电池包系统、附件系统等,名称中包括车型代号、系统名称、版本号以及日期等,可以根据具体情况调整,目的是方便总成模型以及各子系统模型的管理。如参照以下命名规则,界面中显示如图 2.18 所示。

白车身:N01_BIP_20001111。

门盖:N01_Closuers_20001111。

转向:N01_Steer_20001111。

座椅:N01_Seat_20001111。

电池:N01_Battery_20001111。

附件:N01_TB_mass_20001111。

图 2.18 Assembly 装配模型图示

（2）Component 命名　零部件是总成模型中一个非常重要的组成部分，每个零部件都有自己独立的相关信息，如名称、材料、厚度、重量、左右对称件等，具体可参考查阅 EBOM 表。一般在整车 NVH 建模过程中，每个零部件名称需要包括车型代号、零件号、材料以及厚度属性或实体属性，如可参考以下命名方式，选择其一命名即可。

1）壳网格（参考①或②）：

① N01-BIP-5301412_B340/590DP_T140。

② N01-BIP-2301111_DC03_T1P0。

2）体网格：N01-BIP-2301111_DC03_solid。

3）焊点：N01-BIP_2layer_spot_acm、N01-BIP_2layer_spot_rbe3；N01-BIP_3layer_spot_acm、N01-BIP_2layer_spot_rbe3。

4）胶：N01-BIP_windshield_adhesive_solid、N01-BIP_windshield_adhesive_rbe3。

5）螺栓：N01_subframe_rbe2。

6）焊缝：N01_subframe_seam。

7）附件：N01_BCU_mass_1p5kg。

（3）Property 命名　每个零部件都有自己独立的属性信息，除了衬套刚度或阻尼外（像底盘件的衬套，一般是左右对称件，此时左右零件的属性可通用，即只用建立一个），属性命名与 Component 一致，如某一个零件其 Component 是 N01-2301111_DC03_T1P0，则其属性亦为 N01-2301111_DC03_T1P0。

（4）材料命名　由于一种材料可能多个零部件共用，此时命名的材料主要体现其本身特性。

1）N01-BIP_DC03。

2）N01-BIP_B340/590DP。

3）N01-BIP_spot。

4）N01-BIP_windshield_adhesive。

（5）非结构质量命名　在整车 NVH 模型中，会有如阻尼片、地毯、前围隔声垫之类的附件，这些附件在建模过程中一般会采用非结构质量的方式进行建模，命名时包括名称以及重量信息，如 Frontcarpet_3P152，即表示前地毯重量为 3.152kg，具体命名可参考以下。

1）Frontcarpet_3P152；Rearcarpet_4P238。

2）Firewall_3P165；Rear_0P7256。

（6）坐标系命名　在整车 NVH 建模过程中，会用到各种柔性连接，一般采用一维单元，如 spring、cbush 等模拟，此时会建立局部坐标系，以便于各连接只在其坐标系下起作用，如门洞密封条、水切等，具体命名可参考以下。

1）N01_FRT_door_in_bush_sys。

2）N01_FRT_door_out_bush_sys。

3）N01_Tailgate_rubber_cbush_sys。

4）N01_Tailgate_airspring_cbush_sys。

2.2.2　整车模型编号范围规则

对于整车 NVH 建模，需要对每个系统的零件、单元、节点等进行独立编号和分组，以便于模型的管理和操作，如白车身所有的零件、单元、节点的编号在一个范围内，其余的系统在属于自己的编号范围内编号，这样不会相互干涉，后期模型管理及维护操作比较方便，相当于采用模块化管理。具体编号可参见表 2.3~表 2.5。

表 2.3　整车模型编号范围定义一

类型	NODE		ELEMENT		COMPONENT	
	从	至	从	至	从	至
BIP	10001	1000000	10001	1000000	10001	20000
F-Door	1000001	1300000	1000001	1300000	20001	30000
R-Door	1300001	1600000	1300001	1600000	30001	40000
TailGate	1600001	1900000	1600001	1900000	40001	50000
Hood	1900001	2100000	1900001	2100000	50001	60000
TB-MASS	2700001	3000000	2700001	3000000	80001	90000
Seat	3000001	3300000	3000001	3300000	90001	100000
Steering	3300001	3700000	3300001	3700000	100001	110000
Battery	3700001	4100000	3700001	4100000	110001	120000
Front-Susp	4100001	4500000	4100001	4500000	120001	130000
Rear-Susp	4500001	4900000	4500001	4900000	130001	140000
PT&Shaft	4900001	5200000	4900001	5200000	140001	150000
Cavity	5200001	5500000	5200001	5500000	150001	160000

表 2.4　整车模型编号范围定义二

类型	ASSEMBLY		PROPERTY		SYSTEM	
	从	至	从	至	从	至
BIP	10001	20000	10001	20000	10001	20000
F-Door	20001	30000	20001	30000	20001	30000
R-Door	30001	40000	30001	40000	30001	40000
TailGate	40001	50000	40001	50000	40001	50000
Hood	50001	60000	50001	60000	50001	60000
TB-MASS	80001	90000	80001	90000	80001	90000
Seat	90001	100000	90001	100000	90001	100000
Steering	100001	110000	100001	110000	100001	110000
Battery	110001	120000	110001	120000	110001	120000
Front-Susp	120001	130000	120001	130000	120001	130000
Rear-Susp	130001	140000	130001	140000	130001	140000
PT&Shaft	140001	150000	140001	150000	140001	150000
Cavity	150001	160000	150001	160000	150001	160000

表 2.5　整车模型各系统连接点定义

名称	连接点编号						
BIP_Steer	1301	1302	1303	1304	1305	1306	……
Steer_BIP	2301	2302	2303	2304	2305	2306	……
BIP_Seat	1401	1402	1403	1404	1405	1406	……
Seat_BIP	2401	2402	2403	2404	2405	2406	……

（续）

名称	连接点编号						
BIP_Hood	1101	1102	1103	1104	1105	1106	……
Hood_BIP	2101	2102	2103	2104	2105	2106	……
BIP_Fender	1110	1111	1112	1113	1114	1117	……
Fender_BIP	2110	2111	2112	2113	2114	2117	……
BIP_Reardoor	1201	1202	1203	1204	1205	1206	……
Reardoor_BIP	2201	2202	2203	2204	2205	2206	……
BIP_Frontdoor	1151	1152	1153	1154	1155	1156	……
Frontdoor_BIP	2151	2152	2153	2154	2155	2156	……
BIP_Backdoor	1220	1221	1222	1223	1224	1225	……
……	……	……	……	……	……	……	……

2.2.3 整车模型关键连接建模规则

对于整车NVH建模，涉及的连接种类比较多，如焊点、玻璃胶、结构胶、螺栓、焊缝等，对于每种连接方式采用统一的建模方式有利于模型的一致性管理和流程化操作，详细的操作和说明可参考各章节相关内容。

1) 焊点：采用RBE3-HEAX-RBE3单元，焊点直径6mm，容差一般为10，焊点层级不同，采用不同的component，常用的有二层焊、三层焊等。

2) 玻璃胶：粘胶采用RBE3-HEAX-RBE3单元。

3) 结构胶：粘胶采用RBE3-HEAX-RBE3单元。

4) 膨胀胶：粘胶采用RBE3-HEAX-RBE3单元。

5) 螺栓连接：采用RBE2单元模拟，约束全部自由度，washer孔根据螺栓垫片直径确定，如无一般采用3mm左右。

6) 缝焊：采用RBE2单元模拟。

7) 质量点：如零件有重要的刚度加强作用时采用RBE2-CONM2，零件无重要加强作用时采用RBE3-CONM2；一般质量在3kg以上的需要增加转动惯量。

8) 运动耦合：齿轮齿条、主减速器和差速器等，采用MPC单元模拟其运动关系。

9) 缓冲块采用RBE2-CBUSH-RBE2模拟。

10) 密封条一般采用RBE3-CBUSH-RBE3模拟，亦可采用RBE2-CBUSH-RBE2模拟。

11) 铰链采用RBE2和CBAR单元（或只采用RBE2单元），旋转副采用CBAR模拟，两铰链需要具有相同的旋转轴线。

12) 非结构质量使用NSML1。对于分布式质量，如地毯、内饰、隔振胶等，用非结构质量定义面密度。

13) 锁使用质量点（CONM2）单元建模，锁与车身的刚度采用RBE2和CBUSH单元模拟，如果局部坐标系与全局坐标系不平行，应该建立局部坐标系（X为纵向、Y为侧向、Z为垂向）。

14）衬套刚度采用 CBUSH 单元模拟（局部坐标系），对应的刚度由试验测得，或由多体动力学模型提供；衬套螺栓采用 BEAM 单元模拟，衬套质量采用单元 CONM2。

15）转向管柱万向轴使用 RBE2 或 CBAR 单元模拟。

16）转向管柱轴承刚度采用 RBE2 和 CBUSH 单元模拟。

17）备胎使用质量点（CONM2），与车身采用 RBE2 连接，用 RBE3 和 CELAS2（或 CBUSH）单元模拟接触。

2.3　整车 NVH 模型建模思路

整车 NVH 建模可以采用不同的方法，如采用头文件模块化方法或直接在软件界面中建模等。

2.3.1　采用头文件模块化建模

整车建模是一项比较繁琐的工作。初期建模时，为了便于管理，应将各个总成分别建立成 include 文件，单个 include 文件内部建立好连接。为了以后便于总装，每个总成的单元节点及连接会设置不同的编号；各个系统为一个独立的 include 文件，在整车建模时只需要将各个 include 文件进行关联，同时将各系统的连接点在头文件中进行定义，即可完成整车模型的搭建及管理。该方法在整车 NVH 建模中应用非常广泛，整车采用模块化的建模思路和理念，方便整车模型的管理和后续的更新替代等操作，如图 2.19 所示。

```
INCLUDE 'N01_BIP_20001111.fem'
INCLUDE 'N01_Closures_20001111.fem'
INCLUDE 'N01_Steer_20001111.fem'
INCLUDE 'N01_Seat_20001111.fem'
INCLUDE 'N01_Battery_20001111.fem'
INCLUDE 'N01_TB_mass_20001111.fem'
INCLUDE 'N01_Chassis_20001111.fem'
$$$$$$$$$$$$$$$$$$$$$$$$$$$$$$$$$$$$$$$$$$$$$$$$$$$$$$$$$$$$$$$$
$$--------------------------------------------------------------
$$          Interface Between BIP and Closure
$$--------------------------------------------------------------
$$$$$$$$HOOD&BIP
RBE2       1101    1101    123456    2101
RBE2       1102    1102    123456    2102
RBE2       1103    1103    123456    2103
RBE2       1104    1104    123456    2104
$$$$$$$$
$$$$$$$$
CBUSH      1105    1101    2105      1105                                    0
CBUSH      1106    1101    2106      1106                                    0
$$$$$$$$
PBUSH      1101         K50.0    50.0     50.0                               +
+                       GE0.1    0.1      0.1
$$$$$$$$
CBUSH      1107    1107    2107      1107                                    0
$$$$$$$$
PBUSH      1107         K1000.0  750.0    5500.0    1500000.5000000.0.0      +
+                       GE0.1    0.1      0.1       0.1       0.1
$$
```

图 2.19　头文件模块化建模图示

2.3.2 界面建模

直接在前处理中建立完成的整车模型，不用通过 include 文件进行关联操作。所有的连接都是在软件中操作完成的，即将一个个单独的系统模型分别导入到软件界面中，然后根据各个系统的连接方式和种类进行连接，该方法对于整车小模型用途较广。

2.4 整车 NVH 模型建模要求

2.4.1 孔的建模规则

1) 直径小于 6mm 的孔可以忽略掉，并将此孔填满；不能出现奇数节点的孔；孔周围不能出现三角形单元。

2) 孔的形状简化规则：直径大于 45mm 的孔，周围网格采用表 2.6 所列标准尺寸进行划分；直径小于或等于 45mm 的孔，孔的形状按表 2.6 的规则进行简化处理。

表 2.6 孔的建模规则

孔的尺寸	孔的形状
φ6.1~φ20	四边形
φ21~φ25	六边形
φ26~φ32	八边形
φ33~φ38	十边形
φ39~φ45	十二边形

3) 用于连接的螺栓孔，一般在外圈建立 washer，按图 2.20 所示处理，washer 外圈直径大小与垫片的直径相同。

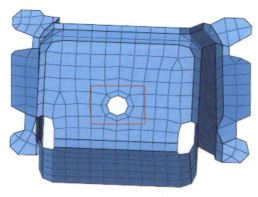

图 2.20 螺栓孔建模图示

4) 其他孔：螺钉孔、铆钉孔、塞焊孔等全部忽略；对于线卡孔，将孔洞去除，在孔心处布置单元节点。

2.4.2 凸台的建模规则

1）长条凸台建模。对于方形和圆形凸台，一般在凸台的上部建立一排节点，如图 2.21a 所示。

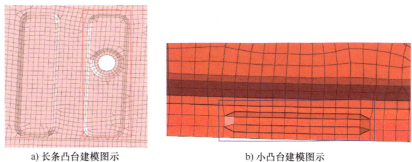

a）长条凸台建模图示　　　　　　b）小凸台建模图示

图 2.21　凸台建模图示

对于小凸台，延伸斜坡使其长度在 5.0mm，如图 2.21b 所示。

2）圆形凸台的建模规则。对于圆形凸台建模，可在圆台过渡处添加一排单元，如图 2.22 所示。

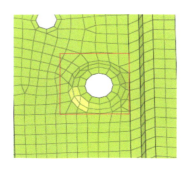

图 2.22　圆形凸台建模图示

2.4.3 翻边的建模规则

1）如果凸起的翻边很短，如图 2.23 所示，可将翻边宽度增加到 5mm 左右再划分网格，尽量保留翻边区域特征。

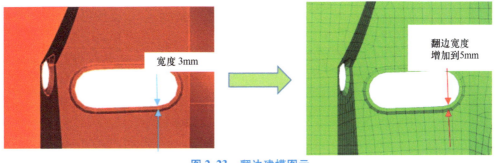

图 2.23　翻边建模图示

2）如果法兰边部分宽度过短，如图 2.24 所示，可以将法兰边宽度增加到 5mm 左右再划分网格。

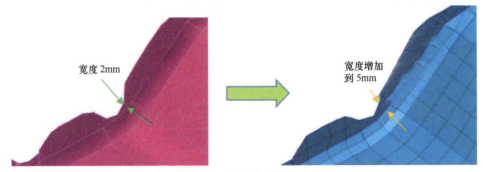

图 2.24　法兰边建模图示

2.4.4　倒圆角的建模规则

半径在 5mm 以下的倒圆角可忽略，5mm 以上且宽度在 5~8mm 的用 1 排单元划分网格；半径大于 8mm 的采用 2 排以上的单元划分网格，如图 2.25 所示。

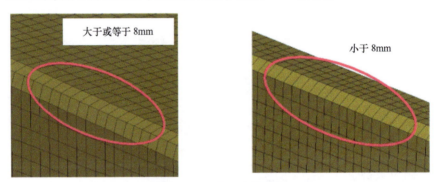

图 2.25　倒圆角建模图示

2.4.5　包边的建模规则

外包边零件和被包零件初始连接处共节点，包边仅有中间一层单元，$T = 2T_1 + T_2$，如图 2.26 所示。

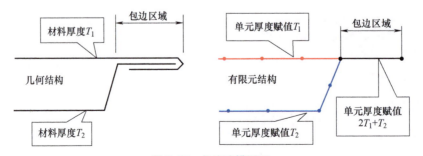

图 2.26　包边建模图示

2.5 小结

本章详细阐述了整车NVH建模的基本规则、网格建模规范以及系统命名规范等，使读者对整车NVH建模有一个比较深刻的认识和理解，为进一步学习后续章节打好基础。

思考题

1. 整车NVH网格质量的一般要求有哪些？
2. 整车NVH各组成及系统命名的规则有哪些？
3. 整车NVH建模中常见的建模要求有哪些？

第 3 章
白车身及焊点焊缝胶粘模型处理方法

白车身（Body In White，BIW）是由各种形状的钣金件通过一定连接关系形成的一个整车，采用焊点、螺栓、胶（结构胶、密封胶、膨胀胶等）等连接而成。若安装上所有的玻璃，则称为 BIP（Body In Prime）。某白车身三维模型如图 3.1 所示。

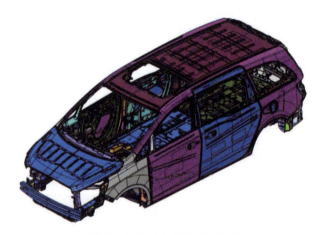

图 3.1　某白车身三维模型图示

3.1　白车身总成建模流程

在建立白车身模型之前，需要进行网格建模，网格建模的通用规则及要求按第 2 章中的要求进行。白车身网格建模，可以分总成（包括分总成中的焊点建模）到总成拼装（总成拼装的焊点建模）的方式；也可以先进行钣金网格建模，然后再将所有的焊点数据导入建立焊点、焊缝等。其中前一种方式在企业中应用较为广泛，可以实现多人协助进行，最后由一人进行总成拼装。

3.1.1　焊点的焊核创建方法

在白车身中的焊点采用 RBE3-HEAX-RBE3 单元，焊点直径 6mm，容差一般为 10mm，焊点层级不同采用不同的 component，常用的有二层焊、三层焊等；一般三维数据中不同层级的焊点会采用不同的类型或颜色进行标注，如图3.2所示的焊点采用两种颜色标注，红色圆点为二层焊点，黄色圆点为三层焊点；图3.3中红色圆点为二层焊点，黄色圆柱为三层焊点，这样可以清晰分辨出焊点的类型。在整车焊点连接中，主要是以二层焊和三层焊为主，四层焊占的比例很少，主要是由于四层焊容易出现虚焊，所以在实际工程中会严格控制四层焊。

图3.2　焊点数据的表示方式一

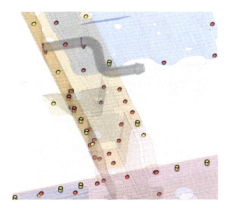

图3.3　焊点数据的表示方式二

在将焊点数据导入到软件中，由于焊点为实体的三维数据，此时首先需要将实体的焊点生成焊核，即焊点的中心几何点。生成焊核的方法有很多种，可以采用以下方法进行。

（1）方法一

Step1：首先单击Geom，找到nodes，见图3.4。

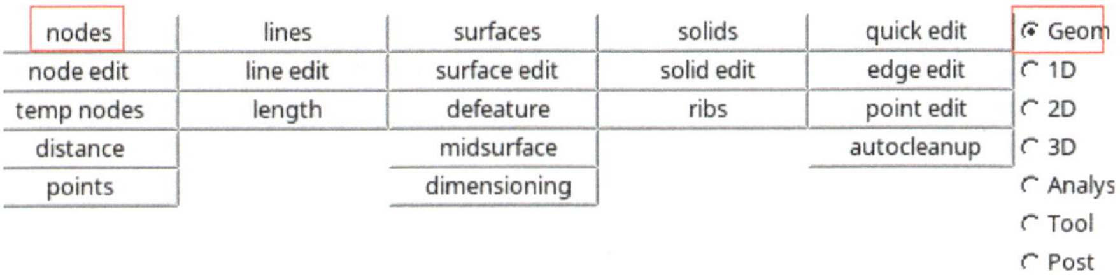

图3.4　焊点建模流程1

Step2：单击line，输入Number of u nodes为3，单击球面上特征线的三点，单击create，见图3.5。

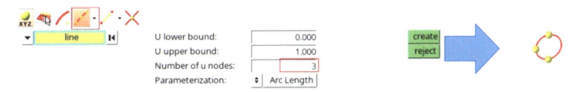

图3.5　焊点建模流程2

Step3：按F4，在面板中单击three nodes，再单击circle center，完成球心的创建，见图3.6。

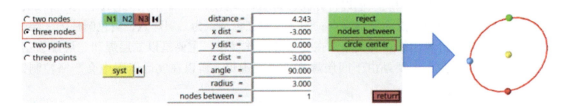

图 3.6 焊点建模流程 3

Step4：单击 Geom，找到 points，单击球心点，单击 create，完成焊核的创建，即图 3.7 中的几何点。

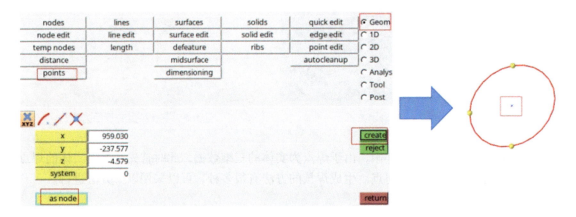

图 3.7 焊点建模流程 4

（2）方法二 利用二次开发工具，直接批量单击实体焊点数据，即可完成焊核的批量创建，如图 3.8 所示。

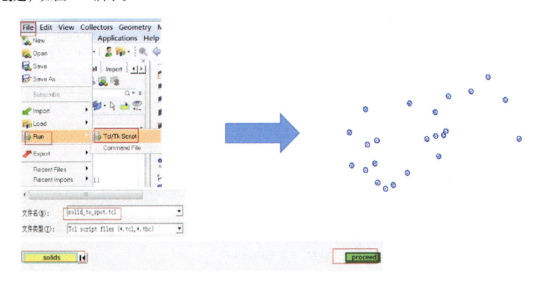

图 3.8 焊点建模流程 5

3.1.2 二层焊点的创建方法

在上一步创建得到焊核后，可以进行二层焊点或三层焊点的创建。依次进行以下操作，其中 points 为选择前面创建的焊核几何点，comps 为选择需要连接的零件，此时即可完成二层焊点的建模，如图 3.9 所示。

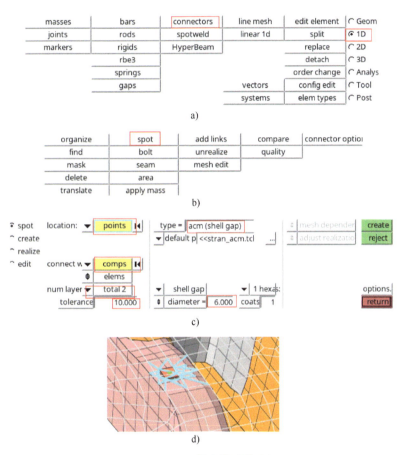

图 3.9 二层焊点的建模流程

在创建完成焊点后会在焊核中心生成绿色的点，该点为此二层焊的焊核点。连接两个零件，同时不要删除新创建的焊核点，后期若要更新或替换零件可删除焊点单元，然后再通过 realize 实现焊点的重新创建。如图 3.10 所示，绿色表示焊点正确创建，黄色表示未创建成功，此时只需要通过 realize 就可以实现焊点的重新创建，红色表示创建失败，有可能是容差过小，或连接零件不正确等所致。

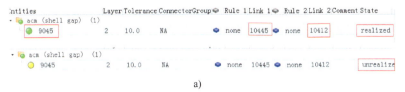

图 3.10 二层焊点的重新创建

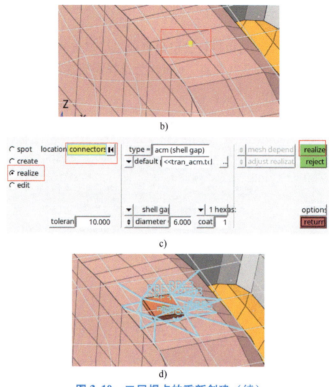

图 3.10 二层焊点的重新创建（续）

3.1.3 三层焊点的创建方法

三层焊点的创建方法与二层焊点方法相近，不同的是在创建三层焊点时，需要将 num layer 设置为 total 3，即一个焊点连接三个零件。依次进行以下操作，其中 points 为选择前面创建的焊核几何点，comps 为选择需要连接的零件，此时即可完成三层焊点的建模，如图 3.11 所示。

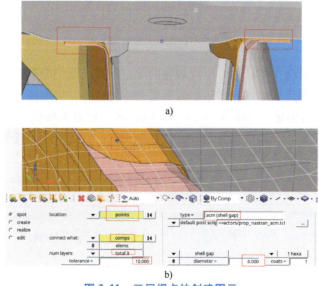

图 3.11 三层焊点的创建图示

第 3 章 白车身及焊点焊缝胶粘模型处理方法

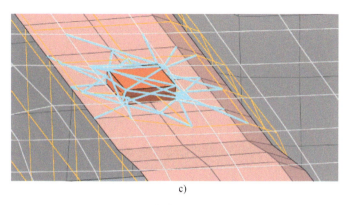

c)

图 3.11 三层焊点的创建图示（续）

3.1.4 白车身焊缝的建模方法

在白车身的连接方式中有些位置焊点无法创建，但是这些位置往往需要进行连接，一般可通过焊缝连接，如经常使用的二氧化碳保护焊。常见的位置包括 shotgun 与 A 柱连接、前地板与前围板连接等，如图 3.12 所示。

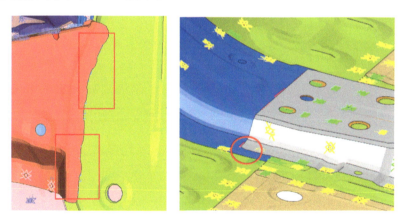

图 3.12 焊缝的布置区域图示

整车 NVH 建模中焊缝一般采用 RBE2 模拟，其建模方法有以下两种。

（1）方法一 对于焊缝连接区域较小，可以通过 1D>rigids 进行手动创建，具体可按图 3.13 所示操作进行。

a)

图 3.13 焊缝的建模方法一图示

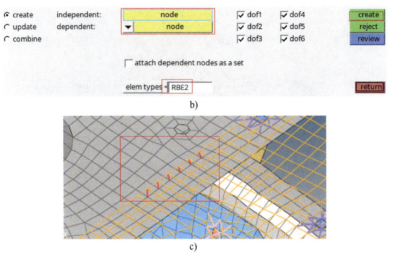

图 3.13　焊缝的建模方法一图示（续）

（2）方法二　针对焊缝连接区域较长时，可通过以下方法进行快速批量创建：单击1D>connector>spot>rigid，同时在 spot options 中选择 non-normal proje，即在创建 RBE2 时不会在节点法向对应创建，这样可以确保焊接区域的连续性，如图 3.14 所示。

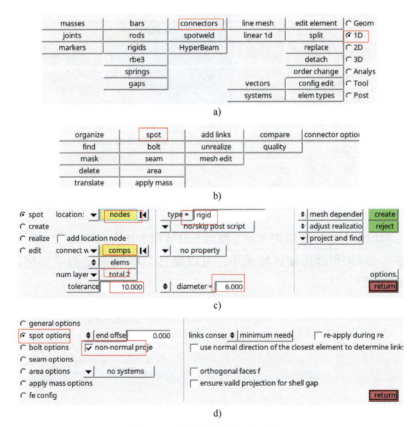

图 3.14　焊缝的建模方法二图示

第 3 章 白车身及焊点焊缝胶粘模型处理方法

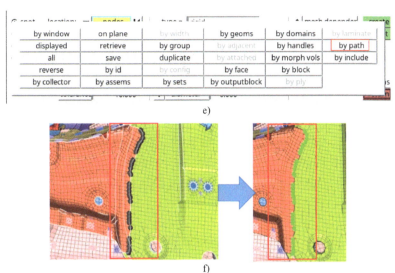

e)

f)

图 3.14 焊缝的建模方法二图示（续）

3.1.5 白车身螺栓的建模方法

在整车 NVH 中螺栓一般采用 RBE2-CBEAM（或 CBAR）-RBE2，或直接采用 RBE2 模拟。CBEAM 梁单元与 CBAR 杆单元差异主要表现在 CBEAM 梁单元具有平动和转动六个自由度，而 CBAR 杆单元只有平动自由度；CBEAM 梁单元可以承受弯曲载荷以及轴向载荷，而 CBAR 杆单元只能承受轴向载荷。若采用 CBEAM 单元或 CBAR 单元模拟螺杆，需要通过 PRETENS 关键字将螺栓预紧力施加在 CBEAM 或 CBAR 单元上。在 NVH 模型中 RBE2 模拟螺栓应用较为广泛，其建模方法可以按图 3.15 所示流程进行。

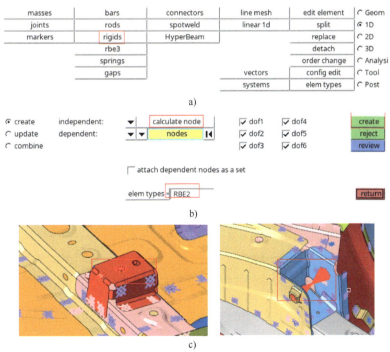

图 3.15 螺栓的建模图示

3.1.6 白车身粘胶连接的建模方法

在整车 NVH 建模中粘胶连接占有一定的比例，如前风窗玻璃与车身通过玻璃胶连接、顶盖与横梁通过膨胀胶连接、车身门槛梁等区域采用结构胶连接；每种胶的作用有所不同，像结构胶一般是用来提升局部或整体的性能，如车身弯曲及扭转刚度提升，在一些关键区域添加结构胶可以非常有效地提升整体刚度。

由于汽车玻璃须具有很高的透明性、耐候性、强度及安全性，特别是前风窗玻璃，大多属于夹层玻璃（夹层玻璃在受到破坏时，会产生辐射状或同心圆形裂纹，碎片不易脱落，且不影响透明度，安全性相对较高），其夹层属性按如图 3.16 设置（中间为胶粘属性）：

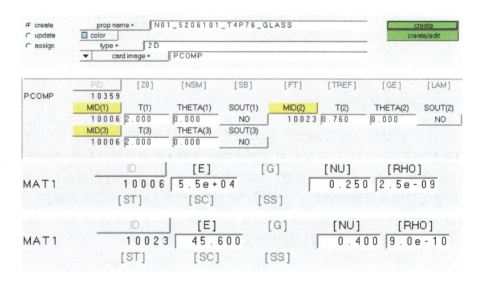

图 3.16 汽车玻璃夹层属性设置

白车身建模中胶的常见参数见表 3.1。

表 3.1 白车身建模中胶的常见参数

名称	应用区域	弹性模量/MPa	泊松比	密度/(t/mm³)
玻璃胶	前后风窗玻璃胶	31.5	0.49	9.9×10^{-10}
		10.0/20.0	0.49	$1.0 \times 10^{-9}/1.4 \times 10^{-9}$
		35	0.35	1.3×10^{-9}
		35	0.44	$1.3 \times 10^{-9}/1.6 \times 10^{-9}$
		35	0.49	0.98×10^{-9}
	三角窗玻璃胶	10	0.49	1.1×10^{-9}
		20	0.49	1.4×10^{-9}
		35	0.44	1.3×10^{-9}

(续)

名称	应用区域	弹性模量/MPa	泊松比	密度/(t/mm³)
膨胀胶	发动机舱盖、顶棚、门外板、侧围等	3.0	0.49	1.4×10^{-9}
		4.2	0.4	1.4×10^{-9}
		6.0	0.40	6.0×10^{-10}
		10	0.49	1.4×10^{-9}
		14	0.35	1.1×10^{-9}
		35.0	0.44	1.3×10^{-9}
		35.0	0.35	1.2×10^{-9}
结构胶	前后减振塔、纵梁、门槛梁、尾门框等	1900.0	0.41	$1.1 \sim 1.2 \times 10^{-9}$
		1500.0	0.38	1.3×10^{-9}
		1515	0.42	1.4×10^{-9}
密封胶	侧围与轮罩翻边区域等	3	0.49	1.4×10^{-9}
		5	0.4	1.0×10^{-9}

1. 玻璃胶的建模方法

玻璃胶主要用于前风窗、三角窗等玻璃与车身的连接，其建模方法也多种多样，无论是采用什么方法，其目的都是建立质量合格的胶连接；掌握合适的方法有利于高效地建立胶连接。以下分别采用不同的方法进行讲述。

（1）方法一 根据胶的几何面创建胶连接。根据胶的几何表面，选择其中一个表面（图3.17选择上表面），即可完成玻璃胶连接的创建，然后将胶的实体单元赋予相应的玻璃胶材料及属性，如图3.17所示。

（2）方法二 根据胶连接区域的单元创建胶连接选择胶连接位置的白车身单元来创建玻璃胶连接，在选择单元时要灵活处理，特别是不要选择边角处的单元，创建成功的胶连接的conncetor几何是绿色，如图3.18所示。

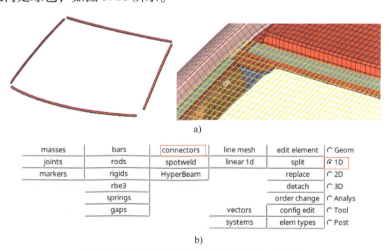

图3.17 前风窗玻璃胶的建模方法一图示

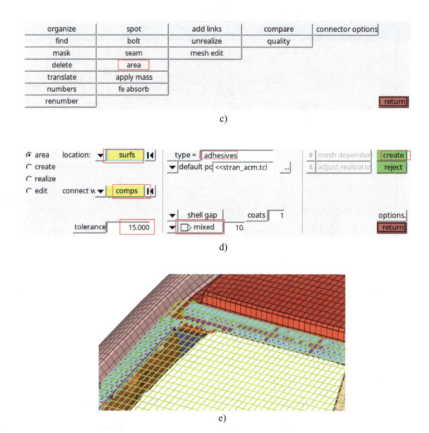

图 3.17 前风窗玻璃胶的建模方法一图示(续)

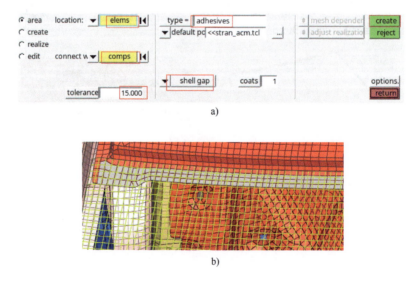

图 3.18 前风窗玻璃胶的建模方法二图示

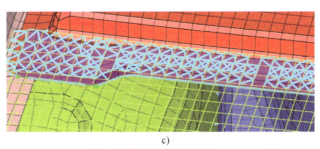

图 3.18 前风窗玻璃胶的建模方法二图示（续）

2. 膨胀胶的建模方法

膨胀胶一般用在顶盖与顶盖横梁之间、门外板与支撑件之间、侧围与支撑之间的连接，它的作用主要是保持两个件之间的柔性连接，一般其弹性模量不会很大，避免像顶盖、门外板或侧围等一级面因粘胶变形，当然也有例外，有时也会采用弹性模量较大的胶，如结构胶。

（1）方法一　采用 element 建立膨胀胶连接，对于胶槽比较规则的件可以采用此方法，若胶槽不规则，胶连接的质量一般比较差，如图 3.19 所示。

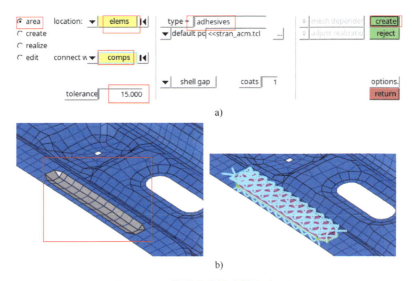

图 3.19 顶盖膨胀胶的建模方法一图示

（2）方法二　为了建立高质量的膨胀胶连接，对于不规则的胶槽，在 hypermesh 中要采用几何面建立，特别是新版本的软件，其操作方法如图 3.20 所示。

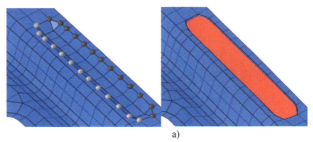

图 3.20 顶盖膨胀胶的建模方法二图示

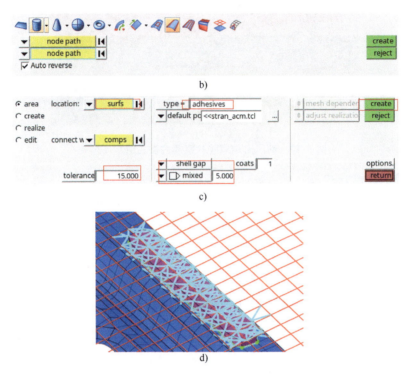

图 3.20 顶盖膨胀胶的建模方法二图示（续）

（3）方法三 对于带有胶槽的膨胀胶建模，可以采用第三方软件 ANSA 进行，但是其胶的单元组成为 RBE2-HEX-RBE3，并且胶单元规则整齐。在 ANSA 中建立胶连接，大致分为网格导入、选择建立胶连接的工具、选取面网格、网格导出及单元类型转换等。具体操作方法如下。

1) 首先将需要创建胶连接的零件从 hypermesh 中导出，如图 3.21a 所示。

2) 打开 ANSA 软件，导入需要创建胶连接的零件，如顶盖与横梁，如图 3.21b 所示。

3) 单击 Adhesive，选择需要胶连接的网格单元，如图 3.21c 所示。

4) 单击中键确定，中键随意转动，选择另一个零件，单击中键确定，胶连接完成，如图 3.21d 所示。

5) 将建立的胶网格及连接单元导出，建议以 dyna 格式导出，如图 3.21e 所示。

6) 单元类型转换。如将 spotweld 转换成 rigid 格式，并转换成 optistruct 格式，如图 3.21f 所示。

7) 导入到模型中。将需要胶连接的零件与胶进行节点合并，完成胶的模型建立，如图 3.21g 所示。

3. 结构胶的建模方法

结构胶一般用在车身局部需要提升刚度或模态的位置，如门槛梁、前轮罩与纵梁连接处、前轮罩与减振塔支架连接处、后纵梁与地板连接处、顶盖与横梁、门外板与支撑等，其建模方法如图 3.22 所示。

第3章 白车身及焊点焊缝胶粘模型处理方法

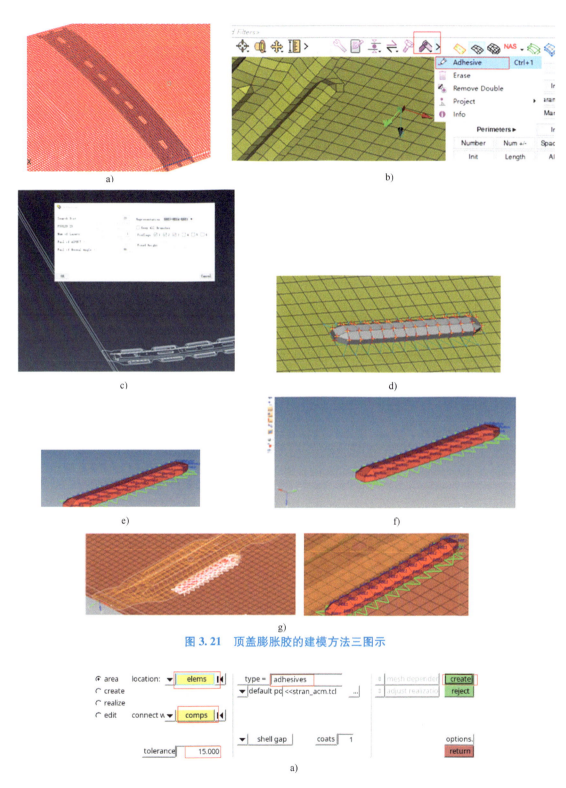

图 3.21 顶盖膨胀胶的建模方法三图示

图 3.22 结构胶的建模方法图示

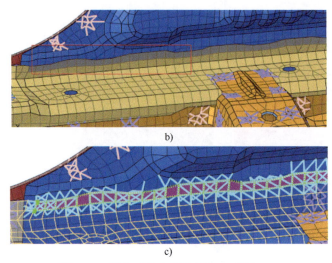

图 3.22 结构胶的建模方法图示（续）

3.1.7 白车身 PLOTEL 单元的建模方法

将创建完成的白车身模型，采用 PLOTEL 单元将各个底盘连接点连接，方便后续的建模及查看，如图 3.23 所示。

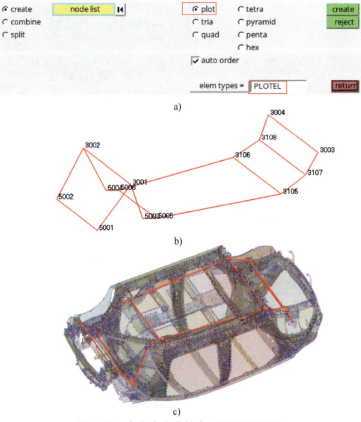

图 3.23 车身底盘连接点 PLOTEL 图示

3.2 白车身总成模态分析及识别流程

3.2.1 白车身模态分析流程

通过以上焊点、焊缝、粘胶及螺栓等连接后，整个白车身模型建模完成。在完成建模后，需要进行白车身模态的计算：第一是检验模型的合理性，包括连接是否准确，模型是否有质量问题等，若模型有连接不对或质量问题，在进行模态计算时会报错，这时应根据错误提示对模型进行检查；第二是通过白车身的模态计算可以得到白车身的模态频率及振型，如一阶弯曲模态、一阶扭转模态等，在得到这些频率后，可以与参考或目标值进行对比，若不满足要求，需要进一步优化提升。

（1）白车身自由模态分析的设置

1）白车身模型的验证。此分析的目的是检查模型的合理及准确性，检查连接是否正确等，可以仅设置提取模态数量，如图 3.24 所示。即在 ND 中输入 8，由于正常模态 1~6 阶为刚体模态，7 阶以上为弹性模态，若模型连接不正确或有问题，就会出现更多的刚体模态，这样可以快速检查模型。若模型无问题，计算时没有报错，则可以进行正常模态的计算。

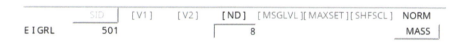

图 3.24　模型验算特征值提取设置图示

2）模态特征值提取设置，包括起始频率和终止频率，并采用质量归一正则法进行模态频率和振型的分析，如图 3.25 所示。

图 3.25　模态特征值提取设置图示

3）模态计算工况的设置，如图 3.26 所示。

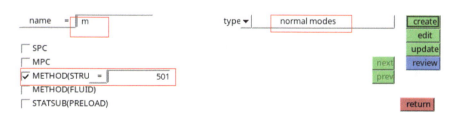

图 3.26　模态计算工况设置图示

4）模态计算输出设置，如图 3.27 所示，包括振型及应变能。输出应变能的目的是方便后续模态不合格时的优化提升；也可先定义需要输出的单元 SET，然后在 OPTION 中选择 SID 后选择定义的 SET，但此时只会输出 SET 结果，结果文件较全部输出会有所减小。

图 3.27　模态计算输出参数设置图示

（2）白车身自由模态分析结果读取　结果见表 3.2，各阶模态振型如图 3.28~图 3.33 所示。

表 3.2　白车身自由模态分析结果

振型	频率/Hz	参考值/Hz
后端扭转	35.6	>35
一阶扭转	55.4	>55
一阶弯曲	53.4	>50
前端横摆	42.8	>42
前顶横梁	47.8	>45
地板模态	51.9	>45
备胎池模态	56.2	>50

3.2.2　白车身模态识别分析流程

模态分析是研究结构动力特性的一种方法，是系统辨别方法在工程振动领域中的应用。模态是机械结构的固有振动特性，每一个模态具有特定的固有频率、阻尼比和模态振型。在工程实践中，有时为了避开这些频率，防止共振，需进行避频设计。

图 3.28 车身后端扭转模态

图 3.29 车身一阶扭转模态

图 3.30 车身一阶前端横摆模态

图 3.31 车身一阶弯曲模态

图 3.32 车身备胎池模态

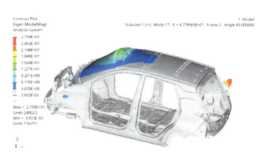

图 3.33 车身前顶横梁模态

对于汽车 NVH，模态是基础，是一切 NVH 分析的基础，也是汽车 NVH 设计的基石。如何准确地识别模态结果，显得尤为重要。对于一些复杂结构或大型装配体，由于结构局部模态的影响，往往很难准确定位所关注的模态振型，通常需要借助工具进行辅助识别。以下根据模态原理，采用频响函数的方法进行模态识别研究。

1. 模态识别方法介绍

目前，模态识别方法主要有四点法、十点法、二十四点法、FRF 法，本书主要以四点法进行讲述。

（1）四点法　该方法实际应用较为广泛，如车身或 TB 整体弯曲及扭转模态识别均可使用。其原理是在车身的纵梁前后对称位置分别选取 4 个点，如图 3.34 所示，在选取点施加单位载荷，计算这四个加载点的响应，通过四点响应来辅助判断车身一阶弯曲和扭转模态。载荷的大小和方向见表 3.3。

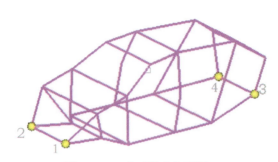

图3.34 四点法模态识别图示

表3.3 载荷大小和方向设置（正负可自由选择，保证对角同向）

工况	点1	点2	点3	点4
扭转模态识别	$Z-1$	$Z+1$	$Z+1$	$Z-1$
弯曲模态识别	$Z+1$	$Z+1$	$Z+1$	$Z+1$
前端横摆模态识别	$Y+1$	$Y+1$	—	—

（2）十点法　车身整体弯曲及扭转模态识别采用十点法更加快捷准确，激励点如图3.35所示。

1）弯曲模态识别10个点的激励力同向。

2）扭转模态识别8个对角点激励力反向。

（3）二十四点法　二十四点法设置与十点法相同，只是二十四点法在车身主要受力框架上增加了响应点，如纵梁、边框架及顶篷等，以便于更容易地识别整体弯曲或扭转模态，但工作量相对较大，如图3.36所示。

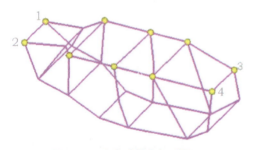

图3.35 十点法模态识别图示

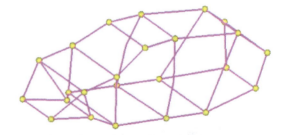

图3.36 二十四点法模态识别图示

2. 模态识别方法设置流程

本例采用四点法进行车身关键模态识别，主要包括弯曲、扭转以及前端横摆模态等三个工况，图3.37所示为工况设置模型树。

1）模态分析频率范围。设置起始和终止频率值，如图3.38所示。

2）激励频率范围。设置扫频范围，如图3.39所示。

3）设置模态阻尼，如图3.40所示。

4）设置激励载荷幅值，如图3.41所示。

5）四个激励点的激励载荷如图3.42所示。（本例中单位激励力DAREA放在RLOAD1中，即共编号）

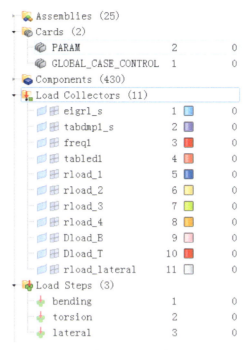

图 3.37 白车身模态识别模型树图示

图 3.38 模态分析频率范围设置图示

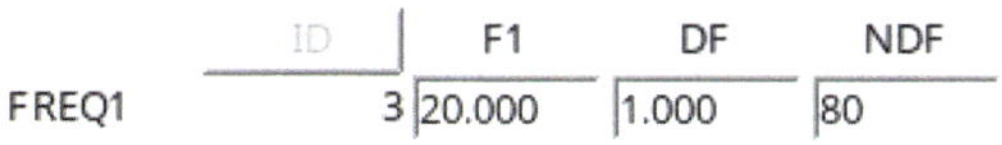

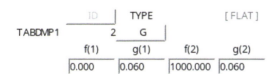

图 3.39 激励频率范围设置图示

图 3.40 模态阻尼范围设置图示

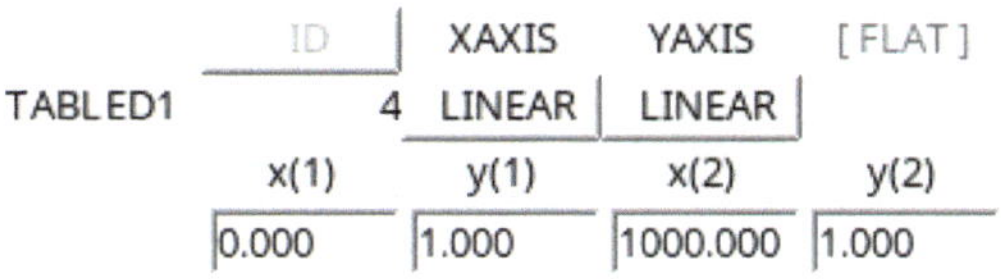

图 3.41 激励载荷幅值设置图示

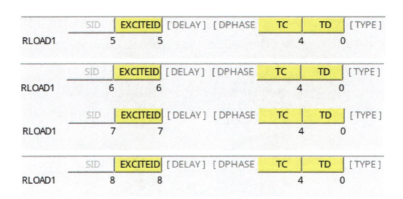

图 3.42 激励载荷集设置图示

6）设置弯曲工况模态识别载荷组合，如图 3.43 所示。

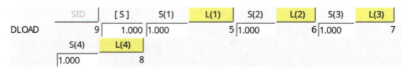

图 3.43 弯曲工况载荷组合设置图示

7）设置扭转工况模态识别载荷组合，如图 3.44 所示。

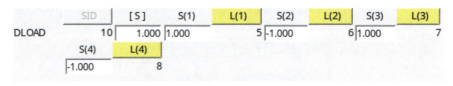

图 3.44 扭转工况载荷组合设置图示

8）设置前端横摆工况模态识别载荷组合，如图 3.45 所示。

图 3.45 前端横摆工况载荷组合设置图示

9）设置弯曲及扭转激励和响应 set 集（激励和响应为同一点，本文采用四点法），如图 3.46 所示。set 点定义如图 3.47 所示。

图 3.46 弯曲及扭转响应 set 集设置图示

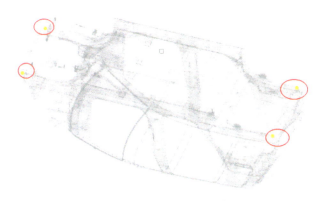

图 3.47　弯曲及扭转模态识别 set 点定义图示

10）设置前端横摆激励和响应 set 集（激励和响应为同一点，一般设置为纵梁前端），如图 3.48 所示。set 点定义如图 3.49 所示。

图 3.48　前端横摆响应 set 集设置图示

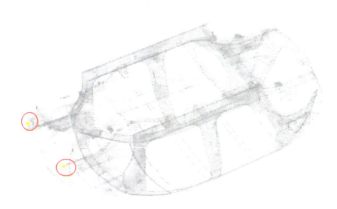

图 3.49　横摆模态识别 set 点定义图示

11）设置弯曲模态计算工况，同时设置输出响应点，本文采用加速度响应，如图 3.50、图 3.51 所示。

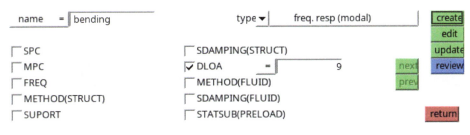

图 3.50　弯曲工况设置图示

45

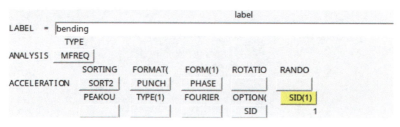

图 3.51　弯曲工况输出设置图示

12）设置扭转模态计算工况，同时设置输出响应点，本文采用加速度响应，如图 3.52、图 3.53 所示。

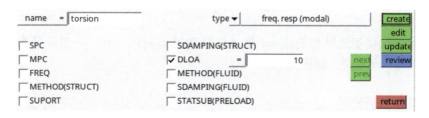

图 3.52　扭转工况设置图示

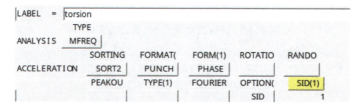

图 3.53　扭转工况输出设置图示

13）设置前端横摆模态计算工况，同时设置输出响应点，本文采用加速度响应，如图 3.54、图 3.55 所示。

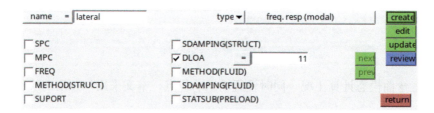

图 3.54　前端横摆设置图示

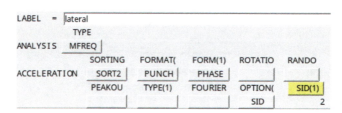

图 3.55　前端横摆输出设置图示

3. 弯曲模态识别结果

图 3.56 是白车身弯曲模态识别结果，从图 3.56 中可以看出，在 53Hz 左右，四个响应点的幅值最大，且四点的相位同时通过 90°，第 2 幅图为相位图，纵坐标为相位角，初步可判定该模态为白车身的一阶整体模态。再结合模态结果图 3.57 进行综合判定，可知该模态为白车身的一阶整体弯曲模态。

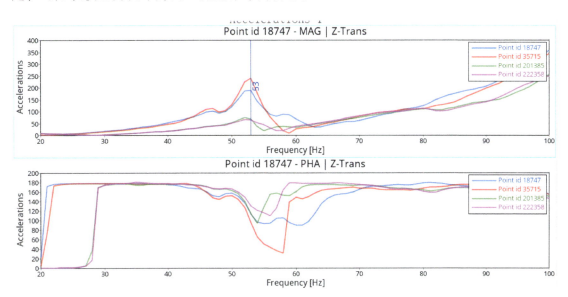

图 3.56 弯曲模态识别曲线图示

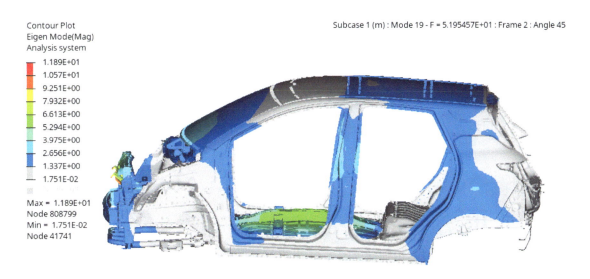

图 3.57 弯曲模态振型图示

4. 扭转模态识别结果

从白车身扭转模态识别结果图 3.58 中可以看出，在 35Hz 左右，后两个响应点的幅值最大，其中后端两点和前端两点分别通过90°和270°，初步可判定该模态为白车身的后端扭转模态。在54Hz左右，四个响应点幅值达到最大，相位分别通过90°和270°，且相位走向趋势一致，再结合模态结果图3.59和图3.60进行综合判定，即35Hz和54Hz模态分别为白车身的后端扭转模态以及一阶整体扭转模态，但后端扭转模态对整车的NVH性能更为重要，亦即需要重点关注该低阶模态。

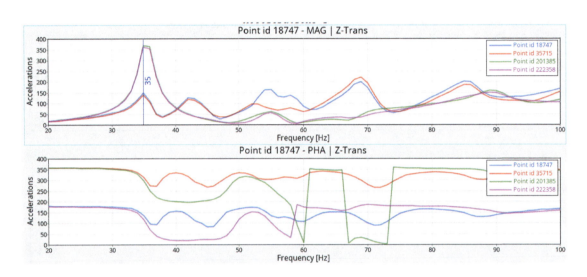

图3.58　扭转模态识别曲线图示

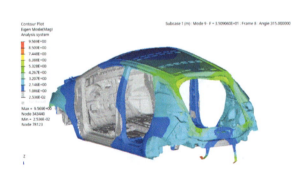

图3.59　后端扭转模态振型图示

图3.60　整体扭转模态振型图示

5. 前端横摆模态识别结果

从白车身前端横摆模态识别结果图3.61中可以看出，在42Hz左右，前端两个响应点的幅值最大，且两点的相位同时通过90°，初步可判定该模态为白车身的一阶整体模态。再结合模态结果图3.62进行综合判定，可知该模态为白车身的一阶前端横摆模态。

6. 车身模态对标分析结果

根据该流程建立的某白车身自由模态与试验对标分析结果对比见表3.4，车身及部分附件模态参考值见表3.5~表3.8。

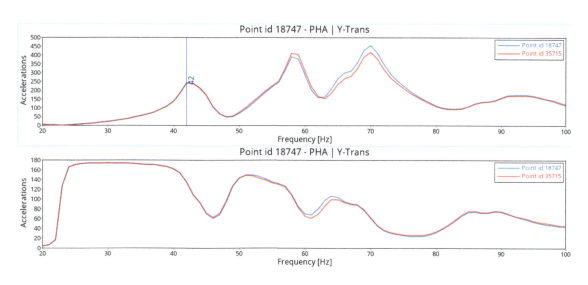

图 3.61 前端横摆模态识别曲线图示

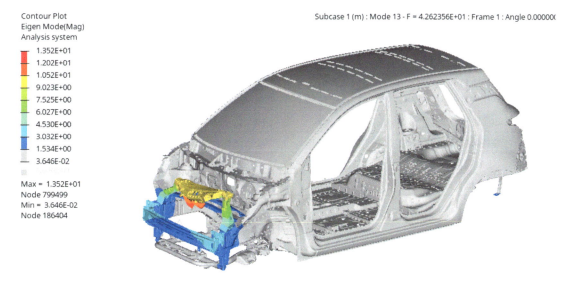

图 3.62 前端横摆模态振型图示

表 3.4 某白车身自由模态对标分析结果

阶次	模态振型	CAE/Hz	试验/Hz	GAP/Hz
1	火柴盒模态	27.43	27.01	1.55%
2	一阶扭转模态	29.46	29.33	0.44%
3	前端横摆模态	31.18	32.62	-4.41%
4	前端垂向模态	33.05	31.97	3.38%
5	一阶弯曲模态	37.05	37.13	-0.22%

表 3.5　某电动车 BIP 模态参考值　　　　　　　　　　　（单位：Hz）

整体模态		局部模态					
一阶弯曲	一阶扭转	前舱横摆	前围	顶盖	前、后地板	备胎池	侧围
45	40	45	55	45	50	50	40

表 3.6　某电动车 TB 模态参考值　　　　　　　　　　　（单位：Hz）

一阶弯曲	一阶扭转	前舱横摆	后端扭转	后端呼吸
28~30	28~32	30	30	30

表 3.7　某电动车 BIP 刚度（带电池包）参考值

弯曲刚度（门槛梁取点）	扭转刚度
15000~20000N/mm	13000~40000N·m/deg

表 3.8　部分附件模态参考值　　　　　　　　　　　　　（单位：Hz）

名称	模态目标	名称	模态目标
驱动轴模态	>200	转向盘对地模态	>65
前副车架模态	>140	CCB 对地模态	>180
转向泵、空压机模态	>300	转向盘+转向管柱（对地）模态	>55
蓄电池支架模态	>35	转向盘+转向管柱+CCB+IP（对地）模态	>45
轮辋模态	>250	转向盘+转向管柱+CCB+IP（整车）模态	>35
轮辋侧向刚度	>55~60	制动主缸、备胎、天窗（整车）等模态	>30
冷却模块（整车）模态	<20	中控台、加速踏板、离合踏板等模态	>35
座椅单独对地模态	>17~18	大屏模态	>40
座椅带 BIP 模态	16~20	前、后保险杠模态	>25
发电机支架模态	>225	—	—

3.3　小结

本章详细阐述了车身建模中涉及的各种方法、技巧和流程，同时阐述了车身模态振型的识别方法和操作技巧，使读者对车身建模中的一些注意事项，以及各种建模技术有一个清晰的认识和理解。

思考题

1. 车身建模中焊点建模方法有哪几种？
2. 车身建模中粘胶建模方法有哪几种，是否还有其他方法？
3. 车身典型模态识别方法有哪些，如何通过模态识别结果确定真正的结构模态？

第4章
闭合件模型的处理方法及难点

闭合件是整车中一个非常重要的系统，通常包括侧门、尾门、机舱盖和天窗等，即通常所说的四门两盖或两门两盖。门盖系统是整车 NVH 建模中非常重要的一部分，其性能直接影响整车 NVH 表现，如关门的声品质、尾门的整车压迫感等。

4.1 侧门总成及建模

闭合件总成主要包括汽车的侧门、尾门、机舱盖以及移动式天窗等，图 4.1 所示为某车型前门总成图示。

4.1.1 侧门结构及组成

车门结构一般由车门内板（一般连接窗框）、车门外板、车门加强板等组成。根据不同材质一般分为热/冷轧钢板、表面处理钢板、不锈钢板、高强度钢板等。一般外钣金材料厚度在 0.7mm 左右，内钣金厚度种类较多，且其结构可能是整体件，亦或是拼焊件（如 1.2mm+0.7mm），具体根据产品开发要求而定，如图 4.2 所示。

图 4.1 某车型前门总成图示

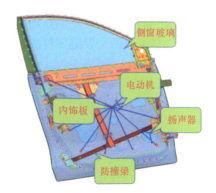

图 4.2 某车型前门组成图示

4.1.2 门盖密封条结构及组成

门盖系统密封条是整车中一个非常重要的零部件，其对整车的密封性以及整车 NVH 性能有着非常重要的影响。根据安装位置的不同,可分为门洞密封条、水切密封条、天窗密封条、防噪声密封条及防尘条等,如图 4.3 所示。

汽车密封条通常用于车门、车窗、车身、座椅、天窗、发动机舱和行李舱等部位,安装于客车行李舱门的橡胶铰链,还具有防水、密封以及隔声降噪等作用。

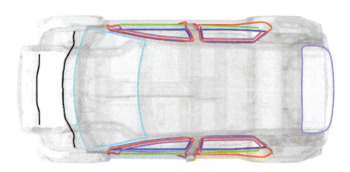

图 4.3 密封条位置图示

4.2 门盖铰链的建模方法

铰链作为门盖系统中的旋转件,承载着门盖与车身,形成一个相互运动的模式。对铰链的准确建模非常重要,需要准确地模拟出铰链的运动形式。通常情况下冲压铰链一般采用六面体单元划分,在厚度方向上需要两三层单元,如图 4.4 所示。铰链可采用 RBE2 或 CBAR 单元模拟,注意释放绕铰链轴旋转方向的自由度,两个铰链的旋转轴需要一致。如果铰链为铸造件,其形状比较复杂,一般采用四面体单元划分。

4.2.1 铰链采用 RBE2 建模基本操作流程

1) 首先分别找到上下两个铰链的中心点,如图 4.4a 所示。
2) 根据建立的两个中心点创建局部坐标系,如图 4.4b~d 所示。
3) 分别创建上部两个铰链零件的连接点 rigid,如图 4.4e~g 所示。

a)

b)

图 4.4 铰链建模流程图示

第 4 章 闭合件模型的处理方法及难点

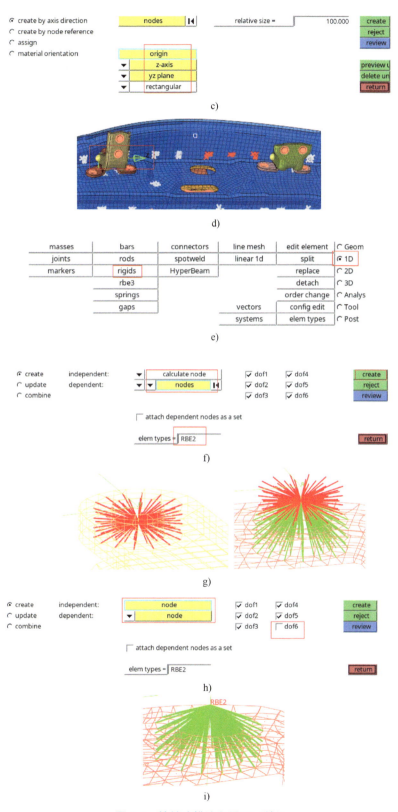

图 4.4 铰链建模流程图示（续）

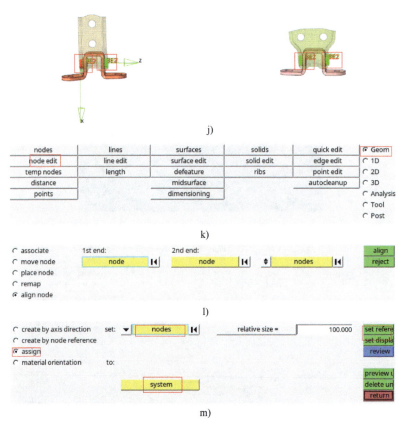

图 4.4 铰链建模流程图示（续）

4）根据两个连接点，采用 RBE2 创建上部铰链，由于是绕局部坐标系 Z 轴旋转，即需要释放 dof6，如图 4.4h、i 所示。

5）同理，创建其余三个连接点，即共四个释放 dof6 的 RBE2 单元，如图 4.4j 所示。

6）将四个 RBE2 节点在局部坐标系下共线，并赋予局部坐标系，如图 4.4k~m 所示。

7）进行自由模态计算，若铰链建立正确，两个铰链的转动刚体模态频率约为 0Hz。如图 4.5 所示，上下部铰链刚体模态频率分别为 7.81×10^{-3} Hz 和 7.26×10^{-3} Hz。

图 4.5 前门铰链模态图示（共点）

8）在采用 RBE2 模拟，各连接点共线时，可以不共点，此时的计算结果和共点一致。这种建模方法比较高效，如图 4.6 所示。

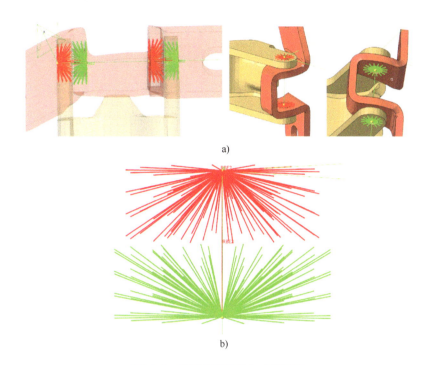

图 4.6 前门铰链不共点建模图示

9）进行自由模态计算，若铰链建立正确，两个铰链的转动刚体模态频率约为 0Hz。如图 4.7 所示，上下部铰链刚体模态频率分别为 7.74×10^{-3}Hz 和 7.32×10^{-3}Hz。

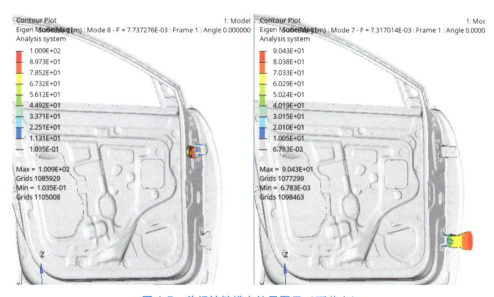

图 4.7 前门铰链模态结果图示（不共点）

4.2.2 铰链采用 RBE2+CBAR 单元建模基本操作流程

1）首先建立铰链螺栓的截面属性等，其操作流程如图 4.8 所示。

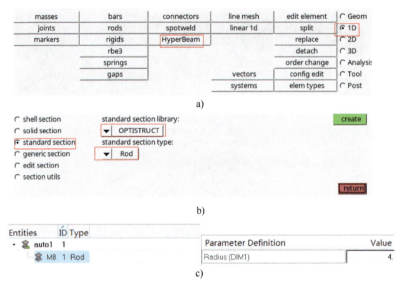

图 4.8 铰链螺栓 CBAR 单元截面建模图示

2）建立铰链螺栓 CBAR 单元属性等，其操作流程如图 4.9 所示。

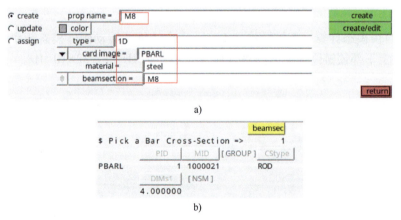

图 4.9 铰链螺栓 CBAR 单元属性建模图示

3）建立铰链螺栓 CBAR 单元，其操作流程如图 4.10 所示。

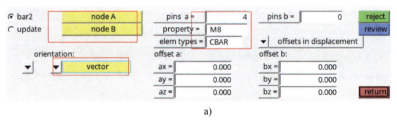

图 4.10 铰链螺栓 CBAR 单元建模图示

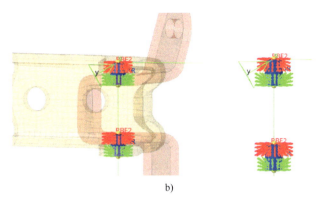

b)

图 4.10 铰链螺栓 CBAR 单元建模图示（续）

4）进行自由模态计算，若铰链建立正确，两个铰链的转动刚体模态频率约为 0Hz。如图 4.11 所示，上下部铰链刚体模态频率分别为 $7.87×10^{-3}$Hz 和 $7.21×10^{-3}$Hz。

图 4.11 前门铰链模态图示（局部坐标系）

5）进行自由模态计算，若铰链建立时不建立局部坐标系，即参考全局坐标系，如图 4.12 所示，上下铰链刚体模态频率分别为 $8.83×10^{-3}$Hz 和 $1.06×10^{-2}$Hz，特别是下铰链刚体转动模态明显偏大，若铰链安装与全局坐标系有较大的夹角，转动刚体模态会更大，建议在局部坐标系下模拟铰链转动关系。

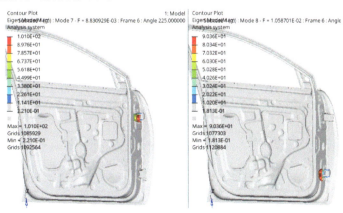

图 4.12 前门铰链模态图示（全局坐标系）

4.3 门盖总成及附件的建模方法

4.3.1 门盖锁的组成及建模方法

(1) 门锁的刚度参数　锁体用质量点（CONM2）模拟，采用 RBE2+CBUSH 单元模拟锁和车身的连接，CBUSH 单元模拟锁的刚度，如图 4.13 所示。

通常情况下门锁的刚度值用 X 表示纵向，Y 表示横向，Z 表示法向，其刚度值可参考表 4.1。

表 4.1　门锁刚度参数（参考）

自由度	单位	门盖	机舱盖
X	N/mm	1	1000
Y	N/mm	4000	750
Z	N/mm	$1×10^5$	5500
R_x	N·mm/rad	$1×10^5$	$1.5×10^6$
R_y	N·mm/rad	—	$5×10^6$
R_z	N·mm/rad	$5×10^5$	—

当门锁处的局部坐标系与整车坐标系不平行时，需要建立局部坐标系，如图 4.14 所示。

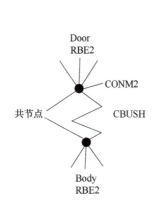

图 4.13　门锁模拟图示

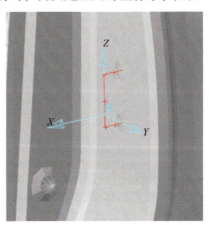

图 4.14　门锁局部坐标系图示

(2) 侧门锁的建模方法及操作流程

1) 建立门锁刚度属性，如图 4.15 所示。

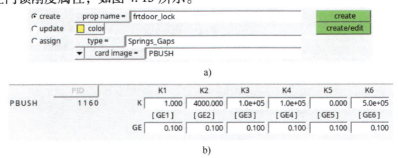

图 4.15　门锁刚度建模图示

2) 建立门锁的几何中心及连接。在门锁的几何中心建立两个重合临时节点，用于模拟车门与车身锁扣连接。具体的门锁 CBUSH 单元建模操作流程如图 4.16 所示。

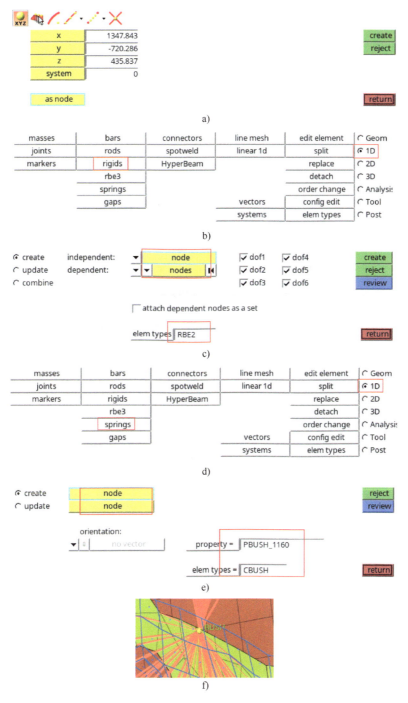

图 4.16　门锁 CBUSH 单元建模图示

3) 在车门侧临时节点建立门锁质量，其操作流程如图 4.17 所示。

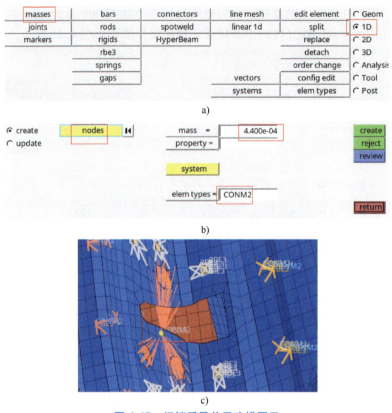

图 4.17 门锁质量单元建模图示

4.3.2 门盖密封条的建模方法

密封条的刚度需要通过试验获取，如某车型密封条的法向压缩刚度见表 4.2。若无实际刚度值，可采用表 4.3 推荐的典型密封条刚度参考值，弹性单元间隔一般为 40~60mm。

表 4.2 某车型密封条的法向压缩刚度（每 100mm 压缩载荷）

名称	位置	法向刚度/(N/mm)	中值刚度/(N/mm)
发动机舱盖	前密封条	3.0±1.5	0.03
	储物盒密封条	6.0±2.0	0.06
	后密封条	8.0±2.0	0.08
尾门	密封条	8.0±2.0	0.08
侧窗玻璃槽	玻璃与门框	6.0±2.0	0.06
	外水切	6.0±1.5	0.06
	内水切	8.0±1.5	0.08
侧门	门框密封条	4.5±1.5	0.045
	门洞密封条	4.0±1.0	0.04

表 4.3 密封条刚度参考值

自由度	单位	车身/门	玻璃/门	水切（玻璃下部密封条）
切向	(N/mm)/mm	0.7	1	0.8
轴向	(N/mm)/mm	0.2	0.7	0.6
法向	(N/mm)/mm	0.01	1	0.4
绕切向方向扭转	(N·mm/rad)/mm	—	4000	—

（1）缓冲块的建模　一般采用弹性单元模拟，缓冲块只赋予三个平动方向的刚度，若缓冲块安装面与整车坐标系不一致，需要建立局部坐标系，如图 4.18 所示。

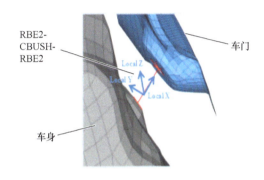

图 4.18　缓冲块局部坐标系图示

缓冲块刚度一般由设计部门或试验提供，模型中需赋予实际刚度值；若无法提供实际刚度值，可采用表 4.4 推荐的典型缓冲块的刚度参考值。

表 4.4　缓冲块刚度参考值

自由度	单位	刚度值
法向	N/mm	200
轴向	N/mm	50
切向	N/mm	50

（2）玻璃密封条以及水切建模等　如果玻璃同玻璃槽口的缝隙不均，橡胶条与玻璃、玻璃槽接触不良，容易产生异响且影响胶条的使用寿命。汽车密封条能保证开关车门沉稳厚重，还能使车内避风雨、防尘、隔热、隔声，并对门窗交接的边缘起到装饰的效果。当车身受到振动与扭曲时，密封条还能起到缓冲、吸振、保护玻璃的作用。

玻璃胶槽及水切的密封条建模方法及流程如图 4.19 所示，其中玻璃与门框两侧边及水切位置密封条一般在玻璃内、外侧均需要建立，弹性单元建议间隔 40~60mm，本次操作采用 50mm 建模。该密封条刚度参考值见表 4.5。

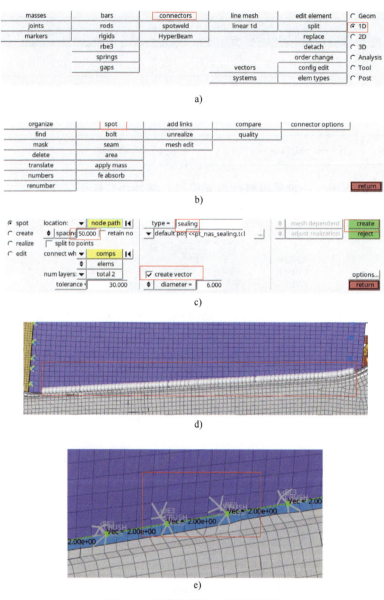

图 4.19 玻璃胶槽及水切建模图示

表 4.5 玻璃胶槽密封条刚度参考值

自由度	单位	玻璃/门	水切（玻璃下部密封条）
切向	(N/mm)/mm	1	0.8
轴向	(N/mm)/mm	0.7	0.6
法向	(N/mm)/mm	1	0.4
绕切向方向旋转	(N·mm/rad)/mm	4000	—

采用 sealing 方法建立的玻璃密封条由 RBE3-CBUSH-RBE3 组成，同时生成了绿色的几何 connector 信息，该几何建议不要删除，可以利用该绿色几何进行密封条的镜像。

1) 采用 sealing 方法建立密封条不需要建立局部坐标系以及赋予相应的坐标系，其单元坐标系如图 4.20 所示；通过矢量的方式建立 CBUSH 单元，该单元的属性如图 4.21 所示。水切密封条单元 CBUSH 三个方向的属性为：K1 为法向，即两零件相对方向；K2 为轴向，根据 X-Y 平面及矢量 V 确定；K3 为切向，即沿着密封条长度方向。

图 4.20 玻璃胶槽及水切单元坐标系图示

PBUSH	PID		K1	K2	K3	K4	K5	K6
	1000013	K	20.000	30.000	40.000	0.000	0.000	0.000

图 4.21 玻璃胶槽及水切单元属性图示

2) 门与玻璃胶槽密封条 CBUSH 的三个方向和水切一致，只是多了绕切向方向旋转的扭转刚度，其属性如图 4.22 所示。

PBUSH	PID		K1	K2	K3	K4	K5	K6
	1300042	K	50.000	35.000	50.000	0.000	0.000	2.0e+05

图 4.22 门与玻璃胶槽密封条单元属性图示

（3）门洞密封条的建模方法 门洞密封条的建模方法有很多种，本例主要采用 sealing 方法，且采用 vector 进行密封条建模，该方法相对高效且实用；同时避免了对每个 CBUSH 赋予相应的局部坐标系，非常便捷高效。由于门洞密封条主要是门内板、侧窗玻璃框等与车身侧围之间的连接，建模时可单独将这些部件显示出来，然后再进行建模，如图 4.23 所示。

图 4.23 门内板及侧窗玻璃框与车身侧围建模图示

1) 矢量法中 vector 建立的单元方向定义如图 4.24a 所示。在 vector 中两个点 GA 和 GB 为法向，即 X 向，沿密封条长度方向为 Z 向，则根据右手定则，另一方向为 Y 向，据此可给 CBUSH 赋予相应的刚度，如图 4.24b 所示。

2) 采用 Sealing 方法，同时在 location 处选择 node path 建模非常快捷，具体操作流程如图 4.25 所示。

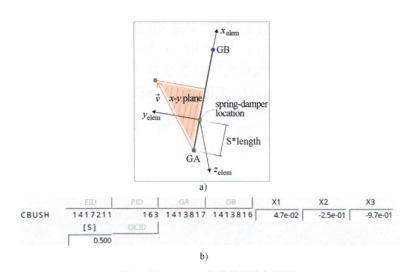

图 4.24 vector 方式单元坐标图示

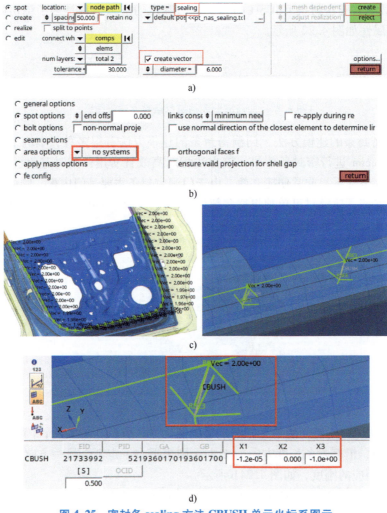

图 4.25 密封条 sealing 方法 CBUSH 单元坐标系图示

3) 为了更精细建模，应考虑密封条的质量，将整圈密封条质量平均分布到每个 CBUSH 节点，包括 CBUSH 单元的两个节点；如左前门内圈密封条质量为 1.125kg，CBUSH 单元节点个数为 282，则每个节点质量为 1.125/282＝0.00399kg，如图 4.26 所示。

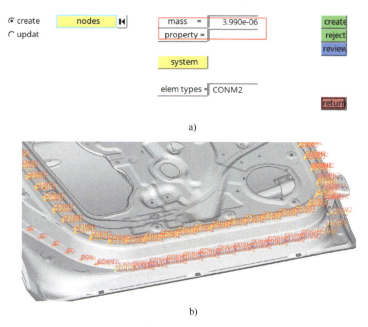

图 4.26　密封条质量单元建模图示

4.3.3　门盖膨胀胶的生成方法

1) 在闭合件模型中，膨胀胶应用较多，如门外板与防撞梁间的连接、后背门外板与内板之间的支架连接等；通过膨胀胶可将两处零件紧密连接在一起，提升整体刚度性能。膨胀胶的建模方法可参阅第 3 章中的相关内容，本章以门外板与防撞梁为例进行讲述，详细的操作流程如图 4.27 所示。

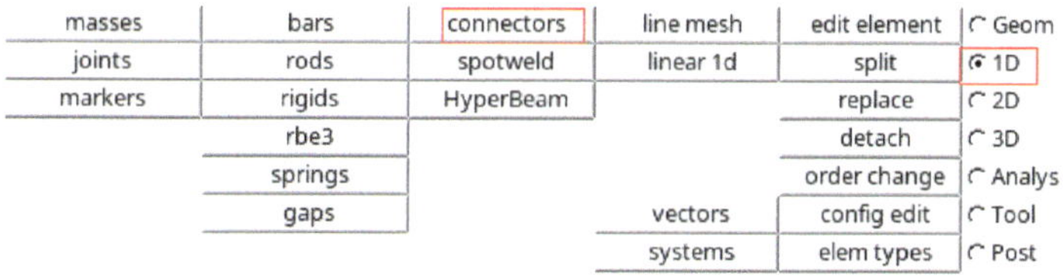

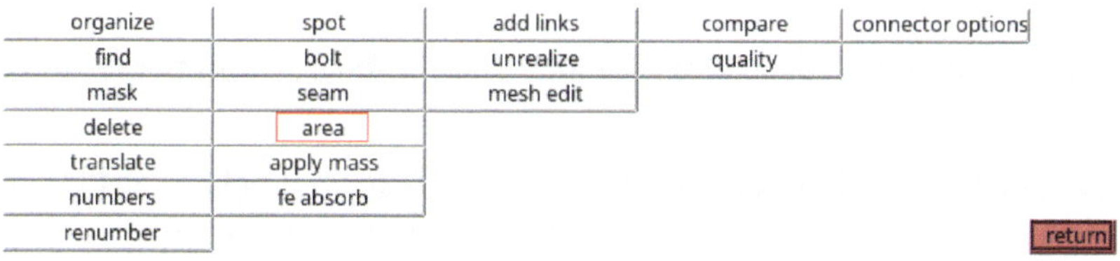

图 4.27　门盖膨胀胶建模图示

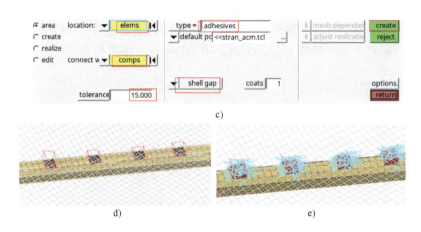

图 4.27 门盖膨胀胶建模图示（续）

2) 完成的膨胀胶模型由 RBE3-HEX8-RBE3 组成，然后建立膨胀胶的属性，再将属性赋予 HEX8 实体单元即可，详细的操作流程如图 4.28 所示。

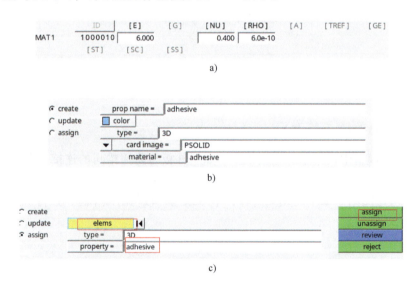

图 4.28 门盖膨胀胶属性建立图示

4.3.4 门盖内饰附件的建模

内饰门包括完整的附件，即为最终实车状态下的完整门，一般包括外后视镜、内饰板、扬声器、线束、玻璃升降器及电动机等。

1) 这些附件的建模，将在后续章节专门进行讲解。一般像电动机等刚度较大的附件，采用 RBE2 + MASS 单元，门内饰板等刚度较小的采用 RBE3 + MASS 建模，如图 4.29 所示。

2) 门玻璃升降电动机的建模，如图 4.30 所示。

第4章 闭合件模型的处理方法及难点

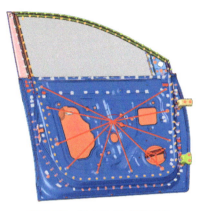

图4.29 门内饰板建模图示

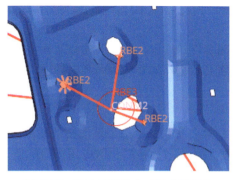

图4.30 门玻璃升降电动机建模图示

3）门线束采用平均分布，即将整条线束的质量平均分布到各安装点上，如某条线束总质量为 0.5kg，总共有 10 个安装点，即每个点的质量为 0.05kg，如图 4.31 所示。

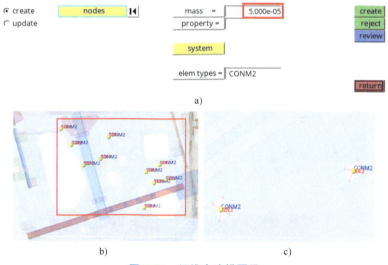

图4.31 门线束建模图示

4）门外后视镜的建模，一般采用 RBE2+CONM2 模拟，如图 4.32 所示。

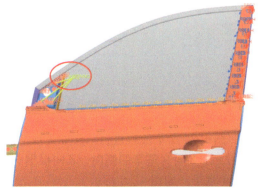

图4.32 门外后视镜建模图示

67

4.4 尾门锁扣建模流程

在闭合件建模中，门锁的建模非常关键，尤其是尾门锁扣的建模。在建立尾门锁扣的过程中，需要根据门的开启方向和运动模式进行综合考虑。

4.4.1 尾门锁扣坐标系建立方法

（1）第一种情况　采用尾门锁的质量中心建立锁扣，即锁的几何重心和锁扣连接点重合，该方法相对较为粗糙，但应用较为广泛。尾门在关闭和开启过程中，是绕车身两个铰链旋转开启，即在建立局部坐标系时，有一个方向需要指向铰链的轴线，具体建模步骤如下。

1）首先建立铰链的中点，可以先分别建立左右侧铰链的临时节点，然后通过临时节点建立其中点，如图4.33a所示。

2）锁扣局部坐标系的建立。采用笛卡儿坐标系建模方法，首先建立一个方向的临时节点，作为Y向的指向方向，可以采用复制并移动锁扣中心点的方法建立，如图4.33b、c所示。

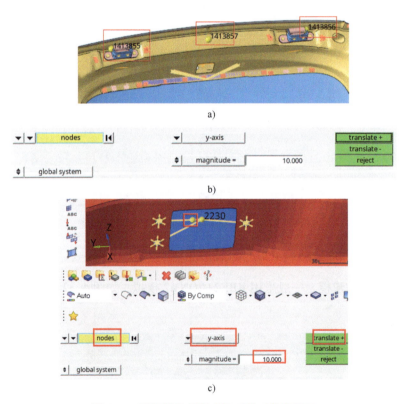

图4.33　尾门锁扣局部坐标系临时节点图示

建立局部坐标系，可参照图4.34所示流程进行。建立完成的尾门锁扣坐标系如图4.34c所示，其中X向为尾门开启方向，Y向为整车的侧向，Z向根据右手定则确定。

3）尾门锁扣属性的建立和赋予，如图4.35所示。

第 4 章 闭合件模型的处理方法及难点

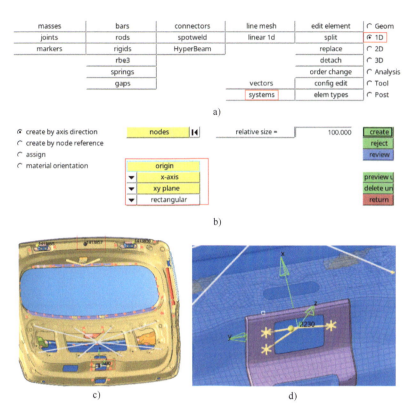

图 4.34 尾门锁扣局部坐标系建模图示

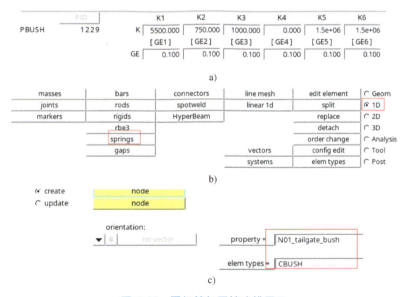

图 4.35 尾门锁扣属性建模图示

选择尾门锁扣和车身侧的两个节点，建立锁扣 CBUSH；若只有尾门，可以先建立一个重合临时节点，在计算尾门约束模态时，可以约束车身侧的临时节点。

同时，将尾门锁的质量赋予尾门侧的锁扣连接点，即一般情况尾门锁在尾门上。

（2）第二种情况 采用尾门锁的啮合点建立锁扣。即锁的几何重心单独建模，该方法相对较为精细，在实际工程中推荐采用第二种建模方法。

4.4.2 尾门限位块的建模流程

限位块是门盖系统中非常重要的一个附件，主要起着限位的作用，对整车 NVH 等性能有着重要影响，根据工程实际，尾门引起的实车 NVH 问题由限位块导致占有一定的比例。限位块的建模采用 RBE2-CBUSH-RBE2 单元，同时需要建立局部坐标系。

1）局部坐标系可参照以下流程进行。首先建立 RBE2 中心点，并将该中心点按安装面法向移动一定距离，方便建立局部坐标系的法向，如图 4.36、图 4.37 所示。

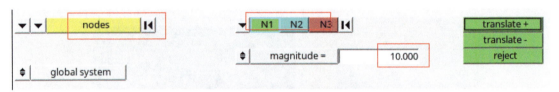

图 4.36　限位块局部坐标系建模图示 1

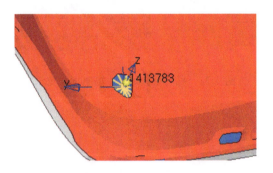

图 4.37　限位块局部坐标系建模图示 2

2）将 RBE2 中心点移动到临时节点处，同时在移动的节点上再建立一个重合点，便于建立 CBUSH 单元，如图 4.38 所示。

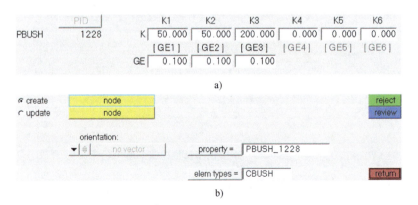

图 4.38　限位块属性建模图示

第4章 闭合件模型的处理方法及难点

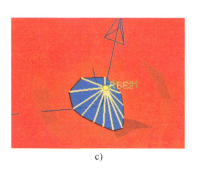

c)

图4.38 限位块属性建模图示（续）

4.4.3 尾门气弹簧的建模流程

气弹簧是尾门系统中一个非常重要的附件，它连接尾门与车身，在尾门开启时，通过气弹簧的阻尼可以控制开门的速度，其位置如图4.39所示。

图4.39 气弹簧位置图示

1）气弹簧两头采用球铰连接，在 NVH 建模中采用 RBE2 模拟，连接处释放 4~6 自由度，如图4.40所示。

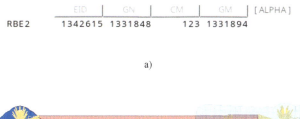

a)

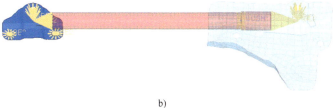

b)

图4.40 气弹簧建模

71

2) 中间处的阻尼与刚度采用 CBUSH 单元模拟，该值通过试验获取，如图 4.41 所示。

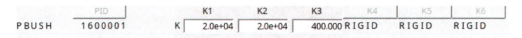

图 4.41　气弹簧阻尼建模图示

4.5　闭合件系统的模态验算

一般对建立好的内饰车门进行约束模态计算时，约束车身侧锁扣、限位块及密封条的 1~6 自由度，如图 4.42 所示。通过模态计算验证模型的正确性并进行结果对比，以便为后续的进一步优化提供方向等，分析结果见表 4.6，各阶模态的振型如图 4.43~图 4.46 所示。

图 4.42　车门约束模态分析模型图示

表 4.6　闭合件约束模态分析结果

模态振型	频率/Hz	参考值/Hz
机舱盖一阶扭转	21.1	>20
机舱盖一阶弯曲	28.2	>25
左前门内板	30.9	>30
尾门一阶弯曲	32.5	>30

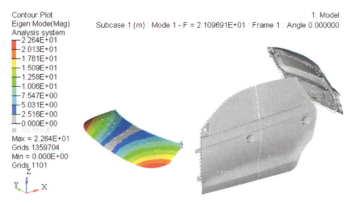

图 4.43　机舱盖扭转模态图示

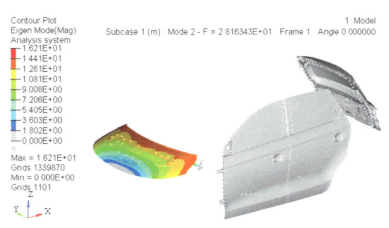

图 4.44　机舱盖弯曲模态图示

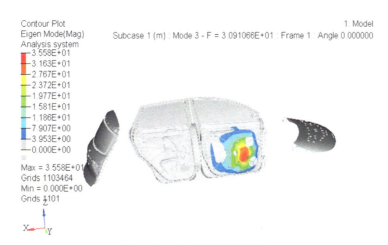

图 4.45　前门内板模态图示

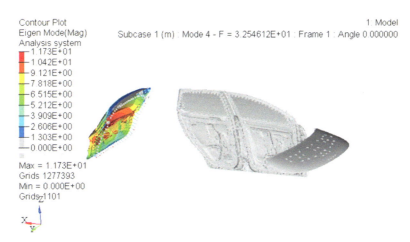

图 4.46　尾门弯曲模态图示

4.6　小结

本章详细阐述了闭合件建模中涉及的各种方法、技巧和流程,包括密封条、铰链、锁扣等,使读者对闭合件建模中的一些注意事项和细节有一个清晰的认识和理解。

思考题

1. 闭合件建模中铰链建模方法有哪几种,如何判定铰链建模的正确性?
2. 密封条常见建模方法有哪几种,是否还有其他方法?

第 5 章
转向系统模型的处理方法及难点

转向系统是汽车中非常重要的一个系统，属于汽车底盘系统。随着技术的发展，常规的机械转向逐渐演变为电动助力转向系统等，转向也越来越轻便、稳重，如图 5.1 所示。

图 5.1　典型的转向系统图示

5.1　转向系统建模流程

5.1.1　转向系统参数准备

转向系统建模需要的参数主要包括转向盘、驾驶员安全气囊、前排乘客安全气囊、转向管柱、仪表横梁、仪表、HAVC 以及相关附件等的质量、质心和转动惯量等，转向系统总成模型如图 5.2 所示。

5.1.2　转向系统建模

转向系统模型由转向盘总成、转向管柱、仪表板横梁以及转向机等组成。

图 5.2　转向系统总成模型

(1) 转向盘建模

1) 转向盘用来控制方向,其作为安全件对车辆和人员安全起关键作用。转向盘骨架一般采用镁铝合金,重量轻,性能指标好;考虑到成本和实际情况,有些情况,如商用车转向盘可能会采用钢制材料。转向盘表面主要为发泡材料、外包真皮及镶嵌桃木。对于转向盘骨架,一般采用六面体划分,单元尺寸约为 4mm,单元类型为 HEX8;若为铸造件,其结构较为复杂,一般采用二阶四面体单元划分,单元尺寸约为 4mm,单元类型为 TETRA10,如图 5.3 所示。

2) 转向盘的配重建模。转向盘表面有蒙皮和安全气囊等附件,安全气囊配重一般采用 CONM2+RBE3 模拟,如图 5.4 所示;蒙皮可以采用 MASS 点均布到转向盘骨架或通过调整转向盘骨架的密度实现,即将蒙皮的质量加到转向盘骨架上,一起通过质量除以体积实现密度的配重,如图 5.5 所示。

a) 四面体网格

b) 六面体网格

图 5.3 转向盘模型图示

图 5.4 安全气囊配重建模图示

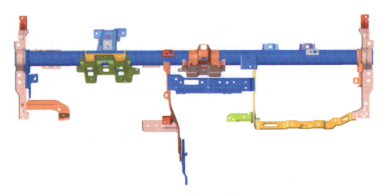

图 5.5 安全气囊密度配重修正图示

(2) 仪表横梁建模 仪表横梁及支架是安装转向盘、安全气囊、线束以及显示屏等的重要部件,其建模一般采用四边形和三角形单元组合,以四边形单元为主,单元尺寸为 4~5mm,单元类型为 QUAD4 和 TRIA3,如图 5.6 所示。

图 5.6 仪表横梁建模图示

1）各部件之间的连接有焊缝、螺栓等，对于焊缝主要采用 RBE2 单元模拟，其连接区域根据实际的焊缝位置进行连接，操作方法如下：在选择 nodes 时可通过 by path 方式进行选择，即一次可选择连续区域的节点；同时在 options 里勾选 non-normal projection，即选择节点连接时，不会出现焊缝间断情况，与实际焊缝连接相吻合，如图 5.7 所示。

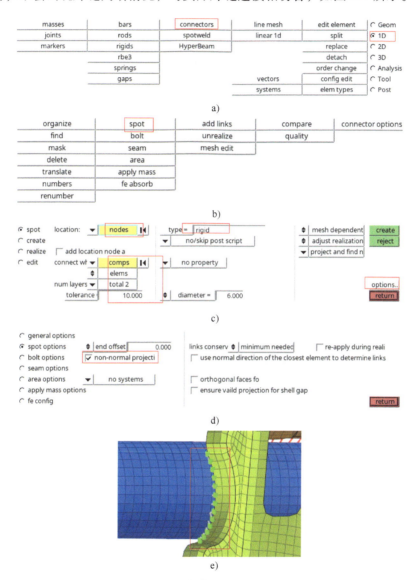

图 5.7　仪表横梁焊缝建模图示

2）在所有焊缝完成后，需要通过 1D 操作检查自由单元、重复单元以及非独立单元。有 4 个 rigid 单元是双重依赖的，这时需要将这 4 个单元保存为失效，然后通过 1D 面板中的 rigids 进行 switch 转换，再次检查显示有 0 个单元双重依赖，如图 5.8 所示。

（3）转向管柱中的轴承模拟

1）一般通过 CBUSH 单元刚度实现，或者通过 RBE2 单元释放自由度实现，而 RBE2 单元模拟时的刚度一般比较大，采用 CBUSH 单元模拟应用相对较为广泛。转向管柱轴承的位

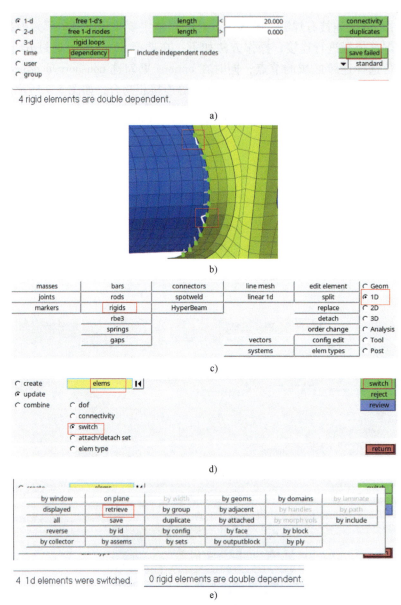

图 5.8　仪表横梁焊缝单元自由度检查图示

置如图 5.9 所示。转向管柱应建立详细的网格模型，通过建立一个 CBUSH 单元（在局部坐标系下）模拟管柱的相对转动，如图 5.10 所示。轴承的刚度值可参考表 5.1。

表 5.1　轴承刚度值（参考）

自由度	单位	轴承刚度
X	N/mm	$1×10^4$
Y	N/mm	$1×10^4$
Z	N/mm	$1×10^6$
R_x	N·mm/rad	$1×10^7$
R_y	N·mm/rad	$1×10^7$
R_z	N·mm/rad	50（10）

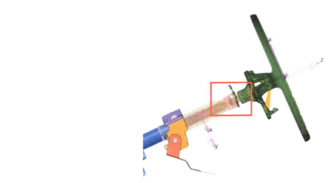

图 5.9 转向管柱轴承位置图示

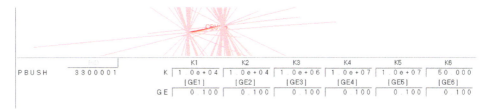

图 5.10 转向管柱轴承属性图示

2）转向管柱有轴承、花键等连接。花键主要是两个零件能相互移动，即需要建立移动副关系，一般采用 RBE2 单元模拟（也可采用 CBUSH 单元模拟），以释放轴向自由度，需位于局部坐标系下，如图 5.11 所示。

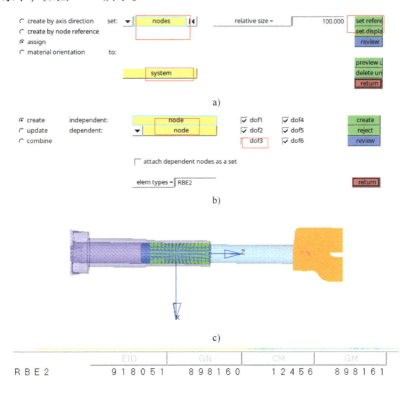

图 5.11 转向管柱花键建模图示

（4）十字轴建模　十字轴更精确的是采用 Ujoint 模拟，但采用 CBAR 或 RBE2 模拟其运动关系也较为普遍。

1）采用 CBAR 单元模拟十字轴的运动，首先建立十字轴的截面属性及单元属性。然后在 1D 中的 bars 选择属性和单元类型，为了模拟十字轴的相对运动，pins a 设为 0，pins b 设为 4，具体的建模流程如图 5.12 所示。

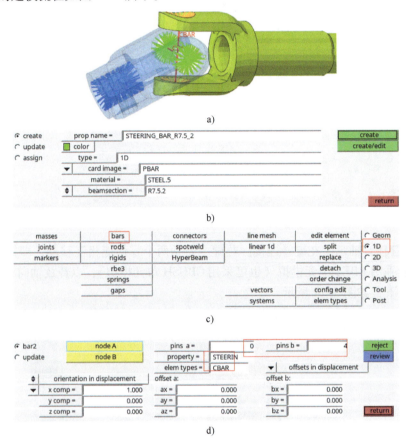

图 5.12　十字轴 CBAR 模拟建模图示

2）十字轴采用 RBE2 单元模拟相对运动，此时需要建立局部坐标系，并把十字轴中心点分别赋予局部坐标系，两个十字轴采用 RBE2 释放 4、5 自由度，如图 5.13 所示。

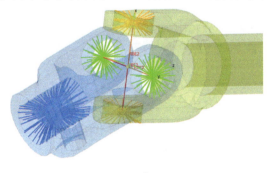

图 5.13　十字轴 RBE2 模拟建模图示

第 5 章 转向系统模型的处理方法及难点

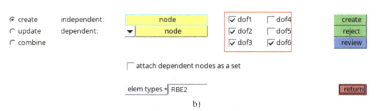

b)

图 5.13　十字轴 RBE2 模拟建模图示（续）

3）不管采用哪种建模方法，只要能实现两个十字轴叉相互之间的相对运动即可，采用 CBAR 单元应用相对较为广泛。

5.1.3　转向机齿轮齿条模拟

转向机齿轮齿条的相对运动关系模拟，一般采用 MPC 方程建立，其目的是实现转向管柱（齿轮侧）与转向机中齿条侧的转动转换为齿条的移动，如图 5.14 所示。

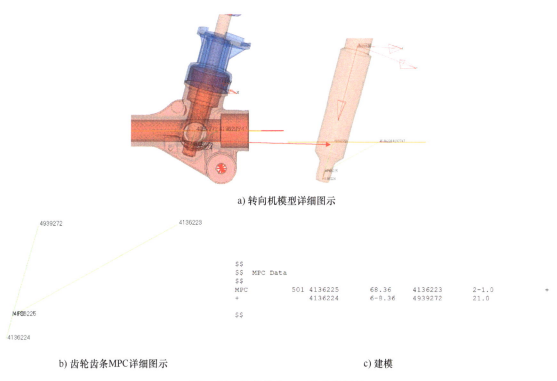

a) 转向机模型详细图示

b) 齿轮齿条 MPC 详细图示　　　　　　　　　　c) 建模

图 5.14　齿轮齿条 MPC 建模图示

5.2　MPC 介绍

5.2.1　MPC 的相关概念

MPC（Multi-Point Constraints）即多点约束，在有限元计算中应用很广泛，它允许在计算模型不同的自由度之间强加约束。简单来说，MPC 定义的是一种节点自由度的耦合关系，即以一个节点的某几个自由度为标准值，然后令其他指定的节点的某几个自由度与这个标准值建立某种关系。多点约束常用于表征一些特定的物理现象，比如刚性连接、铰接、滑动等。多点约束也可用于不相容单元间的载荷传递，是一项重要的有限元建模技术。MPC 技术广泛应用于整车建模中，或许每个人都有自己的理解，在此仅根据自己的理解和实际工程做一些探讨。

大部分转向系统运动传递都是通过齿轮齿条实现的，即转向盘转向过程中，力及运动的传递通过转向盘—转向柱—十字轴—齿轮—齿条—转向横拉杆—转向节等路径传递。

根据这种传递方式，如何通过 MPC 运动方程在转向系统建立正确的运动关系呢？其实是要实现转向盘转动一圈齿条移动一定的距离。建模方法有很多种，但是有些建模方法导致整车转向盘转动刚体模态非常大，甚至超过 10Hz，这是不正确的，一般整车状态转向盘转动刚体模态在 5Hz 以内（考虑转向阻尼及轮胎接地）。

5.2.2 MPC 建模

某齿轮齿条转向机运动关系如图 5.15，齿轮齿条连接点描述见图 5.16 所示。

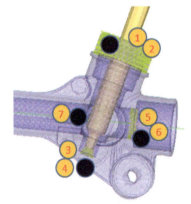

图 5.15 某齿轮齿条转向机运动关系

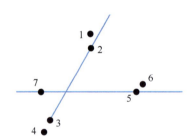

图 5.16 某齿轮齿条连接点描述图

注意：

1) 在图 5.16 中，黑色圈点表示轴承或齿轮啮合点，其中 2 和 3 为转向柱 Column 上点，1、4 和 6 为转向机壳体 Gear 上点，5 和 7 为转向机齿条 Rack 上点。

2) 其中 1 和 2、3 和 4 的运动关系用 RBE2 模拟且四个 RBE2 主点位于转向柱局部坐标系上，同时释放轴向转动自由度；5 和 6 释放轴向移动自由度。

模拟方法一：通过 3 和 5 点建立 MPC，实现齿轮齿条运动，其分析结果如图 5.17 所示。

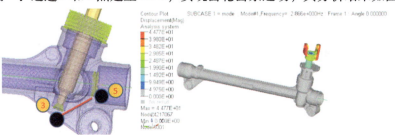

a) MPC 模拟图　　　　　　　　b) 模态结果 2.87Hz

图 5.17 方法一

模拟方法二：通过 3 和 7 点建立 MPC，实现齿轮齿条运动，其分析结果如图 5.18 所示。

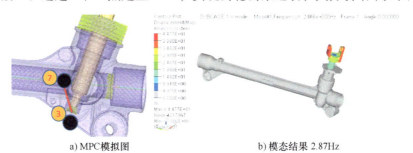

a) MPC 模拟图　　　　　　　　b) 模态结果 2.87Hz

图 5.18　方法二

模拟方法三：通过 2 和 5 点建立 MPC，实现齿轮齿条运动，其分析结果如图 5.19 所示。

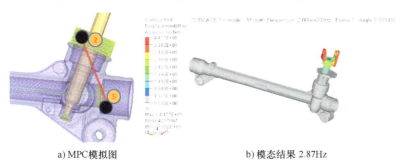

a) MPC 模拟图　　　　　　　　b) 模态结果 2.87Hz

图 5.19　方法三

模拟方法四：通过 2 和 6 点建立 MPC，实现齿轮齿条运动，其分析结果如图 5.20 所示。

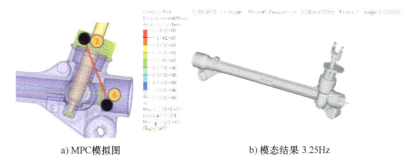

a) MPC 模拟图　　　　　　　　b) 模态结果 3.25Hz

图 5.20　方法四

注：此情况下，转向柱未转动，运动关系不正确，即该方法不可取。

模拟方法五：通过 3 和 6 点、4 和 7 点建立 MPC，实现齿轮齿条运动，其分析结果如图 5.21 所示。

模拟方法六：通过 3 和 5 点、4 和 7 点建立 MPC，实现齿轮齿条运动，其分析结果如图 5.22 所示。

注：此情况下，转向柱未转动，即该方法不可取。

从以上几种转向系统 MPC 建模方法中可以看出，有些方法（如方法四和方法六）运动关系不正确，不可取，不建议采用。虽然方法一、二、三、五转向系统刚体模态结果和运动关系正确，但放在整车里，方法一~方法三易导致转向系统刚体模态过大；同时引入 Rack

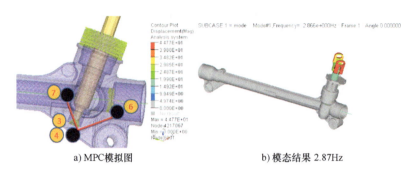

图 5.21 方法五

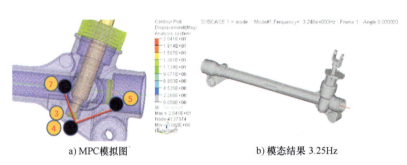

图 5.22 方法六

(转向机)参与 MPC 建模,在整车运动时,转向盘也不会轻易转动。综合考虑及结合实际工程情况,建议在转向系统 MPC 运动关系建模时采用方法五。建立 MPC 单元需要充分理解零件之间的运动关系,像动力总成采用 MPC 单元建模,可充分实现动力的输出、变速器档位的选取以及传动比的实现。

5.3 转向系统模态分析

5.3.1 转向系统模态分析设置

建立完成的转向系统模型,其模态分析边界为约束与车身或副车架连接点 1~6 自由度,分析模型如图 5.23 所示。

5.3.2 转向系统模态计算

一般燃油车整车状态下模态要求大于 35Hz,接地状态下模态需要大于 45Hz;电动汽车转向系统模态主要是避开冷却风扇以及车身等相关模态频率,一般转动模态小于 0.5Hz,一阶垂向或横向模态在 28Hz 以上,具体要结合实际工程进行确定。分析结果如图 5.24~图 5.26 所示。

图 5.23 转向系统模态分析模型

第 5 章 转向系统模型的处理方法及难点

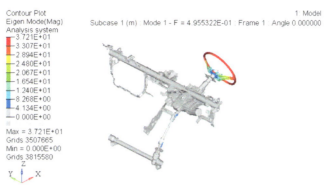

图 5.24 转向系统转动模态

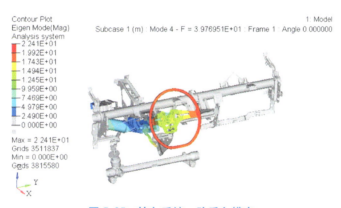

图 5.25 转向系统一阶垂向模态

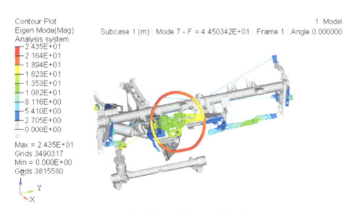

图 5.26 转向系统一阶横向模态

5.4　小结

　　本章详细阐述了转向系统的组成，以及转向系统建模中涉及的各种方法、技巧和流程，特别是对万向节叉、转向 MPC 等进行了多种方法的比较，使读者对转向系统建模中的一些注意事项和各种技术有一个清晰的认识和理解。

思考题

1. 转向系统建模中万向节叉建模方法有哪几种？
2. 转向齿轮齿条的 MPC 建模方法有哪几种，是否还有其他方法？
3. 转向系统的典型模态频率如何确定？

第 6 章
座椅模型的处理方法及难点

座椅是整车中一个非常重要的子系统，其主要的功能和作用如下。

1) 支撑乘客功能：适合于不同体重、身高的乘客乘坐，使乘客长时间处于一个平稳的位置。调节装置也必须能在每个可能的位置支撑乘客。

2) 定位乘客功能：使乘客处于合适的位置，使乘客的视野，头、手臂和腿的空间，驾驶员和控制装置之间的距离满足设计要求。

3) 保护乘客功能：防止乘客无意识地滑移，或者在发生碰撞事故时阻止乘客移动。与其他系统一起提供乘客保护功能。

4) 提供乘客舒适性：在乘客乘坐时，为乘客提供长久舒适性。

5) 外观装饰功能：座椅系统在体现整车造型风格及外观方面起到相当重要的作用。

6.1 座椅的组成和功用

随着技术的发展，现在的座椅一般可以手动调节和电动调节，其面料和整体舒适性也越来越好。某车型的前排座椅系统，主要包括骨架、滑轨、调角器、海绵发泡及头枕等，如图 6.1 所示。某车型前排座椅系统组成及功能见表 6.1。

图 6.1 某车型前排座椅系统图示

表 6.1 前排座椅系统组成及功能

序号	系统分类	功能介绍
1	滑轨	座椅前后移动
2	调角器	靠背角度调节
3	骨架	支撑、保护
4	海绵	支撑、保护、舒适性
5	面套	外观装饰、舒适性
6	护罩	遮掩、外观装饰
7	调节手柄	调节
8	头枕	支撑、保护

6.2 座椅系统有限元建模

6.2.1 前排座椅系统建模

在整车 NVH 模型中，前排座椅一般需要建立详细的有限元模型，如图 6.2 所示。若座椅骨架结构的宽度小于 20mm，用 1D 单元模拟；若座椅骨架结构的宽度大于 20mm，用 2D 单元模拟。一般情况下，前排座椅需要将钢丝及骨架圆管一起建模。

（1）前排座椅系统建模操作流程　前排座椅骨架一般为圆管型材和钣金冲压成型件，此时靠背圆管需要建立二维网格模型，钣金同样需要建立二维网格模型，一般采用四边形壳单元进行建模，单元尺寸约为 4~8mm，如图 6.3 所示。

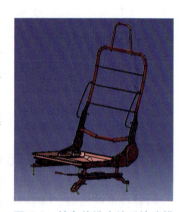

图 6.2　某车前排座椅系统建模

图 6.3　某车前排座椅骨架二维网格模型

第6章 座椅模型的处理方法及难点

(2) 座椅钢丝建模操作流程

1) 座椅中的钢丝一般采用一维单元建模，一般采用 CBAR 或 CBEAM 单元，通常采用 CBEAM 单元建模，单元尺寸为 8mm 左右。首先根据钢丝的几何形状建立钢丝的几何中心线，如图 6.4 所示。

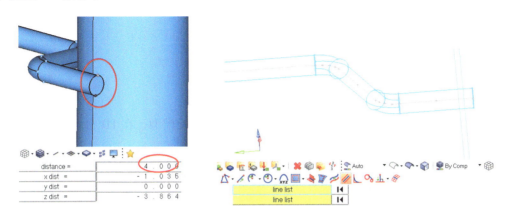

图 6.4　座椅钢丝几何中心线建模

2) 钢丝一维单元建模流程。首先根据钢丝的直径建立截面形状，由于钢丝截面为圆柱形，直接选择标准截面形状为 Rod 即可，并在 Radius 中输入钢丝的半径 2mm，如图 6.5 所示。

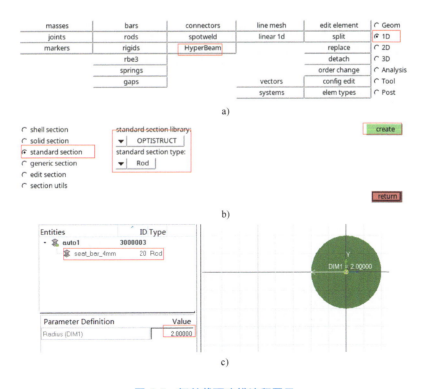

图 6.5　钢丝截面建模流程图示

3）钢丝截面属性建立。根据截面形状建立属性，在 card image 中选择 PBEAML，建立属性，如图 6.6 所示。

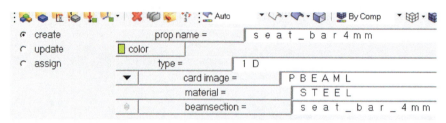

图 6.6 钢丝属性建模流程图示

4）根据钢丝的属性及几何中心线建立钢丝 BEAM 单元模型，在 1D 中的 line mesh 中建立模型，如图 6.7 所示。

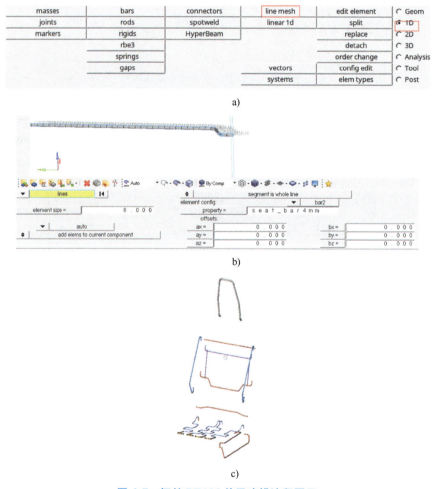

图 6.7 钢丝 BEAM 单元建模流程图示

（3）座椅钢丝与骨架钣金的连接建模 座椅钢丝与骨架连接一般采用 RBE2 模拟焊接，在连接区域可以采用局部节点生成临时主节点方法，如图 6.8 所示。螺栓连接亦采用 RBE2 模拟。

第 6 章 座椅模型的处理方法及难点

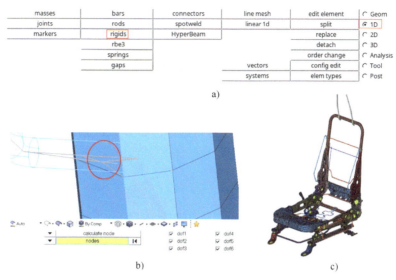

图 6.8 钢丝连接建模流程图示

6.2.2 后排座椅系统建模

不同的后排座椅,其骨架与钢丝建模方法和流程同前排座椅,包括壳单元及一维梁单元,以及之间的连接。图 6.9 所示为某车型后排靠背座椅模型。

6.2.3 座椅座垫及附件建模

1）有不同的座椅座垫形式,如分开式座垫、一体式座垫等。对于分开式座垫,即靠背与座垫是分开的,如图 6.10 所示。分开式座垫可以通过分别测量其各自的质心和质量,采用分开建模的方法,通常采用 MASS+RBE3 建模。RBE3 连接的区域为靠背与座垫与骨架连接的区域。

图 6.9 后排座椅建模图示

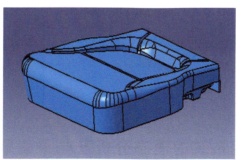

图 6.10 前排座椅座垫及靠背图示

2）若头枕、靠背及座垫为一体式,则无法拆分并测量各自的质心和质量,可采用整体式建模,即将头枕、靠背及座垫采用一个集中质量点模拟,此时会间接影响座椅的模态,相比分体式影响约 10%~20%，模拟方式为 MASS+RBE3 形式，如图 6.11 所示。

若头枕、靠背及座垫可以拆分，则需要测量各自的质心和质量，分别采用集中质量点模拟，模拟方式为 MASS+RBE3 形式；

若能测量出头枕、靠背及座垫的质心，但不能测量出其质量，可以参考经验，按头枕：靠背：座垫为 1∶6∶3 比例进行质量分配，RBE3 抓取区域大约是座椅涤棉安装区域，如图 6.11 所示。RBE3 区域也可简化为抓取大约座椅骨架 20~30 个节点左右，此两种方式结果接近，差异在 1% 以内，读者可根据需要自行选择，如图 6.11 所示。

a) 一体式靠背及座垫建模图示　　　　b) 分体式靠背及座垫建模图示

图 6.11　前排座垫建模图示

3）对于座椅系统中的一些附件，如电动座椅的电动机等，一般采用 MASS+RBE2 进行模拟。

4）后排座椅系统中的座垫，可能是分开式的，即座垫直接安装在后地板上，此时通常采用 MASS+RBE3 模拟。由于直接安装在地板上，一般会将后排座椅座垫模型放在 TB 内外饰附件装配模型中，如图 6.12 所示。

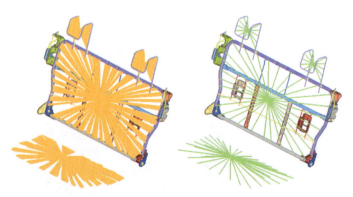

图 6.12　后排座垫建模图示

6.3　座椅系统的模态分析及结果读取

6.3.1　座椅系统模态分析设置

对于建立好的座椅系统有限元模型，需要进行约束模态分析，检验模型的连接方式和座椅的模态频率特性，特别是座椅的一阶模态频率。模态特征值提取如图 6.13 所示，模态计算工况如图 6.14 所示，模态分析边界如图 6.15 所示。

图 6.13　模态特征值设置图示

图 6.14　模态计算工况设置图示

6.3.2　座椅系统模态分析结果

座椅系统模态计算结果如图 6.16、图 6.17 所示，从分析结果中可以看出，驾驶员座椅侧向模态频率为 23Hz，前排乘客座椅纵向模态频率为 24.3Hz。

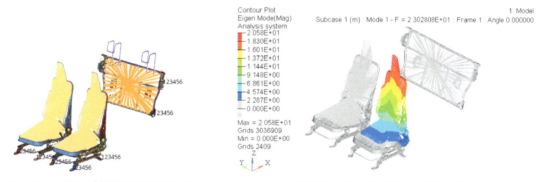

图 6.15　座椅系统模态分析边界图示　　　　图 6.16　驾驶员座椅侧向模态：23Hz

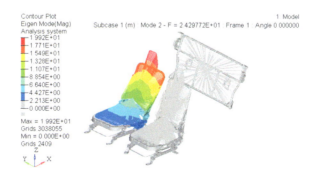

图 6.17　前排乘客座椅纵向模态：24.3Hz

6.4 座椅系统的性能要求

6.4.1 座椅系统的 NVH 性能要求

座椅主要由骨架、泡棉和皮革组成，骨架主要起支撑作用，泡棉和皮革主要起阻尼缓冲作用。骨架必须要有足够的刚度才能保证座椅有足够大的模态频率，这样才能使模态频率和发动机或者坑洼路面的激励频率错开，从而避免共振的发生。

人体最敏感的频率范围，纵向振动在 4~8Hz，横向振动为 1~2Hz，车身地板的固有振动频率为 20~30Hz，悬架系统为 8~14Hz，座椅的固有频率应避开这些频率范围。座椅子系统各零部件不应有尖锐令人不舒适的异响，座椅噪声≤50dB。

一般前排座椅的一阶共振频率应在 16~20Hz 范围内。座椅模态试验又分为骨架模态试验和整椅模态试验，一般骨架模态试验结果比整椅试验结果高 2~5Hz。

6.4.2 座椅系统的可靠性要求

对于前排座椅系统及零部件，可靠性目标要根据自身的要求进行定义，一般要求：①系统的使用寿命不能低于 10 年和 16 万 km；②三包期限为 3 年或者 6 万 km。

6.5 小结

本章详细阐述了整车座椅的组成和类型，以及座椅系统建模中涉及的各种方法、技巧和流程，包括钢丝、坐垫以及附件等，使读者对座椅系统建模中的一些注意事项有一个清晰的认识和理解。

思考题

1. 座椅系统建模中坐垫建模方法有哪几种？
2. 座椅的模态与整车 NVH 之间的关系怎样？

第 7 章
内外饰模型的处理方法及难点

整车内外饰及附件是内饰车身（Trimmed Body）的重要组成部分，通常包括内饰、外饰、阻尼板、沥青板、隔声垫、蓄电池、备胎、冷却模块等，这些零件由于其刚度较小或结构较为复杂，在整车 NVH 建模分析中，可以将其进行等效处理，这样可以加速整车 NVH 模型的创建，亦可快速进行相关的 NVH 分析，从而对整车 NVH 性能进行评估以及优化等。

内外饰是整车的一个重要组成系统，通常包括内饰件（如隔声垫、地毯、阻尼板等）、外饰件（如前保险杠、后保险杠、行李架等）、仪表板（仪表板模型一般放在转向系统模型中，也可单独放在 TB 集中点系统中）、副仪表等。

7.1 内外饰的建模

在整车 NVH 建模中，内外饰模型一般根据实际情况进行建模，通常采用集中质量点的方法建模。

7.1.1 集中质量建模

车身上一些主要的部件采用集中质量点（CONM2）模拟。CONM2 单元采用 RBE2 或 RBE3 单元连接在车身合适的位置，CONM2 的位置通常为部件的质心位置。对于某些较大的部件需要包含转动惯量信息，通常通过在 CONM2 单元上赋予相应的惯量属性来实施。

对刚性较大的部件（如刮水器电动机），使用 RBE2 单元连接。大部分零部件的刚度较小（如洗涤液壶、IP 等），这时要使用 RBE3 单元连接在车身上，同时还需要相关零件的质量、质心以及转动惯量等。

（1）蓄电池　蓄电池采用 CONM2 单元模拟，CONM2 单元包含转动惯量特性，位于蓄电池的质心位置。用 RBE2 单元将 CONM2 单元与电池托架连接起来，蓄电池与托架接触为 RBE2 从节点所在位置，CONM2 在 RBE2 的主节点上，电池托架用 RBE2 单元连接在车身上。建立蓄电池的框架模型，通过配重实现蓄电池的建模，其精度相对较高，如图 7.1 所示。为了便于分辨命名可以参照如下方式：mass_qiansuanxudianchi_10P331，即表示铅酸蓄电池的质量为 10.331kg。

（2）喇叭　喇叭如果装在 BIW 上，用 CONM2 单元模拟，位于喇叭的质心位置。用 RBE3 单元将 CONM2 单元连接在车身上。CONM2 单元在 RBE3 的从节点上，RBE3 的主节点连接在

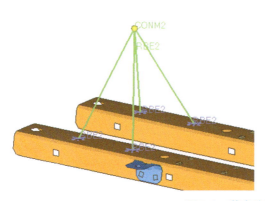
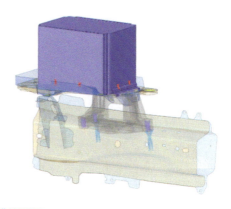

图7.1 蓄电池模拟图示

车身上的喇叭安装点位置。为了便于分辨，命名可以参照如下方式：mass_dianlaba_0P336，即表示喇叭的质量为0.336kg。由于喇叭的质量一般比较小，主要是通过小支架（L形较为常见）连接，此时也可以采用RBE2进行连接模拟，如图7.2所示。

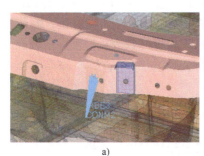
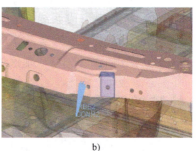

a)　　　　　　　　　　b)

图7.2 喇叭模拟图示

（3）安全带卷收器（安全带装置） 安全带卷收器如果装在BIW上，用CONM2单元模拟，位于安全带卷收器的质心位置。用RBE2单元将CONM2单元连接在车身上。CONM2单元在RBE2的从节点上，RBE2的主节点连接在车身上的安全带卷收器安装点位置，如图7.3所示。

（4）散热器 散热器总成（一般包括散热器和冷却风扇等完整的部件）用CONM2单元模拟，CONM2建立在质心位置，同时需包含转动惯量特性。用RBE2单元将CONM2连接在散热器横梁的衬套CBUSH位置。用零长度的CBUSH单元模拟散热器的橡胶衬套，CBUSH单元的刚度需要通过试验得到，如图7.4a所示。

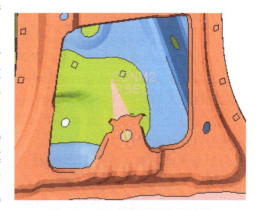

图7.3 安全带卷收器模拟图示

若无法获取衬套的刚度，则可采用RBE3单元连接质量点和安装点，如图7.4b所示。该模拟方法较为粗糙，不能很好模拟散热器总成的刚体模态以及对车身刚度的影响，不推荐采用此方法。

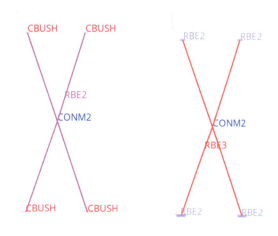

a) RBE2+CBUSH+CONM2模拟　　b) RBE3+CONM2模拟

图 7.4　散热器模拟图示

（5）备胎　备胎用 CONM2 单元模拟，CONM2 单元包含转动惯量特性，位于备胎的质心位置，如图 7.5 所示。用 RBE2 单元模拟接触的区域。轮胎和接触区域之间采用 RBE2 和一组 BUSH 单元（在接触区域的一周上取 8~12 个 CBUSH 单元）模拟。用 RBE2 单元模拟备胎中心与地板的螺栓连接，如果轮胎可以旋转，则 RBE2 只约束平动自由度。备胎连接区域的刚度推荐值见表 7.1。

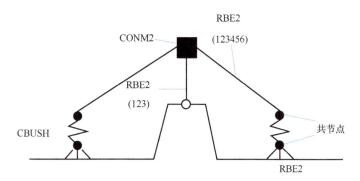

图 7.5　备胎模拟

表 7.1　备胎处刚度推荐值

自由度	弹簧刚度/(N/mm)	阻尼（GE）
垂向	130	0.1~0.2
其他方向	6.5×10^6	0.1~0.2

（6）内饰板　内饰板用 CONM2 单元模拟，位于内饰板的质心位置。用 RBE3 单元将 CONM2 单元连接在车身上的安装孔。若当 Trimmed body 模型用作声学分析时，内饰件（如车门内饰板、背门内饰板等）可采用详细模型，在整车 NVH 结构仿真中一般采用等效方

法，即 CONM2+RBE3，如图 7.6 所示。

（7）真空助力器带制动泵总成　真空助力器的刚度相对较大，一般采用 CONM2+RBE2 模拟，CONM2 单元包含转动惯量特性，位于其质心位置。用 RBE2 单元将 CONM2 单元连接在车身上。在一些合资企业中，也有采用 CONM2+RBE3 模拟，但此模拟方法相对较少，主要是真空助力器本身的刚度比较大，采用 RBE2 模拟更为合理。为了便于分辨，命名可以参照如下方式：mass_ZHENKONGZHULI_3P336，即表示真空助力器的质量为 3.336kg，如图 7.7 所示。

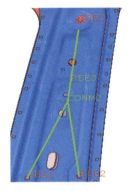

图 7.6　内饰件模拟图示

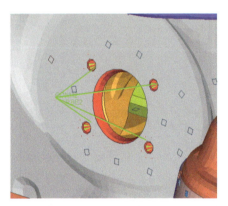

图 7.7　真空助力器模拟图示

（8）外后视镜　外后视镜是汽车行驶中的"双眼"，一般安装在前门三角窗处，当然也有安装在车身侧的，此情况相对较少。考虑到外后视镜本身的刚度，结合一些实车问题，如外后视镜抖动，通常是由于安装点刚度较为薄弱，其本体出现问题的可能相对较小。在整车 NVH 建模中，外后视镜一般采用 CONM2+RBE2 模拟，CONM2 单元位于其质心位置，用 RBE2 单元将 CONM2 单元连接在车门安装孔上，且外后视镜通常在门盖系统建模中进行创建，如图 7.8 所示。

（9）制动与加速踏板　对于制动与加速踏板，若要在 TB 中考虑其模态振动特性，特别是其频率，建议建立其详细的有限元模型；此时获得的频率特性更为真实合理，如图 7.9 所示。

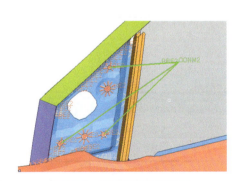

图 7.8　外后视镜模拟图示

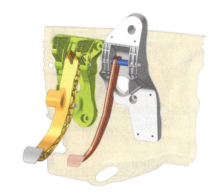

图 7.9　制动与加速踏板详细模型模拟图示

制动和加速踏板模型可以用一个在其质心的 CONM2 质量单元来代替，然后用一个

RBE3 单元把它连接到支架上的安装点。CONM2 单元应该在 RBE3 单元的主节点位置，同时应该赋上制动和加速踏板的转动惯量。RBE3 单元的六个自由度都应该约束，如图 7.10 所示。

（10）线束模拟　线束是整车中的一个非常重要的系统，布置在整车的各个部位，如门内板、仪表板、机舱、车身地板以及底盘等，一辆完整的车其线束的重量不能忽视。对于线束一般采用 CONM2+RBE2 模拟，CONM2 单元位于线束安装孔位置，用 RBE2 单元将 CONM2 单元连接在安装孔上；将线束的总重量除以安装孔的个数，即得到每个安装孔的线束重量，如图 7.11 所示。

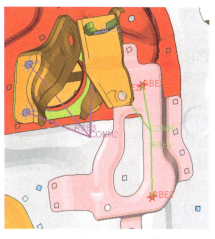

图 7.10　制动与加速踏板等效模拟

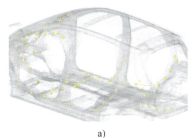 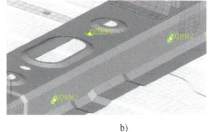

a)　　　　　　　　　　　　b)

图 7.11　线束等效模拟图示

（11）IP　仪表板（IP，包含组合仪表、HVAC 控制面板、CD 等）可以由以下两种方法模拟。

1）质量点法。当 Trimmed body 模型用作模态、振动分析时，IP 可以用质量点（CONM2）模拟，CONM2 单元包含转动惯量特性，位于 IP 的质心位置，用 RBE3 单元将 CONM2 单元连接在车身上，如图 7.12 所示。

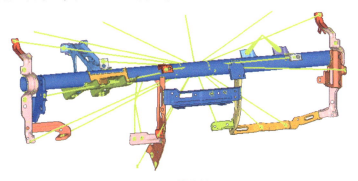

图 7.12　IP 等效模拟图示

2）详细模型。IP 总成可分为结构件和内饰件两部分。结构件建立详细的网格模型，内饰件可用 CONM2 单元。

IP 的详细模型可以比较好地模拟其惯量和振动特性，常用于仪板模态及涉及异响的分析。但是详细模型的单元数量过大，计算时会耗费大量时间，同时由于其结构较软，会存在大量低频局部模态，这些模态对 TB 整体性能贡献不大，因此不推荐采用详细建模方法，如图 7.13 所示。

图 7.13　IP 详细模型

（12）集中质量及惯量等测量方法　在 TB 乃至整车 NVH 建模中，一些部件需要用集中质量的方法来替代，对于大件（如蓄电池）还需要其转动惯量信息，本例以刮水器电动机进行操作说明。图 7.14 为某刮水器电动机三维数据图，该电动机质量约为 2.6kg，首先通过 CATIA 测量其相关参数信息。

1) 首先打开 CATIA，导入刮水器电动机三维数据，单击测量惯量图示，并选择该零件数据，选中后会高亮显示，如图 7.15 所示。

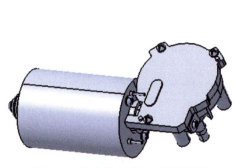

图 7.14　刮水器电动机三维数据图

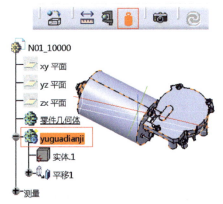

图 7.15　刮水器电动机三维数据图

2) 在选中数据后会出现以下图框，修改密度，调整其质量为实际的质量，如刮水器电动机质量为 2.6kg，在重心惯量中有重心惯量矩阵，即为该电动机参考其质心的转动惯量参数，如图 7.16 所示。刮水器电动机总成的质量及质心参数见表 7.2，转动惯量见表 7.3。

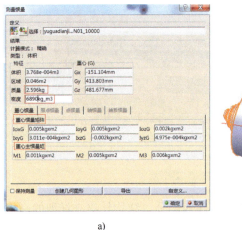

a)

b)

图 7.16　刮水器电动机转动惯量测量图

第 7 章 内外饰模型的处理方法及难点

表 7.2 刮水器电动机总成的质量及质心参数（质心坐标系）

质量/kg	x/mm	y/mm	z/mm
2.596	−151.104	413.803	481.677

表 7.3 刮水器电动机总成转动惯量及惯性积（质心坐标系）

单位	I_{xx}	I_{yy}	I_{zz}	I_{xy}	I_{zx}	I_{yz}
kg·m^2	0.005	0.005	0.002	3.011×10^{-4}	−0.002	4.975×10^{-4}
t·mm^2	5	5	2	0.3011	−2	0.4975

3）采用软件测量刮水器电动机转动惯量的操作流程如下：单击 post>summary>load>optistruct>mom_of_inertia>displayed>summary 即可，问是否重写单击 Yes。刮水器电动机的网格模型如图 7.17 所示，其转动惯量测量流程如图 7.18 所示。

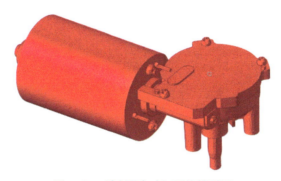

图 7.17 刮水器电动机网格模型图

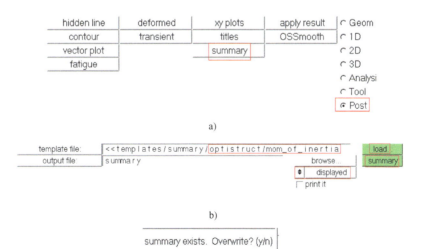

图 7.18 刮水器电动机转动惯量测量图示

4）测量结果解读。

① 图 7.19a 包含以下信息：质量（2.592kg）、惯性矩矩阵以及质心坐标等，其中惯性矩矩阵为原点坐标下的矩阵。

② 图 7.19b 包含以下信息：基于电机质心的惯性矩矩阵（或转动惯量）等，其是非张量形式的惯性矩矩阵。基于原点和质心坐标的惯性矩矩阵之间有一个坐标转换，一般我们需要的是基于质心坐标下的惯性矩矩阵。

③ 基于电动机质心的惯性矩矩阵（或转动惯量）表达式如图 7.20 所示，我们需要的转动惯量为右下角 3×3 矩阵，即图 7.20 右下角所示参数。

```
Summary

Moment of Inertia
Component Name                    ID     MASS        Moment of Inertia Matrix
yuguadianji                        3 0.002592   --                                     --
                                                | 1.049934E+03 1.623311E+02 1.868542E+02 |
                                                | 1.623311E+02 6.659167E+02 -5.16176E+02 |
                                                | 1.868542E+02 -5.16176E+02 5.053117E+02 |
                                                --                                     --

Number of Components: 1
Center of Gravity for Model -- X: -1.51068E+02  Y: 4.137930E+02  Z: 4.817135E+02

Moment of Inertia for Model (Using Origin As Center):
 --                                                                                  --
 | 2.592048E-03  0.00000E+00  0.00000E+00  0.00000E+00 1.248625E+00 -1.07257E+00 |
 |  0.00000E+00 2.592048E-03  0.00000E+00 -1.24862E+00  0.00000E+00 -3.91576E-01 |
 |  0.00000E+00  0.00000E+00 2.592048E-03 1.072571E+00 3.915759E-01  0.00000E+00 |
 |  0.00000E+00 -1.24862E+00 1.072571E+00 1.049934E+03 1.623311E+02 1.868542E+02 |
 | 1.248625E+00  0.00000E+00 3.915759E-01 1.623311E+02 6.659167E+02 -5.16176E+02 |
 | -1.07257E+00 -3.91576E-01  0.00000E+00 1.868542E+02 -5.16176E+02 5.053117E+02 |
 --                                                                                  --
```

a)

```
Moment of Inertia for Model (Using Center of Gravity As Center):
 --                                                                                  --
 | 2.592048E-03  0.00000E+00  0.00000E+00  0.00000E+00  0.00000E+00  0.00000E+00 |
 |  0.00000E+00 2.592048E-03  0.00000E+00  0.00000E+00  0.00000E+00  0.00000E+00 |
 |  0.00000E+00  0.00000E+00 2.592048E-03  0.00000E+00  0.00000E+00  0.00000E+00 |
 |  0.00000E+00  0.00000E+00  0.00000E+00 4.631808E+00 2.997391E-01 -1.77316E+00 |
 |  0.00000E+00  0.00000E+00  0.00000E+00 2.997391E-01 5.282667E+00 4.961470E-01 |
 |  0.00000E+00  0.00000E+00  0.00000E+00 -1.77316E+00 4.961470E-01 2.334661E+00 |
 --                                                                                  --

Moment of Inertia Values for Model (Non-Tensorial Form, Using Center of Gravity As Cente:
 --                                       --
 | 4.631808E+00 -2.99739E-01 1.773163E+00 |
 | -2.99739E-01 5.282667E+00 -4.96147E-01 |
 | 1.773163E+00 -4.96147E-01 2.334661E+00 |
```

b)

图 7.19　网格模型惯性参数测量结果图示

$$
\begin{bmatrix}
M & 0 & 0 & 0 & MZ & -MY \\
0 & M & 0 & -MZ & 0 & MX \\
0 & 0 & M & MY & -MX & 0 \\
0 & -MZ & MY & I_{xx} & -I_{xy} & -I_{xz} \\
MZ & 0 & -MX & -I_{yx} & I_{yy} & -I_{yz} \\
-MY & MX & 0 & -I_{zx} & -I_{zy} & I_{zz}
\end{bmatrix}
\quad
\begin{aligned}
M &= \int \rho \mathrm{d}v \\
MX &= \int \rho x \mathrm{d}v \\
MY &= \int \rho y \mathrm{d}v \\
MZ &= \int \rho z \mathrm{d}v \\
I_{xx} &= \int \rho(y^2+z^2)\mathrm{d}v \\
I_{yy} &= \int \rho(x^2+z^2)\mathrm{d}v \\
I_{zz} &= \int \rho(x^2+y^2)\mathrm{d}v \\
I_{xy} &= \int \rho xy \mathrm{d}v = I_{yx} \\
I_{xz} &= \int \rho xz \mathrm{d}v = I_{zx} \\
I_{yz} &= \int \rho yz \mathrm{d}v = I_{zy}
\end{aligned}
$$

图 7.20　基于电动机质心的惯性矩矩阵图示

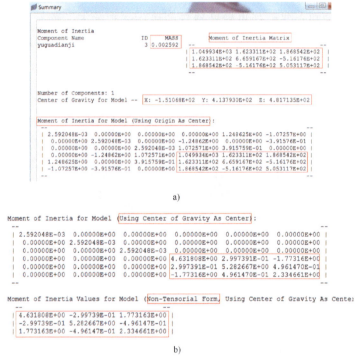

④ 在本例中，电动机网格模型的转动惯量为

$I_{xx}=4.631808$，$-I_{xy}=2.997391\times10^{-1}$，$-I_{xz}=-1.77316$

$I_{yy}=5.282667$，$-I_{yz}=4.961470\times10^{-1}$，$I_{zz}=2.334661$

即六个转动惯量参数为

$I_{xx}=4.631808$，$I_{xy}=-2.997391\times10^{-1}$，$I_{xz}=1.77316$

$I_{yy}=5.282667$，$I_{yz}=-4.961470\times10^{-1}$，$I_{zz}=2.334661$

即实际该刮水器电动机六个转动惯量中的三个惯性积参数需要在软件中获得的参数前面加上负号，见表7.4。

表7.4 刮水器电动机转动惯量及惯性积（整车坐标系） （单位：t·mm²）

名称	I_{xx}	I_{yy}	I_{zz}	I_{xy}	I_{xz}	I_{yz}
Hypermesh 直接读取结果	4.6318	5.2827	2.3347	-0.2997	1.7732	-0.4917
Hypermesh 调整后结果	4.6318	5.2827	2.3347	0.2997	-1.7732	0.4917

5) CATIA 与 Hypermesh 得出的电动机转动惯量参数结果对比，见表7.5和表7.6。从表中可以看出，采用 Hypermesh 调整后的转动惯量与 CATIA 直接读取结果一致。即在 Hypermesh 中可以直接输入从 CATIA 读取的转动惯量参数，若从 Hypermesh 输出转动惯量参数，需要在三个惯性积前面加上负号。

表7.5 动力总成质量及质心参数（整车坐标系）

名称	质量/kg	x/mm	y/mm	z/mm
CATIA 测量结果	2.596	-151.104	413.803	481.677
Hypermesh 测量结果	2.592	-151.068	413.793	481.714
差值	-0.15%	-0.02%	0.00%	0.01%

表7.6 动力总成转动惯量及惯性积（整车坐标系） （单位：t·mm²）

名称	I_{xx}	I_{yy}	I_{zz}	I_{xy}	I_{xz}	I_{yz}
CATIA 测量结果	5	5	2	0.3011	-2	0.4975
Hypermesh 调整后结果	4.6318	5.2827	2.3347	0.2997	-1.7732	0.4917
差值	-7.36%	5.65%	16.74%	-0.46%	-11.34%	-1.17%

6) 在 Hypermesh 的 Optistruct 模板下输入转动惯量参数的操作如下。

① 建立质量点坐标，如图7.21所示。

图 7.21 质量点坐标建立图示

② 建立集中质量点单元，如图 7.22 所示。

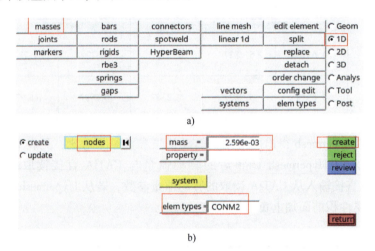

图 7.22 质量点建模流程图示

③ 将转动惯量赋予集中质量点单元，如图 7.23 所示。

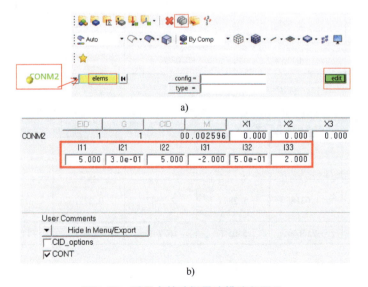

图 7.23 质量点转动惯量建模流程图示

7) 在 ABAQUS 模板中输入转动惯量参数的操作如下。

① 建立质量点坐标，如图 7.24 所示。

图 7.24　质量点坐标建模图示

② 分别建立集中质量点 MASS 和转动惯量 ROTARYI 两个 component，如图 7.25 所示。

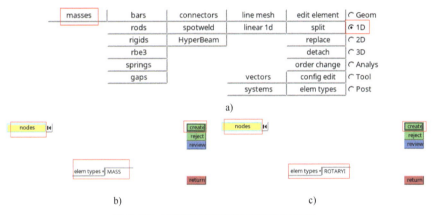

图 7.25　质量及转动惯量建模流程图示

③ 分别建立质量点 mass 以及转动惯量 mass_inertia 等属性，同时将 CATIA 中测量的参数分别赋予相应的属性即可。质量属性建模流程如图 7.26 所示，转动惯量属性建模流程如图 7.27 所示。

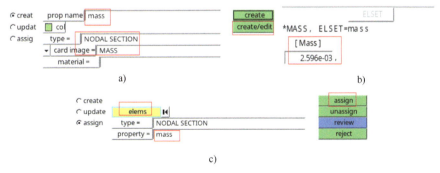

图 7.26　质量属性建模流程图示

④ 完成建立的集中质量单元，如图 7.28 所示。

（13）其他集中质量单元　Trimmed body 模型里常见的一些集中质量单元，其建模方法可参考表 7.7。

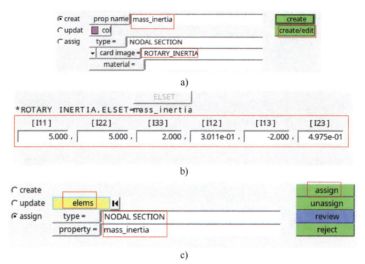

图 7.27 转动惯量属性建模流程图示

图 7.28 完成的质量及转动惯量建模图示

表 7.7 常见部件的集中质量建模方法

部件名称	在质心或安装点	是否包含转动惯量	RBE2 或 RBE3	RBE 单元的 DOF
前/后刮水器电机	质心	否	RBE2	1~6
HVAC 总成	质心	是	RBE3	1~6
遮阳板总成装置	质心	否	无	无
内后视镜	质心	是	RBE3	1~6
制动踏板总成	质心	否	RBE3	1~6
电子加速踏板总成	质心	否	RBE3	1~6
洗涤液壶	质心	否	RBE3	1~6
线束	安装点	否	无	无
ABS	质心	否	RBE3	1~6
驻车制动手柄	质心	否	RBE3	1~6
灯	质心	否	RBE3	1~6
前/后保险杠	质心	否	RBE3	1~6
工具盒/千斤顶	质心	是	RBE3	1~6

注：若只有前/后刮水器总成，则采用 RBE3+CONH2 模拟；内后视镜抓取前风窗安装区域，若无，可参考约 60mm×60mm。

7.1.2 非结构质量建模

1. 建模方法

非结构质量通常用来模拟均匀分布在结构表面的内饰件，如地毯、防火墙、隔声隔热垫、阻尼垫、沥青涂层等；对其进行模拟的方法通常有以下两种。

（1）使用 NSML 属性模拟　此方法应用相对较为广泛。

1）该方法是选择非结构质量覆盖在钣金上的区域单元，通过 NSML 进行质量的赋予，从而实现非结构质量创建。图 7.29 为前地毯非结构质量的创建，本例前地毯的质量为 3.152kg。

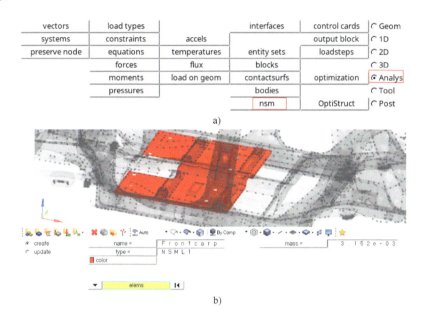

图 7.29　前地毯非结构质量创建流程图示

2）在创建完成 NSML 非结构质量后，在后期计算时需要添加关键字，实现非结构质量参与计算，可以参照如下操作。对于多个非结构质量，可以通过关键字 NSMADD 实现共同计算，如图 7.30 所示。

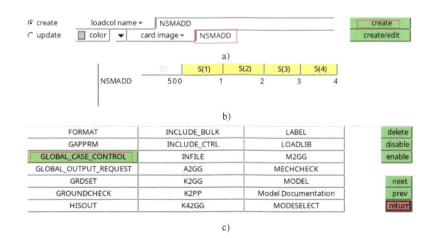

图 7.30　非结构质量 NSML 调用流程图示

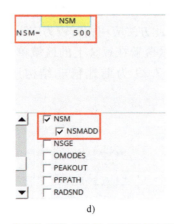

d)

图 7.30 非结构质量 NSML 调用流程图示（续）

（2）其他模拟方法　首先需要计算前地毯区域的表面积，可通过以下操作计算得到，如图 7.31 所示。

1）由图 7.31b 可知，该前地毯覆盖区域的表面积为 $1.124 \times 10^6 mm^2$，该前地板的质量为 9.328kg。

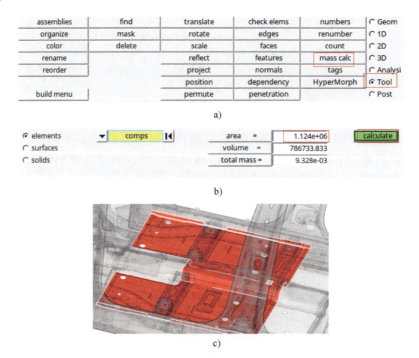

图 7.31　前地毯面非结构质量计算流程图示

已知该前地毯的质量为 3.152kg，表面质量为 $3.152/1.124 \times 10^6 = 2.804 \times 10^{-6} kg/mm^2 = 2.804 \times 10^{-9} t/mm^2$。

若将前地毯覆盖于前地板上，其质量应为 9.328+3.152=12.48kg。

2）单击前地板的属性，打开属性面板，在属性面板中将 NSM 由默认的 0 改为 2.804e-9

即可，如图 7.32 所示。重新对覆盖前地毯后的前地板模型进行称重，如图 7.33 所示，覆盖前地毯后的前地板质量为 12.48kg，与之前的计算相吻合。

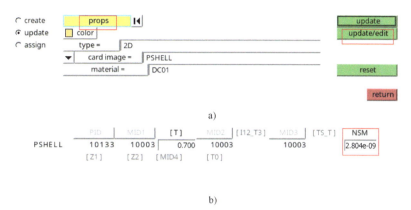

图 7.32 前地毯面非结构属性建模流程图示

图 7.33 前地毯面非结构属性计算结果图示

2. 阻尼垫建模方法

对于阻尼垫同样可以采用非结构质量 NSML 或属性 NSM 的方法进行模拟，另外还可以采用壳单元或实体单元进行模拟。由于阻尼垫和沥青板具有阻尼效应，在 TB 及整车响应计算时会有影响，通常采用壳单元、实体单元或夹心三明治等方法建模。如某前地板的水性沥青阻尼垫重量约为 2.0kg，面积为 $1.124 \times 10^6 \mathrm{mm}^2$，$2.0/1.124 \times 10^6 = 1.779 \times 10^{-6} \mathrm{kg/mm}^2 = 1.779 \times 10^{-9} \mathrm{t/mm}^2$。

（1）采用壳单元模拟 直接在覆盖的区域复制一层单元。

1）首先需要建立水性沥青阻尼垫的材料属性，具体可按图 7.34 进行。

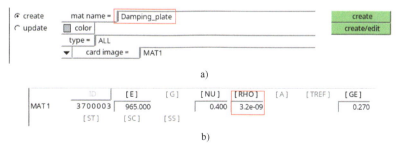

图 7.34 阻尼垫壳单元材料建模图示

2）建立水性沥青阻尼垫的单元属性，具体可按图 7.35 进行。

3）将复制的单元移动至阻尼垫 component 中，如图 7.36 所示。

4）将前地板与复制的阻尼垫进行单元合并，即合并后为重复的单元，重复的单元为建

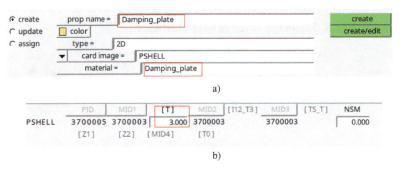

图 7.35 阻尼垫壳单元属性建模图示

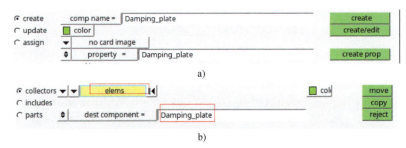

图 7.36 阻尼垫壳单元建模图示

立的二维壳单元阻尼垫模型，具体可按图 7.37 所示进行。

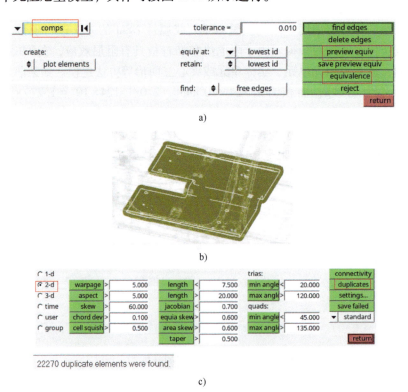

图 7.37 阻尼垫壳单元合并流程图示

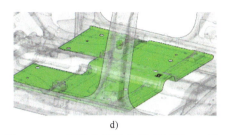

d)

图 7.37　阻尼垫壳单元合并流程图示（续）

（2）采用实体单元模拟　直接在覆盖的区域建立两三层的六面体单元，与钣金结构的壳单元节点耦合，赋予阻尼垫的材料属性。

1）首先需要建立水性沥青阻尼垫实体单元材料建模可按图 7.38 所示进行。

2）其次是建立截面属性，可按图 7.39 所示进行，实体单元建模可按图 7.40 所示进行。

（3）采用夹心三明治方法模拟　根据沥青板的功能及作用，结合材料的剪切和弯曲属性实现建模。

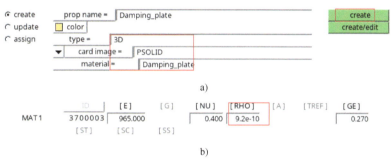

图 7.38　阻尼垫实体单元材料建模图示

图 7.39　阻尼垫实体单元属性建模图示

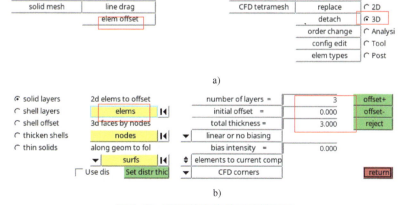

图 7.40　阻尼垫实体单元建模图示

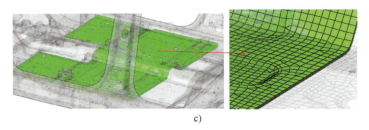

c)

图 7.40 阻尼垫实体单元建模图示（续）

1）建立沥青阻尼垫的弯曲材料属性，如图 7.41 所示。

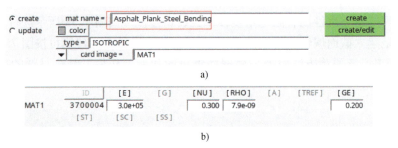

图 7.41 建立阻尼垫弯曲材料属性图示

2）建立沥青阻尼垫的剪切材料属性，如图 7.42 所示。

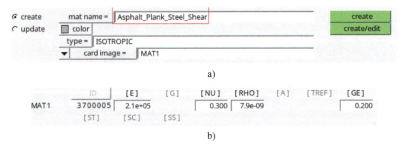

图 7.42 建立阻尼垫剪切材料属性图示

3）建立沥青阻尼垫覆盖本体的材料属性，如图 7.43 所示。

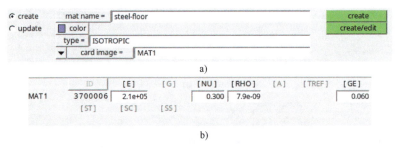

图 7.43 建立阻尼垫本体材料属性图示

4）建立沥青阻尼垫的单元属性模型，并将前地板单元属性赋予建立的夹心三明治，如

图 7.44 所示。

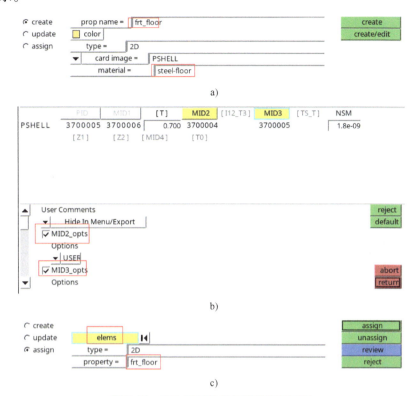

图 7.44 建立阻尼垫单元属性模型图示

7.1.3 电池包建模

电动车中的电池包详细模型较为复杂，包括上下壳体、液冷板、导热结构胶、结构胶、汇流排、电芯、BMS、BDU 及底护板等。在整车 NVH 仿真中，可对其进行简化，模型主要包括上下壳体、液冷板、各种胶、电芯、BMS、BDU 及底护板等主要结构件，其余可通过配重实现整包重量，如图 7.45 所示。

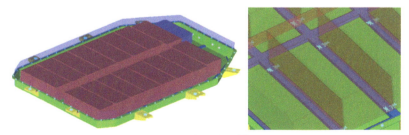

图 7.45 电池包建模图示

电池包主要采用壳单元模拟。BDU、BMS 及电芯模组一般采用六面体单元模拟，其余可采用 RBE3+CONM2 方式模拟，模组重量通过调整模组密度实现，确保 NVH 电池包与实际重量一致，模组与上下壳体一般采用胶连接，注意连接区域与实际一致，电池包常见材料参数见表 7.8。

表 7.8 常见电池包材料参数（参考）

部件名称	材料名称	弹性模量/MPa	泊松比	密度/(t/mm³)
电池上盖板	SMC	9500	0.32	1.85×10^{-9}
电池上盖板	PCM	3.0×10^4	0.14	1.80×10^{-9}
液冷板	AL3003	6.9×10^4	0.33	2.70×10^{-9}
上/下壳体	AL6061-T6	6.9×10^4	0.33	2.70×10^{-9}
底护板	HC340/590DP	2.1×10^5	0.3	7.85×10^{-9}
结构胶	BDW8815	181	0.39	1.32×10^{-9}
导热结构胶	HT8659	531	0.4	2.18×10^{-9}
电芯壳体	AL3003-H14	6.9×10^4	0.33	2.70×10^{-9}
电芯极片	—	70	0.2	2.33×10^{-9}

7.1.4 常见材料参数列表

整车 NVH 建模中，材料参数建议采用试验值，若无法获取试验值，可参考表 7.9。

表 7.9 材料参数参考值

材料名称	弹性模量/MPa	泊松比	密度/(t/mm³)	厚度/mm
Steel	210000	0.3	7.85×10^{-9}	—
DC01	204500	0.36	7.85×10^{-9}	—
DC03	188000	0.34	7.85×10^{-9}	—
DC04	191200	0.35	7.85×10^{-9}	—
DC05	190100	0.3	7.85×10^{-9}	—
DC06	187900	0.33	7.85×10^{-9}	—
Spotweld	210000	0.3	1×10^{-10}	—
Al	68500	0.33	2.7×10^{-9}	—
Windshield-glass（out）	55000	0.25	2.50×10^{-9}	4（依据实际确定）
	71000			
Windshield-glass（in）	45.6	0.4	9.00×10^{-10}	0.76（依据实际确定）
Windshield-adhesive	31.5	0.49	9.90×10^{-10}	—
Tailgate-glass	55000	0.25	2.5×10^{-9}	3.5（依据实际确定）
	70000	0.3		
	71000	0.25		
Roof-glass	70000	0.3	2.5×10^{-9}	4~5（依据实际确定）
	71000	0.25		
	74000	0.22		

（续）

材料名称	弹性模量/MPa	泊松比	密度/(t/mm³)	厚度/mm
Door Glass	55000	0.25	2.50×10⁻⁹	3.5（依据实际确定）
	70000	0.3		
	71000	0.25		
Quarter Glass	55000	0.25	2.50×10⁻⁹	3.5（依据实际确定）
	71000			
Roof/Door Adhesive	6	0.4	6×10⁻¹⁰	—
Structural Adhesive 0.2T	1500	0.38	1.2×10⁻⁹	—
Structural Adhesive 0.5T+0.5T	15000	0.38	1.2×10⁻⁹	—

7.2 小结

本章详细阐述了 TB 系统中涉及的各种附件建模方法、技巧和流程，包括内外饰板、备胎、线束、踏板、阻尼板等，并以刮水器电动机为例在各工具中对转动惯量的转换和读取进行了详细讲解，使读者对 TB 附件建模中的一些注意事项有一个清晰的认识和理解。

思考题

1. 阻尼板常见的建模方法有哪几种？
2. 转动惯量在工具中如何读取？各工具读取和输入有哪些注意点？

第 8 章
密封条模型的处理方法及难点

密封条是汽车中一个非常重要的密封件,在汽车门盖系统中应用十分广泛。门密封条有单层密封和双层密封两种。汽车橡胶密封条主要用于汽车的门、窗、机舱盖等需要密封的间隙部位,除起密封作用之外,还可防止外部风沙、雨水、尘土等有害物质侵入车内,还起到减振、隔声、装饰作用,以提高汽车部件的工作寿命和汽车的乘坐舒适性。

在整车 NVH 建模中,密封条建模往往耗费分析人员大量的时间,特别是有时候左右无法对称,本章针对这一难题进行密封条不同建模方式的研究和应用。

8.1 密封条的分类及功能

密封条是整车中一个非常重要的系统,其对整车的密封性以及整车 NVH 性能有着非常重要的影响。

8.1.1 密封条的分类

根据安装位置不同,可以分为机舱盖密封条、风窗密封条、门洞密封条、门柱密封条、玻璃呢槽、侧窗密封条、内外水切、天窗密封条、防噪声密封条和防尘条等,如图 8.1 所示。

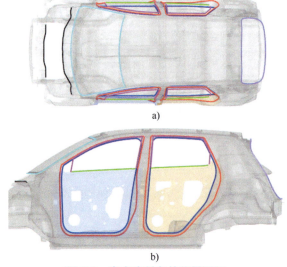

图 8.1 车身密封条的位置图示

车门与车身的密封比较困难，密封要求比较严，应密封的部分比较长，各密封部位的断面形状不尽相同，而且车门启闭频繁。因此多道密封一般布置在前门缝，除具有密封功能外，还有隔声降噪的作用。

1）机舱盖密封条。用于机舱盖同散热器横梁之间的密封，一般为两道，也有三道或者一道的结构，还有全封闭结构，如图 8.2 所示。

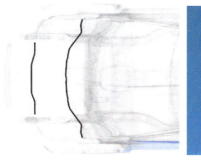

图 8.2 机舱盖密封条的位置图示

2）背门密封条。主要由密实胶基体和海绵胶泡管组成，密实胶内含有金属骨架，用于加强定型与固定，保证背门关闭时的密封性能，如图 8.3 所示。

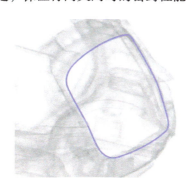

图 8.3 背门密封条的位置图示

3）前后风窗密封条。前后风窗密封条是安装在前后风窗玻璃与车身钣金之间的密封条，由单种胶料挤出成型，接角围接而成。但随着打胶工艺、车身焊接工艺、零部件精度和设计方法的不断提高，部分车型取消了前后风窗胶条的使用，如图 8.4 所示。

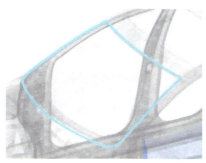

图 8.4 风窗密封条的位置图示

4）门洞密封条。门洞密封条主要由密实胶基体和海绵胶泡管组成，密实胶内含有金属骨架，用于加强定型与固定。海绵胶泡管有受压变形、卸压反弹的功能，以保证关门时的密封作用，如图 8.5 所示。

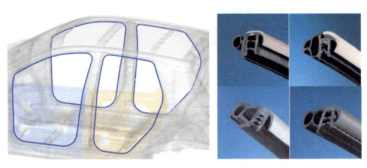

图 8.5　门洞密封条的位置图示

5）车门主密封条。车门主密封条为头道密封条，主要是车门框与车身门洞条配合使用的密封条，可以是密实胶基底加上海绵胶唇边，也可以是全海绵胶泡管，用来增加车门与车体间的密封效果，其刚度一般比较低，如图 8.6 所示。

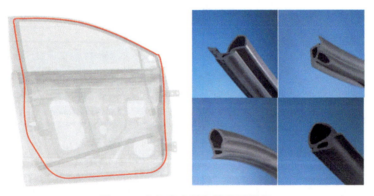

图 8.6　车门主密封条的位置图示

6）玻璃呢槽（车窗密封条）。玻璃呢槽是安装在车门窗框内的密封条，同侧门玻璃及升降器配合运动，一般由软硬两种密实胶组成，并可嵌入金属骨架，在不同方向唇边上植绒可降低玻璃升降时同胶条间的摩擦阻力，还有减少噪声的作用，如图 8.7 所示。

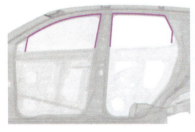 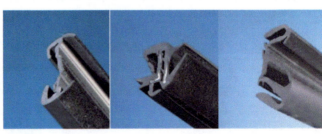

图 8.7　玻璃呢槽密封条的位置图示

7）内外水切是位于车门窗框下方的车窗内外侧植绒密封条，一般由单种胶料构成，包覆金属骨架，外水切亮条使用不锈钢或者高端抛光铝，可提高整车美观性，如图 8.8 所示。

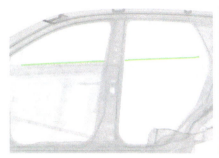

图 8.8　水切密封条的位置图示

8.1.2　密封性要求及密封结构特点

根据密封性要求及密封结构特点，一般将密封性设计分为静态密封和动态密封两类。

（1）静态密封　车身结构的各连接部分，设计要求对其间隙进行密封，而且在使用过程中这种密封关系是固定不动的，称为静态密封。通常采用涂敷密封胶的方法来实现，以防止车身腐蚀，对减小振动和噪声起着重要作用，如前后风窗玻璃的安装和密封。

（2）动态密封　对车身上的门、窗、孔盖等活动部位之间的配合间隙进行密封，称为动态密封。动态密封靠密封条的压缩变形来填充构件间的缝隙，使车身内外隔绝，防止风、雨和尘土侵入室内，提高隔声和隔热性能，在保持车内环境的同时还能缓和车门关闭时的冲击力和车身在行驶中的振动，如门框主密封条、门洞密封条、玻璃导槽、水切条等。

8.2　密封条的建模流程

8.2.1　密封条属性及模拟方式

1）密封条刚度一般较低，通常采用弹性单元模拟，如采用 RBE3+CBUSH+RBE3 方式。车门与车身之间的密封条可只赋予三个平动方向的刚度，门与玻璃之间的密封条赋予三个平动和绕切线方向的刚度。密封条的 BUSH 单元要在局部坐标系下，如图 8.9 所示。

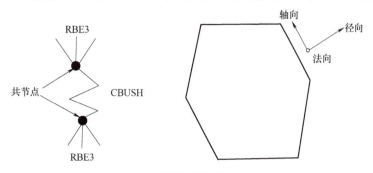

图 8.9　密封条模拟方法图示

2) 密封条的刚度一般通过测试得到，可由设计或试验部门提供，模型中需赋予实际刚度值。若无实际刚度值，可采用表 8.1 推荐的密封条典型刚度值，建模时的弹性单元间隔一般为 40~60mm。

表 8.1 密封条刚度（参考）

自由度	单位	车身/门	玻璃/门	水切 （玻璃下部密封条）
轴向	(N/mm)/mm	0.7	1	0.8
径向	(N/mm)/mm	0.2	0.7	0.6
法向	(N/mm)/mm	0.01	1	0.4
绕切向方向旋转	(N·mm/rad)/mm	—	4000	—

8.2.2 密封条建模方法

密封条的建模方法有很多种，每一种方法都有其独有的特性，但是有些方法建模耗费的时候相对较长，而有些方法比较高效快捷。本章主要基于 Hypermesh 2019 版本采用不同的密封条建模方法，可以从中对比出各自的优越性，读者在实际中可以根据需要选择。

（1）门洞密封条的建模方法一

1）密封条采用 RBE3-CELAS1-RBE3 方式建模，为了使生成的 CELAS 单元为 CBUSH 单元，需要将原有的 CELAS1 改为 CBUSH（进入 hm>bin>win64>feconfig.cfg，打开 feconfig.cfg，找到 CFG optistruct 89 rbe3-celas1-rbe3 并复制一个名为 CFG optistruct 89 rbe3-cbush-rbe3 new 的文件，另存为 feconfig_new.cfg，同时导入该配置文件），如图 8.10a~f 所示；同时需要勾选 single system，以便于建立 CBUSH 时同时建立坐标系，建模如图 8.10g~j 所示。

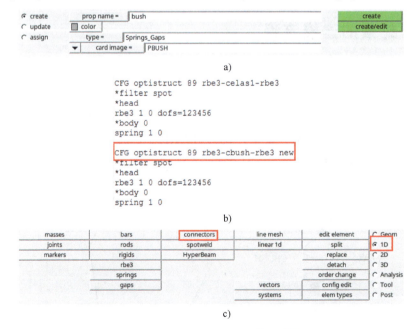

图 8.10 RBE3-CBUSH-RBE3 单元建模图示

第8章 密封条模型的处理方法及难点

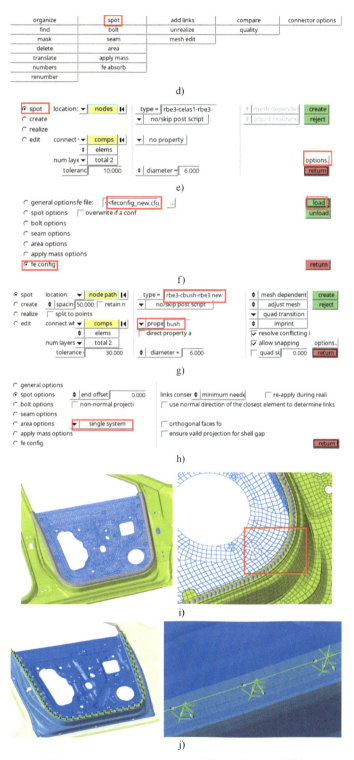

图 8.10　RBE3-CBUSH-RBE3 单元建模图示（续）

注：若在建立时出现 connectors 为红色，可以勾选图 8.10h 中的 non-normal projection，红色不影响密封条创建，有可能是容差不够等原因。

2) 采用该方法建立的密封条模型为 RBE3-CBUSH-RBE3，建立完成 CBUSH 单元后，需要手动将局部坐标系赋予相应的 CBUSH 单元，如图 8.11 所示；该操作相对比较耗时，其中沿密封条长度方向为 X 向，法向为 Y 向，切向为 Z 向，三个方向的刚度值如图 8.12 所示。

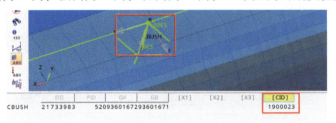

图 8.11　RBE3-CBUSH-RBE3 单元坐标系赋予图示

图 8.12　RBE3-CBUSH-RBE3 单元刚度值图示

（2）门洞密封条的建模方法二

1) 密封条采用 BUSH 方式建模，同时需要勾选 single system，以便于建立 CBUSH 的同时建立对应的坐标系，建模如图 8.13 所示。

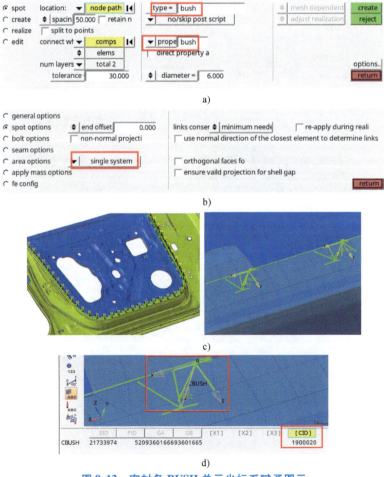

图 8.13　密封条 BUSH 单元坐标系赋予图示

2）该密封条由 RBE2-CBUSH-RBE2 单元组成，建立完成 CBUSH 单元后，需要手动将局部坐标系赋予相应的 CBUSH 单元，该操作相对比较耗时，采用此方法建立的密封条各个方向和 RBE3-CBUSH-RBE3 一致。

（3）门洞密封条的建模方法三

1）密封条采用 sealing 方法建模，并且勾选 create vector，即采用矢量法建模。该方法采用矢量法，避开了对每个 CBUSH 赋予相应的局部坐标系，非常便捷高效。

2）矢量法中的 vector 建立的单元方向定义如图 8.14a 所示。在 vector 中两个点 GA 和 GB 为法向，即 X 向，Y 向根据 X-Y 平面确定，Z 向根据右手定则确定，为沿密封条长度方向，如图 8.14b 所示；据此可给 CBUSH 赋予相应的刚度，X 向刚度为 K1，Y 向刚度为 K2，Z 向刚度为 K3，如图 8.14c 所示。

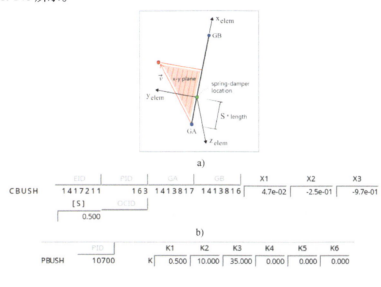

图 8.14　vector 方式单元属性图示

3）采用 node path 建模非常快捷，且不需要密封条几何截面中心线，仅需要考虑密封条接触区域。首先进入 1d>connectors>spot>sealing，location 可选择 lines、nodes、points 等，设置好相关参数后再建立密封条模型，具体操作流程如图 8.15 所示。

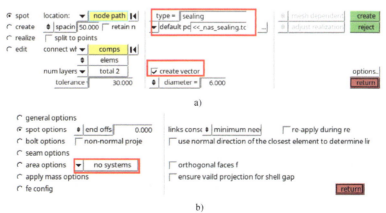

图 8.15　密封条 sealing 方法建模图示

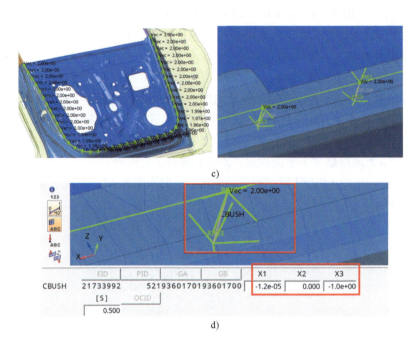

图 8.15 密封条 sealing 方法建模图示（续）

该密封条由 RBE3-CBUSH-RBE3 单元组成，建立完成 CBUSH 单元后，需要单独将刚度属性赋予 CBUSH 单元，该操作相对比较快捷；采用此方法建立的密封条各个方向和 RBE3-CBUSH-RBE3 一致。

（4）门洞密封条的建模方法四

1）采用 sealing 建立密封条，同时勾选 create vector，且采用 line 建立密封条。首先需要提取密封条的截面中心线，可以由设计部门提供，或直接通过 CATIA 建立，如图 8.16 所示。

2）vector 建模操作。

① 左侧车门密封条建模，如采用 line 建立密封条，如图 8.17 所示。

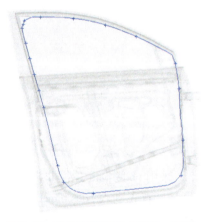

图 8.16 密封条截面中心线 line 图示

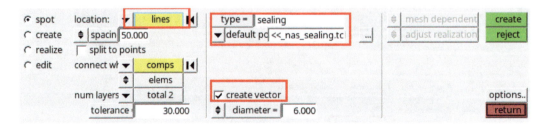

图 8.17 左侧车门密封条建模图示

② 左侧车门密封条建模过程，包括门洞以及玻璃呢槽等，如图 8.18 所示。建立完成左侧密封条后，密封条采用 RBE3-CBUSH-RBE3 模拟，法向即箭头方向为 X 向，沿密封条长度方向为 Y 向，径向为 CBUSH Z 向。

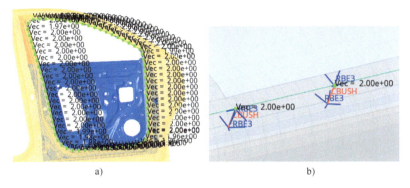

图 8.18　左侧车门密封条模型图示

③ 左侧车门密封条镜像建模。根据左侧密封条模型，右侧密封条可根据左侧的 connector 线（中间绿色线）进行镜像，镜像完成后，右侧的密封条 connector 线为黄色，即未实现零件之间的连接，具体操作流程如图 8.19 所示。

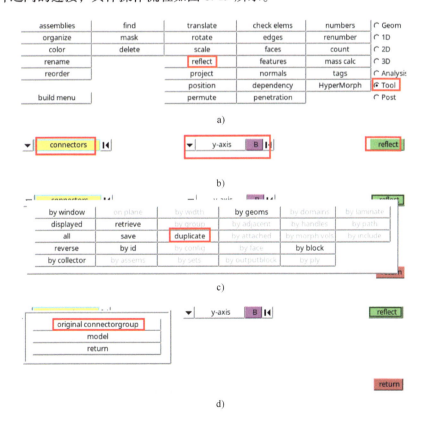

图 8.19　左侧车门密封条 connector 镜像流程图示

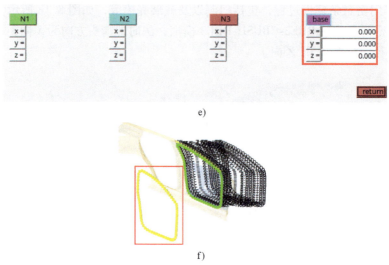

图 8.19 左侧车门密封条 connector 镜像流程图示（续）

④ 首先调入 Connector Browser 界面，有两种版本的界面图示，本例以下操作采用的是 19 版本，如图 8.20 所示。

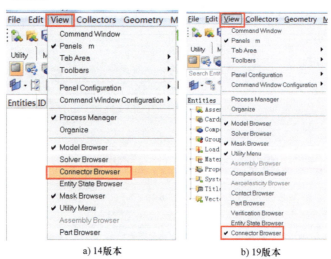

图 8.20 Connector Browser 界面调入图示

⑤ 右侧密封条建模，首先将通过左侧镜像后的右侧 connector 关联的左侧 component 去除，即将当前镜像的右侧 connector 进行 Remove Links，如图 8.21 所示。

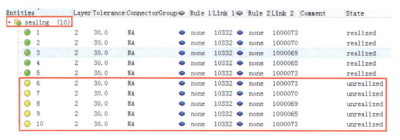

a)

图 8.21 connector 去除操作流程图示

第 8 章　密封条模型的处理方法及难点

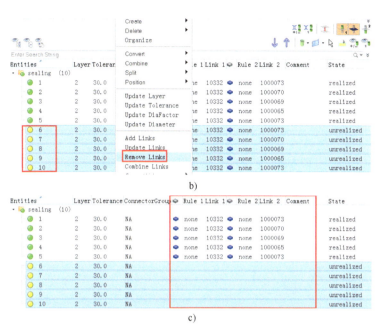

b)

c)

图 8.21　connector 去除操作流程图示（续）

⑥ 重新将右侧 connector 与右侧车门内板和右侧围等进行关联操作，如图 8.22a~c 所示；关联后的右侧车门 connectorlink 中有 component 信息，如图 8.22d 所示。

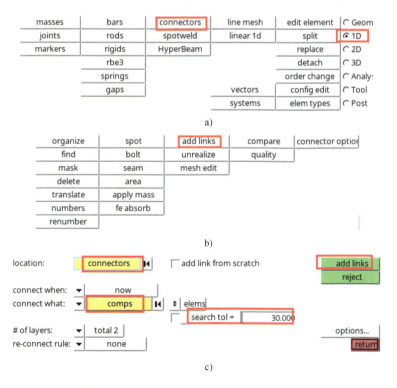

图 8.22　connector add links 操作流程图示

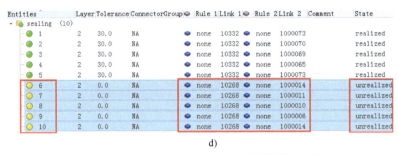

d)

图 8.22 connector add links 操作流程图示（续）

⑦ 将右侧 connector 在 spot 中 realize，即完成右侧密封条建模，connector 由黄色变为绿色，即建模完成；若建模过程中出现 connector 为红色，即表明未创建成功，有可能是两个零件之间不是完全的正向，可以在 spot options 中勾选 non-normal projection，即选择非法向投影创建，具体操作如图 8.23 所示。

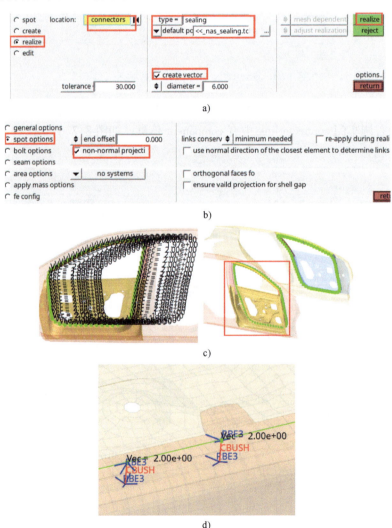

图 8.23 connector realize 操作流程图示

至此，右侧车门密封条创建完成，其余门盖密封条可参考此方法。采用此方法可非常快捷地建立 TB 所有的密封条，以及完成建模及赋予属性等相关工作。

8.3 小结

本章详细阐述了整车中密封条的功能和组成，以及密封条的位置；同时阐述了多种密封条建模方法、技巧和流程，包括水切、门洞密封条、玻璃密封条等，并对左右密封条如何快速实现建模进行了流程式的讲解，使读者更好地理解整车中密封条的高效建模方法。

思考题

1. 整车中密封条有哪些类型？
2. 密封条常见的建模方法有哪几种？
3. 如何高效地创建左右对称密封条？是否还有其他方法？

第 9 章
TB 模型的处理方法及 Include 关键运用

一辆整车 NVH 模型通常分为两大部分,分别是 Trimmed Body（TB 内饰车身,即完整的上车身模型）和底盘模型（除 TB 以外的所有系统）。此种分法主要是依据上下部分主要通过衬套连接,而衬套是一个隔振和力的传递元件,也是非常重要的传递路径。TB 模型是一个非常重要的系统,从振动和噪声的传递路径来看,它是一个非常重要的接受体,其性能的好坏直接影响整车 NVH 的表现。对于常见的传递函数灵敏度分析,如 IPI、NTF 及 VTF 等,在进行这些分析和优化之前,一个合格、合理的 TB 模型非常关键。本章主要采用合理的方法高效快速地创建一个符合要求的 TB 模型。

9.1 TB 模型装配的目的

1) 可以得到 TB 模型。通过 TB 模态分析,可以得到 TB 及各系统的模态频率,包括 TB 刚体模态、TB 弯曲扭转模态、转向系统模态以及各子系统模态等。

2) 可以进行 TB 传递函数分析,如 VTF、NTF 等,进而进行优化改进,为 TB NVH 性能提供保障。

9.1.1 TB 模型的组成

TB 模型即除去整车底盘之外的系统,主要由车身、门盖、转向、内外饰以及电子电器等系统组成,如图 9.1 所示。

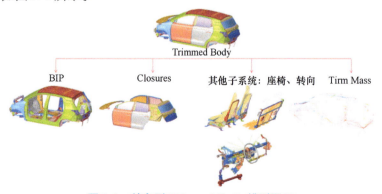

图 9.1 某车型 Trimmed Body 模型图示

9.1.2 TB 装配方法

在前面章节，我们分别介绍了车身、闭合件、转向系统、座椅系统、内外饰 Trim Mass，以及密封条的建模方法。TB 模型就是将这些系统连接到一起，各系统之间的连接方式主要有螺栓、锁扣、铰链、密封条以及限位块等。如何实现这些连接，一般有以下几种方法：一是直接在软件界面中进行装配连接，二是采用头文件实现各个子系统连接，每种方法都有其自身的特点。

9.2 TB 模型的创建方法及流程

9.2.1 TB 模型装配方法一

1) 准备好各个系统的模型，如某车型的 TB 模型主要包括以下子系统模型：
N01_BIP_20001111.fem；N01_Closures_20001111.fem
N01_Steer_20001111.fem；N01_Seat_20001111.fem
N01_Battery_20001111.fem；N01_TB_mass_20001111.fem

2) 螺栓模拟。首先导入 BIP 模型，BIP 作为骨架树干模型，其他子系统都与其进行连接装配，螺栓连接一般采用 RBE2 模拟，即通过 RBE2 连接两个子系统，如图 9.2 所示。

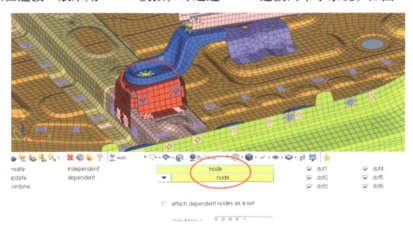

图 9.2　BIP 与座椅螺栓连接图示

3) 密封条模拟。直接将 Closures 系统导入到 BIP 中，由于之前闭合件已经建立了密封条，直接将密封条车身侧的 RBE3 与车身节点进行合并，如图 9.3 所示。

若之前建立的闭合件没有创建密封条，此时可采用第 8 章介绍的方法建立密封条。

4) 锁扣模拟。

① 锁扣可以采用同样的方法进行操作，若之前闭合件已经建立了锁扣，直接将闭合件侧的 CBUSH（不共点情况下）与车身锁扣 RBE2 主节点进行合并。

② 若是共点需要手动操作，首先在键盘中单击字母 O，进入参数设置界面，勾选 coincident picking，即在共点中进行节点选择。其次手动按 F3 将 CBUSH 的另一个节点移动至车身锁扣 RBE2 主节点，如图 9.4 所示。

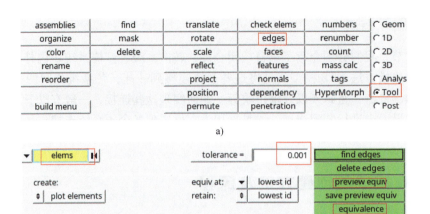

图 9.3 密封条节点合并图示

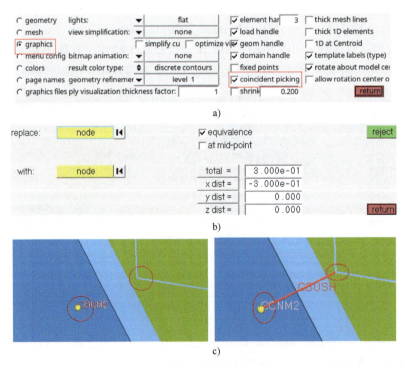

图 9.4 锁扣节点合并图示

③ 手动建立锁扣模型。首先建立锁扣 CBUSH 单元的属性 property 和 component，具体可按图 9.5 所示操作。

5）限位块模拟。限位块常用于侧门、尾门以及机舱盖与车身之间的限位，防止关门时过大的冲击对密封条产生较大的破坏作用，以及限制门在车辆行驶过程中的移动等。

① 若之前闭合件已经建立了限位块模型，直接将闭合件侧的 CBUSH（不共点情况下）与车身锁扣 RBE2 主节点进行合并即可。

第 9 章 TB 模型的处理方法及 Include 关键运用

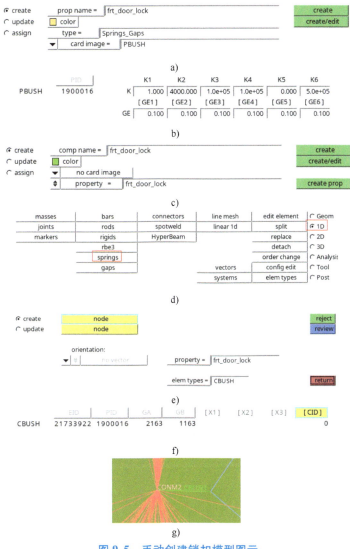

图 9.5 手动创建锁扣模型图示

② 若是共点需要手动操作,首先在键盘中单击字母 O,进入参数设置界面,勾选 coincident picking,即在共点中进行节点选择。其次手动按 F3 将 CBUSH 的另一个节点移动至车身限位块 RBE2 主节点。

③ 手动建立限位块模型。首先建立限位块 CBUSH 单元的局部坐标系,具体可按图 9.6 所示操作。

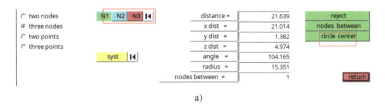

图 9.6 手动创建限位块坐标系图示

133

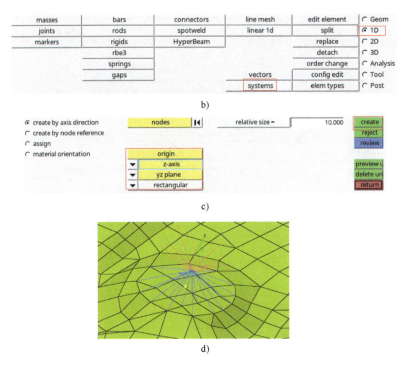

图 9.6 手动创建限位块坐标系图示（续）

④ 其次建立限位块 CBUSH 单元的属性 property 和 component，具体可按图 9.7 所示操作。

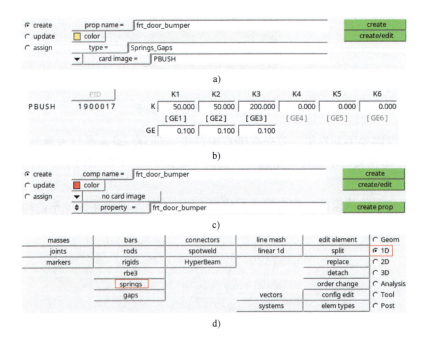

图 9.7 手动创建限位块模型图示

第 9 章 TB 模型的处理方法及 Include 关键运用

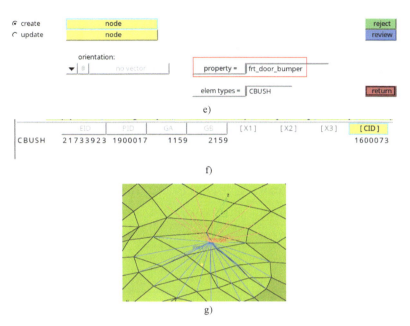

图 9.7 手动创建限位块模型图示（续）

6）手动创建各个子系统之间的连接，完成 TB 模型的创建，如图 9.8 所示。

图 9.8 手动创建完成的 TB 模型图示

9.2.2 TB 模型装配方法二

这种装配方法主要是采用头文件的形式，将各个系统在头文件中通过设置各种连接，如螺栓、锁扣、密封条等实现整体 TB 模型的装配，相当于模块化装配；但为实现此方法需要将各系统模型的节点、单元等放置于属于自身系统的范围内，这样在操作时才不会相互之间有干涉。

（1）准备模型　准备好各个系统的模型，如某车型的 TB 模型主要包括以下子系统模型：

N01_BIP_20001111.fem；N01_Closures_20001111.fem

N01_Steer_20001111.fem；N01_Seat_20001111.fem

N01_Battery_20001111.fem；N01_TB_mass_20001111.fem

（2）各系统模型的节点、单元等范围制定　在完成各系统的基础模型后，需要分配和

135

制定各系统的节点、单元等范围，分别见表 9.1 和表 9.2。

表 9.1 各系统的节点、单元及零件的范围

类型	NODE		ELEMENT		COMPONENT	
	从	至	从	至	从	至
BIP	10001	1000000	10001	1000000	10001	20000
F-Door	1000001	1300000	1000001	1300000	1000001	1300000
R-Door	1300001	1600000	1300001	1600000	1300001	1600000
TailGate	1600001	1900000	1600001	1900000	1600001	1900000
Hood	1900001	2100000	1900001	2100000	1900001	2100000
TB-MASS	2700001	3000000	2700001	3000000	2700001	3000000
Seat	3000001	3300000	3000001	3300000	3000001	3300000
Steering	3300001	3700000	3300001	3700000	3300001	3700000
Battery	3700001	4100000	3700001	4100000	3700001	4100000

表 9.2 各系统的装配、属性及坐标系的范围

类型	ASSEMBLY		PROPERTY		SYSTEM	
	从	至	从	至	从	至
BIP	10001	1000000	10001	1000000	10001	1000000
F-Door	1000001	1300000	1000001	1300000	1000001	1300000
R-Door	1300001	1600000	1300001	1600000	1300001	1600000
TailGate	1600001	1900000	1600001	1900000	1600001	1900000
Hood	1900001	2100000	1900001	2100000	1900001	2100000
TB-MASS	2700001	3000000	2700001	3000000	2700001	3000000
Seat	3000001	3300000	3000001	3300000	3000001	3300000
Steering	3300001	3700000	3300001	3700000	3300001	3700000
Battery	3700001	4100000	3700001	4100000	3700001	4100000

（3）各系统之间的连接点的定义，即 interface 定义见表 9.3。

表 9.3 各系统之间的连接点定义

名称	连接点编号					
BIP_Steer	1301	1302	1303	1304	……	1314
Steer_BIP	2301	2302	2303	2304	……	2314
BIP_Seat	1401	1402	1403	1404		
Seat_BIP	2401	2402	2403	2404		
BIP_Hood	1101	1102	1103	1104		
Hood_BIP	2101	2102	2103	2104		

(续)

名称	连接点编号					
BIP_Fender	1110	1111	1112	1113	……	1116
Fender_BIP	2110	2111	2112	2113	……	2116
BIP_Reardoor	1201	1202	1203	1204	……	1214
Reardoor_BIP	2201	2202	2203	2204	……	2214
BIP_Frontdoor	1151	1152	1153	1154	……	1164
Frontdoor_BIP	2151	2152	2153	2154	……	2164
BIP_Backdoor	1220	1221	1222	1223	……	1233
Backdoor_BIP	2220	2221	2222	2223	……	2233
BIP_battery	1251	1252	1253	1254		
battery_BIP	2251	2252	2253	2254		
Sub_PT	2501	2502	2503			
PT_Sub	1501	1502	1503			
Sub_antirolbar	2601	2602				
antirolbar_Sub	1601	1602				
Sub_arm	2701	2702	2703	2704		
arm_Sub	1701	1702	1703	1704		
BIP_Shock	3001	3002	3003	3004		
Shock_BIP	3101	3102	3103	3104		
BIP_Trail	3105	3106				
Trail_BIP	4105	4106				
BIP_RSpring	3107	3108				
RSpring_BIP	4107	4108				
BIP_Frt_sub	5001	5002	5003	5004	5005	5006
Frt_sub_BIP	6001	6002	6003	6004	6005	6006
……						

（4）各系统模型准备

1）将之前创建的各子系统的节点、单元、属性、材料、装配、坐标系等重新进行编号，下面以 BIP 为例进行节点、单元等编号，如图 9.9 所示。

2）将各个连接点单独重新进行编号，主要是与各个系统连接的螺栓、锁扣、限位块等，这些特殊点需要单独进行编号，编号时要清楚每个编号点的位置。在进行各连接点编号时，为了方便理解各系统之间的连接，需要注意节点编号的规则和位置。考虑到车辆是近左右对称，编号可以按照从左侧至右侧的原则，目的是自己容易识别安装点。另外连接点编号一般以车身侧为 1 开头，如左前门铰链连接点 2151~2154，车身侧对应为 1151~1154，如图 9.10 所示。

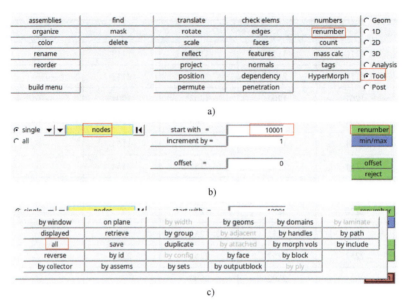

图 9.9 单元编号操作图示

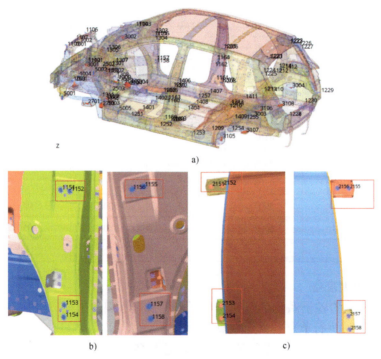

图 9.10 BIP 与左前门连接点定义图示

3) 重新编号后 BIP 的装配、零件、零件材料及属性如图 9.11~图 9.14 所示；然后将该 BIP 模型重新导出，如命名为 N01_BIP_20001111.fem，即该模型所有的节点、单元等处于制定的范围内。

第 9 章　TB 模型的处理方法及 Include 关键运用

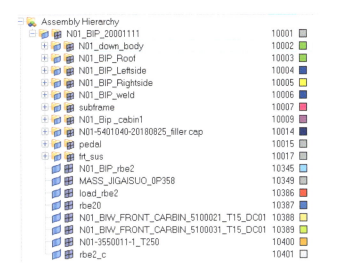

图 9.11　重新编号后的 Assembly 图示

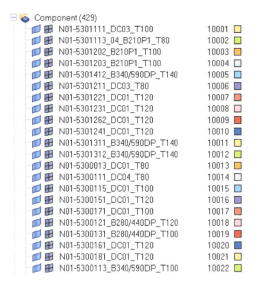

图 9.12　重新编号后的 Component 图示

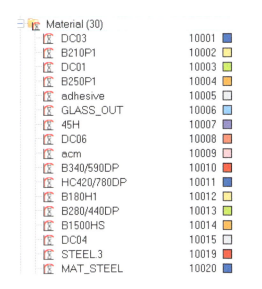

图 9.13　重新编号后的零件材料图示

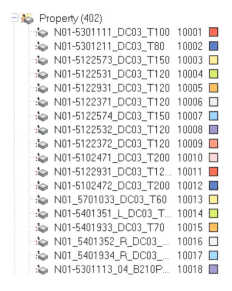

图 9.14　重新编号后的零件属性图示

注：在完成模型编号及关键连接点定义后，需要添加以下关键字：OMIT，即忽略 BULK 数据块的开始和结束，意思是每一个系统模型相当于一个数据块，后续通过后文件定义连接和管理模型，以及模型导入时不会出错，如图 9.15 所示。

4）按同样的方法，将其余系统的节点、单元、装配、零件、属性及材料等重新进行编号，左前门完成编号后各系统模型如图 9.16 所示。

（5）TB 头文件制作　通过 Include 文件进行 TB 模型装配，如对各子系统模型通过螺栓、锁扣、限位块或衬套等进行连接模拟。

图 9.15 BIP 模型导出关键字设置图示

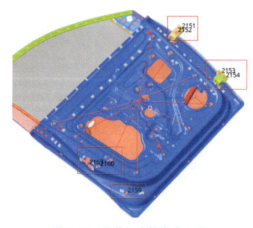

图 9.16 左前门连接点定义图

图 9.17 所示为 BIP 与 HOOD（车身与机舱盖）连接说明，包含以下主要信息和内容，其中带 $$ 的为注释，即仅为说明内容，不参与模型连接。

1）第一个方框最顶部的文件为模型文件，即重新编号的各系统模型，通过 INCLUDE 关键字关联各个模型。

2）第二个方框为注释说明字行，如 Interface Between BIP and Closure。

3）RBE2 中 1101~1104 为机舱盖与车身连接的四个铰链点，以 1 开始的数字，为车身侧，以 2 开始的数字为机舱盖侧，RBE2 后第一列数字为 RBE2 单元序号，第二列为车身侧

第 9 章　TB 模型的处理方法及 Include 关键运用

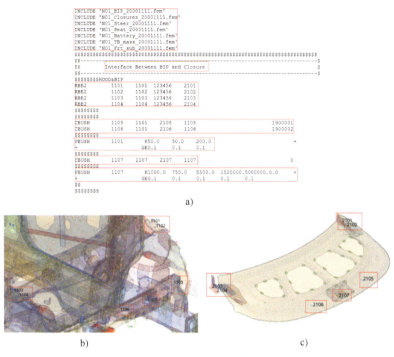

图 9.17　BIP 与机舱盖连接点定义图示

连接点编号，第三列 123456 为 RBE2 的自由度，第四列为机舱盖侧连接点编号。

4）CBUSH 1105、1106 为限位块连接点，CBUSH 后第一列数字为 CBUSH 单元序号，第二列为 CBUSH 单元属性，第三列为机舱盖侧连接点编号，第四列为车身侧连接点编号。PBUSH 1101 为限位块的属性，即刚度分别为 $K_x = 50\text{N/mm}$，$K_y = 50\text{N/mm}$，$K_z = 200\text{N/mm}$，阻尼 G 为 0.1，最后一列 1900001 和 1900002 为 CBUSH 单元坐标系编号。

5）CBUSH 1107 为锁扣连接点，最后一列 0 表示该 CBUSH 单元为全局坐标系，其意义同限位块。通过该段信息就实现了 BIP 与 HOOD 之间的连接。

6）同理，其余系统亦可通过该操作实现相互之间的连接。图 9.18~图 9.23 所示分别是 BIP 与左前门、左后门、尾门以及转向、电池包、座椅等之间的连接。

```
$$$$$$$FRONTDOOR&BIP                              $$$$$$$REARDOOR&BIP
RBE2     1151    1151  123456    2151             RBE2     1201    1201  123456    2201
RBE2     1152    1152  123456    2152             RBE2     1202    1202  123456    2202
RBE2     1153    1153  123456    2153             RBE2     1203    1203  123456    2203
RBE2     1154    1154  123456    2154             RBE2     1204    1204  123456    2204
RBE2     1155    1155  123456    2155             RBE2     1205    1205  123456    2205
RBE2     1156    1156  123456    2156             RBE2     1206    1206  123456    2206
RBE2     1157    1157  123456    2157             RBE2     1207    1207  123456    2207
RBE2     1158    1158  123456    2158             RBE2     1208    1208  123456    2208
$$$$$$$                                           $$$$$$$
$$$$$$$bumper block                               $$$$$$$bumper block
CBUSH    1159    1159    2159    1159        0    CBUSH    1209    1201    2209    1209        0
CBUSH    1160    1159    2160    1160        0    CBUSH    1210    1201    2210    1210        0
CBUSH    1161    1159    2161    1161        0    CBUSH    1211    1201    2211    1211        0
CBUSH    1162    1159    2162    1162        0    CBUSH    1212    1201    2212    1212        0
$$$$$$$                                           $$$$$$$
PBUSH    1159       K50.0    50.0    200.0  +     PBUSH    1201       K50.0   50.0   200.0   +
+               GE0.1     0.1     0.1             +               GE0.1    0.1    0.1
$$$$$$$LOCK                                       $$$$$$$
CBUSH    1163    1160    2163    1163        0    CBUSH    1213    1202    2213    1213        0
CBUSH    1164    1160    2164    1164        0    CBUSH    1214    1202    2214    1214        0
$$$$$$$                                           $$$$$$$
PBUSH    1160    K1.0   4000.0  100000.0100000.00.0   500000.0+   PBUSH  1202  K1.0  4000.0  100000.0100000.00.0  500000.0+
+               GE0.1    0.1    0.1     0.1     0.1   +                      GE0.1   0.1    0.1    0.1    0.1
$$                                                $$
```

图 9.18　BIP 与左前门头文件定义图示　　　　　图 9.19　BIP 与左后门头文件定义图示

```
$$$$$$$$Liftgate&BIP
RBE2        1220    1220  123456    2220
RBE2        1221    1221  123456    2221
RBE2        1222    1222  123456    2222
RBE2        1223    1223  123456    2223
RBE2        1224    1224  123456    2224
RBE2        1225    1225  123456    2225
RBE2        1226    1226  123456    2226
RBE2        1227    1227  123456    2227
$
$$$$$$
$$$$$$$$bumper block
CBUSH       1228    1228    2228    1228                                    0
CBUSH       1229    1228    2229    1229                                    0
$$
PBUSH       1228        K50.0    50.0    200.0                               +
+                       GE0.1    0.1     0.1
$$$$$$$$LOCK
CBUSH       1230    1229    2230    1230                              1600072
$$$$$$$$
PBUSH       1229        K5500.0  750.0   1000.0  0.0     1.5+6   1.5+6   +
+                       GE0.1    0.1     0.1     0.1     0.1     0.1
$$
```

图 9.20 BIP 与尾门头文件定义图示

```
$$--------------------------------------------------------------------$
$$        Interface Between BIP and Steering                           $
$$--------------------------------------------------------------------$
$$$$$$$$
RBE2        1301    1301  123456    2301
RBE2        1302    1302  123456    2302
RBE2        1303    1303  123456    2303
RBE2        1304    1304  123456    2304
RBE2        1305    1305  123456    2305
RBE2        1306    1306  123456    2306
RBE2        1307    1307  123456    2307
RBE2        1308    1308  123456    2308
RBE2        1309    1309  123456    2309
$
$$$$$$
$$$$$$$$bolt
CBUSH       1311    1311    2311    1311                                    0
CBUSH       1312    1311    2312    1312                                    0
$$CBUSH       1313    1312    2313    1313                                    0
$$CBUSH       1314    1312    2314    1314                                    0
$$
PBUSH       1311        K1243.2008552.6008552.600                          +
+                       GE0.1    0.1     0.1
$$
PBUSH       1312        K1.0+7   1.0+7   1.0+7   10.0    1.0+7   10.0    +
+                       GE0.1    0.1     0.1     0.1     0.1     0.1
$$$$$$$$
```

图 9.21 BIP 与转向系统头文件定义图示

```
$$----------------------------------------
$$        Interface Between BIP and Battery
$$----------------------------------------
$$$$$$$$
RBE2        1251    1251  123456    2251
RBE2        1252    1252  123456    2252
RBE2        1253    1253  123456    2253
RBE2        1254    1254  123456    2254
RBE2        1255    1255  123456    2255
RBE2        1256    1256  123456    2256
RBE2        1257    1257  123456    2257
RBE2        1258    1258  123456    2258
$
$$$$$$$$
```

图 9.22 BIP 与电池包系统头文件定义图示

```
$$--------------------------------------------------------------------
$$        Interface Between BIP and Seat
$$--------------------------------------------------------------------
RBE2        1401    1401  123456    2401
RBE2        1402    1402  123456    2402
RBE2        1403    1403  123456    2403
RBE2        1404    1404  123456    2404
RBE2        1405    1405  123456    2405
RBE2        1406    1406  123456    2406
RBE2        1407    1407  123456    2407
RBE2        1408    1408  123456    2408
RBE2        1409    1409  123456    2409
RBE2        1410    1410  123456    2410
$$$$$$
$$$$$$$$lock
CBUSH       1411    1411    1411    2411                                    0
CBUSH       1412    1411    1412    2412                                    0
$$
PBUSH       1411        K100000.01.0     4000.0  100000.0100000.0100000.0+
+                       GE0.1    0.1     0.1     0.1     0.1     0.1
$$
```

图 9.23 BIP 与座椅系统头文件定义图示

（6）导入模型　通过头文件创建的 TB 模型在软件中仅需要导入 N01_TB_interface_20001111.fem 即可，如图 9.24 所示。

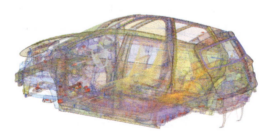

图 9.24 通过头文件创建的 TB 模型图示

9.2.3 TB 模型模态计算

（1）TB 模型模态计算头文件设置

1）可以采用计算头文件的方式将所有的模型和连接放在同一个计算文件夹中，仅提交计算头文件即可。图 9.25 所示为计算头文件设置，包括 MPC 及非结构质量 NSM，以及计算工况和相关参数。

2）可以将装配好的 TB 模型导出，并在关键字中将 Begin Bulk 以及 Enddata 去除，与计算头文件进行关联，该模型文件仅有 TB 一个完整的模型，如图 9.26 所示。

第9章 TB 模型的处理方法及 Include 关键运用

```
$
  MPC =         501
  NSM =         500
DISPLACEMENT = ALL
$$------------------------------------------
$$             Case Control Cards
$$------------------------------------------
$
$HMNAME LOADSTEP        1"Modal"        3
SUBCASE       1
  LABEL Modal
ANALYSIS MODES
  METHOD(STRUCTURE) =   1
$
BEGIN BULK
$$
PARAM,AMSES,YES
PARAM,CHECKEL,NO
$$
$$   EIGRL cards
$
$HMNAME LOADCOL         1"Modal"
$HWCOLOR LOADCOL        1       11
EIGRL   1      0.0     50.0                    MASS
INCLUDE 'N01_BIP_20001111.fem'
INCLUDE 'N01_Closures_20001111.fem'
INCLUDE 'N01_Steer_20001111.fem'
INCLUDE 'N01_Seat_20001111.fem'
INCLUDE 'N01_Battery_20001111.fem'
INCLUDE 'N01_TB_mass_20001111.fem'
INCLUDE 'N01_TB_interface_20001111.dat'
ENDDATA
$$
```

图 9.25 TB 模态计算头文件设置图示 1

```
$
  MPC =         501
  NSM =         500
DISPLACEMENT = ALL
$$------------------------------------------
$$             Case Control Cards
$$------------------------------------------
$
$HMNAME LOADSTEP        1"Modal"        3
SUBCASE       1
  LABEL Modal
ANALYSIS MODES
  METHOD(STRUCTURE) =   1
$
BEGIN BULK
$$
PARAM,AMSES,YES
PARAM,CHECKEL,NO
$$
$$   EIGRL cards
$$
$HMNAME LOADCOL         1"Modal"
$HWCOLOR LOADCOL        1       11
EIGRL   1      0.0     50.0                    MASS
include'N01_TB_model.fem'
ENDDATA
$$
```

图 9.26 TB 模态计算头文件设置图示 2

（2）TB 模态计算结果 通过计算创建的 TB 模型，可以验证模型的准确性以及所需要的模态频率结果。其前六阶为刚体模态，第七阶为转向盘的转动模态，一般小于 1Hz，图 9.27a 所示为 0.5Hz，满足要求。TB 模态计算结果如图 9.27~图 9.29 所示。

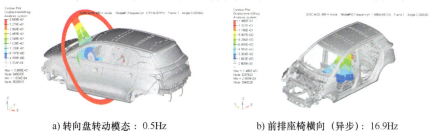

a) 转向盘转动模态：0.5Hz   b) 前排座椅横向（异步）：16.9Hz

图 9.27 TB 模态结果图示 1

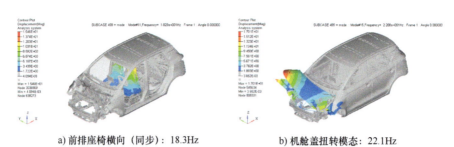

a) 前排座椅横向（同步）：18.3Hz   b) 机舱盖扭转模态：22.1Hz

图 9.28　TB 模态结果图示 2

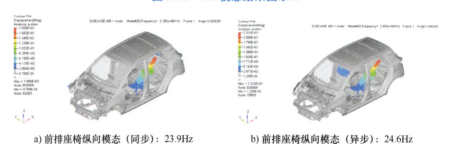

a) 前排座椅纵向模态（同步）：23.9Hz   b) 前排座椅纵向模态（异步）：24.6Hz

图 9.29　TB 模态结果图示 3

（3）TB 模态识别方法　TB 模态中比较关键的是车身的一阶弯曲及扭转模态，有时难以通过肉眼判断，此时可以通过模态识别的方法辅助判断，模态识别的方法及设置可参照第 3 章相关操作进行。TB 车身一阶弯曲模态识别曲线如图 9.30 所示，一阶弯曲模态振型如图 9.31 所示。TB 车身一阶扭转模态识别曲线如图 9.32 所示，一阶扭转模态振型如图 9.33 所示。TB 模态结果列表见表 9.4。

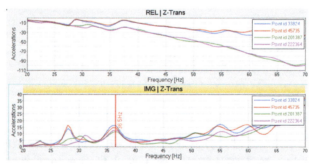

图 9.30　TB 车身一阶弯曲模态识别曲线图

图 9.31　TB 车身一阶弯曲模态振型图

第9章 TB 模型的处理方法及 Include 关键运用

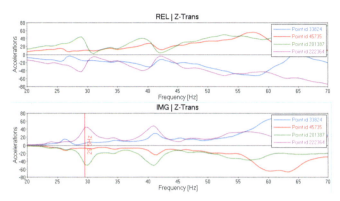

图 9.32 TB 车身一阶扭转模态识别曲线图

图 9.33 TB 车身一阶扭转模态振型图

表 9.4 TB 模态结果列表

振型	频率/Hz	目标/Hz	振型	频率/Hz	目标/Hz
转向盘转动模态	0.5	—	前舱横摆模态	26.3	30
前排座椅横向（异步）	16.9	16~20	前门局部模态	28.6	≥30Hz，避开声腔模态 5Hz，综合整车模态分布结果看
前排座椅横向（同步）	18.3		后门局部模态	32.0	
机舱盖局部模态	22.1				
前排座椅纵向（同步）	23.9	16~20	前地板模态	37.1	—
前排座椅纵向（异步）	24.6		备胎池局部模态	40.7	—
后排座椅纵向	25.0		转向系统一阶垂向模态	28.1	避开风扇激励频率（25Hz）3Hz 以上
机舱盖局部模态	25.4	—	转向系统一阶横向模态	41.1	
背门弯曲模态	28.4	—	车身一阶弯曲	37	≥29
机舱盖弯曲模态	28.9	—	车身一阶扭转	29	≥29

9.3 小结

本章对两种 TB 系统的建模方法（一种为界面建模，一种为头文件建模）进行了讲述，包括详细的各系统连接方法、技巧和流程，通过采用两种方法将各系统组装成 TB 模型，使读者对 TB 建模中的一些注意事项和细节有一个清晰的认识和理解；同时对如何识别 TB 典型的模态振型进行了讲解。

思考题

1. TB 模型包括哪些系统，是如何界定的？
2. TB 模型的装配方法有哪几种？各种方法的差异和特点有哪些？
3. TB 模型的典型模态振型如何确定？

第 10 章
减振器及弹簧的模型处理方法及难点

减振器的主要功用是使车架与车身的振动迅速衰减，以改善汽车行驶的平顺性和舒适性，汽车悬架系统上一般都装有减振器。由减振器及弹簧共同构成的弹性元件，对车身起柔性支撑作用。弹簧的主要作用是柔性支撑及储存能量等，减振器的主要作用是减弱弹簧的振幅以及耗散弹簧储存的能量等，图 10.1 为典型的减振器总成图示。

图 10.1　减振器总成实物图示

当车架（或车身）和车桥（车轮）间发生振动而出现相对运动时，减振器内的活塞上下移动，减振器腔内的油液便反复地从一个腔经过不同的孔隙流入另一个腔内。此时孔壁与油液间的摩擦和油液分子间的内摩擦对振动形成阻尼力，使汽车振动能量转化为油液热能，再由减振器吸收散发到大气中，如图 10.2 所示。

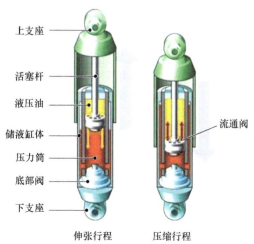

图 10.2　减振器伸张及压缩行程图示

147

10.1 前减振器系统建模

10.1.1 前减振器部件建模流程

减振器系统中活塞杆采用 CBEAM 单元模拟,其余采用网格单元建模,焊缝采用 RBE2 模拟等,如图 10.3 所示。

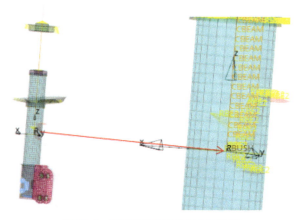

图 10.3 前减振器刚度及阻尼建模

1) 减振器系统主要是模拟减振器的动作以及刚度、阻尼作用。减振器系统中活塞杆与减振器筒下点模拟方法,对于阻尼一般可取伸张及压缩的平均值。通过计算可得复原时的平均阻尼为 1.905N/(mm/s),压缩时的平均阻尼为 1.509N/(mm/s),则可设置减振器的阻尼为复原和压缩的平均值 1.707N/(mm/s)。某车前减振器力与速度的关系见表 10.1,减振器复原与压缩曲线对比如图 10.4 所示,模型中减振器阻尼值设定如图 10.5 所示。

表 10.1 前减振器力与速度关系

速度/(m/s)	复原力/N	复原力与速度比值/[N/(m/s)]	压缩力/N	压缩力与速度比值/[N/(m/s)]
0.026	44	1692.307692	56	2153.846154
0.052	139	2673.076923	138	2653.846154
0.079	247	3126.582278	198	2506.329114
0.131	354	2702.290076	245	1870.229008
0.262	498	1900.763359	315	1202.290076
0.393	602	1531.806616	377	959.2875318
0.524	695	1326.335878	440	839.6946565
0.786	891	1133.587786	569	723.9185751
1.048	1117	1065.839695	705	672.7099237
平均值	—	1905	—	1509

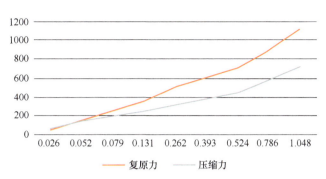

图 10.4 前减振器复原及压缩曲线

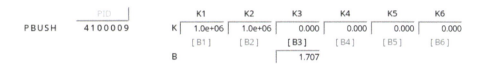

图 10.5 前减振器阻尼值设定图示

2）减振器系统中活塞杆与减振器筒上点模拟方法。由于活塞杆与减振器筒之间是圆柱副运动，在活塞杆与减振器筒的上点建立 CBUSH 单元，CBUSH 的参数设置如图 10.6 所示，其中 CBUSH 单元参考局部坐标系，前减振器筒上点 CBUSH 单元建模如图 10.7 所示。

图 10.6 前减振器筒上点 CBUSH 单元刚度设置图示

图 10.7 前减振器筒上点 CBUSH 单元建模图示

3）减振器系统 Topmount 模拟方法。前减振器的 Topmount 刚度一般通过测试得到，由设计工程师提供，如下所示为实测的 Topmount 各方向刚度值，该值为静刚度，通过插值法得到 $K_x = K_y = 750\text{N/mm}$，$K_z = 1625\text{N/mm}$，$K_{Tx} = K_{Ty} = 3000\text{N} \cdot \text{mm}/(°)$，$K_{Tz} = 500\text{N} \cdot \text{mm}/(°)$，则通过经验可得其动刚度为静刚度的 1.4 倍，即 $K_x = K_y = 1050\text{N/mm}$，$K_z = 2275\text{N/mm}$，$K_{Tx} = K_{Ty} = 240660\text{N} \cdot \text{mm/rad}$，$K_{Tz} = 40110\text{N} \cdot \text{mm/rad}$；某车前减振器 Topmount 的 X&Y 向刚度曲线如图 10.8 所示，Z 向刚度曲线如图 10.9 所示；模型中 CBUSH 单元刚度设定如图 10.10 和图 10.11 所示。

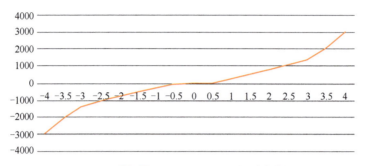

图 10.8　减振器 Topmount X&Y 向刚度曲线

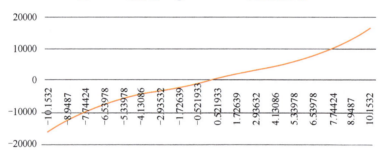

图 10.9　减振器 Topmount Z 向刚度曲线

图 10.10　前减振器 Topmount Z 向 CBUSH 单元图示

	PID		K1	K2	K3	K4	K5	K6
PBUSH	3001	K	1050.000	1050.000	2275.000	2.4e+05	2.4e+05	4.0e+04
			[GE1]	[GE2]	[GE3]	[GE4]	[GE5]	[GE6]
		GE	0.100	0.100	0.100	0.100	0.100	0.100

图 10.11　前减振器 Topmount 刚度设定图示

10.1.2 前螺旋弹簧建模流程

1）采用 CBEAM 单元模拟弹簧，同时需要对弹簧刚度进行标定。前弹簧刚度设计值为 15.5N/mm，其刚度计算模型如图 10.12 所示。

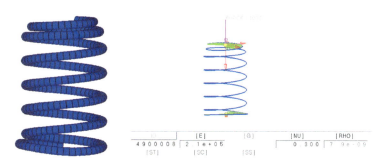

a) 螺旋弹簧CBEAM模型　　　b) 螺旋弹簧刚度计算模型

图 10.12　螺旋弹簧刚度计算模型图示

2）通过计算得到螺旋弹簧在弹性模量为 $2.1×10^5$MPa 时其 Z 向位移为 3.779mm，则刚度为 K_z = 100/3.779 = 26.46N/mm，而实际设计刚度为 15.5N/mm，需要重新标定其刚度。

3）通过反算得到其设计刚度 15.5N/mm 下的弹性模量为 123006MPa，重新计算得到其 Z 向位移为 6.451mm，则刚度为 K_z = 100/6.451 = 15.5N/mm，与设计刚度吻合。螺旋弹簧刚度标定结果如图 10.13 所示。

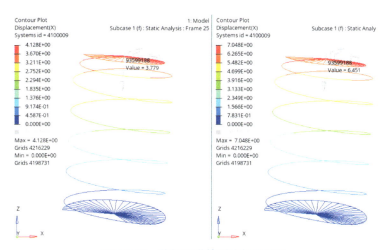

图 10.13　前螺旋弹簧刚度标定结果

10.2　后减振器系统建模

10.2.1　后减振器部件建模流程

后减振器系统刚度和阻尼建模及连接同前减振器，如图 10.14 所示。

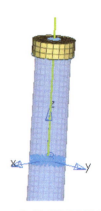

图 10.14　后减振器刚度及阻尼建模

1）后减振器系统通过计算可得复原时的平均阻尼为 1.487N/(mm/s)，压缩时的平均阻尼为 1.544N/(mm/s)，则可设置后减振器的阻尼为复原和压缩的平均值 1.516N/(mm/s)。某车后减振器力与速度的关系见表 10.2，减振器复原与压缩曲线对比如图 10.15 所示，模型中减振器阻尼值设定如图 10.16 所示。

表 10.2　后减振器力与速度关系

速度/(m/s)	复原力/N	复原力与速度比值/[N/(m/s)]	压缩力/N	压缩力与速度比值/[N/(m/s)]
0.026	76	2923.076923	66	2538.461538
0.052	108	2076.923077	103	1980.769231
0.079	135	1708.860759	149	1886.075949
0.131	180	1374.045802	255	1946.564885
0.262	290	1106.870229	432	1648.854962
0.393	410	1043.256997	506	1287.531807
0.524	535	1020.992366	563	1074.427481
0.786	824	1048.346056	656	834.605598
1.048	1136	1083.969466	732	698.4732824
平均值	—	1487	—	1544

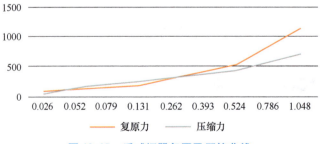

图 10.15　后减振器复原及压缩曲线

第 10 章　减振器及弹簧的模型处理方法及难点

图 10.16　后减振器阻尼值设定图示

2) 后减振器系统中活塞杆与减振器筒上点模拟方法。后减振器系统中活塞杆与减振器筒上点模拟方法与前减振器相同。CBUSH 单元刚度的参数设置如图 10.17 所示，其中 CBUSH 单元参考局部坐标系，后减振器筒上点 CBUSH 建模如图 10.18 所示。

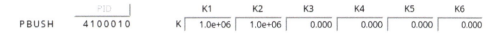

图 10.17　后减振器筒上点 CBUSH 单元刚度设置图示

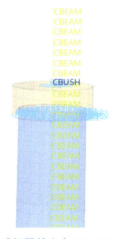

图 10.18　后减振器筒上点 CBUSH 单元建模图示

3) 后减振器系统 Topmount 模拟方法。后减振器的 Topmount 刚度一般通过测试得到，通过插值法得到 $K_x = K_y = 4718\text{N/mm}$，$K_z = 197\text{N/mm}$，$K_{Tx} = K_{Ty} = 577\text{N} \cdot \text{mm}/(°)$，$K_{Tz} = 5000\text{N} \cdot \text{mm}/(°)$，则通过经验可得其动刚度为静刚度的 1.4 倍，即 $K_x = K_y = 6605\text{N/mm}$，$K_z = 276\text{N/mm}$，$K_{Tx} = K_{Ty} = 401100\text{N} \cdot \text{mm/rad}$，$K_{Tz} = 46287 \text{ N} \cdot \text{mm/rad}$。某车后减振器 Topmount 的 $X\&Y$ 向刚度曲线如图 10.19 所示，Z 向刚度曲线如图 10.20 所示；模型中 CBUSH 单元刚度设定如图 10.21 和图 10.22 所示。

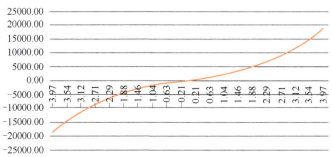

图 10.19　后减振器 Topmount $X\&Y$ 向刚度曲线

153

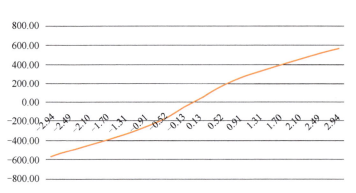

图 10.20　后减振器 Topmount Z 向刚度曲线　　图 10.21　后减振器 Topmount 刚度设定

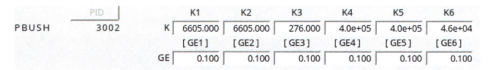

图 10.22　后减振器 Topmount 刚度设定图示

4）后减振器系统下安装衬套模拟方法。后减振器下安装衬套刚度与 Topmount 刚度一致，如图 10.23 所示。

10.2.2　后螺旋弹簧建模流程

1）采用 CBEAM 单元模拟弹簧，同时需要对弹簧刚度进行标定，如图 10.24 所示。后弹簧刚度设计值为 19N/mm。

图 10.23　后减振器下安装衬套刚度设定　　图 10.24　螺旋弹簧刚度计算模型

2）通过计算得到后螺旋弹簧在弹性模量为 $2.1×10^5$ MPa 时其 Z 向位移为 3.508mm，则刚度为 K_z = 100/3.508 = 28.5N/mm，而实际设计刚度为 19N/mm，需要重新标定其刚度。

3）通过反算得到其设计刚度 19N/mm 下的弹性模量为 139969MPa，重新计算得到其 Z 向位移为 5.263mm，则刚度为 $K_z = 100/5.263 = 19$N/mm，与设计刚度吻合。螺旋弹簧刚度标定结果如图 10.25 所示。前后螺旋弹簧刚度标定结果对比见表 10.3。

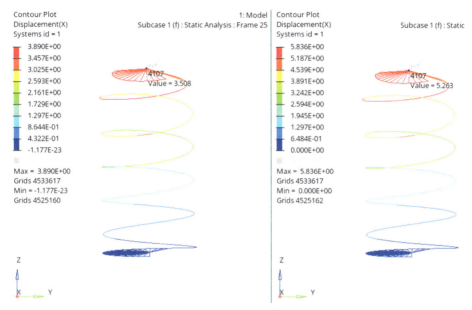

图 10.25　后螺旋弹簧刚度标定结果

表 10.3　前后螺旋弹簧刚度标定结果对比

类型	单位	基础	修正	设计
前螺旋弹簧	N/mm	26.46	15.5	15.5
	MPa	210000	123006	—
后螺旋弹簧	N/mm	28.5	19	19
	MPa	210000	139969	—

10.3　减振器运动模式模拟方法

汽车行驶过程中会经历各种不同的工况，如驻车、怠速、加速等，在这些工况下减振器的功能和作用也有所差异。

10.3.1　减振器的功能和作用

1) 一般情况下在怠速和驻车时，减振器的阻尼不起作用，而主要是 Topmount 起作用。
2) 而在加速、正常行驶（如路噪工况）时，减振器阻尼起作用。
3) 在大位移时，减振器阻尼起作用。

在这些情形下，可以通过 MPC 来实现此功能。

10.3.2　减振器运动模式模拟流程

减振器运动模式模拟图示如图 10.26 所示，减振器实物模型图示如图 10.27 所示。

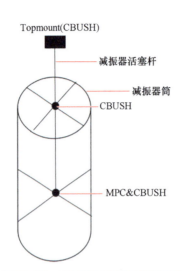

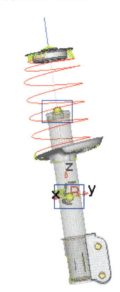

图 10.26　减振器运动模式模拟图示

图 10.27　减振器实物模型图示

1）减振器活塞杆与减振器筒的上端 CBUSH 模拟圆柱副，即只需要设置局部坐标系下的 K1 和 K2 为 1×10^6N/mm，其余设置为 0，如图 10.28 所示

	PID		K1	K2	K3	K4	K5	K6
PBUSH	4100010	K	1.0e+06	1.0e+06	0.000	0.000	0.000	0.000

图 10.28　减振器活塞杆与减振器筒上端 CBUSH 刚度图示

2）减振器活塞杆与减振器筒的下端 CBUSH 模拟圆柱副，同时模拟其阻尼关系，即只需要设置局部坐标系下的 K1 和 K2 为 1×10^6N/mm，K3 可设置为 0 或 1，其余设置为 0，刚度如图 10.29 所示。

	PID		K1	K2	K3	K4	K5	K6
PBUSH	4100009	K	1.0e+06	1.0e+06	0.000	0.000	0.000	0.000
			[B1]	[B2]	[B3]	[B4]	[B5]	[B6]
		B			1.707			

图 10.29　减振器活塞杆与减振器筒下端 CBUSH 刚度图示

3）减振器活塞杆与减振器筒下端相对运动采用 MPC 方程模拟，即在活塞杆与减振器筒之间建立 MPC，如图 10.30 所示；在图 10.31 所示 MPC 方程中，4193618 为活塞杆连接点，4129692 为减振器筒连接点，这两点均在减振器轴向的局部坐标系下，通过 Z 向自由度（即 dof3）实现阻尼的开与关功能。

4）同理，其余三个减振器也可采用同样的方法建立 MPC 运动方程，建立完成的 MPC

方程如图 10.32 所示，四个减振器 MPC 模型如图 10.33 所示。

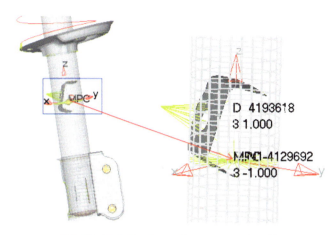

图 10.30　减振器活塞杆与减振器筒下端 MPC 方程模拟连接图示

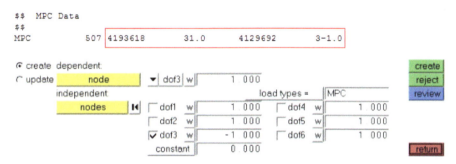

图 10.31　减振器活塞杆与减振器筒下端 MPC 方程图示

```
$$  MPC Data
$$
MPC          507 4193618        31.0      4129692        3-1.0
MPC          508 4193617        31.0      4129811        3-1.0
MPC          509 4565722        31.0      4565721        3-1.0
MPC          510 4524782        31.0      4524781        3-1.0
```

图 10.32　四个减振器 MPC 方程图示

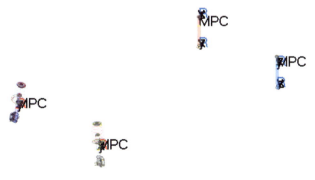

图 10.33　四个减振器 MPC 模型图示

5）根据所计算的整车级工况，在控制参数中调用 MPC，若同时调用多个 MPC 方程，可以先创建 MPCADD 卡片，如图 10.34 所示，然后再调用，如图 10.35 所示；若采用计算头文件，则可以在头文件中直接调用 MPC 编号即可，如图 10.36 所示。

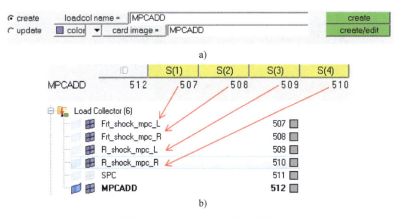

图 10.34　MPCADD 创建图示

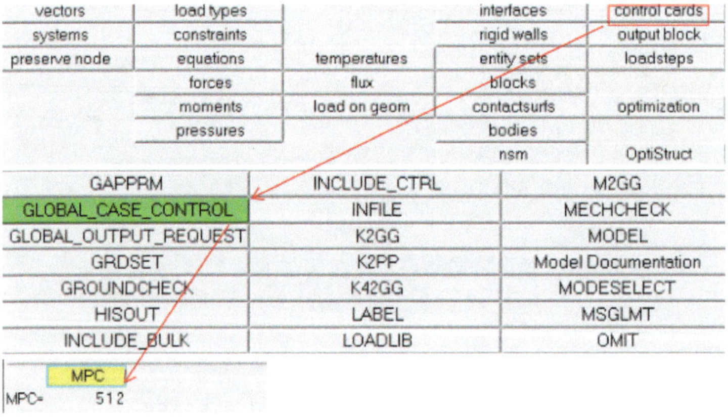

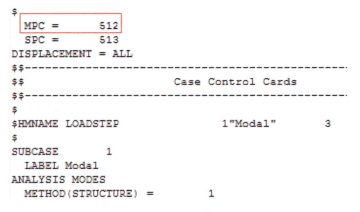

图 10.35　MPCADD 调用图示

```
$
 MPC  =        512
 SPC  =        513
DISPLACEMENT = ALL
$$------------------------------------------
$$                  Case Control Cards
$$------------------------------------------
$
$HMNAME LOADSTEP              1"Modal"      3
$
SUBCASE       1
  LABEL Modal
ANALYSIS MODES
  METHOD(STRUCTURE) =         1
```

图 10.36　MPC 头文件调用图示

10.4 小结

本章详细阐述了减振器系统中减振器、弹簧、衬套等的建模方法和技巧，同时对弹簧的刚度标定进行了讲解，使读者对减振器建模中的一些注意事项有一个清晰的认识和理解。

思考题

1. 减振器中阻尼如何取值？
2. 弹簧刚度如何标定？是否还有其他方法？

第 11 章 动力总成模型的处理方法及难点

动力总成系统一般包括发动机、离合器、变速器及悬置等系统,而电动汽车则由驱动电机、减速器及悬置等系统组成,为整车提供动力源,如图 11.1 所示。

动力总成悬置系统功能及要求如下:
1) 固定和支撑动力总成。
2) 承受动力总成内部因发动机旋转和平移质量产生的往复惯性力及力矩。
3) 承受汽车行驶过程(加减速、转弯等工况)中作用于动力总成上的一切动态力。
4) 隔离由发动机激励而引起的车架或车身的振动和高频噪声。
5) 隔离由于路面不平以及车轮受路面冲击而引起的车身振动向动力总成的传递。

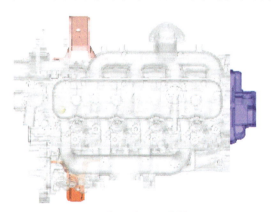

图 11.1 三点式动力总成模型图示

11.1 动力总成 NVH 建模流程

11.1.1 动力总成相关参数

1) 动力总成(包括电机、减速器等)的整体刚度相对于悬置系统比较大,通常悬置的动刚度在 200~1000N/mm,而动力总成的刚度要大于悬置刚度;对于整车 NVH 仿真分析,考虑到上述原因以及简化整车的网格模型,一般动力总成设定为刚体。考虑到上述原因以及简化整车的网格模型,一般将动力总成设定为刚体,即采用集中质量模型。通常 50Hz 以内的 Idle 怠速工况分析可采用集中质量模型;对于 WOT 加速工况分析,建议 PT(动力总成)采用柔性体。对于 Idle 工况,悬置可选用 20Hz 时的动刚度值;对于 WOT(加速踏板踩到底)及 POT(加速踏板踩一半)工况,可选用 200Hz 时的动刚度值。

2)如果需要分析动力总成本身的性能,如动力总成的结构模态、响应等,此时需要建立动力总成详细的有限元模型。在本书中,动力总成采用等效刚体模型进行整车 NVH 分析及优化。通常动力总成一般采用 CONM2+RBE2 进行模拟,CONM2 需要包括整个动力总成的质量、转动惯量以及质心坐标等相关信息,各参数分别见表 11.1~表 11.4。

表 11.1 动力总成质量及质心参数(整车坐标系)

质量/kg	X/mm	Y/mm	Z/mm
60.88	-169.770	39.063	89.913

表 11.2 动力总成转动惯量参数(整车坐标系)

转动惯量及惯性积	I_{xx}	I_{yy}	I_{zz}	I_{xy}	I_{yz}	I_{zx}
值/t·mm²	1235.5	697.3	1332.9	-265.7	46.9	-124

表 11.3 动力总成悬置硬点参数(整车坐标系)

位置	X/mm	Y/mm	Z/mm
左悬置	-351.482	-122.501	83.231
右悬置	-191.799	357.786	145.573
后悬置	126.039	42.500	-4.158

表 11.4 动力总成悬置刚度参数(整车坐标系)

位置	X/(N/mm)	Y/(N/mm)	Z/(N/mm)
左悬置	74	74	285
右悬置	151	50	151
后悬置	303	98	303

11.1.2 动力总成部件建模流程

在整车 NVH 中,动力总成采用刚体等效法进行建模,即通常采用 CONM2+RBE2 单元建模。同时为了便于查看动力总成刚体模态的振型以及形状,会用 PLOTEL 单元建立外轮廓,其建模流程如图 11.2 所示。

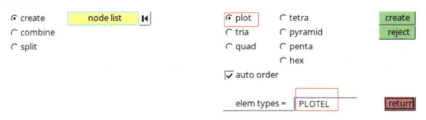

图 11.2 动力总成外轮廓 PLOTEL 单元建模图示

1)动力总成壳体采用 PLOTEL 单元建模(PLOTEL 单元不参与计算,仅用于显示),如图 11.3 所示,用于显示动力总成的外轮廓以及便于察看其刚体模态的振型。在创建 PLOTEL 单元时,根据动力总成的外轮廓,选取其上的临时节点创建,为了更形象地描述其外轮廓,一般为六面体或多面体形状。

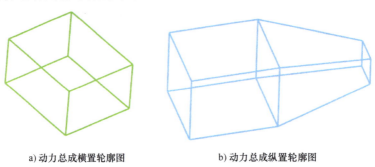

a)动力总成横置轮廓图　　b)动力总成纵置轮廓图

图 11.3　动力总成外轮廓图示

2)传统燃油车动力总成的动力传递通过发动机曲轴输出,然后通过变速器变速分配给传动轴,传动轴将动力传递给车轮,从而驱动车辆运动。电动汽车动力则由电机通过曲轴输出,然后通过减速器减速输出给左右驱动轴。电动汽车整个动力传递的模拟方法如下。

① 电机曲轴可采用 CBAR 单元或 RBE2 单元模拟,以下采用 RBE2 模拟。

② 在曲轴建立三个轴承,分别是左端轴承、中间轴承以及右端轴承,三个轴承须共线;轴承采用 CBUSH 模拟,其刚度可参照图 11.4 所示,用于模拟电机曲轴轴承的转动模式;左端轴承建立一个 PLOT 单元,便于查看。CBUSH 单元一侧连接曲轴,一侧连接动力总成(壳体),如图 11.5 所示。

图 11.4　电机曲轴刚度图示

图 11.5　曲轴模型创建图示

3)减速器输出及动力分配模型模拟。在减速器输出端以及左右驱动轴花键处分别建立轴承,三个轴承须共线,模拟其转动;轴承采用 CBUSH 模拟,其刚度可参照图 11.6 所示,用于模拟减速器轴承的转动模式;三个轴承分别建立 PLOT 单元,以便于查看。CBUSH 单元一侧连接驱动轴,一侧连接动力总成(壳体),如图 11.7 所示。

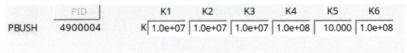

图 11.6　减速器输出轴承刚度图示

4)完成的动力总成动力传递模型如图 11.8 所示。

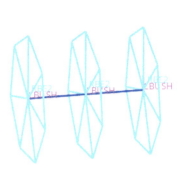

图 11.7 减速器输出模型创建图

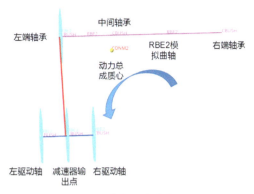

图 11.8 动力总成动力图示

11.1.3 动力总成动力传递建模方法

动力总成动力转换模型模拟,即电机通过曲轴输出的转矩,通过减速器减速输出给左右驱动轴。如某电机额定转速为 6000r/min,减速比为 6.71,则通过减速器输出到驱动轴的转速为 894r/min;若车速为 100km/h,轮胎滚动半径为 318mm,则车轮的转速为 $100\times10^6/3600/318\times30/3.14 = 834$r/min,即驱动轴转速约为 834r/min。因此电机的高转速必须通过减速器减速从而实现车轮的低转速运动。

1)如驱动电机将动力由曲轴输出,通过减速器减速分配给左右驱动半轴,此时动力的输出以及减速的分配等,主要通过 MPC 方程来实现。如图 11.9 所示,MPC-1 为曲轴将动力输出给减速器,MPC-2 为减速器减速后输出给左右驱动轴。

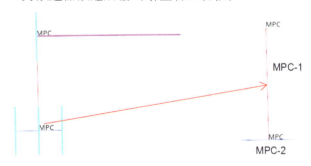

图 11.9 动力总成动力 MPC 图示

2)MPC 方程的建立。为便于选择 CBUSH 的两点,单击字母 O 即可,在 graphics 中勾选 coincident picking 打开共节点选择按钮,如图 11.10 所示。MPC-1 方程如图 11.11 所示。

MPC 方程可以在界面中建立,也可以在文本中建立,推荐在文本中创建:动力由曲轴点 4939229 输出给输出轴点 4939232,输出比例为 1∶1,同时为了方程的闭合,壳体上侧点 4939231 连接至壳体中侧点 4939228,比例为 -1∶-1,整体方程形成了闭合,整体系数为零,动力由电机曲轴输出给减速器。

| MPC-1 | 505 4939229 | 51.0 | 4939232 | 51.0 | + |
| + | 4939231 | 5-1.0 | 4939228 | 5-1.0 | |

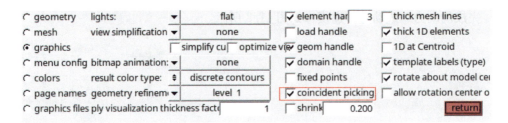

图 11.10　共节点选择图示

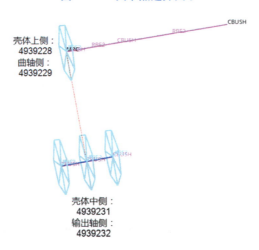

图 11.11　动力总成动力 MPC-1 图示

3）MPC-2 方程的创建。在电机动力由曲轴输出给减速器后，减速器需要减速输出给左右驱动轴。在 MPC-1 中动力输出给减速器输出轴侧点 4939232，此时动力分配给左驱动轴侧点 4939244，减速比为 6.71；然后右驱动轴侧点 4939243 与壳体左侧点 4939233，比例系数均为 6.71，即左右驱动轴同向运动；壳体中侧点 4939234 与壳体右侧点 4939234 连接，比例均为 6.71。

注意：图 11.12 中壳体中侧点 4939231 与输出轴侧点 4939232 的系数均为 2，即动力平均给左右驱动轴。

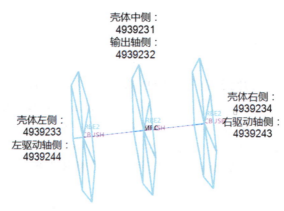

图 11.12　动力总成动力 MPC-2 图示

同时为了实现左右驱动轴同向运动，左右驱动轴侧系数值正负相同。整体 MPC 方程需要闭合，即整体的系数为零。

MPC-2	506 4939232	52.0	4939244	5-6.71	+
+	4939243	5-6.71	4939233	56.71	+
+	4939231	5-2.0	4939234	56.71	

4）根据悬置的坐标及刚度等参数建立悬置系统的模型，悬置采用 CBUSH 单元建模。对于悬置 CBUSH 单元，建立时可以采用约束 CBUSH 单元另一节点的方法，或者直接建立对地约束的 CBUSH 单元。以左悬置为例，分别选择左悬置 CBUSH 属性，将 elem types 改为 CBUSH，然后单击左悬置硬点，再单击 create 即创建了对地约束的左悬置 CBUSH 单元，同时会默认赋予全局坐标系，当然也可以进行更改，如图 11.13 所示。

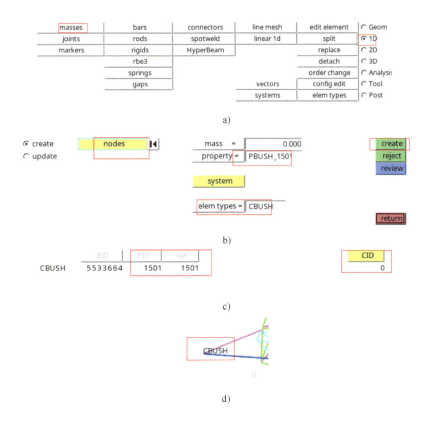

图 11.13　悬置系统 CBUSH 单元对地创建图示

5）若采用传统方法建立悬置的 CBUSH 单元，需要建立一个临时节点，然后在计算时，需要约束临时节点，另一点连接动力总成 1501；创建完成 CBUSH 单元后需要手动将 CBUSH 单元赋予全局或局部坐标系，如图 11.14 所示。

6）通过建立两个 MPC 方程，实现动力由电机曲轴通过减速器减速再输出给左右驱动半轴的整个过程。此时完成了整个动力总成 NVH 模型的建立，如图 11.15 所示。

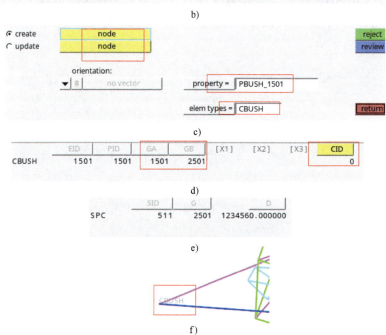

图 11.14 悬置系统 CBUSH 单元传统创建图示

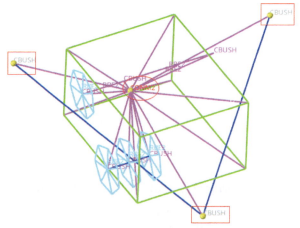

图 11.15 动力总成等效模型图示

11.2 动力总成 NVH 模型验证及模态分析

11.2.1 动力总成传动比验证

对于创建完成的动力总成 NVH 模型，需要验证其动力输出和转换是否合理与正确。可以通过在曲轴输出端施加单位转矩，然后分析和计算各连接点的转动位移，以及相互之间的比例是否与之前建立 MPC 时的系数一致，从而验证创建模型的正确性。

1) 建立单位转矩工况，包括转矩及边界。在曲轴输出点 4939229 施加单位转矩，在 MPC 连接点（非壳体侧）处施加 dof12346 约束，三个悬置点施加 dof123456 约束，如图 11.16a~e 所示。同时需要输出 op2 文件，在 PARAM 中勾选 POST = -1，如图 11.16f 所示。

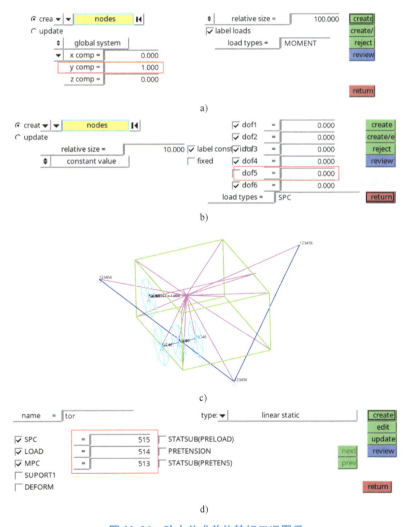

图 11.16 动力总成单位转矩工况图示

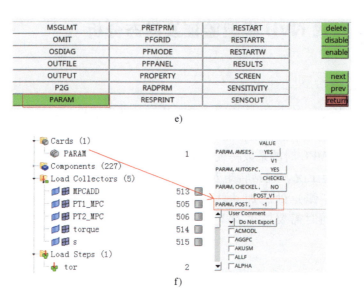

图 11.16 动力总成单位转矩工况图示（续）

2）单位转矩工况计算及结果解读。在后处理程序中导入模型 fem 和结果文件 op2，按以下操作进行处理。从分析结果中可以得出，加载点的 $Ry_{4939229} = 3.562 \times 10^{-7}$，$Ry_{4939232} = 3.562 \times 10^{-7}$，$Ry_{493244} = 5.31 \times 10^{-8}$，$Ry_{493243} = 5.31 \times 10^{-8}$，其中 $Ry_{4939229}/Ry_{4939232} = 1$，$Ry_{4939232}/Ry_{4939244} = 3.562 \times 10^{-7}/5.31 \times 10^{-8} = 6.71$，与创建 MPC 时的减速比相等，即可判定该动力总成的动力输出模型创建正确，如图 11.17 所示。

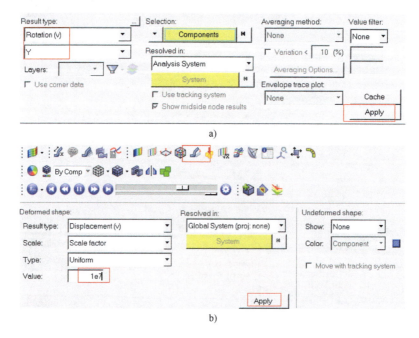

图 11.17 动力总成单位转矩结果解读

第 11 章 动力总成模型的处理方法及难点

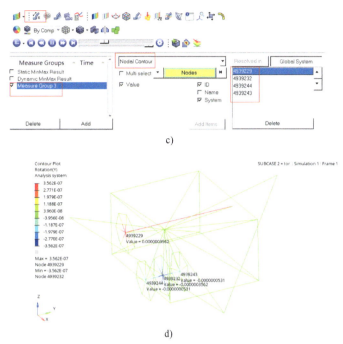

图 11.17 动力总成单位转矩结果解读（续）

11.2.2 动力总成模态验证

1）动力总成模态工况模型如图 11.18 所示，其中约束悬置的被动侧（即车身侧）1~6 自由度，详细设置如图 11.19 所示。

2）动力总成刚体模态分析结果，如图 11.20 所示。动力总成系统模态结果见表 11.5。

表 11.5 动力总成系统模态结果

名称	振型	底盘状态下频率/Hz	参考值频率/Hz
动力总成刚体模态	Fore/Aft	13.5	10~20
	Lateral	9.32	
	Bounce	16.7	
	Roll	19.9	20~40
	Pitch	42.9	
	Yaw	23.9	

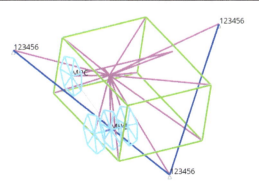

图 11.18 动力总成模态工况模型图示

169

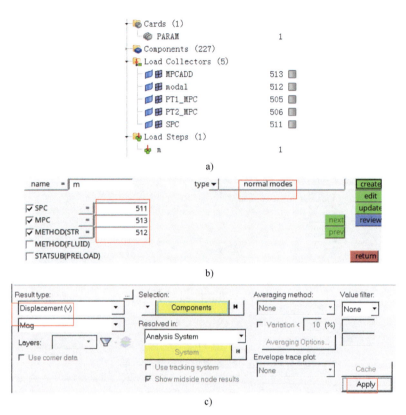

图 11.19 动力总成模态分析工况设置图示

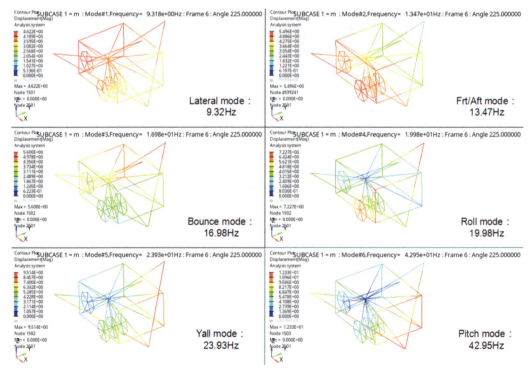

图 11.20 动力总成刚体模态结果

11.3 小结

本章重点讲述了动力总成动力的传递路径和方式，以及动力传递的建模方法、技巧和流程，特别是 MPC 在动力传递和分配中的实现途径。同时对如何验证 MPC 创建的正确性进行了讲解，使读者对动力总成动力传递建模中的一些注意事项和细节有一个清晰的认识和理解。

思考题

1. 动力总成中动力传递路径是什么？
2. 动力传递 MPC 建模的原理及创建流程有哪些？
3. 如何验证动力传递 MPC 方程的正确性？

第 12 章
传动轴系统模型的处理方法及难点

传动轴的 NVH 性能在整车性能开发中是一个非常重要的项目。传动轴的振动通过外万向节、轮毂、悬置将激振能量传递至车身，车身覆盖件受激共振后又将振动能量传入腔体，车辆腔体受激共振，产生低频轰鸣声。同时内万向节及差速器齿轮啮合转动的不稳定性还会引起车辆产生波动式耦合噪声和刺耳的尖叫声。

传动轴的响应与传动轴的尺寸规格、材料特性和边界条件相关，而且在理论上是一个拥有无数模态的连续结构。由于传动轴最主要的激振力为发动机往复惯性力与传动轴不平衡产生的惯性力，因此，传动轴的一阶弯曲模态更容易受到激发产生共振。在采用不等速万向节时，还应该考虑二阶激励。

12.1 传动轴的组成及功用

12.1.1 传动轴的组成

1）图 12.1 和图 12.2 所示为在汽车中最常见的应用，位于变速器与驱动桥之间的万向传动装置。由于汽车布置、设计等原因，变速器输出轴和驱动桥输入轴不可能在同一轴线上，且驱动桥会由于悬架的变形而引起其位置经常发生变化，所以在变速器和驱动桥之间装有万向传动装置，以满足这些使用、设计上的要求。

万向传动装置主要包括万向节和传动轴，对于传动距离较远的分段式传动轴，为了提高传动轴的刚度，还设置有中间支承。

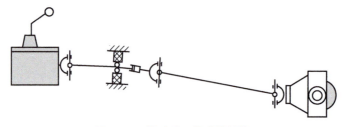

图 12.1 典型后驱传动轴结构

2）万向节结构。常见的万向节结构有十字轴和球笼式，十字轴等速万向节的基本原理

第 12 章 传动轴系统模型的处理方法及难点

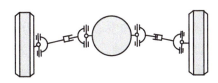

图 12.2 断开式驱动桥半轴传动装置

是传力点永远位于两轴交点的平分面上，如图 12.3 所示。球笼式万向节由六个钢球、星形套、球形壳和保持架等组成。万向节星形套与主动轴用花键固接在一起，星形套外表面有六条弧形凹槽滚道，球形壳的内表面有相应的六条凹槽，六个钢球分别装在各条凹槽中，由球笼使其保持在同一平面内，动力由主动轴、钢球、球形壳输出，如图 12.4 所示。

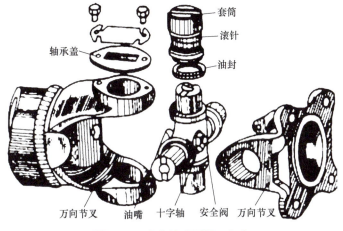

图 12.3 十字轴式刚性万向节

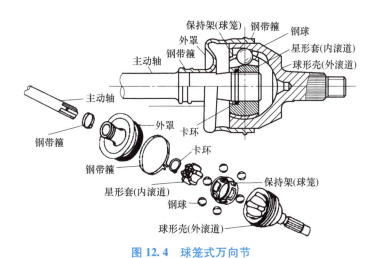

图 12.4 球笼式万向节

12.1.2 传动轴的功用

（1）传动轴的作用　传动轴是万向传动装置中的主要传力部件，通常用来连接变速器

（或分动器）和驱动桥，在转向驱动桥和断开式驱动桥中，则用来连接差速器和驱动车轮。

（2）传动轴的种类　传动轴有实心轴和空心轴之分。为了减轻传动轴的质量，节省材料，提高轴的强度、刚度，传动轴多为空心轴，一般用厚度为 1.5~3.0mm 的薄钢板卷焊而成，超重型货车则直接采用无缝钢管；转向驱动桥、断开式驱动桥或微型汽车的传动轴通常制成实心轴。

（3）中间支承的作用　传动轴分段时需加中间支承，中间支承通常装在车架横梁上，能补偿传动轴轴向和角度方向的安装误差，以及汽车行驶过程中因发动机窜动或车架变形等引起的位移。

12.2　实心传动轴建模及分析

传动轴是整车 NVH 中非常重要的一个系统，起着传输动力的作用，同时其本身的性能对整车 NVH 有着重要的影响，特别是传动轴的模态频率特性，在实车问题中较为常见，所以对传动轴进行准确的建模分析尤为重要。根据传动轴的特性，传动轴系统的 NVH 建模通常包括单个传动轴模型分析以及考虑动力总成下的传动轴模型分析等。某车型左侧传动轴如图 12.5 所示。

传动轴系统模型包括传动轴轴杆、万向节、滚珠等，一般传动轴轴杆采用实体单元建模，单元类型为六面体，若是轴管采用二维四边形壳单元建模，单元尺寸一般为 3~4mm，节叉采用四面体单元，单元尺寸一般为 3~4mm，焊缝采用 RBE2 单元模拟，万向节可以采用以下四种方法模拟。

图 12.5　左侧传动轴结构图示

12.2.1　传动轴万向节建模方法一

万向节采用 RBE2 模拟，其建模操作流程如图 12.6 所示。

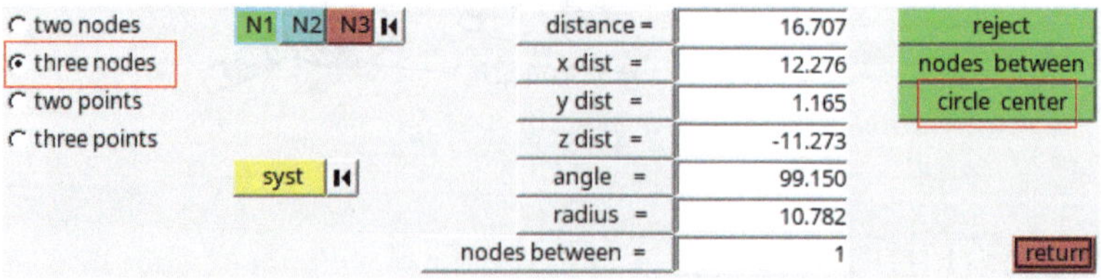

a)

图 12.6　RBE2 模拟万向节建模流程图示

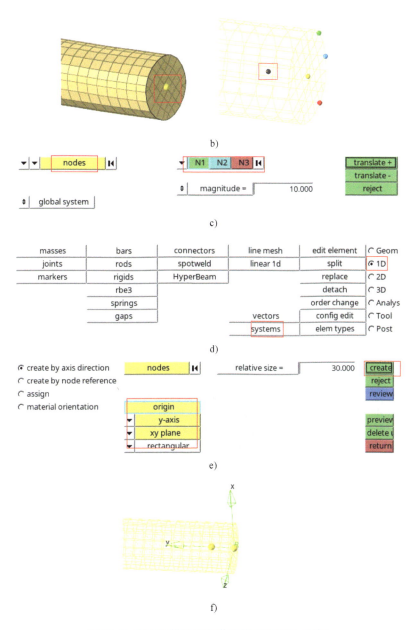

图 12.6　RBE2 模拟万向节建模流程图示（续）

1）首先建立局部坐标系，即左端轴杆与左端节叉之间的万向运动需要建立在坐标系下。

2）对于轴杆连接区域采用 RBE2 单元，节叉采用 RBE2 单元的情况，轴杆 RBE2 单元和节叉 RBE2 单元的主节点需要共点，如图 12.7 所示。

对于节叉中的 RBE2 单元，可以采用分体式，即采用两个 RBE2 连接模拟，与节叉中滚针轴承连接的区域可以抓取约 4 个节点，3 排单元左右，如图 12.8 所示。

亦可采用整体式一个 RBE2 单元模拟，即如图 12.9 所示。

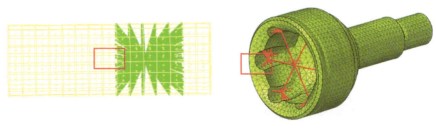

a) 轴杆主节点图　　　　　　b) 节叉主节点图

图 12.7　轴杆与节叉建模图示

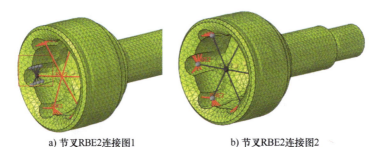

a) 节叉RBE2连接图1　　　　b) 节叉RBE2连接图2

图 12.8　节叉 RBE2 分体连接图示

图 12.9　节叉 RBE2 整体连接图示

3）从左端节叉结构中可以看出，其节叉与轴杆之间可以相对转动，但不能相对移动。万向节采用 RBE2 模拟，对于左侧万向节释放 4、6 自由度，即可以绕 X 和 Z 轴转动，如图 12.10 所示。

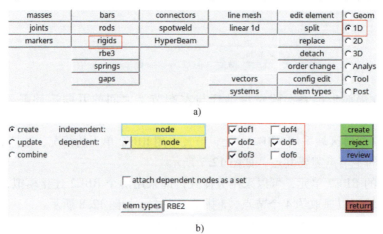

图 12.10　节叉与轴杆运动关系模拟图示

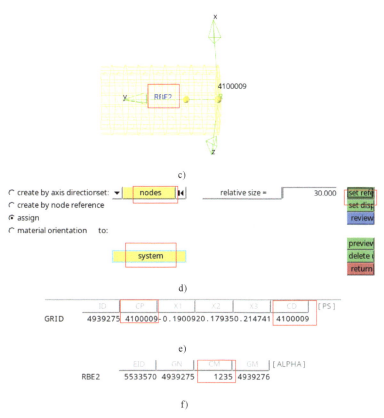

图 12.10 节叉与轴杆运动关系模拟图示（续）

4）从右端节叉结构中可以看出，其轴杆与节叉之间可以相对移动，轴杆与节叉采用和左侧同样的方法建立 RBE2 单元，右侧万向节释放 2、4、6 自由度，即可以沿局部坐标系的 Y 轴移动，同时可以绕 X 和 Z 轴转动。另外需要将建立的 RBE2 两个主节点赋予右侧局部坐标系，如图 12.11 所示。

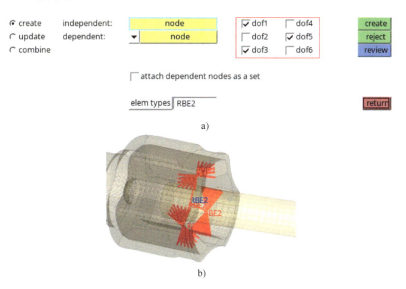

图 12.11 右端节叉与轴杆运动关系模拟图示

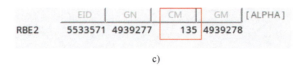

c)

图 12.11　右端节叉与轴杆运动关系模拟图示（续）

5）在左右端节叉处建立 RBE2 连接，即模拟左右节叉分别与车轮和减速器输出轴连接。RBE2 抓取的区域为花键连接区域，RBE2 从节点抓取节叉的外表面节点，主节点可以采用自动生成方式，如图 12.12 所示。

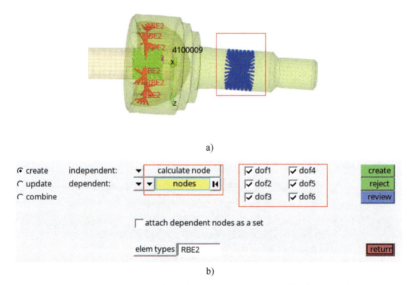

图 12.12　左右端节叉与车轮 RBE2 建模图示

6）传动轴模态计算。将与车轮和减速器输出轴连接的区域约束 1~6 自由度，然后进行约束模态计算，如图 12.13 所示。

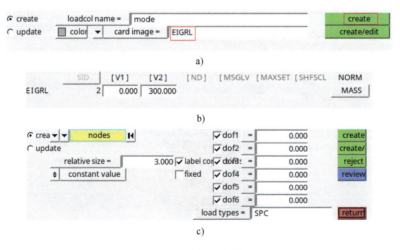

图 12.13　传动轴模态计算设置图示

第 12 章 传动轴系统模型的处理方法及难点

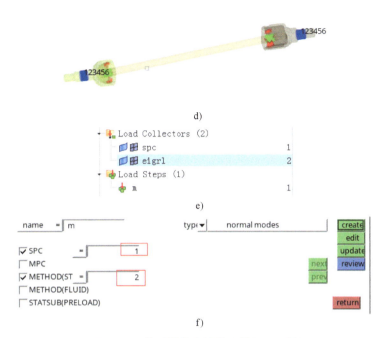

图 12.13 传动轴模态计算设置图示（续）

7）传动轴模态计算结果。通过计算得到该传动轴一阶 Z 向弯曲模态为 200.7Hz，一阶 X 向弯曲模态为 203.6Hz，如图 12.14 所示。

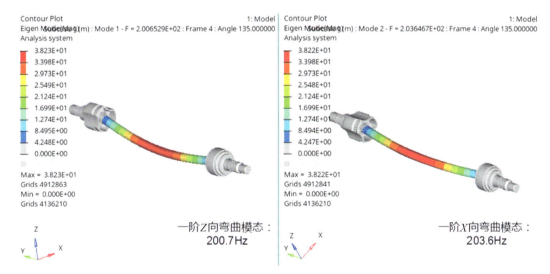

图 12.14 传动轴万向节建模方法 1 模态结果

12.2.2 传动轴万向节建模方法二

万向节采用 CBAR 模拟，即滚针采用 CBAR 单元模拟，其建模操作流程如下：
1）滚针的模拟建模及设置如图 12.15 所示。

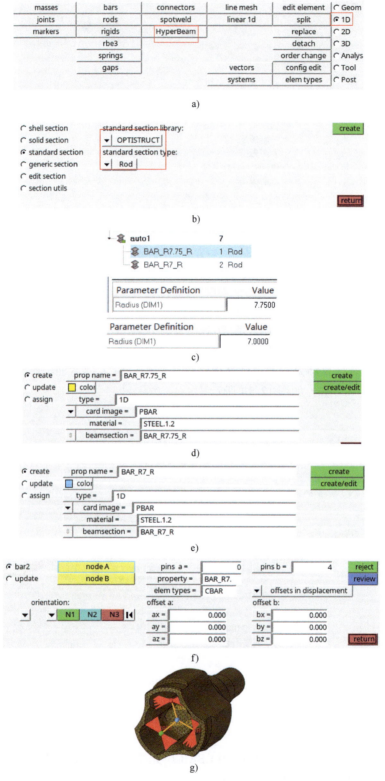

图 12.15　滚针建模流程图示

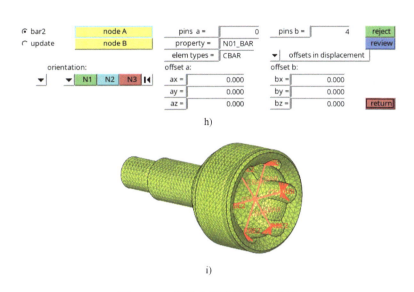

图 12.15 滚针建模流程图示（续）

2）同理，轴杆与节叉之间建立相应的 RBE2 连接，具体可参考 12.2.1 节。左侧万向节释放 4、6 自由度，约束 1~3、5 自由度，右侧万向节释放 2、4、6 自由度，约束 1、3、5 自由度，如图 12.16 所示；采用方法二建立的传动轴模型如图 12.17 所示。

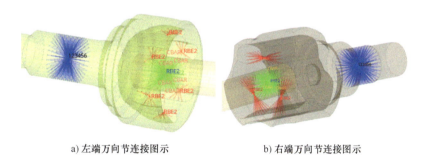

a）左端万向节连接图示　　　　b）右端万向节连接图示

图 12.16 万向节建模图示

图 12.17 方法二建立的传动轴模型图示

3）通过计算得到该传动轴一阶 Z 向弯曲模态为 200.6Hz，一阶 X 向弯曲模态为 203.6Hz，分析结果如图 12.18 所示。

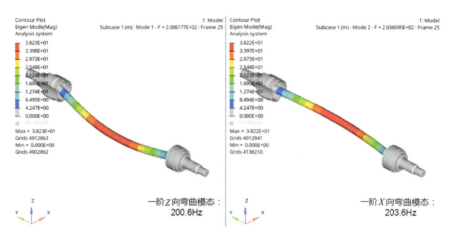

图 12.18　传动轴万向节建模方法二模态结果

12.2.3　传动轴万向节建模方法三

1）若考虑滚针的总质量，将总质量减去之间的 CBAR 单元质量，剩余的质量添加在节叉侧节点上，但这对驱动轴的模态影响不大，在实际建模中可以忽略，只是这样建模考虑得更细致，具体操作如图 12.19 所示。

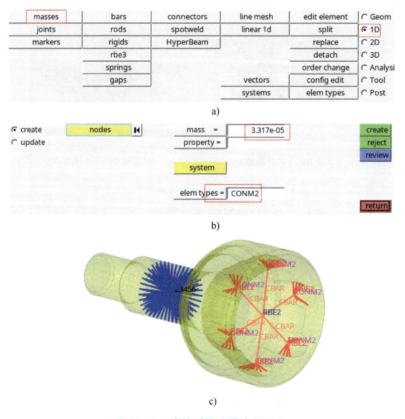

图 12.19　滚针质量建模流程图示

2)通过计算得到该传动轴一阶 Z 向弯曲模态为 200.6Hz,一阶 X 向弯曲模态为 203.6Hz,分析结果如图 12.20 所示。

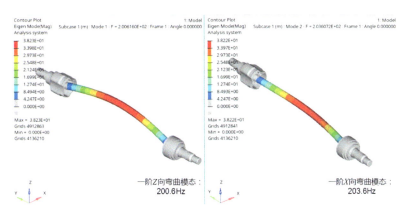

图 12.20　传动轴万向节建模方法三模态结果

12.2.4　传动轴万向节建模方法四

1)若考虑动力总成影响,可建立带动力总成的传动轴模型,同时考虑第 11 章中的 MPC 方程,即将减速器动力分别输出给左右驱动轴,这种状态最接近整车实际状态,如图 12.21 所示。

图 12.21　考虑动力总成模型图示

2)通过计算得到该传动轴一阶 Z 向弯曲模态为 199.8Hz,一阶 X 向弯曲模态为 202Hz,分析结果如图 12.22 所示。

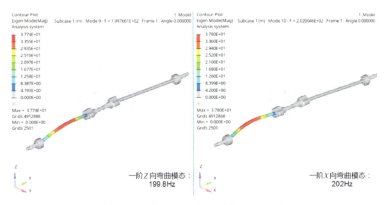

图 12.22　传动轴万向节建模方法四模态结果

12.2.5 传动轴万向节不同建模方法结果

从上述传动轴建模方法中可以看出，根据万向节的运动模式，可以采用 RBE2 模拟、RBE2+CBAR 模拟等方式，不管采用哪种方式，一定要准确理解传动轴的工作原理以及万向节的传动机理。不同模拟方法模态结果对比见表 12.1。

表 12.1 传动轴不同模拟方法结果对比

左传动轴模态	RBE2 模拟	RBE2+CBAR 模拟	RBE2+CBAR+CONM2 模拟	RBE2+CBAR+CONM2+PT 模拟
一阶 Z 向弯曲	200.7	200.6	200.6	199.8
一阶 X 向弯曲	203.6	203.6	203.6	202

12.3 空心传动轴建模及分析

对于后驱车，特别是大功率输出，一般采用空心截面形式。后驱传动轴根据轴距的长度不同，有一段式、两段式和多段式等。对于两段式传动轴，中间会有一个橡胶+轴承的支承，用于支承整根传动轴以及调整传动轴的夹角等，传动轴的当量夹角对整车 NVH 性能，如整车行驶抖动等有一定的影响，一般传动轴当量夹角小于 5°。

12.3.1 空心传动轴典型结构图示

两段式传动轴结构如图 12.23 及图 12.24 所示，主要包括三个万向节、中间支承以及轴管等。

图 12.23 两段式传动轴结构图示一

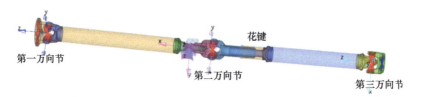

图 12.24 两段式传动轴结构图示二

12.3.2 空心传动轴建模流程

两段式传动轴一般由三个万向节、一个花键以及一个中间支承组成，轴管与节叉之间通过焊接连接，中间支承由轴承和橡胶垫组成。轴管采用二维四边形壳单元，单元尺寸一般为

3~4mm，节叉等结构采用二阶四面体单元，单元尺寸一般为 5~6mm。

1）中间支承刚度通过测试得到，采用 CBUSH 单元模拟，如图 12.25 所示；建议的动刚度值如图 12.26 所示。

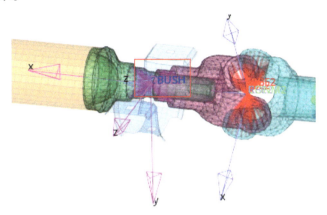

图 12.25 中间支承刚度 CBUSH 单元图示

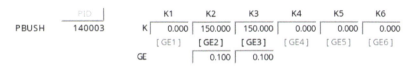

图 12.26 中间支承刚度设定图示

2）中间花键采用 RBE2 单元释放轴向自由度，同时需要将 RBE2 单元 2 个节点位于局部坐标系下，如图 12.27 所示。

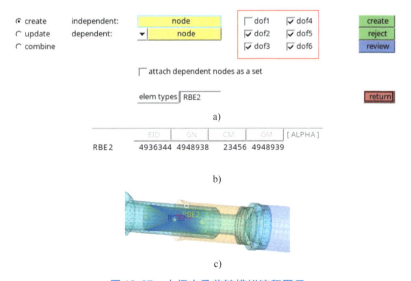

图 12.27 中间支承花键模拟流程图示

3）万向节采用 RBE2 或 CBAR 单元模拟，本例采用 RBE2 单元模拟，如图 12.28 所示。

4）焊缝采用 RBE2 或 CWELD 单元模拟，本例采用 CWELD 单元模拟，其建立过程如图 12.29 所示。

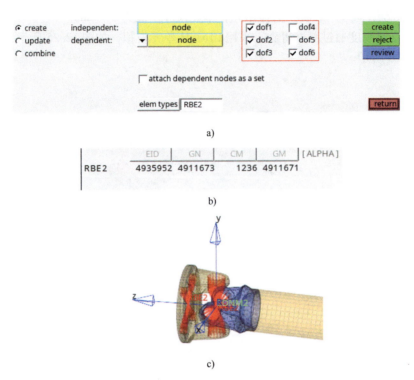

图 12.28　万向节采用 RBE2 模拟流程图示

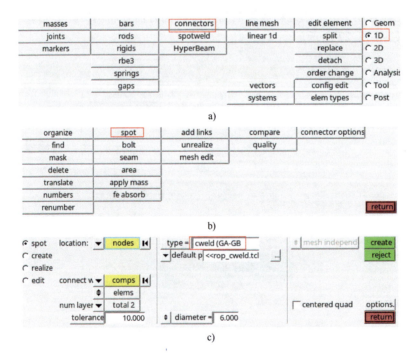

图 12.29　焊缝采用 CWELD 模拟流程图示

第 12 章 传动轴系统模型的处理方法及难点

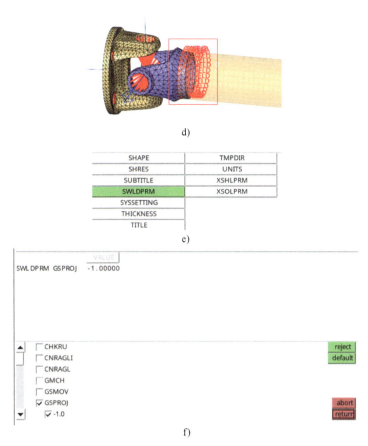

图 12.29 焊缝采用 CWELD 模拟流程图示（续）

12.3.3 空心传动轴模态计算

传动轴模态计算时，其边界为约束变速器输出端、中间支承安装支架以及主减速器输入端 1~6自由度，并设置模态特征值提取 EIGRL，设置模态计算工况等，分析结果如图 12.30 所示。

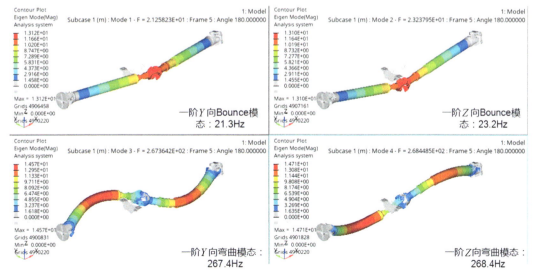

图 12.30 两段式传动轴模态计算结果图示

187

12.4 传动轴模态理论计算公式

传动轴的一阶弯曲模态计算公式来源不同,其形式也不一样。一般来自国标、企标等。

12.4.1 传动轴模态计算公式

1) 计算公式一。通过国标公式计算传动轴临界转速,可得到传动轴一阶弯曲模态频率。QC/T 29082—2019《汽车传动轴总成技术条件及台架试验方法》中,理论临界转速公式为

$$n_k = 1.2 \times 10^8 \frac{\sqrt{D^2 + d^2}}{L^2} \tag{12-1}$$

式中 n_k——理论临界转速(r/min);
D——轴管外径(mm);
d——轴管内径(mm);
L——传动轴长度(两万节中心之间的长度,mm)。

2) 计算公式二为

$$CS = 4.769 \times 10^6 / L^2 \sqrt{O^2 + I^2} \tag{12-2}$$

式中 CS——临界转速(r/min);
L——传动轴长度(in,1in=2.54cm);
O——轴管外径(in);
I——轴管内径(in)。

3) 本案中实心传动轴,其中左传动轴外径 $D=22$mm,两万向节中心之间的距离 $L=560$mm。

① 由计算公式一得到临界转速为 12157.2r/min,换算得到传动轴一阶弯曲模态频率约为 202.6Hz。

② 由计算公式二得到临界转速为 12271.9r/min,换算得到传动轴一阶弯曲模态频率约为 204.5Hz。

③ 从传动轴模态频率结果对比中可以看出,左右传动轴 CAE 与公式一接近,传动轴的设计工作频率一般要比临界转速(传动轴最高转速)对应的频率高出 15% 左右,满足理论要求。

12.4.2 传动轴模态与车速之间的关系

对于传动轴来说,第一阶模态最重要,如果传动轴采用不等速万向节,还应该考虑第二阶的激励。传动轴的最高转速取决于最高行驶车速,为了避免共振,传动轴的固有频率一定要比临界转速(传动轴最高转速)对应的频率高出 15%。

传动轴的最大工作频率与车速的关系为

$$v_a = \frac{3.6 \times 2\pi r f_j}{i_g i_o k_g} \tag{12-3}$$

式中 v_a——车速(km/h);

f_j——传动轴的最大工作频率（Hz）；
i_g——变速器的传动比；
i_o——主减速比；
k_g——发动机转矩主谐量的阶数；
r——车轮的滚动半径（mm）。

如该车的最高车速为190km/h，变速器传动比（5档）为0.809，主减速比为4.17，发动机转矩主谐量的阶数为2，轮胎周长为2m。

经计算，传动轴的最大工作频率为178Hz，因此为了避免共振，传动轴的设计目标（一阶固有频率）应该在[178×(1+15)%]=205Hz以上。传动轴不同公式计算频率结果对比见表12.2。

表12.2 传动轴不同公式计算频率结果对比

名称	公式一	公式二	CAE	设计目标值
左传动轴	202.6	204.5	199.8	205
右传动轴	140.3	141.6	139.4	

12.5 传动轴在设计中如何避免共振

车内的轰鸣声与激振力能量、频率有关，也与车身自身的振动响应有关，如果能够改变激振力的能量与振动频率，则可能会消除车内的轰鸣噪声，因此也可以采用在传动轴上增加动力吸振器的方法来解决车内轰鸣噪声。

12.5.1 传动轴的激励模式

传动轴的振动通过外万向节、轮毂、悬置将激振能量传递至车身，车身覆盖件受激共振后又将振动能量传入腔体，车辆腔体受激共振，产生低频轰鸣声。同时内万向节及差速器齿轮啮合转动的不稳定性还会引起车辆产生波动式耦合噪声和刺耳的尖叫声。

12.5.2 传动轴动力吸振器理论设计

动力吸振器是指利用共振系统吸收物体的振动能量以减小物体本体振动的一种装置。其原理是在振动物体上附加质量弹簧共振系统，这种附加系统在共振时产生的反作用力可使振动物体的振动减小。传动轴动力吸振器计算设置流程如下。

1）在有限元方法中，将模态特征值求解方法由质量归一改为位移归一法，即可求解出传动轴一阶弯曲模态频率200.7Hz下的模态质量。即将模态提取设置为位移方法，即MAX，如图12.31所示。

	SID	[V1]	[V2]	[ND]	[MSGLVL]	[MAXSET]	[SHFSCL]	NORM
EIGRL	2	0.000	300.000					MAX

图12.31 传动轴模态求解设置图

2）根据模态振动理论公式，在已知频率和质量情况下可计算对应的刚度。

3）根据传动轴模态计算结果，如图 12.32 所示，可计算得到 200.7Hz 模态质量为 7.766728×10^{-4}t=0.7766728kg。根据振动理论，一般动力吸振器的质量为 0.1~0.3 倍的模态质量，取 0.2，即动力吸振器质量为 0.15533456kg，由振动理论公式可以计算出刚度 $k=$ 246.8N/mm，即传动轴 200.7Hz 下的动力吸振器 $m=0.15533456$kg，$k=246.8$N/mm。

Subcase	Mode	Frequency	Eigenvalue	Stiffness	Mass
1	1	2.006529E+02	1.589464E+06	1.234494E+03	7.766728E-04
1	2	2.036467E+02	1.637247E+06	1.266274E+03	7.734167E-04

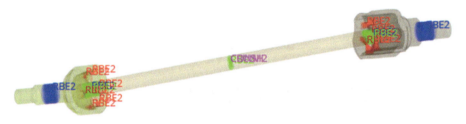

图 12.32　传动轴模态特征值结果图

4）根据动力吸振器的原理，该传动轴动力吸振器位置为传动轴中部；在实际工程中，由于布置等原因，一般会将动力吸振器布置在传动轴 1/3 处，如图 12.33 所示。

图 12.33　动力吸振器位置图示

5）从图 12.33 中可以看出，通过在传动轴中间位置增加设计的动力吸振器后，原先 200.7Hz 左右的峰值频率转移成两个频率 159Hz 和 253.8Hz，如图 12.34 所示；若原传动轴实车有问题，可通过此方法设计动力吸振器，将问题解决。

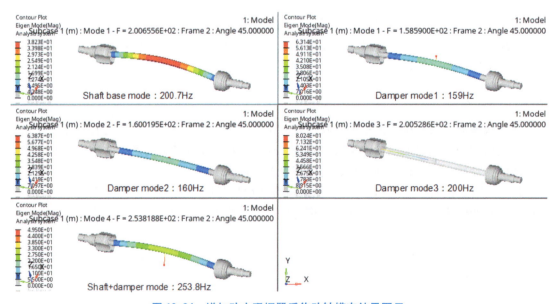

图 12.34　增加动力吸振器后传动轴模态结果图示

12.5.3 传动轴动力吸振器响应效果计算

动力吸振器响应设置操作流程，包括激励频率范围 freq1、阻尼 tabdmp1、激励力 DAREA 以及激励载荷谱等，如图 12.35 所示；振动响应分析结果如图 12.36 所示。

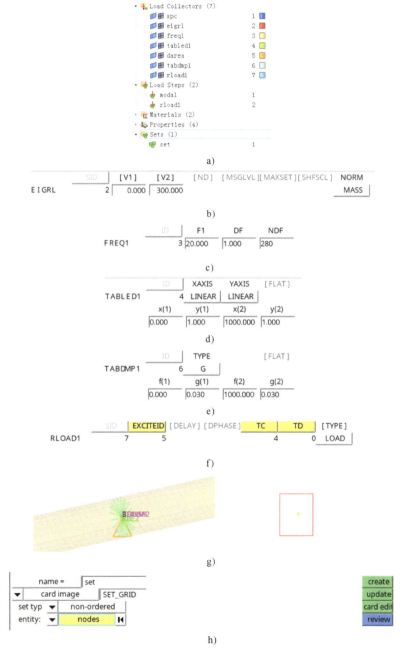

图 12.35 传动轴动力吸振器振动响应设置图示

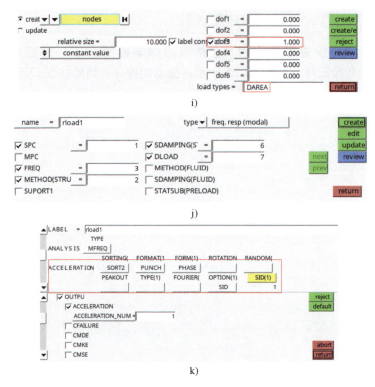

图 12.35　传动轴动力吸振器振动响应设置图示（续）

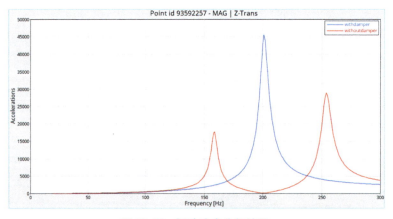

图 12.36　振动响应分析结果

12.6　小结

本章详细阐述了横置实心传动轴各部件的建模方法、技巧和流程，特别是对节叉通过采用三种方法进行了传动轴模态的对比；同时对纵置空心传动轴的建模细节进行了讲述，以及讨论了传动轴模态的两种理论计算公式和仿真结果对比，最后对实际工程中传动轴 NVH 问题动力吸振器仿真方法进行了分析和讨论。

思考题

1. 实心传动轴万向节叉的模拟方法有哪些，对结果有何影响？
2. 空心传动轴的建模细节以及中间轴承的建模注意事项有哪些？
3. 传动轴的模态理论计算公式有哪些？
4. 实际工程中传动轴 NVH 问题动力吸振器解决方案如何通过仿真实现？

第 13 章
轮胎模型处理方法及难点

轮胎作为汽车上最重要的组成部件之一，它的作用主要有支持车辆的全部重量，承受汽车的负荷，传送牵引和制动的扭力，保证车轮与路面的附着力，减轻和吸收汽车在行驶时的振动和冲击力等。

13.1 轮胎的结构与功能

轮辋是车轮中固定安装轮胎的部件，轮毂是连接车轮和车轴的承受轮胎和车轴之间负荷的旋转组件。轮胎通常由外胎、内胎、垫带 3 部分组成；外胎由胎体、缓冲层（或称带束层）、胎面、胎侧和胎圈组成。

汽车路噪是指在汽车行驶过程中，由于轮胎与路面之间存在不断的碰撞和摩擦等相互作用，使车内产生振动或噪声。从产生机理来看，一般分为结构噪声和空气噪声。

结构噪声是指路面激励通过轮胎、底盘悬架和车身结构在车内形成的中低频噪声。空气噪声是指轮胎与路面之间相互作用产生的噪声通过空气传入车内的中高频噪声。从频率特性来看，路噪分为低频路噪、中频路噪及高频路噪。

低频路噪一般频率为 20~300Hz，主要是结构噪声传递，这是较常用的结构分析频率段。中频路噪一般频率为 300~500Hz，主要是结构噪声和空气噪声传递。高频路噪一般频率为 400~8000Hz，主要是空气噪声传递。

空气噪声与结构噪声的区别在于传递路径的不同，空气噪声是指声源发出的声音直接向外辐射，在空气中进行传播，最后到达接收者的位置。结构噪声是指激励源激励结构振动，通过结构振动引起车内的结构振动或噪声。

13.2 整车路噪仿真轮胎模型

13.2.1 整车路噪仿真中轮胎的主要模拟方法

1) 通过测试得到轮胎的接地刚度，刚度通常包括前后、侧向、垂向以及转动等方向动刚度，计算车内的振动噪声响应。

2) 通过建立模态或 CDTire 轮胎，施加路面谱载荷激励轮胎，计算车内的振动噪声响应；即利用 NVH"虚拟试验场"技术通过仿真可以完整地再现路噪试验场景。

13.2.2 线性轮胎建模说明

随着人们对轮胎研究的深入和仿真技术的提高，线性轮胎应用受到一定的限制。为了更多地考虑轮胎本身的特性，通过各种方法对轮胎进行研究，如模态轮胎、FTire 轮胎、CDTire 轮胎等。模态轮胎需要做大量的测试和标定，将轮胎参数模型化，当模态轮胎的特性与实测的误差在允许的范围内时，就可以将模态轮胎与整车进行结合，进而进行整车 NVH 仿真分析及优化。

虽然其他轮胎的 NVH 模型应用场合越来越多，但是受限于硬件以及技术能力，在整车 NVH 仿真分析中，线性轮胎还是占有一定的比例，本文仍以线性轮胎的建模为基础进行阐述。

1）整车 NVH 仿真中用得比较多的线性轮胎模型，如图 13.1 所示。通常所讲的轮胎包括轮胎橡胶、轮辋、平衡块等，在线性轮胎建模中一般将这些零部件作为一个总成以质量点的形式施加到轮辋与车轴连接的位置，轮胎整个形状采用 PLOTEL 单元建立，如图 13.2 所示。

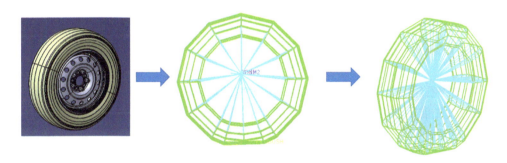

图 13.1 线性轮胎组成图示

2）线性轮胎模型就是通过测试得到轮胎的接地刚度、质量以及转动惯量等，直接将这些测试得到的参数施加在质心或接地位置；不考虑轮胎本身的非线性特性，此方法在整车 NVH 仿真分析应用相对较为常见。

3）在整车中轮胎一般有四五个，包括行驶用以及备胎等，由于这些轮胎基本一致，在轮胎建模中，只需要进行一个轮胎的建模，其他轮胎进行复制即可，如图 13.2 所示。

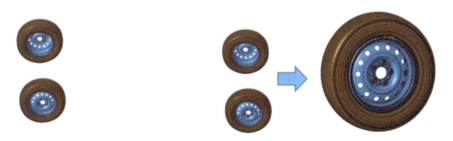

图 13.2 某车轮胎组成图示

4）一般以左前侧轮胎进行建模，在轮胎建模中，为了得到轮胎的外轮廓，主要采用 PLOTEL 单元进行建模，这些单元仅用于显示，不参与计算。

13.2.3 线性轮胎建模流程

对轮胎进行线性建模，首先去除轮辋、平衡块、螺栓等，仅保留轮胎橡胶，采用轮胎橡胶的外表面建立 PLOTEL 单元。由于轮胎是旋转体结构，只需要建立四分之一、八分之一甚至十六分之一即可，然后通过镜像操作即可实现整个轮胎 PLOT 的建立。本文采用八分之一方式进行创建操作，具体截面如图 13.3 所示。

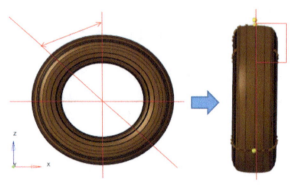

图 13.3 轮胎八分之一区域图示

1）首先查看轮胎已有的断面几何线，若这些断面几何线正好或近似是所需要切割的分界线，则可以先借用已有的几何断面线，按如下操作步骤进行。

2）按 F4 找到该轮胎的几何中心点，如图 13.4 所示。

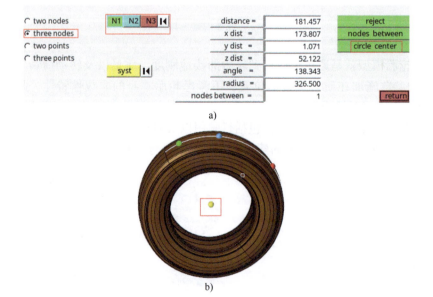

图 13.4 轮胎几何中心点图示

3）移动并复制中心点，分别沿 X 和 Z 轴移动到轮胎表面几何线上，如图 13.5 所示。

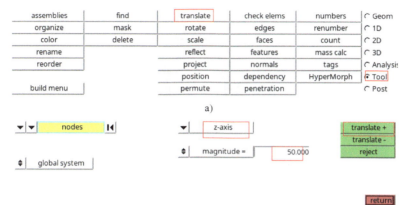

图 13.5 轮胎 XZ 平面建立图示

4）根据上述建立的临时节点，建立局部坐标系，如图 13.6 所示。

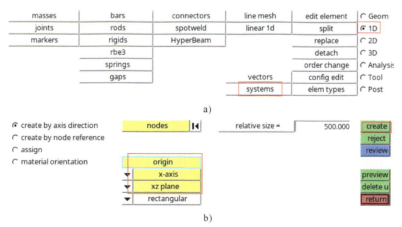

图 13.6 轮胎 XZ 平面坐标系建立图示

c)

图 13.6 轮胎 XZ 平面坐标系建立图示（续）

5）在已有几何线上建立轮胎几何临时节点，如图 13.7 所示。

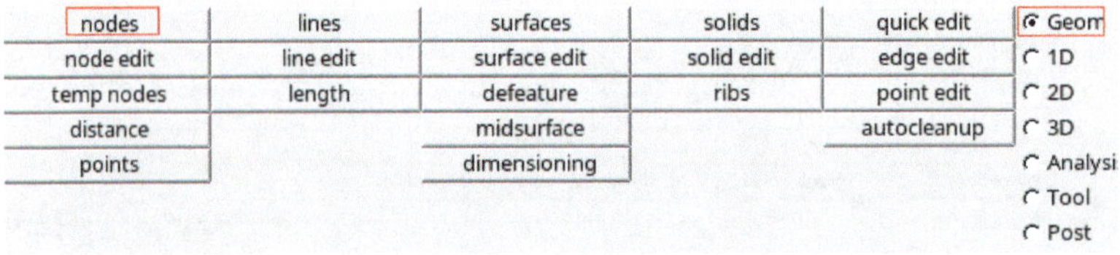

a)

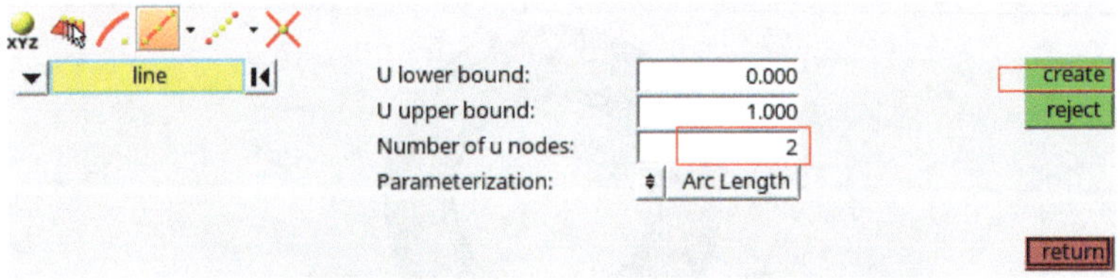

b)

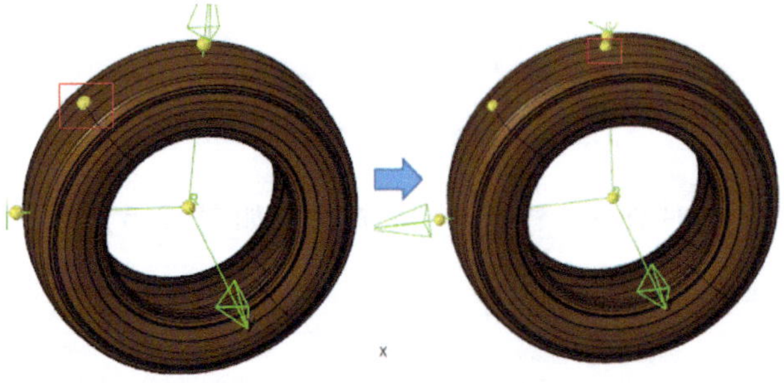

c)

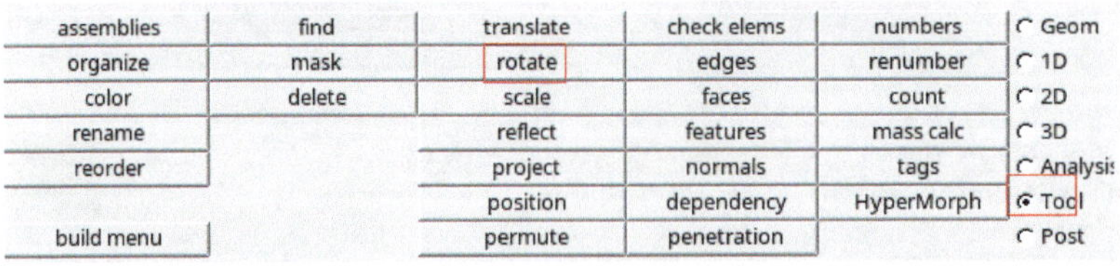

d)

图 13.7 建立轮胎几何临时节点图示

第 13 章 轮胎模型处理方法及难点

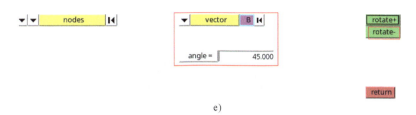

e)

图 13.7 建立轮胎几何临时节点图示（续）

6）根据建立的 12 点钟临时节点，建立几何线，如图 13.8 所示。

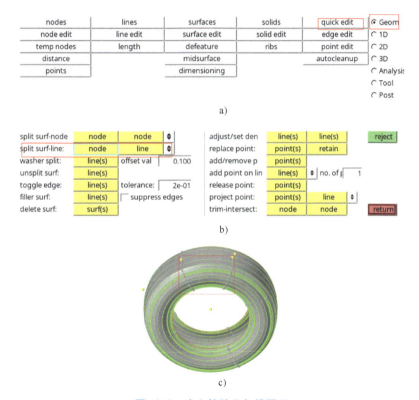

图 13.8 建立轮胎几何线图示

7）建立临时节点，首先在上述框中的几何线上建立临时节点，临时节点越多，与真实轮廓越接近，一般采用 4 个即可，如图 13.9 所示。

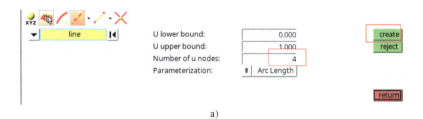

a)

图 13.9 建立轮胎剖面临时节点图示

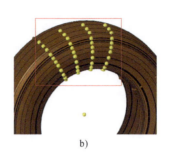

b)

图 13.9 建立轮胎剖面临时节点图示（续）

8）建立 PLOTEL 单元，按 F6 按钮进入并选择 PLOT，将临时节点连接。在连接临时节点时可以先将轮胎几何线隐藏，以便于操作。建立完成的 PLOTEL 轮胎单元模型，如图 13.10 所示。

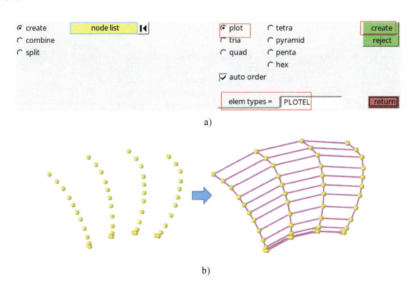

图 13.10 建立轮胎的 PLOTEL 单元模型图示

9）为了保证轮胎 PLOTEL 单元 YZ 截面上的临时节点与中心点对齐，可以调整该截面的临时节点进行操作。

10）将建立的 PLOTEL 单元进行 XZ 平面镜像，并将左右侧的 PLOTEL 单元进行合并，同时在 1D 单元质量检查中查看重复单元，并通过 F2 中的 retrieve 去除，如图 13.11 所示。

继续通过镜像的方法，生成完整的轮胎 PLOT 模型，一般先镜像生成四分之一轮胎模型。如何镜像操作，可以灵活选择，如可以先生成半个轮胎，再通过 XZ 平面镜像生成整个轮胎 PLOTEL 模型。

11）建立完一半轮胎 PLOT 模型后，需要进行轮胎接地印迹的处理，轮胎接地印迹需要根据设计提供的轮胎印迹尺寸进行调整。如本例轮胎印迹高度为 12mm 左右，如图 13.12 所示。

第 13 章 轮胎模型处理方法及难点

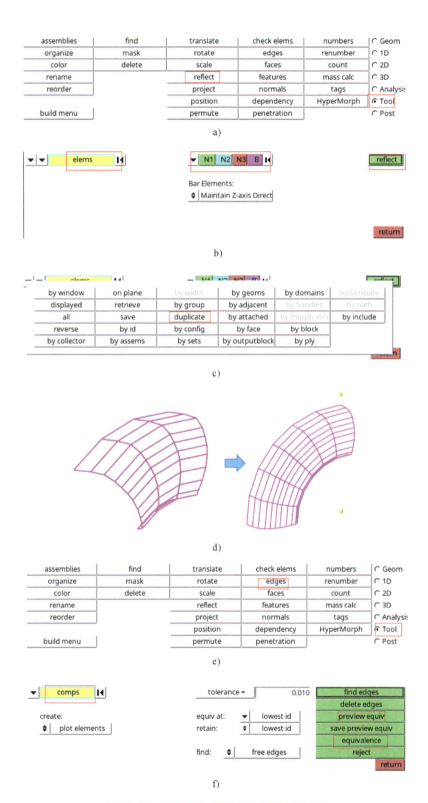

图 13.11 PLOTEL 单元 XZ 平面镜像图示

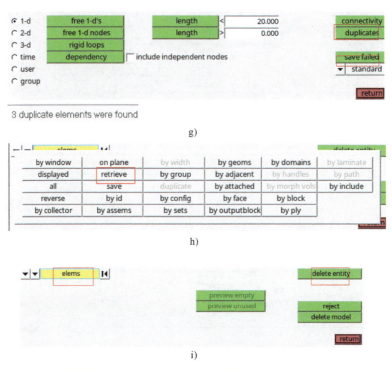

图 13.11 PLOTEL 单元 XZ 平面镜像图示（续）

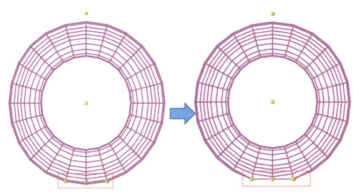

图 13.12 轮胎印迹高度调整图示

将轮胎接地印迹的 Z 向坐标调整为同一数值，目的是表征接地区域平整，然后通过 F3 移动 PLOTEL 单元节点至临时节点处即可。

12）通过镜像生成的完整轮胎 PLOTEL 单元模型如图 13.13 所示，考虑到轮胎是轴对称，生成的最终轮胎在 XZ 平面上共线。

13）有时轮胎的几何线在各个平面上不完全共线，例如生成的单轮胎 PLOTEL 单元模型在 XZ 平面上有可能不共线，如图 13.14 所示，但这不影响分析，只是显示不整齐而已。

14）轮胎的外轮廓 PLOTEL 单元建立方法多种多样，包括临时节点的创建、PLOTEL 单元的创建以及镜像方式等，读者可以根据自己的需要进行灵活选取和创建。

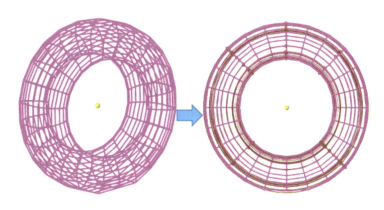

图 13.13 完整轮胎 PLOTEL 单元模型建立图示

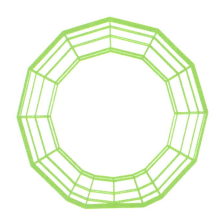

图 13.14 完成创建的单轮胎 PLOTEL 单元模型图示

13.2.4 线性轮胎质量建立

1)线性轮胎的模型一般采用 PLOTEL 和 RBE2 连接,即将轮胎 PLOTEL 节点与轮轴连接点相连,如图 13.15 所示。

2)将轮胎等总成的质量、转动惯量施加到连接点处,该轮胎的质量为 14.723kg,质心及转动惯量等参数分别见表 13.1 和表 13.2。轮胎质量及转动惯量参数的建模流程如图 13.16 所示。

表 13.1 某轮胎质量及质心参数(整车坐标系)

质量/kg	x/mm	y/mm	z/mm
14.723	-4.500	-708.566	19.500

表 13.2 某轮胎总成转动惯量及惯性积(整车坐标系) (单位:t·mm^2)

I_{xx}	I_{yy}	I_{zz}	I_{xy}	I_{yz}	I_{zx}
898.061	1531.283	898.169	6.7e-02	-9.5e-02	0.174

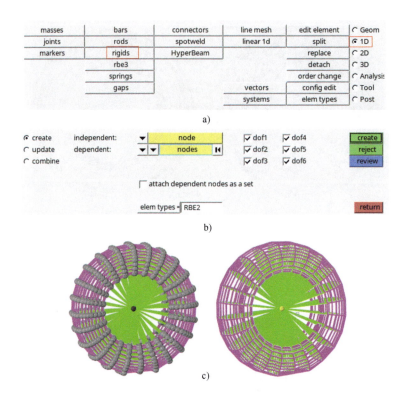

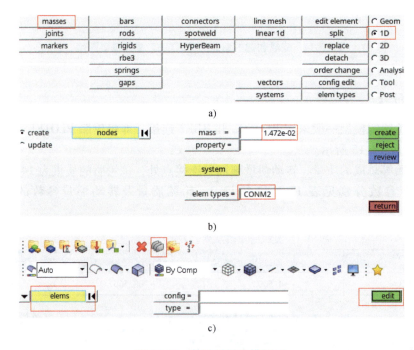

图 13.15　轮胎 PLOTEL 与轮轴连接图示

图 13.16　轮胎质量建模图示

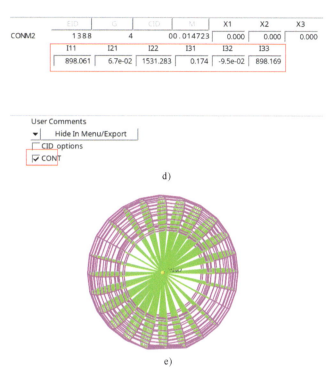

e)

图 13.16　轮胎质量建模图示（续）

13.2.5　轮胎接地刚度的模拟

对于线性轮胎直接在轮胎接地点，即轮胎接地印迹处施加轮胎测试得到的刚度和阻尼（一般为 0.1~0.15），包括线性刚度和转动刚度，见表 13.3。

表 13.3　某轮胎总成的接地刚度（整车坐标系）

名称	K_x	K_y	K_z	K_{xy}	K_{yz}	K_{zx}
整体刚度	321.3	116.04	258.99	0	0	2.0×10^5
若接地点采用三点，中间点 CBUSH 刚度值平分	107.100	38.680	86.330	0	0	2.0×10^5
阻尼	0.15	0.15	0.15	—		0.15

1）对于轮胎接地点，若采用一个接地点施加轮胎刚度，其轮胎刚度属性建模如图 13.17 所示。

若采用两个节点创建 CBUSH 单元，需要建立一个临时节点，直接在需要建立 CBUSH 点处单击创建即可，如图 13.18a 所示。

打开共点选择按钮，即直接单击字母 O，勾选 graphics 中的 conincident picking，即可选择共点。同时在创建 CBUSH 单元后，需要将其赋予相应的坐标系，本例为全局坐标系（0 表示全局坐标系），后续在进行整车模态分析或整车级响应分析时，可以约束 CBUSH 单元的非 PLOTEL 连接节点，如图 13.18b~g 所示。

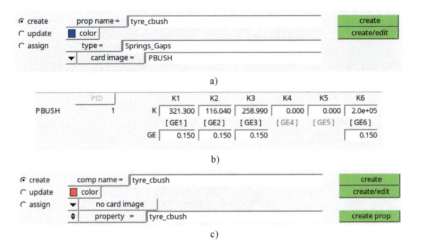

图 13.17　一个接地点轮胎刚度建模方法图示

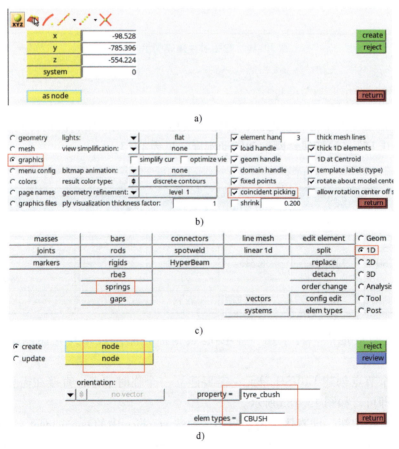

图 13.18　两个节点创建 CBUSH 单元流程图示

第 13 章 轮胎模型处理方法及难点

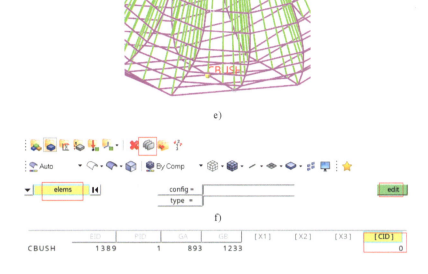

图 13.18 两个节点创建 CBUSH 单元流程图示（续）

2）若采用一个节点创建 CBUSH 单元，此时不需要创建临时节点，可以按图 13.19 所示进行如下操作。此时创建的 CBUSH 单元自动赋予了全局坐标系，该方法简单高效，但后续在进行整车 NVH 响应分析时，不能在 CBUSH 单元处施加响应（如路面谱），只能进行接地状态的整车模态分析。读者可根据自己的需要进行选择。

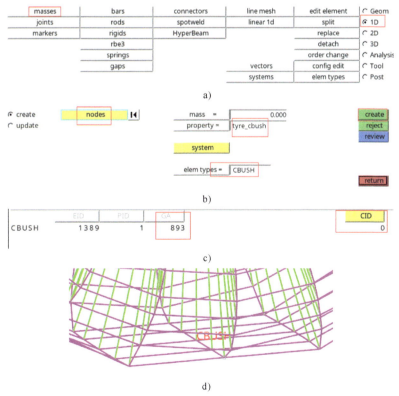

图 13.19 一个节点创建 CBUSH 单元流程图示

3）对于轮胎接地点，采用三个接地点施加轮胎刚度，可以对这三点施加不同的刚度，即中间点施加 XYZ 三个方向的线性刚度以及 Z 向的转动刚度，如图 13.20 所示。而前后两个节点仅施加 Z 向的线性刚度，即轮胎的侧向和纵向刚度主要由中间接地点承担，如图 13.21 所示；三个接地点轮胎两种刚度建模如图 13.22 所示。轮胎总成的三点不同刚度见表 13.4。

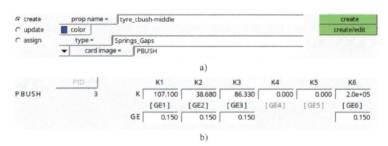

图 13.20　三个接地点轮胎中间点刚度属性图示

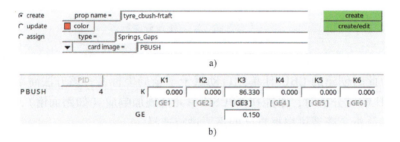

图 13.21　三个接地点轮胎前后两个节点刚度属性图示

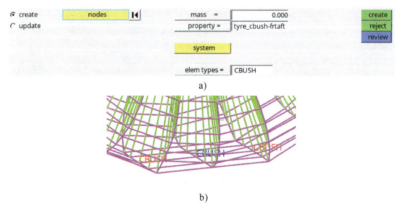

图 13.22　三个接地点轮胎两种刚度建模图示

表 13.4　轮胎总成的三点不同刚度（整车坐标系）

类型	K_x	K_y	K_z	K_{xy}	K_{yz}	K_{zx}
总刚度	321.3	116.04	258.99	0	0	2.0×10^5
中间接地点	107.100	38.680	86.330	0	0	2.0×10^5

（续）

类型	K_x	K_y	K_z	K_{xy}	K_{yz}	K_{zx}
中间点阻尼	0.15	0.15	0.15	—	—	0.15
前后接地点	0	0	86.330	0	0	0
前后点阻尼	—	—	0.15	—	—	0

以上几种不同创建轮胎接地点刚度的方法，读者可以根据自己的需要进行选择，一般采用线性刚度时，采用三点中点平分相对较为常见。

13.3 小结

本章详细阐述了线性轮胎的建模方法、技巧和流程，以及轮胎接地刚度的两种模拟方法，使读者对线性轮胎建模中的一些注意事项和细节有一个清晰的认识和理解。

思考题

1. 轮胎与整车 NVH 之间的关系如何，常见的轮胎建模方法有哪些？
2. 线性轮胎的建模流程和细节有哪些？
3. 线性轮胎的接地刚度模拟方法有哪些？

第 14 章
悬架系统的建模及技术要点

汽车悬架一般由弹性元件、导向机构、减振器等部件构成,其作用是传递作用在车轮和车架之间的力和力矩,以及缓和由不平路面传给车架(或车身)的冲击,减少由此引起的振动,提高乘车的舒适性,并保证汽车能平顺地行驶。

14.1　悬架系统的组成及功能

汽车悬架中弹性元件主要起缓冲作用,导向机构(或传力装置)主要起力的传递作用,减振器主要起减振作用;通常还会有缓冲块、横向稳定杆等。弹性元件又有钢板弹簧、空气弹簧、螺旋弹簧以及扭杆弹簧等形式,而现代轿车悬架多采用螺旋弹簧和扭杆弹簧,个别高级轿车则使用空气弹簧。典型的麦弗逊和扭力梁式悬架结构如图14.1和图14.2所示。

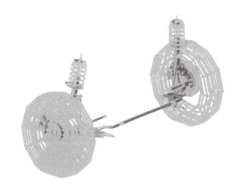

图 14.1　麦弗逊悬架图示

图 14.2　扭力梁式悬架图示

14.1.1　悬架系统的组成

悬架是传递车架与车桥之间相互作用力的装置,是汽车四大组成部分之一,是影响汽车行驶性能的关键组成。悬架可传递路面反馈的作用力和力矩,衰减车轮的振动,缓和冲击,提高驾驶员的驾驶体验,使车辆获得理想的运动特性和稳定的行驶能力。典型的悬架减振器结构如图14.3所示。

14.1.2 悬架系统的结构类型

根据悬架的结构不同，可以分为非独立和独立悬架，如图 14.4 所示。

非独立悬架的结构特点是两侧车轮由一根整体式车桥相连，车轮连同车桥一起通过弹性悬架与车架（或车身）连接。非独立悬架具有结构简单、成本低、强度高、行车中前轮定位变化小等优点；但因其舒适性和操纵稳定性等较差，多用在货车和大客车上。

独立悬架的结构特点是两侧的车轮各自独立与车架（或车身）连接，两侧车轮可以单独跳动，互不影响。独立悬架的非簧载质量小，左右车轮解耦，占用横向空间小，易于实现驱动轮转向，抗侧倾能力更好；但其结构复杂，成本高，对轮胎的磨损较为严重，一般用在乘用车等舒适性要求高的车辆上。

图 14.3 减振器图示

如图 14.5 所示，麦弗逊式悬架的主销可以摆动。与双横臂式悬架相比，麦弗逊式悬架具有结构紧凑，车轮跳动时前轮定位参数变化小，操纵稳定性良好等特点。麦弗逊式悬架多应用在中小型轿车的前悬架。

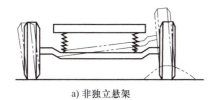

a) 非独立悬架　　　　b) 独立悬架

图 14.4 非独立式和独立式悬架图示

如图 14.6 所示，扭力梁式悬架也称为拖曳臂式悬架，属于梁式非独立悬架的变异。

图 14.5 麦弗逊式悬架

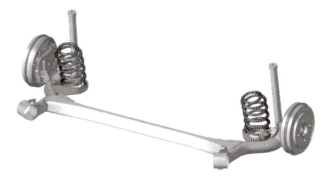

图 14.6 扭力梁式悬架

悬架的通用设计要求如下：
1）保证汽车行驶的平稳性。
2）具有良好的减振性能。
3）具有一定的可靠性，包括满足刚度、强度和寿命要求。

4）能可靠地传递力和力矩。
5）具有满足要求的操作稳定性等。

14.2　整车 NVH 中底盘系统的建模

某车的底盘总成系统，如图 14.7 所示，包括前后悬架系统、动力总成系统、传动系统、悬置系统以及转向系统等。前后悬架总成如图 14.8 所示。

图 14.7　某车底盘总成系统图示

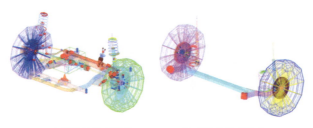

a) 前悬架总成图示　　　b) 后悬架总成图示

图 14.8　某车前后悬架总成图示

14.2.1　前悬架总成的建模

对于整车 NVH 前悬架系统，主要包括减振器、螺旋弹簧、下摆臂、制动盘、转向节等。本例中的减振器已在第 10 章详细阐述，本节主要针对转向节、制动盘、下摆臂的建模及装配进行讲解，如图 14.9 和图 14.10 所示。

图 14.9　某车前悬架系统图示　　　图 14.10　转向节、制动盘、下摆臂结构图示

(1) 转向节建模　转向节材料一般是合金钢（如 40cr）或球墨铸铁（如 QT450），其结构通常较为复杂，常采用二阶四面体单元建模，单元尺寸一般为 4~5mm，如图 14.11 所示。

(2) 制动盘等结构建模　制动盘、卡钳、卡环等形状较为复杂，摩擦片可采用四面体或六面体建模，常采用二阶四面体单元建模，单元尺寸一般为 4~5mm，如图 14.12 所示。

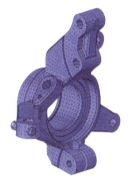 

图 14.11　转向节模型　　　　　　　图 14.12　制动盘模型

(3) 下摆臂等建模　下摆臂及挡泥板等一般是冲压件，采用二维壳单元建模，形状较复杂的采用二阶四面体单元建模，单元尺寸为 4~5mm。下摆臂的前后衬套需要建立自己的局部坐标系，以便于后续调用，如图 14.13 所示。

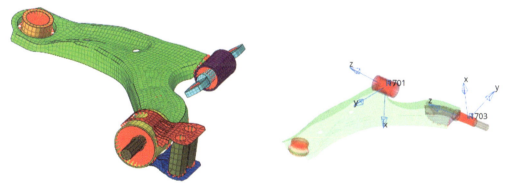

图 14.13　下摆臂模型

(4) 上述组件的装配　在建立完成上述组件网格后，将各个组件进行装配，焊缝采用 RBE2 单元模拟，零件之间的连接采用 RBE2 单元，RBE2 的主节点为硬点坐标。所有螺栓连接均采用 RBE2 模拟，自由度为 1~6。

卡钳、卡环、摩擦片之间通过 RBE2 连接，抓取区域约为 2 排节点，如图 14.14 所示。

挡泥板与转向节通过 RBE2 连接，轮毂（HUB）与制动盘通过 RBE2 连接，如图 14.15 所示。轮毂是车轮中心安装车轴的部分，是连接制动盘、轮盘和半轴的重要零件，一般用轴承套装在轴管或转向节轴颈上。

轮毂（HUB）与转向节通过 RBE2 连接，由于轮毂与转向节之间有相对转动，需要释放转动自由度，即约束 1~4、6，如图 14.16 所示。

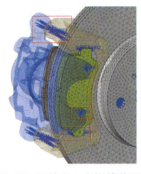
图 14.14 制动盘、卡钳等装配图示

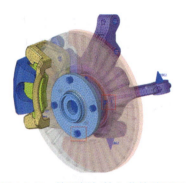
图 14.15 挡泥板与转向节等装配图

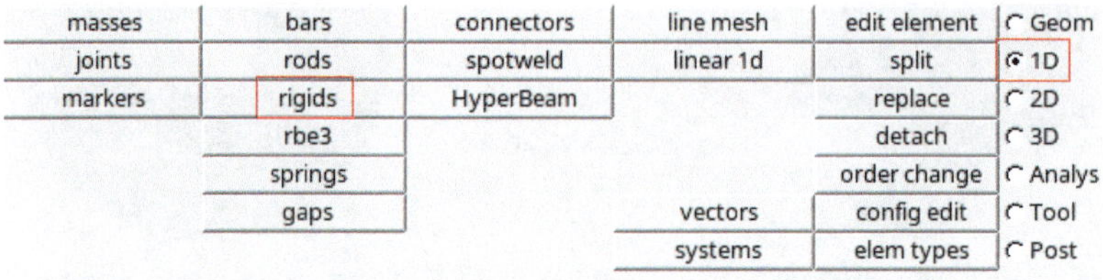

a)

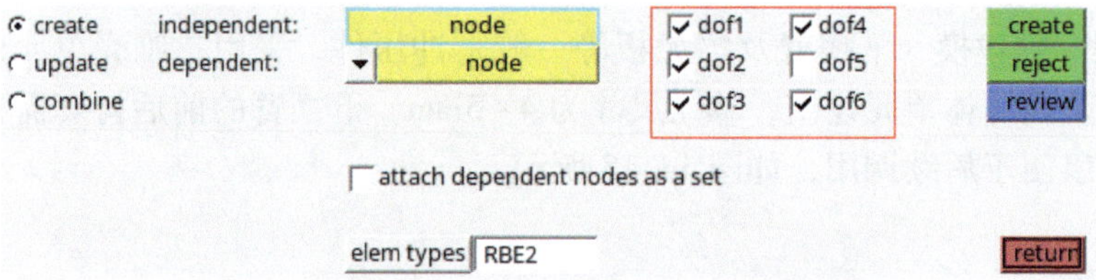

b)

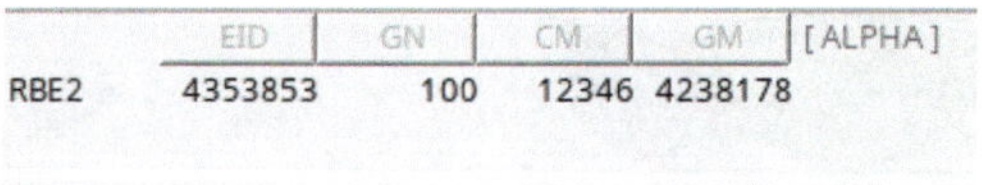

c)

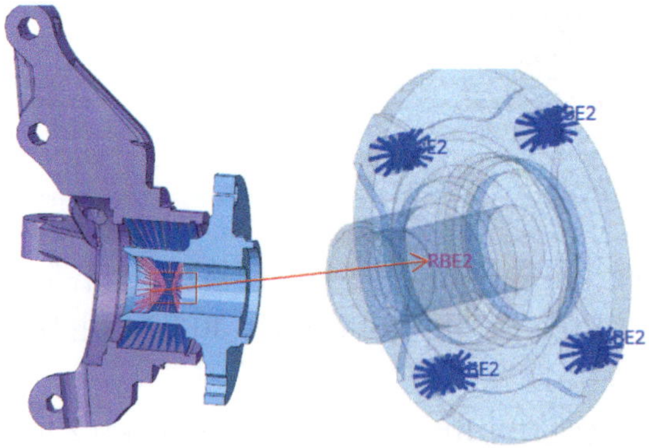

d)

图 14.16 轮毂与转向节连接建模流程图示

（5）转向直拉杆的建模　转向直拉杆的主要作用是将转向机拉臂传来的力和运动传给转向节，既承受拉力，也承受压力，是典型的二力杆；为保证转向直拉杆与转向机拉臂和转向节之间的运动不干涉，之间的连接通常采用球销。其常采用二阶四面体单元建模，单元尺寸一般为 4~5mm。两端采用 RBE2 连接，主节点为球铰硬点，两个组件之间采用 RBE2 连接（原本是螺纹连接，即可调，但是车轮外倾一旦调节到位后会用端螺母锁死，在 NVH 建模中只考虑调整到位状态，即自由度为 1~6），如图 14.17 所示。

注：在整车 NVH 建模中，此处球铰若同时释放 4~6 自由度，会出现一个转向直拉杆的转动刚体模态，为避免此情况，可在一侧球铰处释放 4、6 自由度即可。球铰也可采用 CBUSH 单元模拟，如某转向直拉杆与转向节球铰 K_x、K_y、K_z、K_{Tx}、K_{Ty} 及 K_{Tz} 六个方向刚度分别为 2.52×10^4N/mm、2.52×10^4N/mm、952N/mm、6.42×10^5N·mm/rad、6.42×10^5N·mm/rad 和 2.81×10^5N·mm/rad。

图 14.17 转向直拉杆建模图示

（6）稳定杆总成建模 稳定杆一般采用六面体建模，单元尺寸一般为 4~5mm；稳定杆拉杆形状较为复杂，采用二阶四面体建模，单元尺寸一般为 4~5mm，两者之间是球铰连接，采用 RBE2 模拟，释放 4~6 自由度，如图 14.18 所示。

注：稳定杆拉杆与稳定杆以及稳定杆拉杆与减振器之间的两个球铰，为了避免出现稳定杆拉杆绕 Z 轴的转动刚体模态，通常将稳定杆拉杆与稳定杆的球铰 RBE2 单元约束 1、2、3、6 自由度，稳定杆拉杆与减振器的球铰 RBE2 单元约束 1、2、3 自由度。

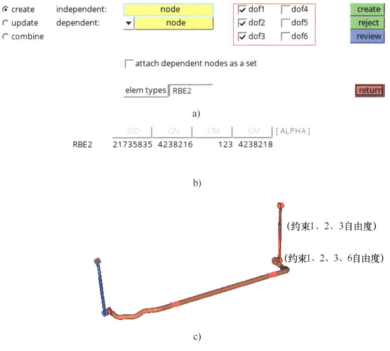

图 14.18 稳定杆总成建模图示

（7）前悬架总成的建模　将前悬架各组件进行装配，即将减振器、转向节、制动盘、稳定杆、车轮等进行装配，各组件之间的连接主要有衬套、球铰等，根据各组件的实际装配选择合适的连接方式。

1）球铰采用 RBE2 建模，释放 4~6 自由度，主要包括稳定杆拉杆与减振器、转向直拉杆与转向节、下摆臂与转向节等，如图 14.19 所示。

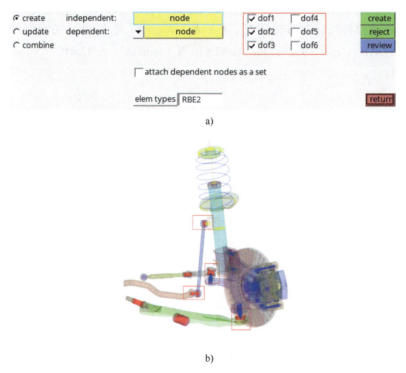

图 14.19　球铰建模图示

2）车轮与轮毂之间的连接，由于车轮与轮毂（HUB）一起转动，直接将车轮 RBE2 主节点移动至轮毂的主节点上，即两个主节点共点；或建立一个连接两个主节点的 RBE2 单元，自由度为 1~6，如图 14.20 所示。

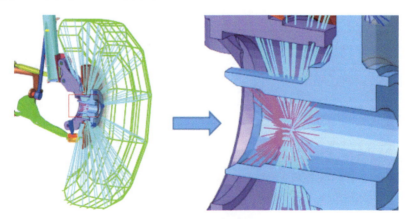

图 14.20　车轮与轮毂建模图示

3）减振器与转向节采用同样的方法建立连接，即参考车轮与轮毂之间的连接，如图 14.21 所示。

4）完成的前悬架系统模型如图 14.22 所示。

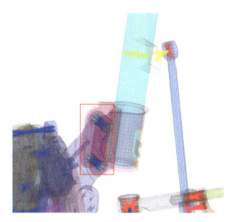

图 14.21　减振器与转向节建模图示

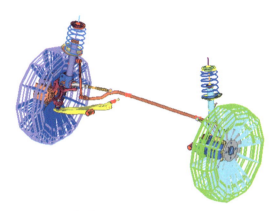

图 14.22　创建完成的前悬架装配系统模型图示

14.2.2　后悬架总成的建模

1）扭力梁建模。扭力梁采用钣金冲压成形，单元采用四边形及三角形壳单元，单元尺寸为 4~5mm，焊缝采用 RBE2，也可采用壳单元模拟；若其他设计小组进行了扭力梁的建模，可直接借用过来，如图 14.23 所示。

图 14.23　扭力梁建模

2）后制动鼓建模。后制动鼓为铸造成型件，单元采用二阶四面体单元，单元尺寸为 4~5mm，螺栓采用 RBE2 模拟，制动鼓外盘与轮毂（HUB）采用螺栓连接；车外轴与车内轴由于转动，采用 RBE2 模拟，释放 5 自由度，即约束 1~4、6，如图 14.24 所示。

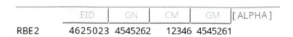

a)

图 14.24　后制动鼓与车轴建模图示

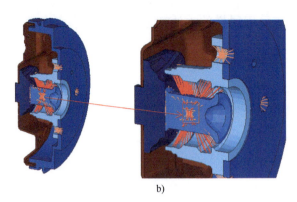

b)

图 14.24　后制动鼓与车轴建模图示（续）

3）车轮与后制动鼓外盘四个螺栓孔连接，直接将车轮的 RBE2 从节点选取制动鼓外盘上的四个螺栓孔即可，如图 14.25 所示。

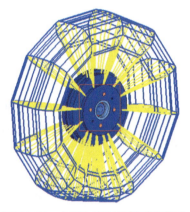

图 14.25　车轮与后制动鼓建模图示

4）后制动鼓内盘与扭力梁螺栓连接，采用 RBE2 模拟，如图 14.26 所示。

5）螺旋弹簧与扭力梁螺旋弹簧盘接触的区域，一般采用四分之三区域连接，采用 RBE2 连接即可，如图 14.27 所示。

图 14.26　后制动鼓与扭力梁建模图示

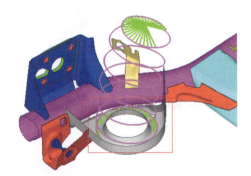

图 14.27　螺旋弹簧与扭力梁建模图示

6）后减振器与扭力梁之间采用衬套连接，采用 CBUSH 单元模拟，同时建立局部坐标系，并将该坐标系赋予 CBUSH 单元，CBUSH 连接的点为硬点坐标，如图 14.28 所示。

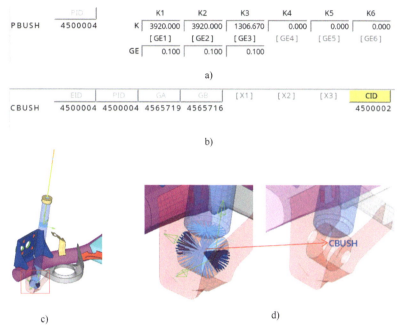

图 14.28 后减振器与扭力梁建模图示

7）扭力梁与拖曳臂连接处的衬套需要建立局部坐标系，以便于后续建立衬套 CBUSH 单元时调用，一般底盘系统中的衬套都需要建立属于自己的坐标系。同时采用 PLOTEL 单元将各个连接点连接，方便后续查看，如图 14.29 所示。

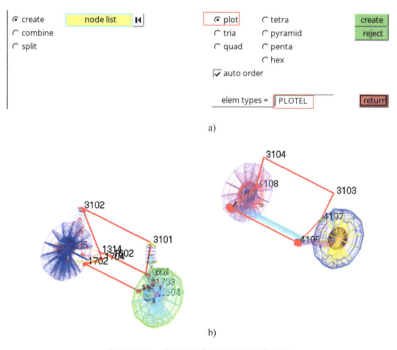

图 14.29 悬架系统 PLOT 建模图示

8) 前后悬架系统总成模型, 如图 14.30 所示。

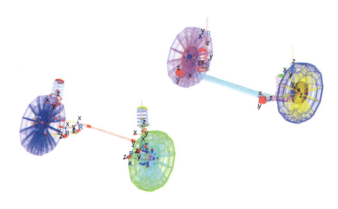

图 14.30　创建完成的前后悬架系统总成模型图示

14.3　底盘系统模态计算

悬架和动力总成的刚体模态也可以通过单独的底盘模型计算得到相应的模态，这样将极大地缩短计算时间。

14.3.1　底盘系统模态设置

对于底盘模态，主要包括悬架和动力总成。约束与车身（副车架）衬套连接点 123456、转向横拉杆球铰 1235 以及轮胎接地点 123456 进行模态计算，如图 14.31 所示。

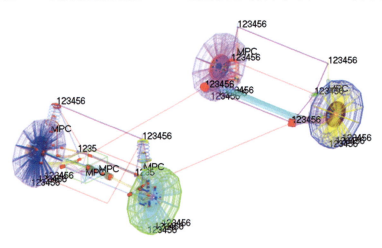

图 14.31　底盘模态计算结果图示

14.3.2　底盘系统动力总成模态计算结果

通过底盘系统计算得到的动力总成刚体模态结果，如图 14.32~图 14.34 所示。

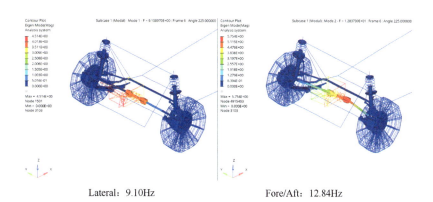

Lateral：9.10Hz   Fore/Aft：12.84Hz

图 14.32　动力总成刚体模态计算结果一图示

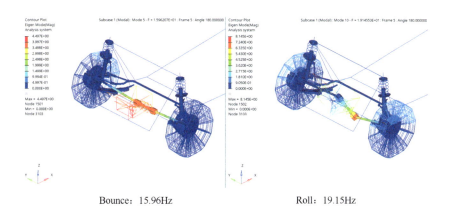

Bounce：15.96Hz   Roll：19.15Hz

图 14.33　动力总成刚体模态计算结果二图示

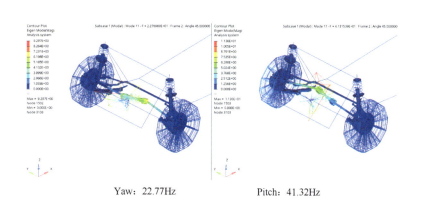

Yaw：22.77Hz   Pitch：41.32Hz

图 14.34　动力总成刚体模态计算结果三图示

14.3.3　底盘系统悬架模态计算结果

通过底盘系统计算得到的悬架刚体模态结果，如图 14.35 和图 14.36 所示；底盘系统模态结果列表见表 14.1 所示。

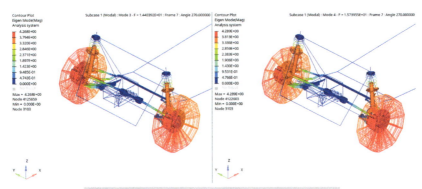

前悬架 Hop 模态：14.40Hz　　前悬架 Tramp 模态：15.74Hz

图 14.35　前悬架系统模态计算结果图示

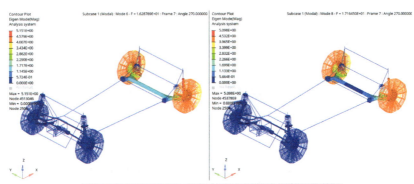

后悬架 Hop 模态：16.29Hz　　前悬架 Tramp 模态：17.16Hz

图 14.36　后悬架系统模态计算结果图示

表 14.1　底盘系统模态结果列表

名称	振型	底盘状态下频率/Hz	参考值频率/Hz
动力总成刚体模态	Fore/Aft	12.8	10~20
	Lateral	9.10	
	Bounce	16.0	
	Roll	19.2	20~40
	Pitch	41.3	
	Yaw	22.8	
悬架系统	前悬架 Hop 模态	14.4	14~16
	前悬架 Tramp 模态	15.7	
	后悬架 Hop 模态	16.3	15~17
	后悬架 Tramp 模态	17.2	

14.4 小结

本章详细阐述了悬架的组成及功能,以及悬架系统中各组件详细的建模连接方法、技巧和流程;同时对悬架系统的模态计算方法进行了讲解,使读者对底盘建模中的一些注意事项和细节有一个清晰的认识和理解。

思考题

1. 悬架系统的组成及功能有哪些,各组件的结构特点有哪些?
2. 悬架系统中各组成的建模、连接方法以及注意事项有哪些?
3. 悬架系统的模态如何计算,目标值如何设定?

第 15 章
整车模型装配处理方法及 Include 关键运用

通过建立整车 NVH 模型,可以开展以下工作,其重要性不言而喻。

1) 可以得到整车模型。通过整车模态分析,可以得到整车及各系统的模态频率,包括整车刚体模态、动力总成刚体模态、整车弯曲扭转模态、悬架系统模态以及各子系统模态等。

2) 通过整车模态分析,可以验证整车模型的合理性,为后续整车级分析提供模型基础,如整车路噪、加速噪声以及传动轴不平衡分析等。

3) 通过整车模态分析,可以制定整车级的模态分布表,为整车性能开发和后期实车问题提供数据支撑。

15.1 整车模型组成

整车模型主要由内饰车身(TB)以及底盘系统组成,具体包括车身、门盖系统、座椅、转向、前后悬架系统、动力总成系统等,如图 15.1 所示。

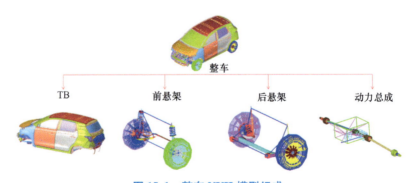

图 15.1 整车 NVH 模型组成

15.2 整车模型装配方法

在前面的章节,我们分别建立了内饰车身(Trimmed Body)、动力总成系统、悬架系统、传动轴以及轮胎系统等模型,同时对每个系统的建模细节进行了详细的阐述。整车 NVH 模型就是将这些系统连接到一起,各系统之间的连接方式主要有衬套、球铰、铰链、螺栓等。

第 15 章 整车模型装配处理方法及 Include 关键运用

如何实现这些连接,一般有以下几种方法:一是直接在软件界面中进行装配连接,二是采用头文件将各个子系统实现连接,每种方法都有其自身的特点。

15.2.1 整车 NVH 模型创建方法及流程一

1)准备好各个系统的模型。TB 与底盘等之间的装配连接主要是衬套、球铰等,球铰主要是转向直拉杆与转向横拉杆之间的连接,在本例中采用衬套模拟球铰。

N01_TB_model.hm

N01_PT_20001111.fem

N01_Sus_20001111.fem

2)为了考察完整的底盘系统,即整车除 TB 以外的所有子系统,由于悬置系统、摆臂、稳定杆等安装在副车架上,所以将副车架单独分离出来。将副车架单独分离出来的目的还有就是一般在进行整车模态分析前,需要单独计算底盘系统的模态并进行检查验证,如悬架典型的 Hop 和 Tramp 模态、动力总成的刚体模态等,只有确保底盘各系统模态正确,且初步可保证整个底盘系统建模的相对正确性,才能进行后续的分析。同时为了后续的 TB NTF 及 VTF 等底盘关键连接点传递函数的计算,将副车架又放在 TB 模型中,所以副车架模型具有双重身份,既在 TB 中存在,又在底盘模型中存在。为了实现这个目的,把副车架单独做成一个模型文件,如 N01_Frt_sub_20001111.fem。

3)衬套模拟。

① 首先打开建立的 TB 模型,以 TB 模型为骨架,其他子系统模型在其上进行装配。TB 与底盘系统之间的连接点见表 15.1,主要包括与减振器、摆臂、稳定杆、转向机以及扭力梁等;TB 模型接附点如图 15.2 所示,TB 与底盘之间的接附点详细如图 15.3 所示。

表 15.1 TB 与底盘之间的连接点列表

前悬架连接点		后悬架连接点	
名称	TB	名称	TB
前减振器	3001-3002	后减振器	3003-3004
悬置系统	2501-2503	扭力梁	3105-3106
下摆臂	2701-2704	后螺旋弹簧	3107-3108
前稳定杆	2601-2602		
转向机	2313-2314		

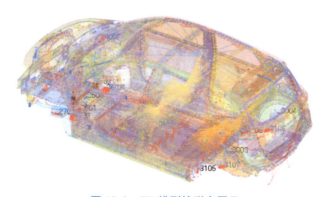

图 15.2 TB 模型接附点图示

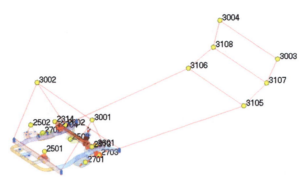

图 15.3 TB 与底盘之间的接附点详细图示

② 衬套连接时首先收集衬套刚度等参数,包括刚度和阻尼,在整车 NVH 建模中,刚度建议采用动刚度,可通过测试得到;若无动刚度,可采用静刚度乘以 1.4 得到动刚度参考值,见表 15.2 和表 15.3。

表 15.2 某下摆臂衬套刚度转换(参考)

名称	K1 /(N/mm)	K2 /(N/mm)	K3 /(N/mm)	K4 /(N·mm/rad)	K5 /(N·mm/rad)	K6 /(N·mm/rad)
下摆臂前点静刚度	7924	7924	678	4664.221429	4664.22	49793.57143
动静系数	1.4	1.4	1.4	1.4	1.4	1.4
下摆臂前点动刚度	11093.6	11093.6	949.2	6529.91	6529.908	69711

表 15.3 某车悬架衬套刚度参数(参考)

名称		K1 /(N/mm)	K2 /(N/mm)	K3 /(N/mm)	K4 /(N·mm/rad)	K5 /(N·mm/rad)	K6 /(N·mm/rad)
前悬架	前悬减振器上点	—	—	1260	—	—	—
	下摆臂前点	11093.6	11093.6	949.2	6529.91	6529.908	69711
	下摆臂后点	673.12	3559.22	317.8	6818.7	24675.672	5840
	横向稳定杆	6087.2	6087.2	2029.067	—	—	—
	转向机	8552.6	8552.6	1243.2	—	—	—
后悬架	扭力梁	2100	2100	630	25911.1	25911.06	16044
	后悬减振器上点	—	—	560	—	—	—
	后悬减振器下点	3920	3920	—	—	—	—

注: 1. 衬套动刚度为静刚度×1.4。
2. 衬套轴向为 Z 方向。
3. 轮胎刚度为静刚度×1.4(静刚度 K_x = 229.52N/mm, K_y = 82.88N/mm, K_z = 185N/mm)。
4. 前弹簧刚度为 15.5N/mm,后弹簧刚度为 19N/mm。

③ 创建衬套刚度属性，如图 15.4 所示。

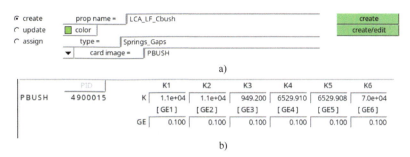

图 15.4 衬套刚度属性创建图示

④ 创建 component，建立 CBUSH 单元，同时将 CBUSH 的坐标系 CID 改为自身的局部坐标系，如图 15.5 所示。

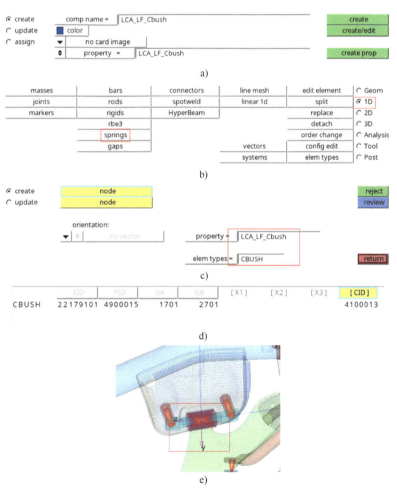

图 15.5 下摆臂左前点衬套建立图示

4）螺栓模拟。首先导入建立的悬架模型和动力总成模型（传动轴集成到动力总成模型中），悬架中的轮轴 HUB 与驱动轴连接成一个整体（驱动轴带动轮轴一起运动，而车轮安装在轮轴上，因此驱动轴带动车轮一起运动），采用 RBE2 单元模拟，即约束 1~6 自由度，具体操作可按图 15.6 所示进行（为方便选择共节点，需要按 O 键并勾选 coincident picking，如图 15.7 所示）。

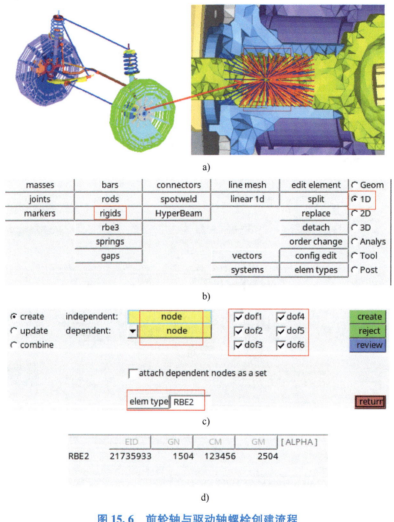

图 15.6　前轮轴与驱动轴螺栓创建流程

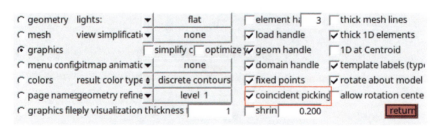

图 15.7　共节点选择开启图示

5) 通过手动创建 TB 与底盘各个子系统之间的连接，完成整车 NVH 模型的创建，如图 15.8 所示。

图 15.8　手动创建完成的整车模型

15.2.2　整车 NVH 模型创建方法及流程二

该方法主要是采用头文件的形式，将各个系统在头文件中通过设置各种连接，如螺栓、衬套等实现整车 NVH 模型的装配，相当于模块化装配；但为实现此方法需要将各系统模型的节点、单元等放置于属于自身系统的范围内，这样通过头文件才不会相互之间有干涉。

1）准备好各个系统的模型。

① TB 模型 Include 文件，即用于装配 TB 的模型，直接调用即可。

N01_BIP_20001111.fem；N01_Closures_20001111.fem

N01_Steer_20001111.fem；N01_Seat_20001111.fem

N01_Battery_20001111.fem；N01_TB_mass_20001111.fem；N01_Frt_sub_20001111.fem

② 底盘模型 Include 文件，即用于装配底盘的模型，主要包括动力总成、传动轴、悬置系统以及悬架等，其中动力总成、传动轴及悬置系统集成为一个模型文件，即 N01_PT_20001111.fem，这样给模型装配带来极大的便利。

N01_PT_20001111.fem；N01_Sus_20001111.fem

③ 通过 Include 文件进行整车模型装配，如对各子系统模型通过螺栓或衬套等进行连接模拟。

2）各系统模型的节点、单元等范围制定。在完成各系统的基础模型后，底盘系统需要分配和制定各系统的节点、单元等范围，见表 15.4~表 15.5。

表 15.4　各系统的节点、单元及零件的范围

类型	NODE		ELEMENT		COMPONENT	
	从	至	从	至	从	至
Front-Susp	4100001	4500000	4100001	4500000	4100001	4500000
Rear-Susp	4500001	4900000	4500001	4900000	4500001	4900000
PT&Shaft	4900001	5200000	4900001	5200000	4900001	4900001
Cavity	5200001	5500000	5200001	5500000	5200001	5200001

表 15.5 各系统的装配、属性及坐标系的范围

类型	ASSEMBLY		PROPERTY		SYSTEM	
	从	至	从	至	从	至
Front-Susp	4100001	4500000	4100001	4500000	4100001	4500000
Rear-Susp	4500001	4900000	4500001	4900000	4500001	4900000
PT&Shaft	4900001	5200000	4900001	5200000	4900001	5200000
Cavity	5200001	5500000	5200001	5500000	5200001	5500000

3）各系统之间的连接点定义，即 Interface 定义，见表 15.6。

表 15.6 各系统之间的连接点定义

名称	连接点编号					
Sub_PT	2501	2502	2503			
PT_Sub	1501	1502	1503			
Sub_antirolbar	2601	2602				
antirolbar_Sub	1601	1602				
Sub_arm	2701	2702	2703	2704		
arm_Sub	1701	1702	1703	1704		
BIP_Shock	3001	3002	3003	3004		
Shock_BIP	3101	3102	3103	3104		
BIP_Trail	3105	3106				
Trail_BIP	4105	4106				
BIP_RSpring	3107	3108				
RSpring_BIP	4107	4108				

4）各系统模型准备。

① 将之前创建的各子系统的节点、单元、属性、材料、装配、坐标系等重新进行编号，具体可参照第 9 章中的方法和流程。以动力总成为例进行节点、单元等编号，如图 15.9 所示。

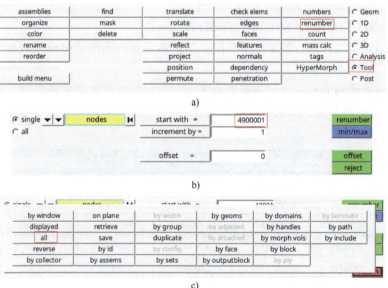

图 15.9 单元编号操作图示

② 将各个连接点单独重新进行编号，主要是各个系统的螺栓、锁扣、限位块等，这些特殊点需要单独进行编号，编号时要清楚每个编号点的位置。在进行各连接点编号时，为了方便各系统之间的连接，需要注意节点编号的规则和位置。连接点编号一般以主动侧为1开头，如动力总成悬置连接点 1501~1503，如图 15.10 所示，副车架侧对应为 2501~2503。

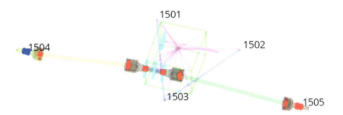

图 15.10 重新编号及连接点定义图示

③ 动力总成重新编号后的装配、零件、属性及材料等如图 15.11 所示，然后将该动力总成模型重新导出，如命名为 N01_PT_20001111.fem，即该模型所有的节点、单元等处于制定的范围内。

图 15.11 动力总成重新编号后图示

④ 按同样的方法，将其余系统的节点、单元、装配、零件、属性及材料等重新进行编号，前后悬架系统完成后的各系统模型如图 15.12 所示。

5）整车头文件制作。通过 Include 文件进行整车模型装配，如对各子系统模型通过螺栓或衬套等进行连接模拟。

图 15.13 所示为副车架与动力总成悬置连接点说明，其中带 $$ 的为注释，即仅为说明内容，不参与模型连接。

① 图 15.13 中第一个方框为注释说明字行，Interface Between BIPsub and PT，即副车架与悬置有三个连接点；第二个方框中三个衬套 CBUSH 单元的编号分别是 1501、1502、1503；第三个方框中为三个 CBUSH 单元对应的属性（包括三个线性刚度及阻尼等）。

② 图 15.13 中 CBUSH 后第一列数字为 CBUSH 单元序号；第二列为 CBUSH 单元属性

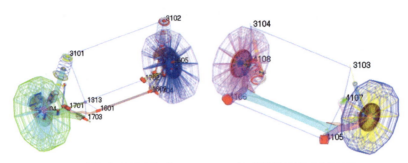

a) 重新编号后的前悬架图示　　b) 重新编号后的后悬架图示

图 15.12　前后悬架连接点定义图

```
$$------------------------------------------------------------$
$$          Interface Between BIPsub and PT                   $
$$------------------------------------------------------------$
$$$$$$$$
$$$$$$$$bolt
CBUSH      1501      1501      1501      2501                 0
CBUSH      1502      1502      1502      2502                 0
CBUSH      1503      1503      1503      2503                 0
$$
PBUSH      1501           K74.0     74.0      285.0           +
+                         GE0.1     0.1       0.1
$$
PBUSH      1502           K151.0    50.0      151.0           +
+                         GE0.1     0.1       0.1
$$
PBUSH      1503           K303.0    98.0      303.0           +
+                         GE0.1     0.1       0.1
$$$$$$$$
```

图 15.13　TB 与动力总成悬置连接点定义图示

1501~1503，即三个悬置刚度和阻尼属性；第三列为动力总成侧悬置连接点编号 1501~1503；第四列为 TB 侧（副车架侧）连接点编号 2501~2503。最后一列 0 表示该 CBUSH 单元为全局坐标系。

③ PBUSH 1501 即前悬置的刚度分别为 $X=74\text{N/mm}$，$Y=74\text{N/mm}$，$Z=285\text{N/mm}$，阻尼 G 为 0.1，副车架与悬置 CBUSH 连接点如图 15.14 所示。同理，TB 与底盘其余系统的衬套 CBUSH 连接可参照该说明进行，分别如图 15.15~图 15.19 所示。

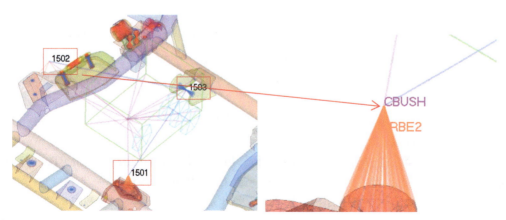

图 15.14　悬置 CBUSH 单元定义图

第 15 章 整车模型装配处理方法及 Include 关键运用

```
$$--------------------------------------------------------------$
$$          Interface Between Propshaft and Frtsus              $
$$--------------------------------------------------------------$
RBE2       1504      1504    123456     2504
RBE2       1505      1505    123456     2505
```

图 15.15　驱动轴与轮轴连接点定义图示

```
$$--------------------------------------------------------------$
$$          Interface Between BIPsub and antirolbar             $
$$--------------------------------------------------------------$
$$$$$$$$
$$$$$$$$bolt
CBUSH      1601      1601    1601       2601            4100001
CBUSH      1602      1601    1602       2602            4100001
$$
PBUSH      1601      K6087.2002029.0666087.200              +
+                    GE0.1     0.1      0.1
$$
$$$$$$$$
```

图 15.16　TB 与稳定杆连接点定义图示

```
$$--------------------------------------------------------------$
$$          Interface Between BIPsub and arm                   $
$$--------------------------------------------------------------$
$$$$$$$$
$$$$$$$$bolt
CBUSH      1701      1701    1701       2701            4100013
CBUSH      1702      1701    1702       2702            4100012
CBUSH      1703      1702    1703       2703            4100006
CBUSH      1704      1702    1704       2704            4100007
$$
PBUSH      1701      K11093.6 11093.6 949.2   6529.9086529.90869711.18+
+                    GE0.1     0.1      0.1    0.1      0.1     0.1
$$
PBUSH      1702      K3559.22 673.12 317.8   24675.676818.7  5840.016+
+                    GE0.1     0.1      0.1    0.1      0.1     0.1
$$
$$$$$$$$
```

图 15.17　TB 与下摆臂连接点定义图示

```
$$--------------------------------------------------------------$
$$          Interface Between BIP and Shock                    $
$$--------------------------------------------------------------$
$$$$$$$$
$$$$$$$$bolt
CBUSH      3001      3001    3001       3101            4100008
CBUSH      3002      3001    3002       3102            4100009
CBUSH      3003      3002    3003       3103            4500001
CBUSH      3004      3002    3004       3104            4500006
$$
PBUSH      3001      K1260.0 1260.0  1260.0  0.0      0.0     0.0    +
+                    GE0.1     0.1      0.1
$$
PBUSH      3002      K560.0   560.0   560.0  1.0+6    1.0+6   1.0+6  +
+                    GE0.1     0.1      0.1    0.1      0.1     0.1
$$
$$$$$$$$
```

图 15.18　TB 与减振器连接点定义图示

233

```
$$------------------------------------------------------------------$
$$            Interface Between BIP and Trail&ing                   $
$$------------------------------------------------------------------$
$$$$$$$$
$$$$$$$$bolt
CBUSH    3105     3105      3105      4105                4500003
CBUSH    3106     3105      3106      4106                4500004
CBUSH    3107     3107      3107      4107                0
CBUSH    3108     3107      3108      4108                0
$$
PBUSH    3105         K2100.0    2100.0   630.0    25911.06 25911.06 16044.0   +
+            GE0.1      0.1       0.1      0.1       0.1      0.1
PBUSH    3107         K1.0+8     1.0+8    1.0+8    1.0+12   1.0+12   1.0+12    +
+            GE0.1      0.1       0.1      0.1       0.1      0.1
$$
$$$$$$$$
```

图 15.19　TB 与扭力梁（拖曳臂）连接点定义图示

④ 通过头文件创建的 TB 模型在软件中仅需要导入 N01_FV_interface_20001111.fem 即可完成整车模型的导入，如图 15.20 所示。

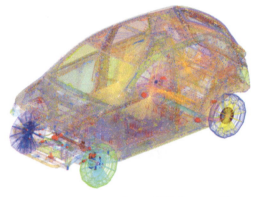

图 15.20　通过头文件创建的整车 NVH 模型

15.3　整车 NVH 模型模态分析方法及流程

15.3.1　整车 NVH 模型模态计算头文件设置

1）可以采用计算头文件将所有的模型和连接模型放在同一个计算文件夹中，仅提交计算头文件即可。图 15.21 所示为计算头文件设置，包括 MPC 及非结构质量 NSM，以及计算工况和相关参数。采用模型装配头文件进行模态计算时，所有的模型必须在同一个文件夹下。

2）可以将装配好的整车模型导出，并在关键字中将 Begin Bulk 以及 Enddata 去除，与计算头文件进行关联，该模型文件仅有一个完整的整车模型，如图 15.22 所示。

注：在进行整车模态或整车级工况计算时，可添加图 15.23 所示关键字加速计算，计算时间将大幅下降；"-checkel NO-out-amses YES-nt120"，其中 120 为采用的内存数，内存数根据计算情况进行设置。

```
$
  MPC =      513
  NSM =      500
  SPC =      511
DISPLACEMENT = ALL
$$-----------------------------------------------------------------------$
$$                    Case Control Cards                                 $
$$-----------------------------------------------------------------------$
$
$HMNAME LOADSTEP              1"Modal"         3
$
SUBCASE        1
  LABEL Modal
ANALYSIS MODES
  METHOD(STRUCTURE) =          1
$$----------------------------------------------------------
$$ HYPERMESH TAGS
$$----------------------------------------------------------
$$BEGIN TAGS
$$END TAGS
$
BEGIN BULK
$$
$$
PARAM,AMSES,YES
PARAM,CHECKEL,NO
$$
$$-----------------------------------------------------------------------$
$$ HyperMesh Commands for loadcollectors name and color information $
$$-----------------------------------------------------------------------$
$$   MPCADD cards
$$
$HMNAME LOADCOL              513"MPCADD"
$HWCOLOR LOADCOL              513       11
MPCADD       513      501      505      506
$$   EIGRL cards
$$
$HMNAME LOADCOL              1"Modal"
$HWCOLOR LOADCOL              1        11
EIGRL          1      0.0     50.0                                  MASS
include'N01_FV_interface_20001111.fem'
ENDDATA
$$
```

图 15.21　通过头文件创建模态计算工况图示

```
$
  MPC =      513
  NSM =      500
  SPC =      511
DISPLACEMENT = ALL
$$-----------------------------------------------------------------------$
$$                    Case Control Cards                                 $
$$-----------------------------------------------------------------------$
$
$HMNAME LOADSTEP              1"Modal"         3
$
SUBCASE        1
  LABEL Modal
ANALYSIS MODES
  METHOD(STRUCTURE) =          1
$$----------------------------------------------------------
$$ HYPERMESH TAGS
$$----------------------------------------------------------
$$BEGIN TAGS
$$END TAGS
$
BEGIN BULK
$$
$$
PARAM,AMSES,YES
PARAM,CHECKEL,NO
$$
$$-----------------------------------------------------------------------$
$$ HyperMesh Commands for loadcollectors name and color information $
$$-----------------------------------------------------------------------$
$$   MPCADD cards
$$
$HMNAME LOADCOL              513"MPCADD"
$HWCOLOR LOADCOL              513       11
MPCADD       513      501      505      506
$$   EIGRL cards
$$
$HMNAME LOADCOL              1"Modal"
$HWCOLOR LOADCOL              1        11
EIGRL          1      0.0     50.0                                  MASS
include'N01_FV_model_20001111.fem'
ENDDATA
```

图 15.22　通过关联整车模型创建模态计算工况图示

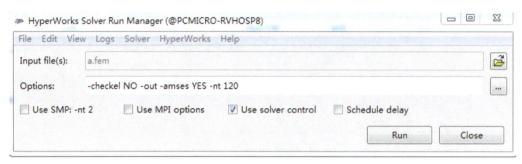

图 15.23　加速计算关键字设置图示

15.3.2　整车 NVH 模态计算结果

通过计算创建的整车模型，可以验证模型的准确性以及得到所需要的模态频率结果，便于检查及验证整车 NVH 模型是否正确及合理。整车模态计算结果见表 15.7。

表 15.7　整车模态计算结果

名称	振型	频率/Hz	名称	振型	频率/Hz
整车刚体模态	Fore/Aft	1.3	动力总成刚体模态	Fore/Aft	13.2
	Lateral	2.0		Lateral	9.8
	Bounce	1.6		Bounce	17.3
	Roll	4.6		Roll	19.1
	Pitch	2.9		Pitch	40.7
	Yaw	3.4		Yaw	22.7
悬架系统	前悬架 Hop 模态	14.4	座椅	前排座椅 Y 向异步	16.8
	前悬架 Tramp 模态	15.7		前排座椅 Y 向同步	18.3
	后悬架 Hop 模态	16.4		—	—
	后悬架 Tramp 模态	17.2		—	—
转向系统	转向盘转动模态	4.1	车身	一阶弯曲模态	28.5
	转向系统一阶垂向模态	27.9		一阶扭转模态	29.9
	转向系统一阶横向模态	41.1		—	—

注：对于整车，Bounce 模态一般在 1.5~1.8Hz 之间，可以将其理解为整车的前悬架偏频，通过悬架偏频公式 $f = \frac{1}{2 \times \pi} \sqrt{\frac{k}{m}}$（式中 f 为悬架偏频，k 为悬架刚度，m 为簧上质量）。如本例中悬架中前、后螺旋弹簧刚度分别为 15.5N/mm 和 19N/mm，簧上质量（TB 状态）约为 880kg，若按前后轴荷 50∶50 分配，则可粗略计算得到前、后悬架偏频分别约为 1.34Hz 和 1.48Hz，若考虑悬架相关衬套刚度，前后悬架偏频还会有所增加。通常一般情况下普通轿车前悬架偏频为 1.0~1.45Hz，后悬架偏频为 1.17~1.58Hz。级别越高，偏频越小越好。货车满载前悬架偏频为 1.5~2.10Hz，后悬架偏频为 1.70~2.17Hz。

1）计算得到的整车模态结果如图 15.24~图 15.27 所示，包括六个刚体模态，由于轮胎接地，刚体模态大于 0；另外转向盘的转动模态，一般小于 5Hz，图中为 4.15Hz，满足要求。

第 15 章　整车模型装配处理方法及 Include 关键运用

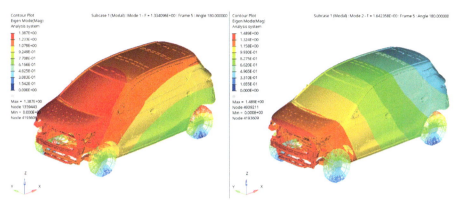

Fore/Aft：1.33Hz　　　　　　　　　Bounce：1.64Hz

图 15.24　整车刚体模态计算结果一图示

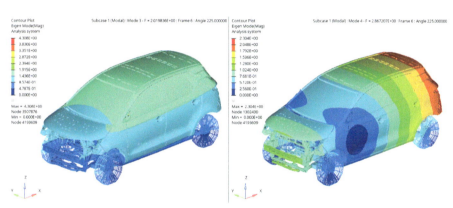

Lateral：2.02Hz　　　　　　　　　Pitch：2.2Hz

图 15.25　整车刚体模态计算结果二图示

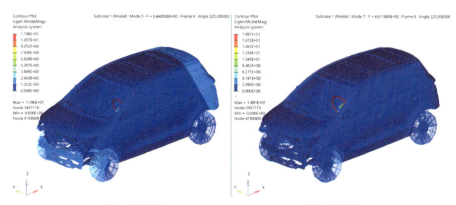

Yaw：3.44Hz　　　　　　　　　Roll：4.61Hz

图 15.26　整车刚体模态计算结果三图示

237

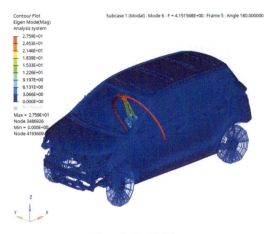

Steerwheel：4.15Hz

图 15.27　整车刚体模态计算结果四图示

2）计算得到的动力总成刚体模态结果，其前六阶为刚体模态，如图 15.28～图 15.30 所示。

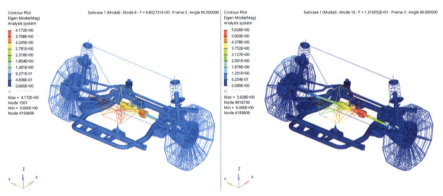

Lateral：9.80Hz　　　　　　　　　　Fore/Aft：13.16Hz

图 15.28　动力总成刚体模态计算结果一图示

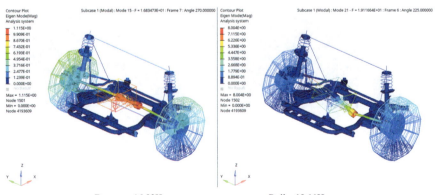

Bounce：16.83Hz　　　　　　　　　　Roll：19.11Hz

图 15.29　动力总成刚体模态计算结果二图示

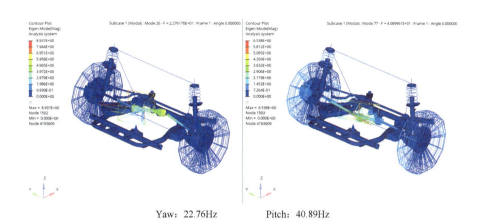

Yaw：22.76Hz　　　Pitch：40.89Hz

图 15.30　动力总成刚体模态计算结果三图示

3）计算得到的悬架系统刚体模态结果，其前六阶为刚体模态，如图 15.31 和图 15.32 所示。

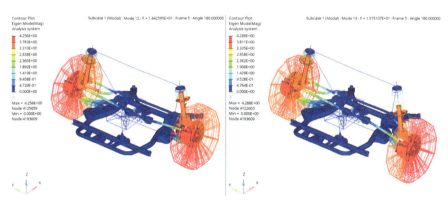

前悬架Hop模态：14.43Hz　　　前悬架Tramp模态：15.75Hz

图 15.31　前悬架系统刚体模态计算结果图示

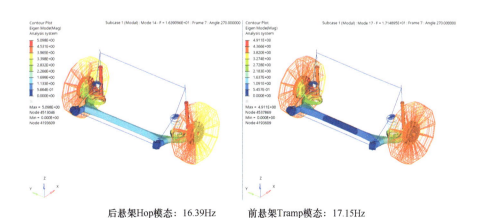

后悬架Hop模态：16.39Hz　　　前悬架Tramp模态：17.15Hz

图 15.32　后悬架系统刚体模态计算结果图示

4）计算得到的其他系统模态结果，如图 15.33～图 15.35 所示。

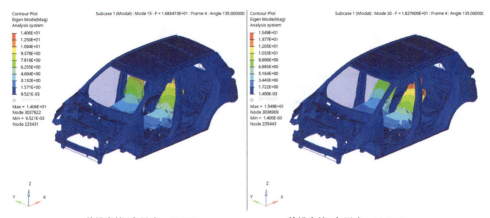

前排座椅Y向异步：16.83Hz　　　　前排座椅Y向同步：18.27Hz

图 15.33　座椅系统模态计算结果图示

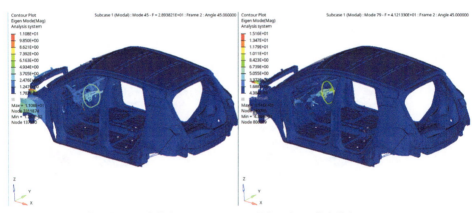

转向系统一阶垂向模态：28.9Hz　　　转向系统一阶横向模态：41.2Hz

图 15.34　转向系统模态计算结果图示

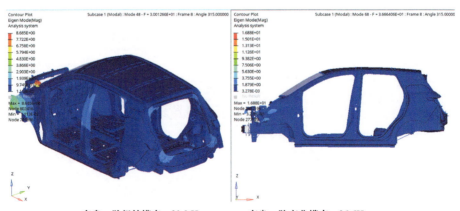

车身一阶扭转模态：30.0 Hz　　　　车身一阶弯曲模态：36.6Hz

图 15.35　车身模态计算结果图示

15.3.3 整车底盘模态计算

悬架和动力总成的刚体模态也可以通过单独的底盘模型计算得到相应的模态,这样将极大地缩短计算时间。整车与动力总成两种状态模态结果对比,见表15.8,具体计算结果可参考14.3节。

表15.8 整车及动力总成两种状态模态结果对比

名称	振型	整车状态下频率/Hz	底盘状态下频率/Hz	差异频率/Hz
动力总成刚体模态	Fore/Aft	13.2	12.8	-0.4
	Lateral	9.8	9.10	-0.7
	Bounce	17.3	16.0	-1.3
	Roll	19.1	19.2	0.1
	Pitch	40.7	41.3	0.6
	Yaw	22.7	22.8	0.1
悬架系统	前悬架 Hop 模态	14.4	14.4	0
	前悬架 Tramp 模态	15.7	15.7	0
	后悬架 Hop 模态	16.4	16.3	-0.1
	后悬架 Tramp 模态	17.2	17.2	0

15.4 小结

本章通过采用两种(一种为界面建模,一种为头文件建模)整车建模方法,对整车建模中的连接方法、技巧、流程及注意事项等进行了详细的讲述;同时对整车模态的计算方法和流程以及模型的正确性如何验证等进行了讲解,使读者对整车NVH组装建模中的一些注意事项和细节有一个清晰的认识和理解。

思考题

1. 整车模型包括哪些系统?
2. 整车模型的装配方法有哪几种?各种方法的差异和特点有哪些?
3. 整车模型的模态一般包括哪些系统,典型模态频率如何界定?

下篇　整车 NVH 工程应用及解决方案

第 16 章　声腔模型处理方法及难点

要解决车内噪声问题，首先必须要了解车内噪声的产生机理，掌握车内声场的分布情况，然后才能采取相应的改进措施进行降噪。车内噪声主要分为结构噪声和空气噪声。

在车身 NVH 设计前期，对车内声腔进行模态分析可以掌握车内声腔的频率和振型，在设计过程中避免车身结构振动导致的车内共鸣，合理布置和优化车内声学特性，为整车布置和性能优化提供基础。

车内板件与声腔耦合拍打，导致车内气体体积变化，从而产生声压的变化，进而产生车内噪声。在实际工程中声腔的一阶纵向模态引起轰鸣声（30~100Hz）最为常见。

16.1　车内声腔常见的建模方法

16.1.1　车内声腔的建模类型

车内声腔建模有很多种，每种方法都有自己的特点，一般采用 TB 建模比较普遍。主要有以下几种方法：

1) 采用 TB 模型直接建模。
2) 采用 CFD 网格建模。
3) 采用 CAS 面建模。

16.1.2　车内声腔建模方法

1) 采用 Acoustic Cavity mesh 方法建模。
2) 采用 Line 方法建模。

16.1.3　车内声腔建模模型

车内声腔包含的模型一般有以下几种，比较常见的是采用 2) 和 3)。

1) 声腔模型包括车内腔体、仪表、副仪表、座椅、行李舱、侧门内腔等。
2) 声腔模型包括车内腔体、仪表、副仪表、座椅、行李舱（若有织物板隔开）、侧门内腔等。
3) 声腔模型包括车内腔体（集成仪表、副仪表及行李舱）、座椅等。

16.2 车内声腔的建模操作流程

本例中基于车内腔体和座椅创建车内声腔模型，此方法创建车内声控模型一般需要包括以下模型：车身 BIP、座椅、闭合件等，我们只需要调用以下模型即可。

```
N01_BIP_20001111        10001
N01_Closuers_20001111   1000000
N01_Seat_20001111       5900001
```

16.2.1 座椅声腔面模型建立

根据座椅的几何面，采用 2D 界面下的 line to line 等方法建立座椅初步的 2D 网格，再将 2D 网格进行细化处理，如图 16.1 和图 16.2 所示。

图 16.1　前排座椅模型图示

图 16.2　后排座椅模型图示

16.2.2 车内空腔面模型建立

建立车内空腔模型，一般只考虑与声腔贴合的板件，包括车内板件、门内板等，把与空气接触的板件单独显示出来。单击 Mesh>Create>Acoustic Cavity Mesh，进入自动网格填充界面，如图 16.3 所示。

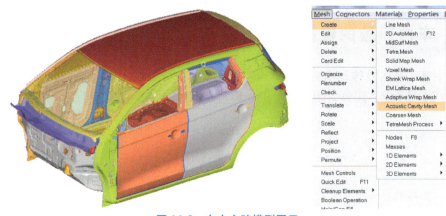

图 16.3　车内空腔模型图示

1. 车身等孔洞修补方法一

1）勾选 create hole element 选项，其目的是自动填孔，并创建孔单元，包括小孔及大孔，这取决于设定的容差，即 hole patch size，然后单击 preview，通过生成的孔再进行填充修补，如图 16.4 所示。

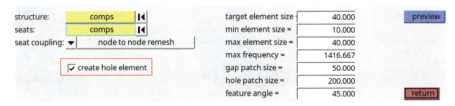

图 16.4　创建孔洞单元图示

2）车内声腔建模主要参数解释如下：

① element size 表示声腔网格的尺寸大小，包括目标、最小和最大尺寸。

② max frequency 表示在该网格尺寸下，最大允许能求解的声腔模态频率。

③ gap/hole patch size 表示在划分网格模型的时候，结构上小于该尺寸的孔洞将会被忽略。

④ 由于声学单元的理想尺寸是每个波长至少六个单元，根据空气中的声速和噪声的分析频率，可以计算出声波的波长以及声学单元的理想长度 $d=v/(6f)$，其中 v 是声速（345m/s），f 是求解的最大频率；如本例中声腔目标尺寸为 40mm，则可计算的最大频率约为 1416.7Hz。如需要求解频率为 300Hz，则声腔模态需要达到 2 倍以上，即声腔尺寸约为 96mm 即可，如图 16.5 所示。

a）修补的孔洞单元图示　　　　　　b）修补的孔洞component图示

图 16.5　自动修补的孔洞图示

3）在采用自由修补操作完成后，对于尺寸较大的孔，如图 16.6 所示的门内板减重孔，此时需要通过手动方式进行修补，然后再进行下一步的操作，如图 16.7 所示。

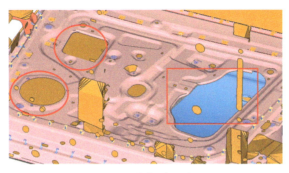

图 16.6　门内板减重孔图示

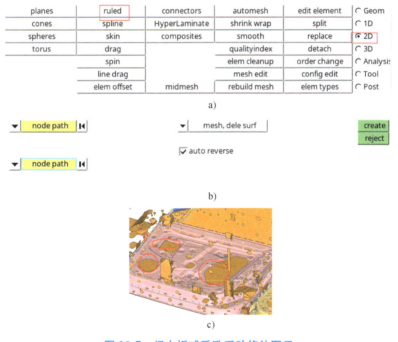

图 16.7　门内板减重孔手动修补图示

2. 车身等孔洞修补方法二

1）不勾选 create hole element，此时不会修补并创建孔单元，只会将小孔（如工艺孔、小的减重孔等）进行填充修补，如图 16.8 所示；此时一般需要通过人工的方法将这些大孔创建单元并进行修补，如图 16.9 所示。

2）在车身及门内板等大孔洞修补填充后，再进行声腔生成，如图 16.10 所示。

16.2.3　车内空腔体模型创建方法

1. 车内空腔面网格创建流程

1）单击 preview 按钮后，如图 16.11a 所示，会生成声腔临时网格，选择需要保留的声腔建模网格，如车身和座椅等，如图16.11b所示，其余腔体网格不勾选，此时生成的网格类型为六面体网格。

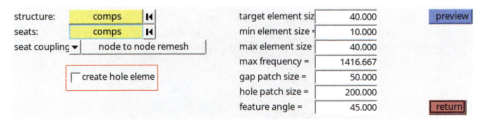

图16.8 不创建孔洞单元图示

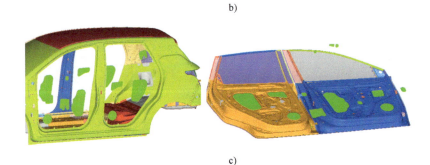

a)

b)

c)

图16.9 手动修补过孔图示

图16.10 手动修补完成的孔洞单元图示

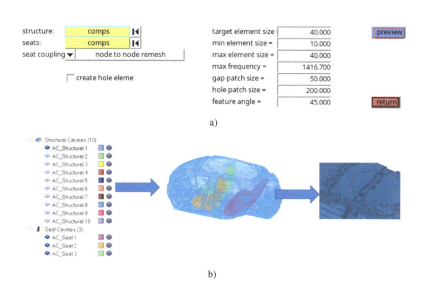

图 16.11　自动生成六面体网格流程图示

2）单击 mesh 后，即可生成初步的声腔网格，网格类型为外表面及与座椅相交的区域是四面体，内部为六面体网格，如图 16.12 所示。

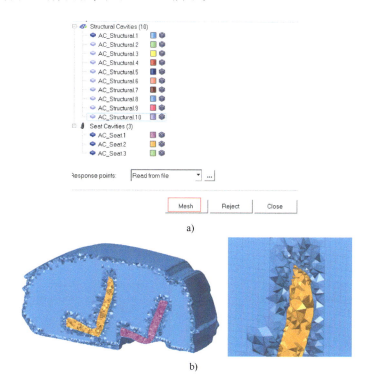

图 16.12　自动生成声腔网格

3）在生成初步的车内声腔网格后，座椅的面网格已经在 16.2.1 节中建立，后续只需要在建立的面网格基础上建立实体网格即可；本次仅需要对车内空腔网格进行操作，首先生成空气声腔面网格，可按图 16.13 所示操作进行。生成的面网格包括表面网格、座椅面网格以及内部部分网格，我们仅需要表面网格。

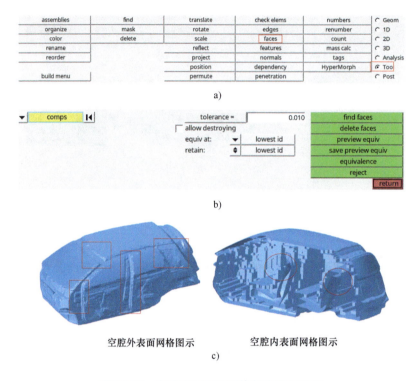

图 16.13　空腔 FACE 面网格创建流程图示

4）建立一个放置表面网格的 component，将表面网格移至建立的 component 里，在界面里选中一个单元，通过 by attached 功能选择所有相连的面网格，此时的面网格只有空气腔的表面网格，如图 16.14 所示。

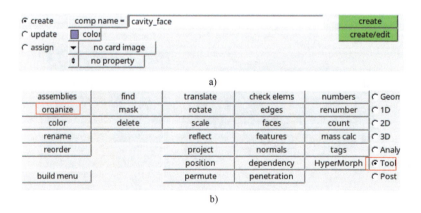

图 16.14　空腔外表面网格创建流程图示

第 16 章 声腔模型处理方法及难点

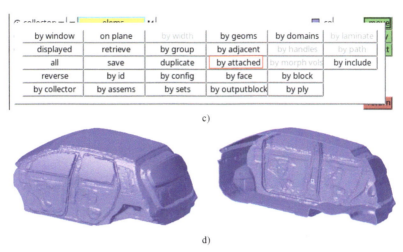

图 16.14　空腔外表面网格创建流程图示（续）

5) 对已创建的空气腔体表面网格进行优化，包括对面网格进行粗化和优化，让生成的声腔面网格质量更高，同时控制空腔网格的数量。首先将生成的空气表面网格导出，这一步主要通过手动调整，具体如图 16.15 所示。

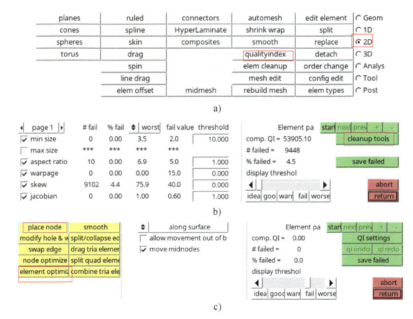

图 16.15　空腔表面网格优化流程图示

6) 生成的优化和粗化后的空腔网格如图 16.16 所示，即空腔网格尺寸由基础的 20mm 调整至 40mm，此时空腔及座椅腔体网格尺寸均为 40mm。

2. 车内空腔体网格创建流程

1) 在空腔网格粗化和优化操作完成后，可进行体网格的创建；把空腔模型和座椅模型单独显示，分别利用 3D 下的 tetramesh 建立空腔和座椅的实体模型，如图 16.17a、b 所示。

249

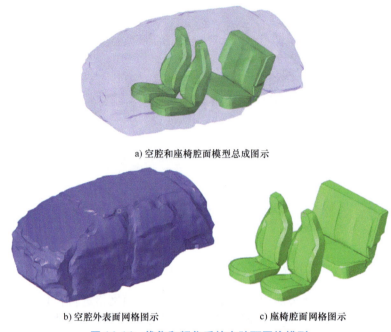

a) 空腔和座椅腔面模型总成图示

b) 空腔外表面网格图示　　c) 座椅腔面网格图示

图 16.16　优化和粗化后的空腔面网格模型

首先建立座椅声腔，根据座椅的面网格建立声腔三维实体网格。需要建立相应的 component，即面网格与体网格分别属于不同的 component，这样较容易区分。在 Tetramesh parameters 中选择线性插值 Interpolate 方法，其目的是保证腔体内部单元一致，然后切换到 Tetra mesh 选择座椅面网格单击 mesh 即可生成体网格，如图 16.17 所示。

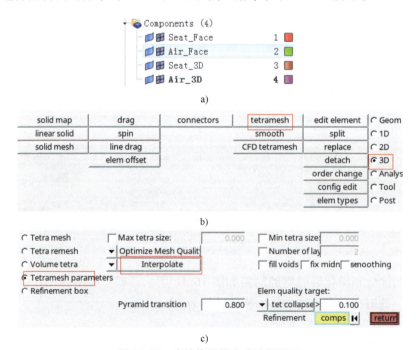

图 16.17　座椅体网格生成流程图示

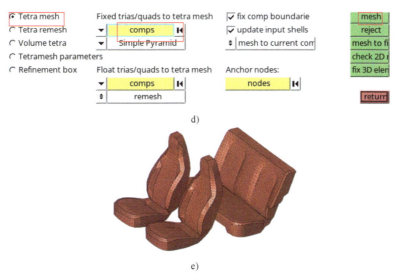

图 16.17 座椅体网格生成流程图示（续）

2) 其次建立空腔网格，选取空气腔体，参数保持不变，采用线性插值方法，直接选择空气的面网格即可，如图 16.18 所示。

3) 实体网格创建中插值方法结果对比。采用不同的插值方法，生成的实体内部网格和边界网格有所不同；线性插值法生成的声腔内部网格如图 16.19b 所示，标准插值法生成的声腔内部网格如图 16.20b 所示。

图 16.18 空气腔体网格生成图示

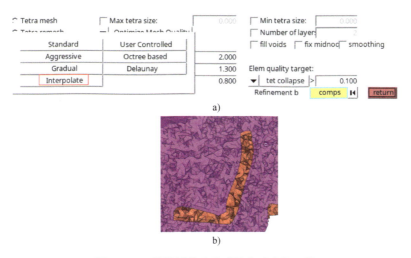

图 16.19 线性插值法生成的声腔内部网格

切换到 Tetranesh parameters，在 User Controlled 中将 Growth rate 改成 1.000，如图 16.20c、d

所示；即该模型将以 1.0 的比例进行体网格划分，从表面到内部的体网格单元大小一致，如图 16.20e、f 所示。通常采用 Interpolate 或 User Controlled Growth=1.0 进行体网格的生成。

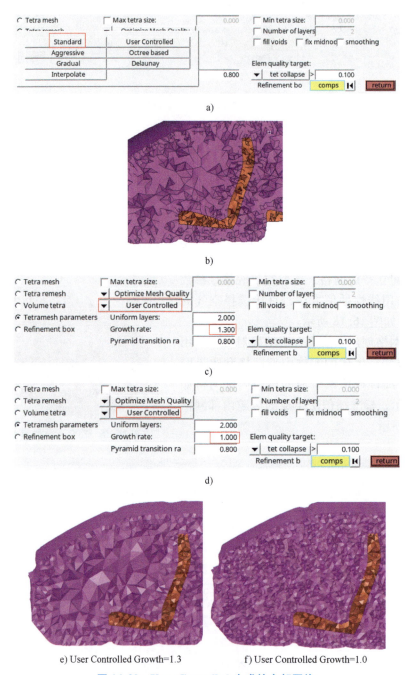

图 16.20　User Controlled 生成的内部网格

3. 车内空腔模态计算流程

1) 声腔材料及属性建立。

① 在每一个模型建立完成后，建议按<shift+F2>，单击 add，然后再单击 clear all，这样

就清除了所有的临时节点，所有的模型操作最后一步建议都执行这种操作，以避免造成不必要的麻烦，如图 16.21 所示。

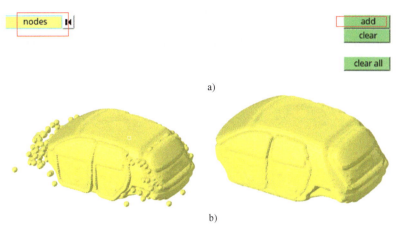

图 16.21　声腔模型上的临时节点删除图示

② 在计算之前需要将声腔节点设置为流体节点，选中所有节点，单击 edit，并勾选 CD-1，即如图 16.22 所示。

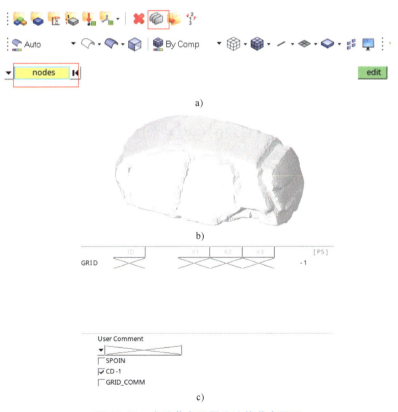

图 16.22　声腔节点设置为流体节点图示

③ 车内空气腔模型的材料选择流体材料类型 MAT10，密度为 $1.2 \times 10^{-12} t/mm^3$，声速为 345000mm/s，如图 16.23 所示。同样，座椅除了骨架外其余大多由海绵等多孔材料组成，其中填充着大量的空气，所以座椅的材料也为流体材料类型 MAT10，密度 $1.2 \times 10^{-11} t/mm^3$，一般比空气的密度略大（通常取 10 倍的空气腔），声速 345000mm/s，如图 16.24 所示。材料中的 BULK、RHO 及 C 之间的关系为 BULK=C2×RHO，即仅需输入任意两个参数即可。

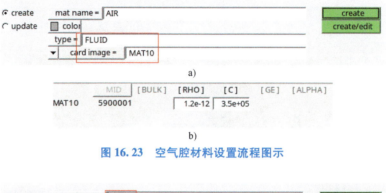

图 16.23　空气腔材料设置流程图示

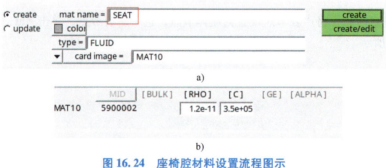

图 16.24　座椅腔材料设置流程图示

④ 流体属性需要设置 FCTN 为 PFLUID，空气腔的属性创建流程如图 16.25 所示，座椅腔的属性创建流程如图 16.26 所示。

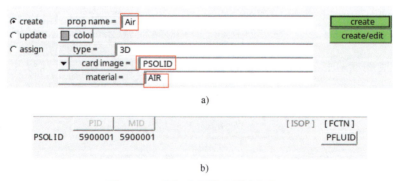

图 16.25　空气腔属性设置流程图示

2）车内声腔的模态计算设置。声腔模态计算控制卡片参数包括特征值提取 EIGRL、工况设置以及参数卡片设置等，如图 16.27 所示；若计算中显示单元质量错误，需要加上 PARAM、CHECKEL、NO。

第 16 章　声腔模型处理方法及难点

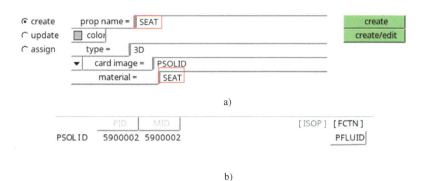

图 16.26　座椅腔属性设置流程图示

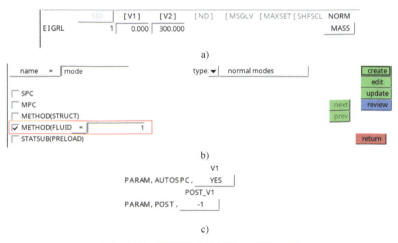

图 16.27　声腔模态求解参数设置图示

3）声腔模态理论计算简述。对于声腔模态结果，第一个模态为刚体模态，其频率为 0Hz；第二个模态为纵向模态，第三个模态为左右错动模态，第四个模态为二阶纵向模态。当声腔受到外界激励的时候，声压变化大的地方响应大，即灵敏度大；相反在声压节线位置，其变化较小，通常是驾驶员座位的地方。

对于一阶声腔模态也可通过理论公式进行计算，如下是长方体声腔的频率计算公式：

$$f_{ijk} = \frac{c}{2}\sqrt{\left(\frac{i}{L_x}\right)^2 + \left(\frac{j}{L_y}\right)^2 + \left(\frac{k}{L_z}\right)^2} \tag{16-1}$$

式中　c——声速；

L_x、L_y、L_z——声腔的长度；

i、j、k——x、y、z 三个方向的模态阶数。声腔模态计算三维简图如图 16.28 所示。

对式（16-1）进行简化，声腔模态的粗略计算公式为 $f=c/2L$，其中 L 为声腔纵向长度，通过计算可得到一阶频率。

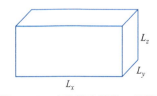

图 16.28　声腔模态计算三维简图

255

如本例中,该声腔的纵向最长 L 为 2841mm,声速取 345m/s,则计算得到 f = 60.7Hz,而仿真计算得到其一阶纵向模态频率为 62.92Hz。

4)声腔模态计算结果,如图 16.29 所示。

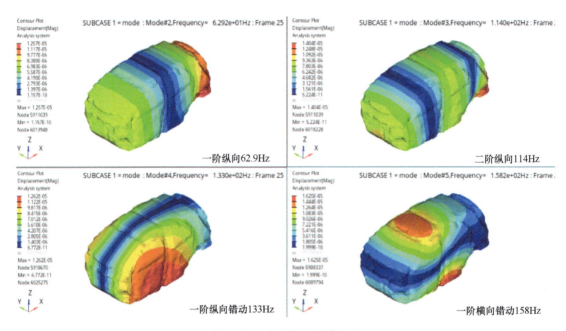

图 16.29　声腔模态计算结果

5)在声腔模态计算时,建议输出 op2 文件,直接读取该格式的结果。默认输出是 h3d 格式,这两种结果文件的频率是一样的,振型会略有差异,如图 16.30 所示。

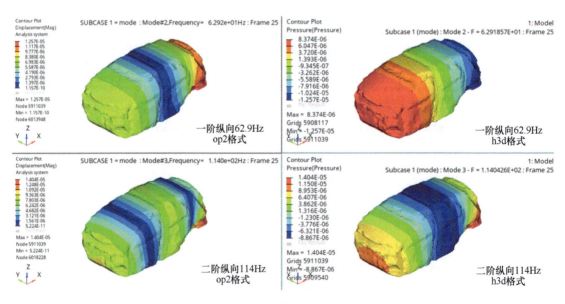

图 16.30　声腔模态 h3d 与 op2 振型对比图示

6) 采用不同方式和方法创建的声腔网格，包括空气腔和座椅腔模型，通过模态计算，其结果对比见表 16.1。

表 16.1　不同声腔创建方法结果对比

声腔尺寸	声腔与座椅尺寸均为 20mm	声腔 20mm 与座椅 40mm	声腔与座椅尺寸均为 40mm	理论粗略计算
声腔建立方法	自动创建的空气面网格和座椅体网格	自动创建的空气面网格和手动创建的座椅面网格	调整后的空气面网格和手动创建的座椅面网格	—
一阶纵向模态	62.70	62.86	62.92	60.7
二阶纵向模态	113.4	113.8	114.0	—
单元数量	4862167	2385379	307602	—
结果大小（0~300Hz）	922443KB	471638KB	117194KB	—
创建时间	47′24″	10′12″	1′41″	—

从表 16.1 中可以看出，由于声学单元的理想尺寸是每个波长至少六个单元，根据空气中的声速和噪声的分析频率，可以计算出声波的波长以及声学单元的理想长度 $d=v/(6f)$；如本例中声腔目标尺寸为 40mm，则可计算的最大频率约为 1416.7Hz。如需要求解频率为 300Hz，则声腔模态需要达到 2 倍以上，即声腔尺寸约为 96mm 即可。因此在声学模态计算中只要满足理论单元尺寸要求，单元尺寸的大小对结果影响较小，在此情况下采用合适的单元尺寸对整车 NVH 计算非常重要。

一般情况下关心前三阶模态，其中纵向模态引起轰鸣声（30~100Hz）最常见。

16.2.4　车内声腔模型导出

在声腔模态计算完成，检查模型和结果无问题后，将所有的节点、单元等赋予自身范围内。同时创建噪声响应点，如驾驶员左右耳、前排乘客右耳、右后排内耳以及外耳等，可根据实际情况建立，以便于在后续噪声计算中直接调用，这些特殊的节点，必须是声腔上的节点，如图 16.31 所示。

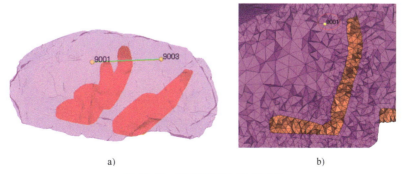

a)　　　　　　　　　　　　b)

图 16.31　声腔特殊点定义图示

16.3 小结

本章详细阐述了声腔模型的组成以及常见的建模方法，同时分别对座椅腔体和空气腔体等面模型的建模方法、技巧和流程进行了讲述，并讲述了采用三种方法创建空气腔体模型和声腔模型模态的计算方法和细节，使读者对声腔建模中的一些注意事项和细节有一个清晰的认识和理解。

思考题

1. 声腔模型的常见建模方法有哪些？
2. 声腔面模型的孔洞修补方法有哪些？
3. 空气腔体模型的创建方法有哪些，各种方法的结果差异如何？

第 17 章
车身安装点动刚度分析及优化方法

随着消费者收入水平的提高，对汽车产品的舒适性需求越来越高，从而导致了在整车开发中对影响舒适性指标的振动噪声提出了更高的设计要求。在汽车行驶过程中，发动机和路面的激励通过汽车底盘上的连接点、车身、座椅以及其他部件，最终影响乘员的 NVH 主观感觉。汽车底盘零部件是整个传导链中重要的一环，对整车的噪声和振动等性能有着重要影响。

17.1 动刚度分析基础

17.1.1 白车身动刚度分析的目的

动刚度即刚度是随频率变化的，当激励点和响应点是同一点的时候，所得到的刚度为原点动刚度。白车身动刚度分析考察的是在所关注的频率范围内该接附点的刚度水平，刚度过低将有极高概率引起更大的振动或噪声。

在分析安装点动刚度时，一般使用模态频率响应分析方法。模态频率响应分析的基本流程是先进行结构的模态计算，提取结构模态的频率、阻尼及振型等；然后通过扫频分析所关注频率范围内的结构响应（通常结构提取的模态频率是扫频频段的 1.5 倍以上，一般采用 2.0 倍），该响应有可能是位移、速度或加速度，进而根据分析结果对结构的动态特性进行分析。

17.1.2 动刚度分析的相关概念

动刚度分析的基本原理是对车身某一安装点进行激励，得到同一点的响应，即为原点动刚度。通过运动方程可得动刚度为 $K_d = F/X$。动刚度是与激励频率有关的函数，随着频率 ω 的变化而改变，包含实部和虚部。

1. 物体振动的基本概念

根据振动相关理论，描述一个物体运动的基本量是位移 x、速度 v、加速度 a，它们之间的关系是 $v = \dot{x}$，$a = \dot{v} = \ddot{x}$。

根据物体周期振动形式，其位置或物理量 X 随时间遵从正弦（或余弦）变化规律，这种周期振动称为简谐振动，如图 17.1 所示。这种振动是最简单的振动，任何振动都可以分解成一系列简谐振动的叠加，其振动幅值为

$$X = A\sin(\omega t + \varPhi) = A\sin(2\pi f t + \varPhi) \tag{17-1}$$

简谐振动的三要素为振幅 A、周期/频率 $T/f/\omega$、相位 Φ。

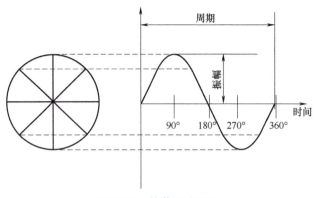

图 17.1 简谐振动图示

2. 欧拉公式的基本概念

根据欧拉公式

$$e^{j\theta} = \cos(\theta) + j\sin(\theta) \tag{17-2}$$

简谐振动可以表示为

$$X = A\sin(\omega t + \Phi) = \text{Im}(Ae^{j\omega t + \Phi}) \tag{17-3}$$

振动量用复数表示，可以让简谐振动的表达更为简洁：

$$x = Ae^{j\omega t}, \ |x| = A$$
$$v = \dot{x} = j\omega Ae^{j\omega t} = j\omega x, \ |v| = \omega A$$
$$a = \dot{v} = \ddot{x} = -\omega^2 Ae^{j\omega t} = -\omega^2 x, \ |a| = \omega^2 A$$

式中，j 表示相位差，位移最小的时刻速度最大；$-1 = j^2$ 表示位移与加速度方向正好相反。

3. 系统刚度的基本概念

对于线性系统，刚度表示为作用在系统上的载荷力 F 与其受力变形量 X 之间的比值。和系统的模态参数（振型、频率与阻尼）一样，刚度也是系统的固有特性，它不受外界载荷和响应的影响，即一个物体一旦结构定型，其刚度也就确定了。

（1）静刚度的一般定义　使物体上某位置，特定方向上产生单位位移所需要的外力称为静刚度。

刚度越大，同样的外力作用下，物体的变形越小。当刚度无穷大时，物体是理想状态的刚体，刚度计算公式为

$$k = \frac{F}{x} \tag{17-4}$$

式中　k——物体的刚度，即指通常意义上的静刚度（N/mm）；

　　　x——物体在力的作用下产生的位移响应（mm）；

　　　F——施加的载荷（N）。

（2）动刚度的定义　当在系统中施加动态载荷（载荷随频率变化而改变）并得到位移响应，两者之比就可得到系统的动刚度；即动刚度是指物体抵御动态外力的能力。

这里外力是指动态力，即随频率变化的力，$F = F_0 e^{j\omega t}$，如图 17.2 所示。

对于一个单自由度系统，其运动方程如图 17.3 所示。

第 17 章　车身安装点动刚度分析及优化方法

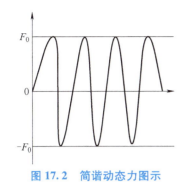

图 17.2　简谐动态力图示

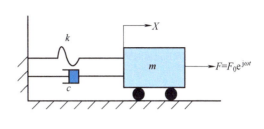

图 17.3　单自由度系统运动方程

系统的时域动力学方程为

$$m\ddot{x}+c\dot{x}+kx=F \tag{17-5}$$

设方程的解是简谐运动：

$$x=Xe^{j(\omega t-\varphi)}，X 为复常数$$

$$\dot{x}=j\omega Xe^{j(\omega t-\varphi)}，\ddot{x}=-\omega^2 Xe^{j(\omega t-\varphi)}$$

代入上述动力学方程中可得系统频域方程：

$$(-\omega^2 m+j\omega c+k)x_0=F_0 \tag{17-6}$$

则可得动刚度为

$$k_d=F/x=F_0/x_0=-\omega^2 m+j\omega c+k \tag{17-7}$$

从动刚度表达式可知，动刚度是与激励频率有关的复数，刚度值随着频率 ω 的变化而改变，而不再是一个固定值，其中包含着实部与虚部，其幅值为

$$|k_d|=\sqrt{(k-\omega^2 m)^2+(\omega c)^2} \tag{17-8}$$

从式（17-8）中可知：

1）当频率等于 0 时，动刚度等于静刚度，$k_d=k$，即静刚度其实是动刚度的一种特殊情况。

2）动刚度 k_d 与系统的质量 m、静刚度 k 以及阻尼 c 有关。

3）所以在某一频率段内出现动刚度不足需要进行优化的时候，可以采用提高系统静刚度、调整质量、增加阻尼以及调整激励频率等方法，从而提高动刚度。

4. 质量、刚度及阻尼三者间的关系

从图 17.4 中可以看出，在低频率区域，动刚度接近静刚度；在共振区域，动刚度下降明显，该峰值取决于阻尼的大小；过了共振区域，动刚度会变大，质量在高频率区域振动产生较大的惯性阻力。

1）在低频段，动刚度接近静刚度，即在低频区域占主导地位的是刚度。如果作用在系统的外力变化很慢，即外力变化的频率远小于结构的固有频率时，可以认为动刚度和静刚度基本相同。

2）在共振频率处动刚度的幅值下降明显，其幅值为 ωc，表明在共振频率处主要受阻尼控制。而在共振频率处，结构很容易被外界激励起来，此时采用一些阻尼方案可进行共振峰值的抑制。

3）在高频段，动刚度的幅值为 $2\omega m$，表明共振频率以上的频率段主要用占主导地位的质量项来描述，这是因为质量在高频振动中，产生很大的惯性阻力。当外力的频率远大于结

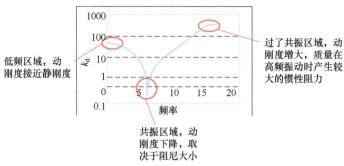

图 17.4 质量、刚度及阻尼三者关系

构的固有频率时，结构则不容易变形，即变形较小，此时结构的动刚度相对较大，也就是抵抗变形的能力强。

4）结构或安装点动刚度的优化可以结合质量、刚度及阻尼这三者之间的关系进行分析和优化。通常在低频段，可通过提升结构的刚度来实现；对于共振段，可以采用增加阻尼或动力吸振器的方法来实现；对于高频段，可通过调整质量或动力吸振器等方法进行。

注：通常所讲的频率范围划分为，低频 0~100Hz，中频 100~400Hz，高频 400~8000Hz。

17.1.3 多自由度系统动刚度的基本理论

在上一节分析了单自由度系统的动刚度公式推导过程，对于一个多自由度振动系统，其动力学方程为

$$M\ddot{x}+C\dot{x}+Kx=F \tag{17-9}$$

其中，$M=\begin{bmatrix} m_{11} & \cdots & m_{1N} \\ \vdots & \ddots & \vdots \\ m_{N1} & \cdots & m_{NN} \end{bmatrix}$，$C=\begin{bmatrix} c_{11} & \cdots & c_{1N} \\ \vdots & \ddots & \vdots \\ c_{N1} & \cdots & c_{NN} \end{bmatrix}$，$K=\begin{bmatrix} k_{11} & \cdots & k_{1N} \\ \vdots & \ddots & \vdots \\ k_{N1} & \cdots & k_{NN} \end{bmatrix}$

M 为质量矩阵，K 为刚度矩阵，C 为阻尼矩阵，x 为位移响应，F 为激励力。对方程（17-9）两边进行拉普拉斯变换，得到

$$(s^2M+sC+K)X(s)=F(s) \tag{17-10}$$

对于时不变线性系统，可令 $s=j\omega$，则式（17-10）可转化为

$$(K-\omega^2M+j\omega C)X(\omega)=F(\omega) \tag{17-11}$$

根据模态响应振型叠加原理可知

$$X(\omega)=\boldsymbol{\Phi} q \tag{17-12}$$

其中，

$$\boldsymbol{\Phi}=\begin{bmatrix} \phi_1 & \phi_2 & \cdots & \phi_r & \cdots & \phi_n \end{bmatrix}$$

$$\phi_r=\begin{Bmatrix} \varphi_{1r} \\ \varphi_{2r} \\ \vdots \\ \varphi_{Lr} \\ \vdots \\ \varphi_{Nr} \end{Bmatrix} \quad q=\begin{Bmatrix} q_1 \\ q_2 \\ \vdots \\ q_r \\ \vdots \\ q_N \end{Bmatrix}$$

$$X_L(\omega) = \sum_{r=1}^{N} \varphi_{Lr} q_r(\omega) \quad (17\text{-}13)$$

$\boldsymbol{\Phi}$ 为模态振型矩阵，$\boldsymbol{q}$ 为模态坐标矩阵，q_r 为第 r 阶模态对响应的贡献量，φ_{Lr} 是响应点 L 处的第 r 阶振型系数，$q_r(\omega)$ 是第 r 阶的模态坐标，$XL(\omega)$ 为系统第 L 点的响应。

把式（17-13）代入式（17-12），可以建立其物理坐标与模态坐标之间的关系：

$$(\boldsymbol{K}-\omega^2\boldsymbol{M}+\mathrm{j}\omega\boldsymbol{C})\boldsymbol{\Phi}q(\omega)=F(\omega) \quad (17\text{-}14)$$

通常车身结构阻尼比较小，可认为车身系统的模态为实模态，且阻尼为线性比例阻尼，在式（17-14）两边同时乘以 $\boldsymbol{\Phi}^\mathrm{T}$，可得

$$(\boldsymbol{K}_p-\omega^2\boldsymbol{M}_p+\mathrm{j}\omega\boldsymbol{C}_p)q(\omega)=F_p(\omega) \quad (17\text{-}15)$$

其中，

$$\boldsymbol{\Phi}^\mathrm{T}\boldsymbol{M}\boldsymbol{\Phi}=\boldsymbol{M}_p=\begin{bmatrix} M_1 & \cdots & 0 \\ \vdots & M_r & \vdots \\ 0 & \cdots & M_N \end{bmatrix}$$

$$\boldsymbol{\Phi}^\mathrm{T}\boldsymbol{K}\boldsymbol{\Phi}=\boldsymbol{K}_p=\begin{bmatrix} K_1 & \cdots & 0 \\ \vdots & K_r & \vdots \\ 0 & \cdots & K_N \end{bmatrix},\boldsymbol{\Phi}^\mathrm{T}\boldsymbol{C}\boldsymbol{\Phi}=\boldsymbol{C}_p=\begin{bmatrix} C_1 & \cdots & 0 \\ \vdots & C_r & \vdots \\ 0 & \cdots & C_N \end{bmatrix}$$

$$F_p(\omega)=\boldsymbol{\Phi}^\mathrm{T}F(\omega)=[f_{m1},\cdots,f_{mr},\cdots,f_{mN}]^\mathrm{T}$$

对于第 r 阶模态，式（17-15）表达为

$$(K_r-\omega^2M_r+\mathrm{j}\omega C_r)q_r=f_{mr}$$

$$f_{mr}=\boldsymbol{\Phi}_r^\mathrm{T}F(\omega)$$

对于某点的单点激励，假设在 A 点，激励力可以表述为

$$\boldsymbol{F}=[0\ \ 0,\cdots,f_A,\cdots,0]^\mathrm{T}$$

$$f_{mr}=\varphi_{Ar}f_A(\omega)$$

第 r 阶模态坐标的响应为

$$q_r=\frac{\varphi_{Ar}f_A(\omega)}{(K_r-\omega^2M_r+\mathrm{j}\omega C_r)}$$

得到模态坐标 q 后，根据式（17-13）可计算对应的物理坐标 x，同时可得到 L 点物理坐标的响应为

$$x_L=\sum_{r=1}^{N}\frac{\varphi_{Lr}\varphi_{Lr}f_A(\omega)}{(K_r-\omega^2M_r+\mathrm{j}\omega C_r)} \quad (17\text{-}16)$$

由式（17-16）可以得到系统原点的位移导纳（激励点到响应点的传递函数）为

$$H_L(\omega)=\frac{x_L}{f_A(\omega)}=\sum_{r=1}^{N}\frac{\varphi_{Lr}\varphi_{Lr}}{(K_r-\omega^2M_r+\mathrm{j}\omega C_r)}$$

根据原点动刚度与位移导纳互为倒数，可得到原点动刚度的表达式为

$$k_\mathrm{d}=\frac{f_A(\omega)}{x_L}=\frac{1}{\displaystyle\sum_{r=1}^{N}\frac{\varphi_{Lr}\varphi_{Lr}}{(K_r-\omega^2M_r+\mathrm{j}\omega C_r)}} \quad (17\text{-}17)$$

17.1.4 动刚度分析的方法

由于测量振动信号的时候，加速度信号的测量相对于位移、速度信号更为方便，所以对于振动信号的采集通常采用加速度测量。反映连接点动刚度特性的原点加速度导纳称为 IPI。IPI 全称 Input Point Inertance，指的是加速度导纳，表示加速度响应与激励力之间的传递函数，如图 17.5 所示。

加速度导纳可以表示为对车身某一点进行激励，得到同一点的响应，因此车身 IPI 定义为

图 17.5 原点动刚度示意图

$$\text{IPI} = \frac{\ddot{x}}{F} = \frac{-\omega^2 X e^{j(\omega t - \varphi)}}{F_0 e^{j\omega t}} = \frac{-\omega^2}{k_d}, \ddot{x} = -\omega^2 X e^{j(\omega t - \varphi)} \quad (17\text{-}18)$$

由式（17-18）可知 IPI 与动刚度 k_d 的关系。所以，在分析过程中，我们会先计算出激励点处的原点加速度导纳，然后通过加速度数据后处理反推出原点动刚度。

在实际工程中为了更好交流，一般将 IPI 表述为动刚度；如通过计算，一般将曲线处理成横坐标为频率，纵坐标为加速度，这种曲线实际为加速度导纳曲线，但也称为动刚度曲线。动刚度常见的概念见表 17.1。

表 17.1 动刚度常见的概念

名称	表述	说明	英文名称	单位
加速度与力的比值（IPI）	加速度导纳	惯性	Inertance	$(m/s^2)/N$
速度与力的比值	速度导纳	随动性	Mobility	$(m/s)/N$
位移与力的比值	位移导纳	柔度	Compliance	m/N
力与位移的比值	位移阻抗	—	—	N/m
力与加速度的比值（原点动刚度）	加速度阻抗	—	—	$N/(m/s)$

17.1.5 动刚度目标制定的方法

车身接附点的动刚度目标制定方法主要有竞品车数据库、同平台或相近车型数据、隔振理论以及相关的经验值等。

1. 隔振理论得到目标值

（1）隔振基础 安装点动刚度的值基于隔振角度考虑，如某车悬置系统前悬置橡胶 $X/Y/Z$ 三个方向的动刚度为 74N/mm、74N/mm 和 285N/mm，若要达到 15dB 以上的隔振效果，则车身接附点的动刚度为 10 倍的悬置动刚度，即分别为 740N/mm、740N/mm 和 2850N/mm。一般力的传递示意图可用图 17.6 所示表述。

$$F_p = v_s/(M_s + M_p + M_i), v_p = M_p F_p \quad (17\text{-}19)$$

$$\frac{\text{Force}_{\text{with isolation}}}{\text{Force}_{\text{without isolation}}} = \frac{M_s + M_p}{M_s + M_p + M_i} \quad (17\text{-}20)$$

其中，M_s 为动力总成侧的 Mobility，M_p 为车身侧的 Mobility，M_i 为悬置的 Mobility。

根据动刚度 $k_d = \dfrac{F}{x}$，$v = j\omega x$，

$$M = \dfrac{v}{F} = \dfrac{j\omega x}{F} = \dfrac{j\omega}{k_d}$$

由动刚度 k_d 与 M 之间的关系，可得出以下结论。

1) M 也是频域上的复数。
2) M 与动刚度其实是同一事物的不同表述。
3) 它们都反映物体局部动态刚度特性。
4) M 越大，动刚度越小。
5) 用 M 可以方便地推导出系统隔振的性能。

（2）隔振原理　某动力总成通过悬置与副车架连接，如图17.7所示。

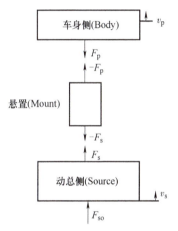
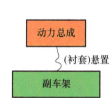

图17.6　力的传递示意图　　　　图17.7　动力总成与副车架连接示意图

$$\text{TR} = \dfrac{F_{\text{有衬套}}}{F_{\text{无衬套}}} = \dfrac{M_s + M_p}{M_s + M_p + M_i} \quad (17\text{-}21)$$

若 $0 \leqslant \text{TR} \leqslant 1$，

1) 情况一。若悬置刚度非常大，假设为无穷大，则

$$k_i = \infty,\ M_i = \dfrac{j\omega}{k_i} = 0$$

$$\text{TR} = \dfrac{F_{\text{有衬套}}}{F_{\text{无衬套}}} = \dfrac{M_s + M_p}{M_s + M_p + 0} = 1$$

则悬置无隔振效果，主动侧的振动等值传递给车身侧。

2) 情况二。若悬置刚度比较小，即悬置刚度小于主动侧及车身侧安装点动刚度，即

$$k_s,\ k_p \geqslant k_i,\ M_s,\ M_p \leqslant M_i$$

$$\text{TR} = \dfrac{F_{\text{有衬套}}}{F_{\text{无衬套}}} = \dfrac{M_s + M_p}{M_i} \leqslant 1$$

则悬置有较好的隔振效果，主动侧的振动通过悬置衰减后传递给车身侧，达到隔振的效果。

3) 情况三。若悬置刚度非常小，即悬置刚度远小于主动侧及车身侧安装点动刚度，即

$$k_i = 0, \quad M_i = \frac{j\omega}{k_i} = \infty$$

$$TR = \frac{F_{有衬套}}{F_{无衬套}} = \frac{M_s + M_p}{M_s + M_p + M_i} = 0$$

则悬置无振动力的传递，隔振效果达到 100%，但此时由于悬置太软，整个结构无法安装。

从隔振原理中可以得出以下结论：

1) 当衬套的动刚度远小于车身和副车架接附点的动刚度时，可以有效隔振。

2) 或者说，当接附点的 Mobility 远大于车身和副车架接附点的 Mobility 时，可以有效隔振。

3) 车身和动力总成连接点相对于悬置刚度越大，隔振效果越好。

（3）隔振应用

1) 若悬置要达到 15dB 以上的力传递损失，则

$$TR_{db} = 20\log TR = -15dB$$

则 TR = 0.1667，即

$$TR = \frac{F_{有衬套}}{F_{无衬套}} = \frac{M_s + M_p}{M_s + M_p + M_i} = 0.1667$$

假设

$$M_s = M_p, \quad TR = \frac{M_s + M_p}{M_s + M_p + M_i} = \frac{1}{1+m} = 0.1667, \quad m = \frac{M_i}{M_s + M_p}$$

计算得到 $m = 5$，即 $M_i = 10 M_s$，则主动侧和车身侧安装点的动刚度是 10 倍的悬置动刚度。

2) 若悬置要达到 20dB 以上的力传递损失，则

$$TR_{db} = 20\log TR = -20dB$$

则 TR = 0.1，相当于能量损失 99%，同样可计算得到 $M_i = 18 M_s$，即主动侧和车身侧安装点的动刚度是 18 倍的悬置动刚度。

2. 数据库得到目标值

通过相近车型的动刚度数据库（表 17.2），可参考制定设计车型的动刚度目标值，该值可通过仿真或试验得到。表 17.3 和表 17.4 分别为 200Hz 以内和 1/3 倍频程的车身安装点动刚度参考值。

表 17.2 某车型安装点动刚度数据库摘录（20~200Hz） （单位：N/mm）

名称	方向	值					
		A	B	C	D	E	
左前减振器安装点 3001	X	16372	17769	16000	18219	14077	
	Y	9104	9556	6150	11589	17013	
	Z	18237	20264	26761	16327	14797	
右前减振器安装点 3002	X	16296	18141	16801	17390	13870	
	Y	9024	9489	8577	12755	17948	
	Z	18596	20686	26808	16004	15427	

第 17 章　车身安装点动刚度分析及优化方法

（续）

名称	方向	值				
		A	B	C	D	E
左后减振器安装点 3003	X	26163	23923	18596	23426	16388
	Y	5896	6781	5674	13891	5316
	Z	13672	8556	13292	26239	9135
右后减振器安装点 3004	X	19822	23471	19326	24912	17426
	Y	4868	6888	6281	15234	5667
	Z	17412	8795	15480	25507	9272

表 17.3　车身安装点动刚度参考值（200Hz 以内）　　　　（单位：N/mm）

名称		X	Y	Z
前悬架	前减震器	15000	10000	15000
	下摆臂前点	10000	10000	10000
	下摆臂后点	10000	10000	6000
	前稳定杆	5000	5000	10000
后悬架	后减震器	15000	8000	15000
	后弹簧座	10000	5000	10000
	后拖曳臂	10000	5000	10000
	后稳定杆	5000	5000	10000
	前后副车架车身侧	5000	8000	10000
悬置	左/右	10000	5000	10000
	后	10000	5000	8000
车身附件	冷却模块	800	800	800
	喇叭、空滤、真空泵、散热器、压缩机、制动 ABS 等	500	500	500
	开闭件、CCB 与车身和转向管柱安装点	2000	2000	2000
	CCB 与转向管柱安装点	2000	2000	2000
	真空助力器	1000	1000	1000
	雨刮	500	500	500
	制动踏板	3000	3000	3000
车身局部安装点（静刚度）	座椅	—	—	1500
	行李架	—	—	1000
	天窗	—	—	150
	安全带卷收器	—	300	—
	锁扣安装点	—	1200	—

表 17.4　车身安装点动刚度参考值（1/3 倍频程）

名称（kN）	50~200Hz			200~500Hz		
	X	Y	Z	X	Y	Z
冷却模块上安装点	0.8	0.8	0.8	1.5	1.5	1.5
冷却模块下安装点	1.5	1.5	1.5	2	2	2
左悬置	15	8	15	25	10	20

267

(续)

名称（kN）	50~200Hz			200~500Hz		
	X	Y	Z	X	Y	Z
右悬置	15	8	14	15	10	18
后悬置	15	10	10	20	20	15
前减振器	15	20	27	15	20	30
后减振器	15	5	20	20	8	25
前/后副车架	15	10	20	15	15	20
弹簧座	20	10	12	30	15	15
后拖曳臂	20	10	15	25	10	15

17.2 车身关键安装点动刚度分析的设置流程

17.2.1 计算参数设置

1）分析频率范围：0~400Hz。
2）扫频范围：20~200Hz。
3）载荷。
① 冷却模块安装点分别施加 X、Y、Z 方向的激励，大小 1N。
② 动力总成安装点处分别施加 X、Y、Z 方向的激励，大小 1N。
③ 减振器（悬架）安装点处分别施加 X、Y、Z 方向的激励，大小 1N。
④ 摆臂安装点处分别施加 X、Y、Z 方向的激励，大小 1N。
⑤ 后扭力梁安装点处分别施加 X、Y、Z 方向的激励，大小 1N。
⑥ 后悬弹簧安装点处分别施加 X、Y、Z 方向的激励，大小 1N。
⑦ 刮水器电动机安装点处分别施加 X、Y、Z 方向的激励，大小 1N（注：若刮水器电动机安装面与整车坐标系成角度，需要在安装点处建立局部坐标系，同时将安装点赋予建立的局部坐标系）。

17.2.2 动刚度分析关键点设定

对于安装点动刚度分析，一般分析车身与底盘连接点、有激励源的激励点等，如图17.8所示，具体的动刚度分析关键安装点定义见表17.5。

表17.5 车身关键安装点定义

编号	名称	方向
1001	冷却模块左上安装点	X、Y、Z
1002	冷却模块右上安装点	X、Y、Z
1003	冷却模块左下安装点	X、Y、Z
1004	冷却模块右下安装点	X、Y、Z

（续）

编号	名称	方向
2501	前悬置	X、Y、Z
2502	右悬置	X、Y、Z
2503	后悬置	X、Y、Z
3001	前减振器左连接点	X、Y、Z
3002	前减振器右连接点	X、Y、Z
3003	后减振器左连接点	X、Y、Z
3004	后减振器右连接点	X、Y、Z
2701	下摆臂左前连接点	X、Y、Z
2702	下摆臂右前连接点	X、Y、Z
2703	下摆臂左后连接点	X、Y、Z
2704	下摆臂右后连接点	X、Y、Z
3105	后扭力梁左连接点	X、Y、Z
3106	后扭力梁右连接点	X、Y、Z
3107	左弹簧座连接点	X、Y、Z
3108	右弹簧座连接点	X、Y、Z
6001	刮水器电动机左安装点 1	X、Y、Z
6002	刮水器电动机中安装点 2	X、Y、Z
6003	刮水器电动机右安装点 3	X、Y、Z

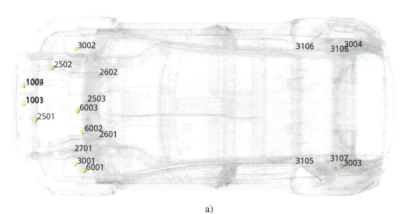

a)

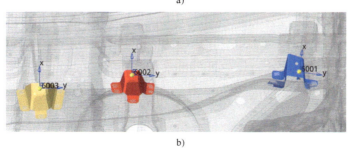

b)

图 17.8 车身关键点动刚度示意图

17.2.3　IPI 分析设置流程

1. IPI 分析设置方法一

对于车身底盘安装点动刚度分析，可以采用头文件的形式进行，即将计算的求解参数、计算点定义以及分析工况等在头文件中进行设置，并关联需要计算的模型，直接提交头文件即可完成安装点动刚度的计算。

1）如图 17.9 所示，方框中第一个框为使用的求解器类型，本计算采用的是模态频率响应分析，即 SOL 111。

2）第二个方框表示计算的特征值提取频率、阻尼、扫频范围以及非结构质量相关参数代号。

3）如图 17.10 所示，方框表示需要计算的动刚度安装点 SET 定义。

4）工况定义。每个安装点有三个方向的工况，输出加速度响应，如图 17.11～图 17.13 所示。

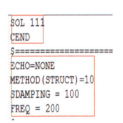

```
SOL 111
CEND
$====================
ECHO=NONE
METHOD(STRUCT)=10
SDAMPING = 100
FREQ = 200
```

图 17.9　计算头文件参数定义

```
$HMSET
SET 1  = 1001
SET 2  = 1002
SET 3  = 1003
SET 4  = 1004
SET 5  = 2501
SET 6  = 2502
SET 7  = 2503
SET 8  = 3001
SET 9  = 3002
SET 10 = 3003
SET 11 = 3004
SET 12 = 2701
SET 13 = 2702
SET 14 = 2703
SET 15 = 2704
SET 16 = 3105
SET 17 = 3106
SET 18 = 3107
SET 19 = 3108
SET 20 = 6001
SET 21 = 6002
SET 22 = 6003
```

图 17.10　安装点 SET 定义

```
SUBCASE 1
LABEL= 1001:X
DLOAD= 1119
  ACCELERATION(SORT2,PUNCH,PHASE) = 1
SUBCASE 2
LABEL= 1001:Y
DLOAD= 1120
  ACCELERATION(SORT2,PUNCH,PHASE) = 1
SUBCASE 3
LABEL= 1001:Z
DLOAD= 1121
  ACCELERATION(SORT2,PUNCH,PHASE) = 1
SUBCASE 4
LABEL= 1002:X
DLOAD= 1122
  ACCELERATION(SORT2,PUNCH,PHASE) = 2
SUBCASE 5
LABEL= 1002:Y
DLOAD= 1123
  ACCELERATION(SORT2,PUNCH,PHASE) = 2
SUBCASE 6
LABEL= 1002:Z
DLOAD= 1124
  ACCELERATION(SORT2,PUNCH,PHASE) = 2
SUBCASE 7
LABEL= 1003:X
DLOAD= 1125
  ACCELERATION(SORT2,PUNCH,PHASE) = 3
SUBCASE 8
LABEL= 1003:Y
DLOAD= 1126
  ACCELERATION(SORT2,PUNCH,PHASE) = 3
SUBCASE 9
LABEL= 1003:Z
DLOAD= 1127
  ACCELERATION(SORT2,PUNCH,PHASE) = 3
SUBCASE 10
LABEL= 1004:X
DLOAD= 1128
  ACCELERATION(SORT2,PUNCH,PHASE) = 4
SUBCASE 11
LABEL= 1004:Y
DLOAD= 1129
  ACCELERATION(SORT2,PUNCH,PHASE) = 4
SUBCASE 12
LABEL= 1004:Z
DLOAD= 1130
  ACCELERATION(SORT2,PUNCH,PHASE) = 4
```

```
SUBCASE 13
LABEL= 2501:X
DLOAD= 1131
  ACCELERATION(SORT2,PUNCH,PHASE) = 5
SUBCASE 14
LABEL= 2501:Y
DLOAD= 1132
  ACCELERATION(SORT2,PUNCH,PHASE) = 5
SUBCASE 15
LABEL= 2501:Z
DLOAD= 1133
  ACCELERATION(SORT2,PUNCH,PHASE) = 5
SUBCASE 16
LABEL= 2502:X
DLOAD= 1134
  ACCELERATION(SORT2,PUNCH,PHASE) = 6
SUBCASE 17
LABEL= 2502:Y
DLOAD= 1135
  ACCELERATION(SORT2,PUNCH,PHASE) = 6
SUBCASE 18
LABEL= 2502:Z
DLOAD= 1136
  ACCELERATION(SORT2,PUNCH,PHASE) = 6
SUBCASE 19
LABEL= 2503:X
DLOAD= 1137
  ACCELERATION(SORT2,PUNCH,PHASE) = 7
SUBCASE 20
LABEL= 2503:Y
DLOAD= 1138
  ACCELERATION(SORT2,PUNCH,PHASE) = 7
SUBCASE 21
LABEL= 2503:Z
DLOAD= 1139
  ACCELERATION(SORT2,PUNCH,PHASE) = 7
```

图 17.11　冷却模块及悬置工况定义图

第 17 章 车身安装点动刚度分析及优化方法

```
SUBCASE 22
LABEL= 3001:X
DLOAD= 1140
  ACCELERATION(SORT2,PUNCH,PHASE) = 8
SUBCASE 23
LABEL= 3001:Y
DLOAD= 1141
  ACCELERATION(SORT2,PUNCH,PHASE) = 8
SUBCASE 24
LABEL= 3001:Z
DLOAD= 1142
  ACCELERATION(SORT2,PUNCH,PHASE) = 8
SUBCASE 25
LABEL= 3002:X
DLOAD= 1143
  ACCELERATION(SORT2,PUNCH,PHASE) = 9
SUBCASE 26
LABEL= 3002:Y
DLOAD= 1144
  ACCELERATION(SORT2,PUNCH,PHASE) = 9
SUBCASE 27
LABEL= 3002:Z
DLOAD= 1145
  ACCELERATION(SORT2,PUNCH,PHASE) = 9
SUBCASE 28
LABEL= 3003:X
DLOAD= 1146
  ACCELERATION(SORT2,PUNCH,PHASE) = 10
SUBCASE 29
LABEL= 3003:Y
DLOAD= 1147
  ACCELERATION(SORT2,PUNCH,PHASE) = 10
SUBCASE 30
LABEL= 3003:Z
DLOAD= 1148
  ACCELERATION(SORT2,PUNCH,PHASE) = 10
SUBCASE 31
LABEL= 3004:X
DLOAD= 1149
  ACCELERATION(SORT2,PUNCH,PHASE) = 11
SUBCASE 32
LABEL= 3004:Y
DLOAD= 1150
  ACCELERATION(SORT2,PUNCH,PHASE) = 11
SUBCASE 33
LABEL= 3004:Z
DLOAD= 1151
  ACCELERATION(SORT2,PUNCH,PHASE) = 11

SUBCASE 34
LABEL= 2701:X
DLOAD= 1152
  ACCELERATION(SORT2,PUNCH,PHASE) = 12
SUBCASE 35
LABEL= 2701:Y
DLOAD= 1153
  ACCELERATION(SORT2,PUNCH,PHASE) = 12
SUBCASE 36
LABEL= 2701:Z
DLOAD= 1154
  ACCELERATION(SORT2,PUNCH,PHASE) = 12
SUBCASE 37
LABEL= 2702:X
DLOAD= 1155
  ACCELERATION(SORT2,PUNCH,PHASE) = 13
SUBCASE 38
LABEL= 2702:Y
DLOAD= 1156
  ACCELERATION(SORT2,PUNCH,PHASE) = 13
SUBCASE 39
LABEL= 2702:Z
DLOAD= 1157
  ACCELERATION(SORT2,PUNCH,PHASE) = 13
SUBCASE 40
LABEL= 2703:X
DLOAD= 1158
  ACCELERATION(SORT2,PUNCH,PHASE) = 14
SUBCASE 41
LABEL= 2703:Y
DLOAD= 1159
  ACCELERATION(SORT2,PUNCH,PHASE) = 14
SUBCASE 42
LABEL= 2703:Z
DLOAD= 1160
  ACCELERATION(SORT2,PUNCH,PHASE) = 14
SUBCASE 43
LABEL= 2704:X
DLOAD= 1219
  ACCELERATION(SORT2,PUNCH,PHASE) = 15
SUBCASE 44
LABEL= 2704:Y
DLOAD= 1220
  ACCELERATION(SORT2,PUNCH,PHASE) = 15
SUBCASE 45
LABEL= 2704:Z
DLOAD= 1221
  ACCELERATION(SORT2,PUNCH,PHASE) = 15
```

图 17.12　前后减振器及下摆臂工况定义图

```
LABEL= 3105:X
DLOAD= 1222
  ACCELERATION(SORT2,PUNCH,PHASE) = 16
SUBCASE 47
LABEL= 3105:Y
DLOAD= 1223
  ACCELERATION(SORT2,PUNCH,PHASE) = 16
SUBCASE 48
LABEL= 3105:Z
DLOAD= 1224
  ACCELERATION(SORT2,PUNCH,PHASE) = 16
SUBCASE 49
LABEL= 3106:X
DLOAD= 1225
  ACCELERATION(SORT2,PUNCH,PHASE) = 17
SUBCASE 50
LABEL= 3106:Y
DLOAD= 1226
  ACCELERATION(SORT2,PUNCH,PHASE) = 17
SUBCASE 51
LABEL= 3106:Z
DLOAD= 1227
  ACCELERATION(SORT2,PUNCH,PHASE) = 17
SUBCASE 52
LABEL= 3107:X
DLOAD= 1228
  ACCELERATION(SORT2,PUNCH,PHASE) = 18
SUBCASE 53
LABEL= 3107:Y
DLOAD= 1229
  ACCELERATION(SORT2,PUNCH,PHASE) = 18
SUBCASE 54
LABEL= 3107:Z
DLOAD= 1230
  ACCELERATION(SORT2,PUNCH,PHASE) = 18
SUBCASE 55
LABEL= 3108:X
DLOAD= 1231
  ACCELERATION(SORT2,PUNCH,PHASE) = 19
SUBCASE 56
LABEL= 3108:Y
DLOAD= 1232
  ACCELERATION(SORT2,PUNCH,PHASE) = 19
SUBCASE 57
LABEL= 3108:Z
DLOAD= 1233
  ACCELERATION(SORT2,PUNCH,PHASE) = 19

SUBCASE 58
LABEL= 6001:X
DLOAD= 1234
  ACCELERATION(SORT2,PUNCH,PHASE) = 20
SUBCASE 59
LABEL= 6001:Y
DLOAD= 1235
  ACCELERATION(SORT2,PUNCH,PHASE) = 20
SUBCASE 60
LABEL= 6001:Z
DLOAD= 1236
  ACCELERATION(SORT2,PUNCH,PHASE) = 20
SUBCASE 61
LABEL= 6002:X
DLOAD= 1237
  ACCELERATION(SORT2,PUNCH,PHASE) = 21
SUBCASE 62
LABEL= 6002:Y
DLOAD= 1238
  ACCELERATION(SORT2,PUNCH,PHASE) = 21
SUBCASE 63
LABEL= 6002:Z
DLOAD= 1239
  ACCELERATION(SORT2,PUNCH,PHASE) = 21
SUBCASE 64
LABEL= 6003:X
DLOAD= 1240
  ACCELERATION(SORT2,PUNCH,PHASE) = 22
SUBCASE 65
LABEL= 6003:Y
DLOAD= 1241
  ACCELERATION(SORT2,PUNCH,PHASE) = 22
SUBCASE 66
LABEL= 6003:Z
DLOAD= 1242
  ACCELERATION(SORT2,PUNCH,PHASE) = 22
```

图 17.13　后扭力梁、后弹簧座及刮水器电动机工况定义图

5）控制卡片及相关参数定义，包括特征值提取、阻尼、激励力的幅值以及扫频等相关参数，如图 17.14 所示。

```
$================================================================
BEGIN BULK
param,amses,yes
PARAM       AUTOSPC       YES
PARAM       DBALL         SCRATCH
PARAM       RESVEC        YES
$===============================================================$
EIGRL         10       0.0      400.0
$===============================================================$
TABDMP1      100       CRIT                                       +
+             1.       0.03      800.      0.03       ENDT
TABLED1      500                                                  +
+             0.        1.      1000.       1.        ENDT
FREQ1        200        20        1         180
$===============================================================$
```

图 17.14　求解参数设置图示

6）组合载荷 DLOAD 工况定义。此关键字一般用于多个工况的组合，如多个激励点同时起作用。在此只定义一个工况，即一个 RLOAD1 工况，如图 17.15 所示。

DLOAD	1119	1	1	2119	DLOAD	1149	1	1	2149
DLOAD	1120	1	1	2120	DLOAD	1150	1	1	2150
DLOAD	1121	1	1	2121	DLOAD	1151	1	1	2151
DLOAD	1122	1	1	2122	DLOAD	1152	1	1	2152
DLOAD	1123	1	1	2123	DLOAD	1153	1	1	2153
DLOAD	1124	1	1	2124	DLOAD	1154	1	1	2154
DLOAD	1125	1	1	2125	DLOAD	1155	1	1	2155
DLOAD	1126	1	1	2126	DLOAD	1156	1	1	2156
DLOAD	1127	1	1	2127	DLOAD	1157	1	1	2157
DLOAD	1128	1	1	2128	DLOAD	1158	1	1	2158
DLOAD	1129	1	1	2129	DLOAD	1159	1	1	2159
DLOAD	1130	1	1	2130	DLOAD	1160	1	1	2160
DLOAD	1131	1	1	2131	DLOAD	1219	1	1	2219
DLOAD	1132	1	1	2132	DLOAD	1220	1	1	2220
DLOAD	1133	1	1	2133	DLOAD	1221	1	1	2221
DLOAD	1134	1	1	2134	DLOAD	1222	1	1	2222
DLOAD	1135	1	1	2135	DLOAD	1223	1	1	2223
DLOAD	1136	1	1	2136	DLOAD	1224	1	1	2224
DLOAD	1137	1	1	2137	DLOAD	1225	1	1	2225
DLOAD	1138	1	1	2138	DLOAD	1226	1	1	2226
DLOAD	1139	1	1	2139	DLOAD	1227	1	1	2227
DLOAD	1140	1	1	2140	DLOAD	1228	1	1	2228
DLOAD	1141	1	1	2141	DLOAD	1229	1	1	2229
DLOAD	1142	1	1	2142	DLOAD	1230	1	1	2230
DLOAD	1143	1	1	2143	DLOAD	1231	1	1	2231
DLOAD	1144	1	1	2144	DLOAD	1232	1	1	2232
DLOAD	1145	1	1	2145	DLOAD	1233	1	1	2233
DLOAD	1146	1	1	2146	DLOAD	1234	1	1	2234
DLOAD	1147	1	1	2147	DLOAD	1235	1	1	2235
DLOAD	1148	1	1	2148	DLOAD	1236	1	1	2236

(续)

DLOAD	1237	1	1	2237
DLOAD	1238	1	1	2238
DLOAD	1239	1	1	2239
DLOAD	1240	1	1	2240
DLOAD	1241	1	1	2241
DLOAD	1242	1	1	2242
DLOAD	1243	1	1	2243
DLOAD	1244	1	1	2244
DLOAD	1245	1	1	2245
DLOAD	1246	1	1	2246
DLOAD	1247	1	1	2247
DLOAD	1248	1	1	2248

图 17.15　计算载荷集 DLOAD 设置图示

7）激励载荷可采用实部虚部关键字 RLOAD1 定义（亦可采用幅值相位关键字 RLOAD2）。该参数包括激励点单位力 DAREA 以及力的幅值 TABLED1 500。图 17.16 所示第二列为 RLOAD1 的序号，第三列为激励点 DAREA 的序号，第四列为力的幅值 TABLED1 的序号。

第 17 章 车身安装点动刚度分析及优化方法

RLOAD1	2119	2119		RLOAD1	2149	2149			499
RLOAD1	2120	2120	499	RLOAD1	2150	2150			499
RLOAD1	2121	2121	499	RLOAD1	2151	2151			499
RLOAD1	2122	2122	499	RLOAD1	2152	2152			499
RLOAD1	2123	2123	499	RLOAD1	2153	2153			499
RLOAD1	2124	2124	499	RLOAD1	2154	2154			499
RLOAD1	2125	2125	499	RLOAD1	2155	2155			499
RLOAD1	2126	2126	499	RLOAD1	2156	2156			499
RLOAD1	2127	2127	499	RLOAD1	2157	2157			499
RLOAD1	2128	2128	499	RLOAD1	2158	2158			499
RLOAD1	2129	2129	499	RLOAD1	2159	2159			499
RLOAD1	2130	2130	499	RLOAD1	2160	2160			499
RLOAD1	2131	2131	499	RLOAD1	2219	2219			499
RLOAD1	2132	2132	499	RLOAD1	2220	2220			499
RLOAD1	2133	2133	499	RLOAD1	2221	2221			499
RLOAD1	2134	2134	499	RLOAD1	2222	2222			499
RLOAD1	2135	2135	499	RLOAD1	2223	2223			499
RLOAD1	2136	2136	499	RLOAD1	2224	2224			499
RLOAD1	2137	2137	499	RLOAD1	2225	2225			499
RLOAD1	2138	2138	499	RLOAD1	2226	2226			499
RLOAD1	2139	2139	499	RLOAD1	2227	2227			499
RLOAD1	2140	2140	499	RLOAD1	2228	2228			499
RLOAD1	2141	2141	499	RLOAD1	2229	2229			499
RLOAD1	2142	2142	499	RLOAD1	2230	2230			499
RLOAD1	2143	2143	499	RLOAD1	2231	2231			499
RLOAD1	2144	2144	499	RLOAD1	2232	2232			499
RLOAD1	2145	2145	499	RLOAD1	2233	2233			499
RLOAD1	2146	2146	499	RLOAD1	2234	2234			499
RLOAD1	2147	2147	499	RLOAD1	2235	2235			499
RLOAD1	2148	2148	499	RLOAD1	2236	2236			499
				RLOAD1	2237	2237			499
				RLOAD1	2238	2238			499
				RLOAD1	2239	2239			499
				RLOAD1	2240	2240			499
				RLOAD1	2241	2241			499
				RLOAD1	2242	2242			499

图 17.16　计算载荷集 RLOAD1 设置图示

8）安装点的单位力激励 DAREA 定义，包括三个方向 $X/Y/Z$，如图 17.17 所示。

DAREA	2119	1001	11	DAREA	2150	3004	21
DAREA	2120	1001	21	DAREA	2151	3004	31
DAREA	2121	1001	31	DAREA	2152	2701	11
DAREA	2122	1002	11	DAREA	2153	2701	21
DAREA	2123	1002	21	DAREA	2154	2701	31
DAREA	2124	1002	31	DAREA	2155	2702	11
DAREA	2125	1003	11	DAREA	2156	2702	21
DAREA	2126	1003	21	DAREA	2157	2702	31
DAREA	2127	1003	31	DAREA	2158	2703	11
DAREA	2128	1004	11	DAREA	2159	2703	21
DAREA	2129	1004	21	DAREA	2160	2703	31
DAREA	2130	1004	31	DAREA	2219	2704	11
DAREA	2131	2501	11	DAREA	2220	2704	21
DAREA	2132	2501	21	DAREA	2221	2704	31
DAREA	2133	2501	31	DAREA	2222	3105	11
DAREA	2134	2502	11	DAREA	2223	3105	21
DAREA	2135	2502	21	DAREA	2224	3105	31
DAREA	2136	2502	31	DAREA	2225	3106	11
DAREA	2137	2503	11	DAREA	2226	3106	21
DAREA	2138	2503	21	DAREA	2227	3106	31
DAREA	2139	2503	31	DAREA	2228	3107	11
DAREA	2140	3001	11	DAREA	2229	3107	21
DAREA	2141	3001	21	DAREA	2230	3107	31
DAREA	2142	3001	31	DAREA	2231	3108	11
DAREA	2143	3002	11	DAREA	2232	3108	21
DAREA	2144	3002	21	DAREA	2233	3108	31
DAREA	2145	3002	31	DAREA	2234	6001	11
DAREA	2146	3003	11	DAREA	2235	6001	21
DAREA	2147	3003	21	DAREA	2236	6001	31
DAREA	2148	3003	31	DAREA	2237	6002	11
DAREA	2149	3004	11	DAREA	2238	6002	21
				DAREA	2239	6002	31
				DAREA	2240	6003	11
				DAREA	2241	6003	21
				DAREA	2242	6003	31

图 17.17　计算载荷 DAREA 设置图示

9）调整需要计算的模型，如本例为 BIP 模型，模型只有节点、单元、属性、材料以及非结构质量等，无工况、求解参数等，如图 17.18 所示。

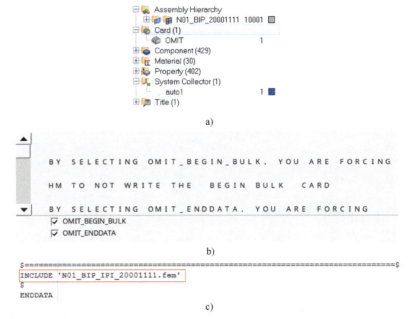

图 17.18　输出及 BIP 模型定义图

2. IPI 分析设置方法二

方法一中采用头文件的方法进行 IPI 计算模型的设置。也可采用常规方法进行设置，即每个激励点的定义以及设置均在软件界面中操作完成。

1）特征值提取设置。本例激励频率计算范围为 20~200Hz，模态提取为扫频的 1.5~2.0 倍，如图 17.19 所示。

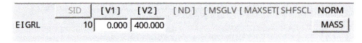

图 17.19　模态特征值设置图示

注：若采用 OPTISTRUCT 进行求解，可以采用 EIGRA 进行特征值的提取，采用该方法计算时间会加速。

2）阻尼设置。本例采用 TABDMP1，且整个频率段阻尼比为恒定值 0.03，即阻尼为 0.06，如图 17.20a 所示。

若通过试验或其他方法能得到整个频率段的阻尼曲线，即不同频率段的阻尼不同，则此情况下计算精度相对会更高，如图 17.20b、c 所示。

3）激励频率（扫频）范围设置。根据需要进行设置，如本例采用 FREQ1，范围为 20~200Hz，如图 17.21 所示。

4）激励力的幅值 TABLED1 定义。由于 IPI 分析为灵敏度分析，一般设置为等幅值 1.0，如图 17.22 所示。

第 17 章　车身安装点动刚度分析及优化方法

图 17.20　模态阻尼设置图示

图 17.21　激励频率设置图示

图 17.22　激励力幅值设置图示

5）激励点单位力 DAREA 定义。图 17.23 所示为左前减振器 X 向单位激励力定义图示。

6）激励载荷 RLOAD1 定义。每一个 RLOAD1 包括单位激励力 DAREA 和 TABLED1，DAREA 的序号可以定义为与 RLOAD1 相同，TYPE 默认类型为 LOAD，如图 17.24 所示。

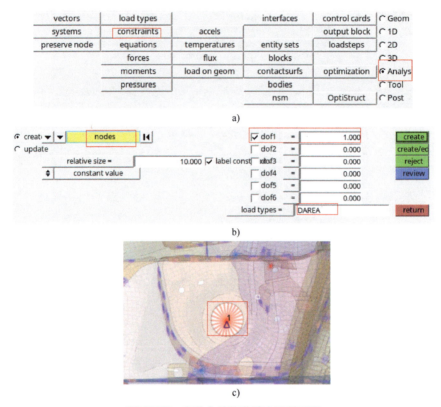

图 17.23　安装点单位激励力设置图示

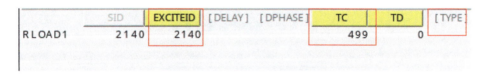

图 17.24　激励载荷集设置图示

7）工况组合 DLOAD 定义。该关键字可以不定义，即直接调用 RLOAD1 即可，此关键字只针对多个 RLOAD1 的组合，如图 17.25 所示。

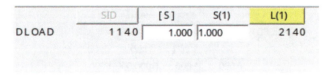

图 17.25　工况组合设置图示

8）关键点定义，即每个激励点需要单独定义一个 SET，如图 17.26 所示。
9）每个激励点工况定义。在定义工况名称时可参照图 17.27，这样可以保持与测试中的一致，便于测试互通。以 PUNCH 格式输出计算结果，同时要关联对应的激励点 SET。

第17章 车身安装点动刚度分析及优化方法

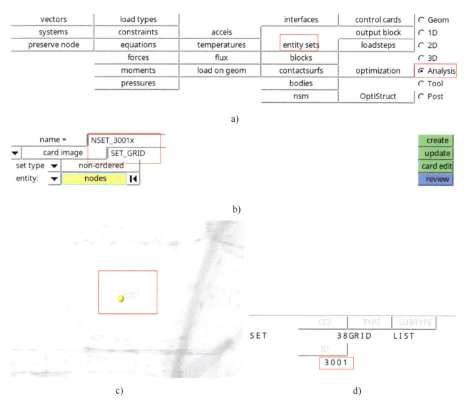

图 17.26 激励点 SET 设置图示

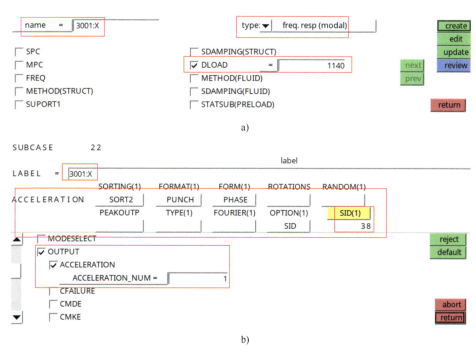

图 17.27 工况及输出设置图示

10) 控制卡片全局参数定义。将每个工况共用的参数在全局参数卡片中定义，包括 FREQ、EIGRL、NSM 以及 SDAMPING 等，如图 17.28 所示。

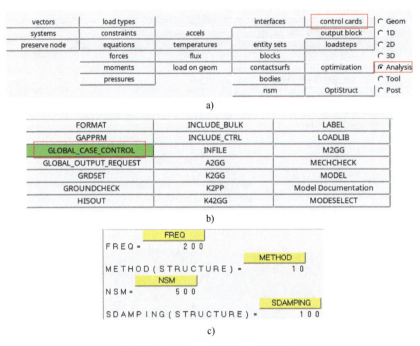

图 17.28　全局求解参数设置图示

11) 求解控制参数定义，如自动约束 AUTOSPC 等，如图 17.29 所示。

图 17.29　输出控制参数设置图示

17.2.4　IPI 后处理操作流程

通过计算可得到动刚度结果 PCH 文件，如 N01_BIP_IPI_head_20001111.pch。通过读取该文件以及进行动刚度的计算可以得到动刚度值。

1. 动刚度的后处理流程

通过动刚度计算结果文件 PCH，可以进行处理得到所计算激励点的动刚度值。根据动刚度的计算公式

$$\mathrm{IPI} = \frac{\ddot{x}}{F} = \frac{-\omega^2 X \mathrm{e}^{\mathrm{j}(\omega t - \varphi)}}{F_0 \mathrm{e}^{\mathrm{j}\omega t}} = \frac{-\omega^2}{k_\mathrm{d}}$$

其中

$$\omega = 2\pi f, \mathrm{IPI} = \frac{\ddot{x}}{F} = \frac{-\omega^2}{k_\mathrm{d}} = \frac{-(2\pi f)^2}{k_\mathrm{d}}$$

得到动刚度

$$k_\mathrm{d} = \frac{-(2\pi f)^2 F}{\ddot{x}} = \frac{-(2\pi f)^2}{y} \tag{17-22}$$

如图 17.30 所示，可直接在后处理中输入式（17-22），得到图 17.30a 所示右侧的动刚度值。对于 x 坐标值，需要按住 shift 键同时选中所要选择的曲线；在输入 y 值时，先输入"$(2*\mathrm{PI}*\mathrm{p1w1c1.y})\verb|^|2/\mathrm{p1w1c1.y}$"，同时手动将 $(2*\mathrm{PI}*\mathrm{p1w1c1.y})$ 中的 y 改为 x，同样需要按住 shift 键再选中所要选择的曲线。对于参考值设定，采用同样的方法，如需要添加值为 10000N/mm 的目标线，则其响应

$$y = (2\pi f)^2 / k_\mathrm{d}$$

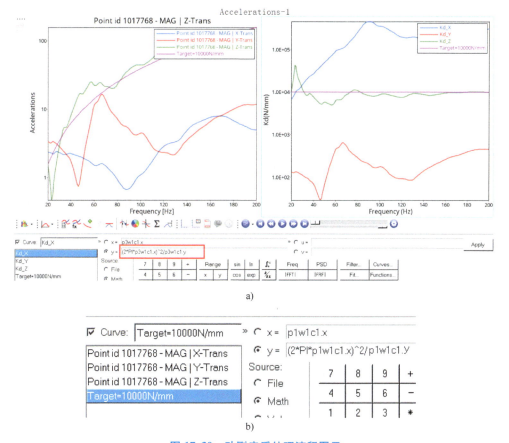

图 17.30　动刚度后处理流程图示

2. 动刚度计算结果

动刚度的计算结果汇总见表17.6。

表 17.6 车身关键点动刚度计算结果列表　　　　　　（单位：N/mm）

名称	方向	值	参考值	竞品计算值
冷却模块左上安装点 1001	X	55	—	—
	Y	818	—	—
	Z	805	500	—
冷却模块右上安装点 1002	X	46	—	—
	Y	374	—	—
	Z	335	500	—
冷却模块左下安装点 1003	X	10731	1200	—
	Y	5979	1200	—
	Z	1790	1200	—
冷却模块右下安装点 1004	X	13850	1200	—
	Y	6102	1200	—
	Z	3248	1200	—
前悬置 2501	X	1353	740	—
	Y	8580	740	—
	Z	6929	2850	—
右悬置 2502	X	5896	1510	—
	Y	2113	500	—
	Z	5821	1510	—
后悬置 2503	X	21968	3030	—
	Y	6762	980	—
	Z	3980	3030	—
左前减振器安装点 3001	X	15876	10000	15217
	Y	8838	10000	6219
	Z	17382	10000	28185
右前减振器安装点 3002	X	15933	10000	16019
	Y	8599	10000	8846
	Z	17774	10000	27768
左后减振器安装点 3003	X	25779	10000	18766
	Y	5949	10000	5690
	Z	13704	10000	13517
右后减振器安装点 3004	X	19713	10000	19444
	Y	4754	10000	6308
	Z	17286	10000	15637

（续）

名称	方向	值	参考值	竞品计算值
下摆臂左前点 2701	X	18714	10000	—
	Y	16724	10000	—
	Z	3867	8000	—
下摆臂右前点 2702	X	19079	10000	—
	Y	16877	10000	—
	Z	4152	8000	—
下摆臂左后点 2703	X	19111	10000	—
	Y	39456	10000	—
	Z	5647	8000	—
下摆臂右后点 2704	X	18712	10000	—
	Y	38546	10000	—
	Z	5385	8000	—
扭力梁左后点 3105	X	26101	10000	34860
	Y	6148	10000	7180
	Z	16834	10000	12543
扭力梁右后点 3106	X	26047	10000	31660
	Y	6049	10000	5555
	Z	16701	10000	13109
弹簧座左后点 3107	X	39050	10000	42547
	Y	9201	10000	14775
	Z	15803	10000	15503
弹簧座右后点 3108	X	38125	10000	38524
	Y	9091	10000	7988
	Z	16261	10000	16523
刮水器电动机左安装点 6001	X	424	—	—
	Y	920	—	—
	Z	2835	500	—
刮水器电动机中安装点 6002	X	131	—	—
	Y	517	—	—
	Z	939	500	—

(续)

名称	方向	值	参考值	竞品计算值
刮水器电动机右安装点 6003	X	418	—	—
	Y	320	—	—
	Z	433	500	—

17.2.5 动刚度结果的常用处理方法

动刚度结果处理一般有平均动刚度法、指数法、面积法以及三分之一倍频程法等。在企业实际工程中应用相对较多的是平均法、指数法及面积法。

1. 动刚度曲线显示形式

对于动刚度曲线，一般采用对数形式（Logarithmic）表示，整体呈递增形式，以便于查看对比，如图 17.31 所示。

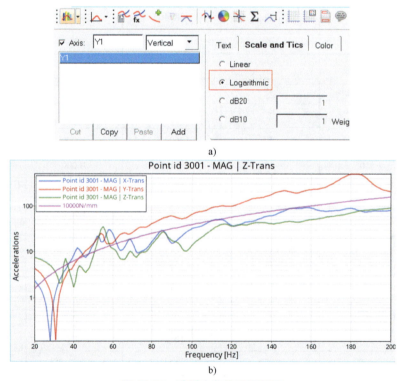

图 17.31 动刚度曲线显示图示

2. 平均法

平均法动刚度结果相对较为粗糙，且结果一般偏大，其操作流程可以参照如下步骤，通过计算得到三个方向动刚度。

1) 方法一。首先加载一个窗口，用于生成动刚度曲线，按图 17.30a 所示流程输入公式生成动刚度曲线时会出现图 17.32c 所示的警告提示，主要是在老版本中会显示单位类型无效，即采用公式"(2 * PI * p3w1c1.x)^2/p3w1c1.y"计算得到的动刚度曲线单位不兼容，但只要继续单击 Curve 也可显示动刚度曲线。采用平均法通过公式计算得到激励点 3001 三个方向的动刚度值分别为 15876N/mm、8838N/mm、17382N/mm，如图 17.32 所示。

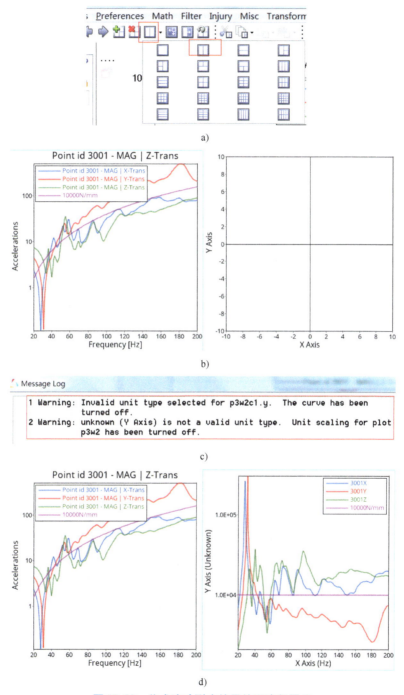

图 17.32　公式法动刚度结果处理流程图示

2）方法二。直接在公式中采用 mean 法进行计算得到 3001X 的动刚度值为 15876.4N/mm，如图 17.33 所示。

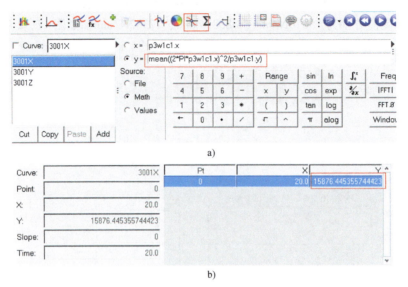

图 17.33　Mean 法动刚度结果处理流程图示

采用平均法通过上述公式得到平均动刚度值后，也可以单击 Statistics 按钮，找到 Mean，右侧的数值 1.587645×10^{4} N/mm 为 3001X 动刚度值，如图 17.34 所示。这与采用 Mean 法计算的结果相等，在实际中可以根据自身的需要进行选择。

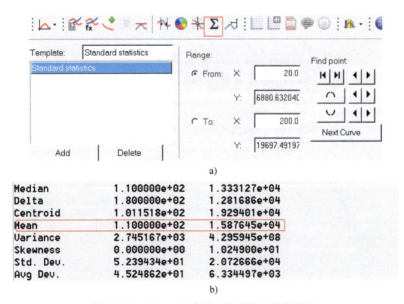

图 17.34　Mean 法动刚度结果处理流程图示

3）方法三。在软件中操作流程如图 17.35 所示。加载两个窗口，在右侧窗口中选择 TextView，然后输入计算公式；公式中 0∶180∶1 表示共有 180 个频率点，p1w1c1 表示当前是在 Hypergraph 中的第一页第一框第一条曲线，可根据实际情况进行修改及调整；再单击右下角的 ABC（…）即可得到动刚度计算结果。当然也可以将此公式编辑成插件或采用其他编程软件，需要计算曲线的动刚度时直接调用即可。

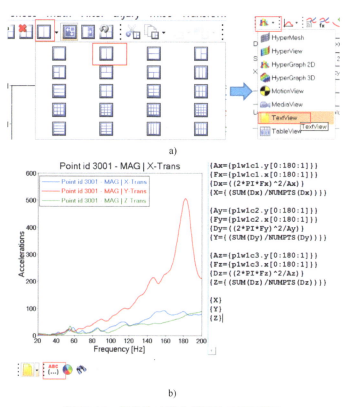

图 17.35 平均法动刚度结果处理流程图示

通过平均法计算可得激励点 3001 三个方向 $X/Y/Z$ 的动刚度分别为 15876.4N/mm、8837.6N/mm、17382N/mm。

3. 指数法

根据 IPI 计算公式可得到 k_d [式 (17-23)]，即通过计算每个频率点对应的刚度值，再进行所有频率叠加计算。

$$\text{IPI} = \frac{\ddot{x}}{F} = \frac{-\omega^2}{k_d} = \frac{-(2\pi f)^2}{k_d}, k_d = \frac{-(2\pi f)^2 F}{\ddot{x}} = \frac{-(2\pi f)^2}{y} \tag{17-23}$$

其一般公式为

$$A_x = \{p1w1c1.y[0:180:1]\}$$
$$F_x = \{p1w1c1.x[0:180:1]\}$$
$$D_x = \log10(A_x/(2\pi F_x)^2)$$
$$k_{dx} = 10^{\text{abs}(\text{sum}(D_x)/\text{numpts}(D_x))}$$

指数法在软件中操作流程同平均法，如图 17.36 所示。加载两个窗口，在右侧窗口中选择 TextView，然后输入计算公式；公式中 0:180:1 表示共有 180 个频率点，p1w1c1 表示当前是在 Hypergraph 中的第一页第一框第一条曲线，再单击右下角的 ABC (...) 即可得到动刚度计算结果。

通过指数法计算可得激励点 3001 三个方向 $X/Y/Z$ 的动刚度分别为 13354N/mm、

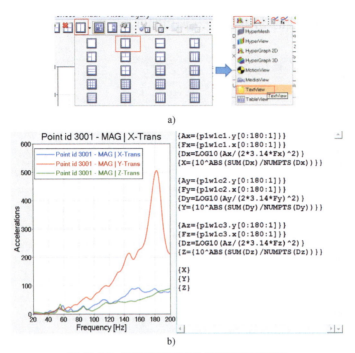

图 17.36　指数法动刚度结果处理流程图示

5999N/mm、15806N/mm。

4. 面积法

面积法通过 IPI 曲线所包围的面积计算得到。IPI 是指在一定的频率范围内，通过在加载点施加单位力作为输入激励，同时将该点作为响应点，测得该点在该频率范围内的加速度作为输出响应，用于考察该点的局部动刚度。

原点加速度导纳公式为

$$\text{IPI} = \frac{\ddot{x}}{F} = \frac{-\omega^2}{k_d} = \frac{-(2\pi f)^2}{k_d}$$

$$\text{AREA}_{\text{IPI}} = \sum_i \text{IPI}_i \times \Delta f = \sum_i \frac{4\pi^2 f_i^2}{k_d} \Delta f = \frac{4\pi \Delta f}{k_d} \sum_i f_i^2$$

$$k_d = \frac{4\pi^2 \Delta f}{\text{AREA}_{\text{IPI}}} \sum_i f_i^2 \tag{17-24}$$

由式（17-24）可知，面积法通过计算响应曲线与横坐标频率围成的面积得到动刚度，如图 17.37 所示带叉的区域。

采用面积法进行动刚度计算，需要设定一个目标参考值，如参考刚度值为 1200N/mm，通过式（17-24）可得

$$k_{d\text{目标}} = \frac{4\pi^2 \Delta f}{\text{AREA}_{\text{IPI}\text{目标}}} \sum_i f_i^2, \quad k_{d(3001x)} = \frac{4\pi^2 \Delta f}{\text{AREA}_{\text{IPI}(3001y)}} \sum_i f_i^2$$

$$\frac{k_{d\text{目标}}}{k_{d(3001x)}} = \frac{\dfrac{4\pi^2 \Delta f}{\text{AREA}_{\text{IPI}(3001x)}} \sum_i f_i^2}{\dfrac{4\pi^2 \Delta f}{\text{AREA}_{\text{IPI}(3001y)}} \sum_i f_i^2} \Rightarrow k_{d(3001x)} = \frac{k_{d\text{目标}} \times \text{AREA}_{\text{IPI}(3001y)}}{\text{AREA}_{\text{IPI}\text{目标}}} \tag{17-25}$$

第 17 章　车身安装点动刚度分析及优化方法

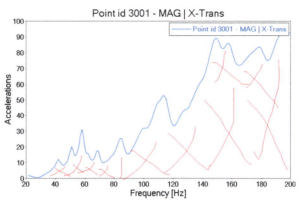

图 17.37　面积法动刚度结果面积图示

在软件中可以进行图 17.38 所示操作，可得该点 3001 三个方向 $X/Y/Z$ 的面积法动刚度值分别为 13610.8N/mm、4430.53N/mm、17461.3N/mm。

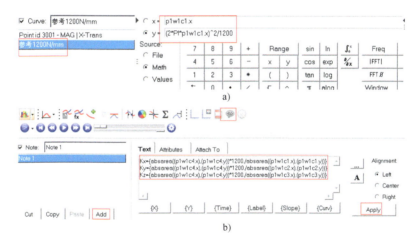

图 17.38　面积法动刚度后处理流程图示

图 17.39 所示为 X 向纵坐标与横梁在 20~200Hz 范围内围成的面积，通过面积可计算得到所需要的接附点动刚度，该方法更符合理论，也更接近实际。采用不同的处理方法，20~200Hz 频率范围内的动刚度对比结果见表 17.7，50~200Hz 频率范围内的动刚度对比结果见表 17.8。

表 17.7　车身关键点 3001 动刚度不同后处理计算结果对比（20~200Hz）

（单位：N/mm）

名称	按平均法公式计算	按指数法公式计算	按面积法公式计算
K_x	15876	13354	13632
K_y	8838	5999	4370
K_z	17382	15806	17551

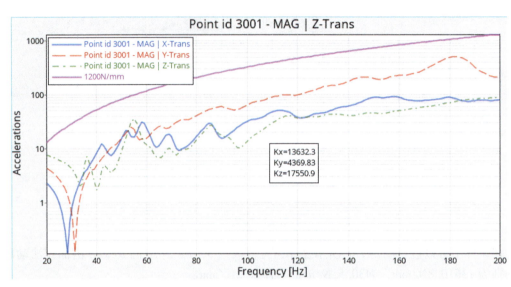

图 17.39　面积法动刚度结果图示

表 17.8　车身关键点 3001 动刚度不同后处理计算结果对比（50~200Hz）

（单位：N/mm）

名称	按平均法公式计算	按指数法公式计算	按面积法公式计算
K_x	13717	12985	13696
K_y	5263	5067	4332
K_z	18178	17264	17709

5. 三分之一倍频程方法

三分之一倍频程方法主要是通过中心频率进行计算，可去除局部峰值的影响，在有些企业应用广泛，如一般动刚度考虑 50~200Hz、200~500Hz 或 20~200Hz、200~500Hz 等。

1）三分之一倍频程相关理论。人耳听音的频率范围为 20Hz~20kHz，在声音信号频谱分析时一般不需要对每个频率成分进行具体分析。为了方便起见，人们把 20Hz 到 20kHz 的声频范围分为几个频带，每个频带成为一个频程。频程的划分采用恒定带宽比，即保持频带的上、下限之比为一常数。实验证明，当声音的声压级不变而频率提高一倍时，听起来音调也提高一倍。

若使每一频带的上限频率比下限频率高一倍，即频率之比为 2，这样划分的每一个频程称为 1 倍频程，简称倍频程。

如果在一个倍频程的上、下限频率之间再插入两个频率，使 4 个频率之间的比值相同（相邻两频率比值=1.26 倍），这样将一个倍频程划分为 3 个频程，称这种频程称为三分之一倍频程。

在噪声测量中，通常用倍频程和三分之一倍频程，将在各频带测得的噪声标为纵坐标，即得到噪声频谱。

各倍频程带中心频率 f_c 与上、下限频率（f_1、f_u）的关系为

$$f_l = \frac{f_c}{\sqrt{2}}, f_u = \sqrt{2}f_c$$

将以上关系再整理可得到

$$f_u = 2f_l, f_c^2 = f_l f_u$$

因此，对于 $1/N$（$N=1$，2，3，6，12，24 等）倍频程而言，每个频率的中心频率与上下限频率的关系为

$$f_u = 2^{1/N} f_l, f_c^2 = f_l f_u$$

一个倍频程带可以再划分为三个等比宽度的频带，也就是我们常说的三分之一倍频程，三分之一倍频程带各中心频率 f_c 与上、下限频率（f_l、f_u）的关系为

$$f_l = (2^{1/3})^{-1/2} f_c, f_u = (2^{1/3})^{1/2} f_c$$

将以上关系再整理也可得到类似倍频程的关系：

$$f_u = (2^{1/3}) f_l, f_c^2 = f_l f_u$$

2）三分之一倍频程中心频率及带宽见表 17.9。

表 17.9 三分之一倍频程中心频率及带宽

频带号	中心频率标称值/Hz	三分之一倍频程带宽/Hz	倍频程带宽/Hz
1	1.25	1.12~1.41	
2	1.6	1.41~1.78	1.41~2.82
3	2	1.78~2.24	
4	2.5	2.24~2.82	
5	3.15	2.82~3.55	2.82~5.62
6	4	3.55~4.47	
7	5	4.47~5.62	
8	6.3	5.62~7.08	5.62~11.2
9	8	7.08~8.91	
10	10	8.91~11.2	
11	12.5	11.2~14.1	11.2~22.4
12	16	14.1~17.8	
13	20	17.8~22.4	
14	25	22.4~28.2	22.4~44.7
15	31.5	28.2~35.5	
16	40	35.5~44.7	
17	50	44.7~56.2	44.7~89.1
18	63	56.2~70.8	
19	80	70.8~89.1	

（续）

频带号	中心频率标称值/Hz	三分之一倍频程带宽/Hz	倍频程带宽/Hz
20	100	89.1~112	89.1~178
21	125	112~141	
22	160	141~178	
23	200	178~224	178~355
24	250	224~282	
25	315	282~355	
26	400	355~447	355~708
27	500	447~562	
28	630	562~708	
29	800	708~891	708~1410
30	1000	891~1120	
31	1250	1120~1410	

3）三分之一倍频程法动刚度计算。根据三分之一倍频程法的计算公式 $f_u = (2^{1/3})f_1$，$f_c^2 = f_1 f_u$ 可以得到动刚度值。采用此方法计算首先需要得到速度响应，然后通过

$$M = \frac{v}{F} = \frac{\omega}{k_d}, \quad k_d = \frac{\omega F}{v} = \frac{2\pi f_x}{y}$$

即工况由原先的 ACCELERATION 改为 VELOCITY（SORT2, PUNCH, PHASE）= 8（SETID：3001）。

```
SUBCASE 22
LABEL= 3001:X
DLOAD= 1140
    VELOCITY(SORT2,PUNCH,PHASE) = 8
SUBCASE 23
LABEL= 3001:Y
DLOAD= 1141
    VELOCITY(SORT2,PUNCH,PHASE) = 8
SUBCASE 24
LABEL= 3001:Z
DLOAD= 1142
    VELOCITY(SORT2,PUNCH,PHASE) = 8
```

图 17.40 三分之一倍频程法输出修改图示

① 计算得到各安装点的速度响应曲线，即将原输出加速度改为速度，如图 17.40 所示。

② 若需要计算 500Hz 以内的动刚度，需要将结构模态输出调整至 1.5 倍以上的扫频上限，如修改为 1000Hz，如图 17.41 所示。

③ 同样若需要计算 500Hz 以内的动刚度，将扫频范围调整为三分之一倍频程的上限，即中心频率 500Hz 对应的上限为 562Hz，如图 17.42 所示。

图 17.41 三分之一倍频程法模态提取修改图示	图 17.42 三分之一倍频程法扫频段修改图示

④ 其余保持不变，提交计算，得到各安装点的速度响应结果。

⑤ 左前减振器安装点 3001 的速度响应计算结果，如图 17.43 所示。

⑥ 根据三分之一倍频程计算公式，下面以 3001 在中心频率 20Hz（17.8~22.4Hz 范围）为

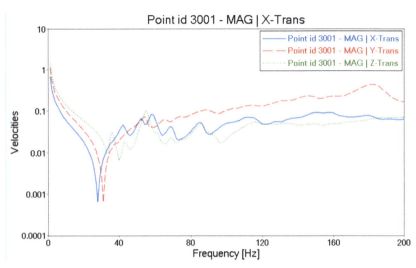

图 17.43 左前减振器安装点 3001 速度响应结果图示

例进行阐述。

根据公式 $K_x = \left(\dfrac{2\pi f_x}{y/1000}\right)^2$,可计算得到 K_x、K_y 以及 K_z,其单位为 $(N/m)^2$,见表 17.10。

表 17.10 三分之一倍频程中心频率动刚度计算

频率/Hz	X/(mm/s)	Y/(mm/s)	Z/(mm/s)	K_x/(N/m)^2	K_y/(N/m)^2	K_z/(N/m)^2
1.80×10^1	2.40×10^{-2}	4.36×10^{-2}	7.01×10^{-2}	2.22×10^{13}	6.74×10^{12}	2.60×10^{12}
1.90×10^1	2.10×10^{-2}	3.90×10^{-2}	6.47×10^{-2}	3.22×10^{13}	9.37×10^{12}	3.40×10^{12}
2.00×10^1	1.83×10^{-2}	3.47×10^{-2}	5.98×10^{-2}	4.74×10^{13}	1.31×10^{13}	4.42×10^{12}
2.10×10^1	1.56×10^{-2}	3.08×10^{-2}	5.52×10^{-2}	7.13×10^{13}	1.84×10^{13}	5.72×10^{12}
2.20×10^1	1.31×10^{-2}	2.71×10^{-2}	5.09×10^{-2}	1.11×10^{14}	2.61×10^{13}	7.38×10^{12}

根据公式 $f_u = (2^{1/3})f_l$,$f_c^2 = f_l f_u$,将 18~22Hz 范围内的动刚度相加再除以数目,然后开根号,即

$$K_{x-20Hz} = \sqrt{(K_{x-18Hz}+K_{x-19Hz}+K_{x-20Hz}+K_{x-21Hz}+K_{x-22Hz})/5}$$

可计算得到 17.8~22.4Hz 范围内的 K_x、K_y 以及 K_z,其单位为 N/m,见表 17.11。

表 17.11 三分之一倍频程中心频率动刚度计算(17.8~22.4Hz 范围)

频率/Hz	K_x/(N/m)	K_y/(N/m)	K_z/(N/m)
17.8	7.54×10^6	3.84×10^6	2.17×10^6
20.0	7.54×10^6	3.84×10^6	2.17×10^6
22.4	7.54×10^6	3.84×10^6	2.17×10^6

⑦ 采用同样的方法,计算其余 20~500Hz 各中心频率的动刚度值,结果见表 17.12。

表 17.12　三分之一倍频程中心频率动刚度计算结果汇总

中心频率/Hz	频率范围/Hz	K_x/(N/mm)	K_y/(N/mm)	K_z/(N/mm)
20	18~22	7535	3838	2169
25	23~28	117494	13107	4547
31.5	29~35	35207	126057	14295
40	36~44	8807	13020	21200
50	45~56	8010	6680	14304
63	57~70	10625	7833	18274
80	71~89	16949	6057	19139
100	90~112	14091	5892	24214
125	113~141	13699	5043	16113
160	142~177	12578	4123	19707
200	178~223	18480	6535	16979
250	224~281	16498	8619	16670
315	282~354	15108	9276	13090
400	355~446	26908	25764	15232
500	447~562	22138	18601	12093
20~200Hz 平均值	—	23952	18017	15540
50~200Hz 平均值	—	13490	6023	18390
200~500Hz 平均值	—	19827	13759	14813

通过计算可得 3001 三个方向 10~562Hz 范围内的动刚度值分别如图 17.44~图 17.46 所示。

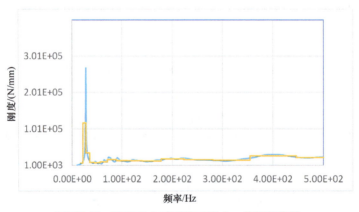

图 17.44　3001 X 向动刚度三分之一倍频程曲线

通过各种方法得到的动刚度有所差异,但在实际工程中,在性能目标定义时应该统一同一种方法,包括 CAE 分析、竞品测试或实车测试,这样的分析优化才具有一定的实际指导意义。

第17章 车身安装点动刚度分析及优化方法

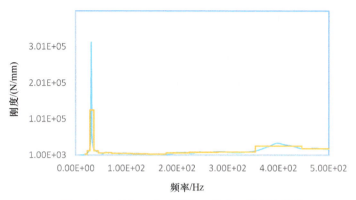

图17.45 3001 Y 向动刚度三分之一倍频程曲线

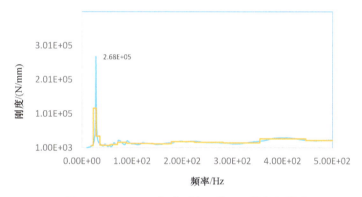

图17.46 3001 Z 向动刚度三分之一倍频程曲线

采用不同方法可得到不同的动刚度结果，20~200Hz范围内结果列表见表17.13，50~200Hz范围内结果列表见表17.14。从对比结果中可以看出，三分之一倍频程方法用于动刚度计算在低频率段50Hz以下差距较大，而在中频率段50Hz以上差距较小；其主要原因是由于在28Hz左右有一个明显的反共振峰值，采用三分之一倍频程法该峰值影响较大，这也是很多企业在选用三分之一倍频程方法对安装点动刚度考察时频率段一般选择50~200Hz和200~500Hz范围内的缘由，其加速度和速度响应曲线分别如图17.47和图17.48所示。

表17.13 车身关键点3001动刚度不同后处理计算结果对比（20~200Hz）

名称	平均法	指数法	面积法	三分之一倍频程
3001	公式	公式	公式	公式
K_x/(N/mm)	15876	13354	13632	23952
K_y/(N/mm)	8838	5999	4370	18017
K_z/(N/mm)	17382	15806	17551	15540

表 17.14 车身关键点 3001 动刚度不同后处理计算结果对比（50~200Hz）

名称	平均法	指数法	面积法	三分之一倍频程
3001	公式	公式	公式	公式
K_x/(N/mm)	13717	12985	13696	13490
K_y/(N/mm)	5263	5067	4332	6023
K_z/(N/mm)	18178	17264	17709	18390

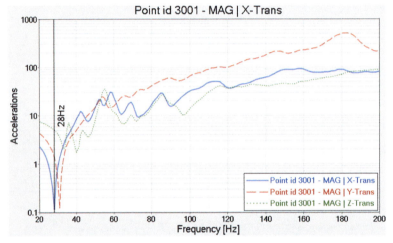

图 17.47　3001 三个方向加速度响应曲线

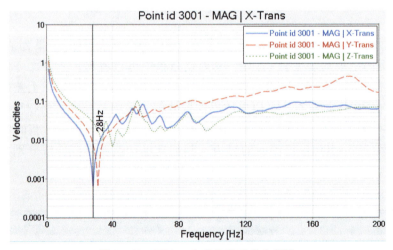

图 17.48　3001 三个方向速度响应曲线

6. 车身安装点动刚度对标结果

采用该设置流程计算得到的某车型安装点动刚度仿真与试验结果对比见表 17.13，安装点动刚度值均采用平均法进行计算。从表 17.15 中可以看出，差值最大为左悬置安装点 X 方向，其差值为 66.66%；差值最小为后减振器左安装点 X 方向，其差值为 0.66%；平均差值在11%左右，安装点动刚度仿真与试验总体对标较好。

表17.15　某车身安装点动刚度仿真与试验结果对比

激励点	方向	CAE	试验	差值
左悬置安装点 2501	X	22033	36721	66.66%
	Y	5338	6589	23.44%
	Z	12625	11353	−10.08%
右悬置安装点 2502	X	21246	29742	39.99%
	Y	5216	6865	31.61%
	Z	12143	12295	1.25%
后悬置安装点 2503	X	8235	—	—
	Y	21185	—	—
	Z	6751	—	—
前悬减振器左安装点 3001	X	12008	11860	−1.23%
	Y	11155	12255	9.86%
	Z	13699	13383	−2.31%
前悬减振器右安装点 3002	X	11844	9219	−22.16%
	Y	9143	9915	8.44%
	Z	13048	9699	−25.67%
后悬减振器左安装点 3003	X	22182	24099	8.64%
	Y	11231	9822	−12.55%
	Z	10441	10510	0.66%
后悬减振器右安装点 3004	X	19271	19866	3.09%
	Y	10541	12196	15.70%
	Z	8654	11978	38.41%
后拖曳臂左侧安装点 3105	X	41492	54386	31.08%
	Y	5365	4422	−17.58%
	Z	12855	17687	37.59%
后拖曳臂右侧安装点 3106	X	40477	48722	20.37%
	Y	5360	4699	−12.33%
	Z	12864	16777	30.42%

17.3　坐标系对白车身安装点动刚度的影响研究

　　由于车身底盘安装点可能与整车坐标系不平行，即与整车坐标系有一定的夹角，这主要是从装配和受力考虑，此时若采用整车坐标系计算其动刚度可能会有偏差。

17.3.1 坐标系说明

本节将分别对左前减振器、左后减振器以及左后扭力梁分析其局部坐标系对安装点动刚度的影响,其中与整车坐标系(左下角)一致为全局坐标系,有一定角度为局部坐标系,如图17.49~图17.51所示。

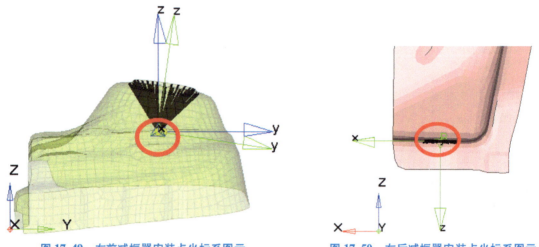

图 17.49　左前减振器安装点坐标系图示　　　图 17.50　左后减振器安装点坐标系图示

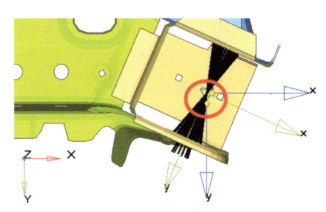

图 17.51　左后扭力梁安装点坐标系图示

17.3.2 静刚度分析

对上述三个安装点分别施加单位力载荷进行频率响应分析以及采用惯性释放进行静刚度分析,静刚度分析的载荷为各个方向1000N,其设置过程可参照前述的安装点动刚度设置流程。

1. 静刚度分析工况

基于 BIP 模型,在进行静刚度分析时,每个安装点 $X/Y/Z$ 三个方向分别施加 1000N,同时采用惯性释放分析方法(即不进行约束),需要在控制参数中选择 PARAM、INERL、-2,如图 17.52 所示。

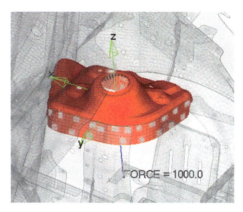

图 17.52　前减振器安装点静刚度分析载荷图示

2. 静刚度分析结果

BIP 安装点静刚度分析结果见表 17.16。

表 17.16　车身关键点静刚度分析结果

名称	全局坐标系/(N/mm)	局部坐标系/(N/mm)	差值/(N/mm)
3001x	7893	8045	152
3001y	5587	5757	170
3001z	8285	7788	-497
3003x	15924	15924	0
3003y	3570	3570	0
3003z	3426	3426	0
3105x	15106	18450	3344
3105y	3294	3169	-125
3105z	4120	4120	0

3. 静刚度差异原因分析

1）左前减振器 3001 点，由于其安装面与整车成 9°，如图 17.53 所示，从安装点应变能分布可以看出，在局部坐标系下 Z 方向刚度变弱，如图 17.54 所示。

2）左后减振器 3003 点，从图 17.55 中可以看出，其安装面与整车基本一致，即其安装点刚度一致。

3）左后扭力梁 3105 点，由于其安装点 X 向与整车成 24°，如图 17.56 所示，从应变能分布可以看出，在局部坐标系下刚度有所加强，如图 17.57 所示。

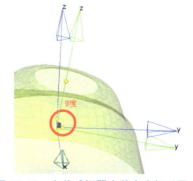

图 17.53　左前减振器安装点坐标系图示

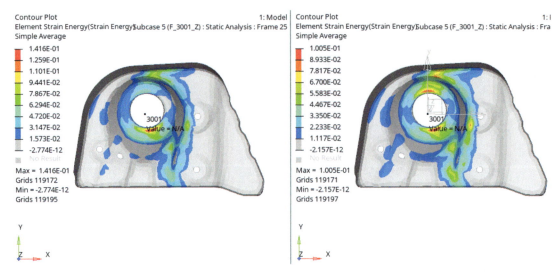

图 17.54　左前减振器安装点应变能对比图示

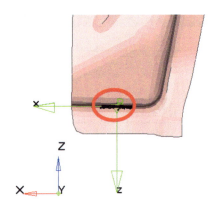

图 17.55　左后减振器安装点坐标系对比图示

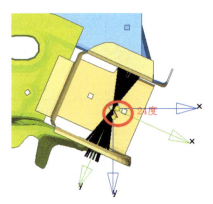

图 17.56　左后扭力梁安装点坐标系图示

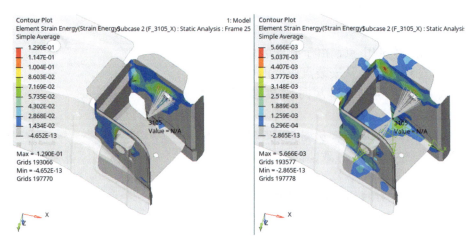

图 17.57　左后扭力梁安装点应变能对比图示

17.3.3 动刚度分析

1. 动刚度分析工况

BIP 安装点动刚度分析主要采用模态频率响应分析方法，其设置过程可参考 17.3.2 节。前减振器安装点动刚度分析载荷如图 17.58 所示。

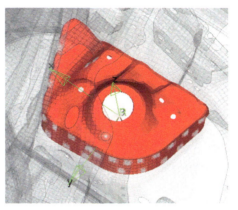

图 17.58　前减振器安装点动刚度分析载荷图示

2. 动刚度分析结果

1）左前减振器安装点 3001 曲线对比（实线为全局坐标系、虚线为局部坐标系），如图 17.59 所示。

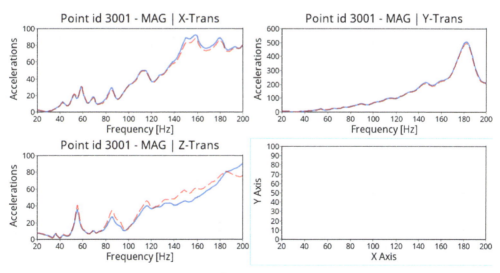

图 17.59　左前减振器动刚度曲线对比图示（安装点 3001）

2）左后减振器安装点 3003 曲线对比（实线为全局坐标系、虚线为局部坐标系），如图 17.60 所示。

3）左后扭力梁安装点 3105 曲线对比（实线为全局坐标系、虚线为局部坐标系），如图 17.61 所示。

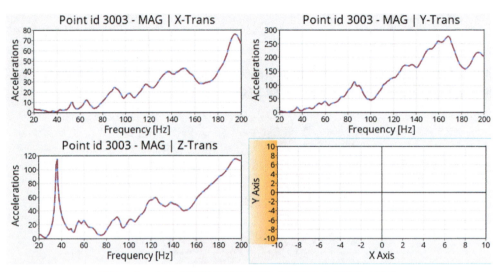

图 17.60　左后减振器动刚度曲线对比图示（安装点 3003）

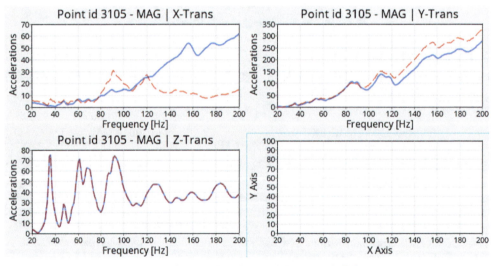

图 17.61　左后扭力梁动刚度曲线对比图示（安装点 3105）

4）安装点动刚度分析结果列表（20~200Hz），见表 17.17。

表 17.17　车身安装点动刚度分析结果

名称	全局坐标系/(N/mm)	局部坐标系/(N/mm)	差值/(N/mm)
$3001x$	15876	16325	449
$3001y$	8838	9283	445
$3001z$	17382	16019	−1363
$3003x$	25779	25779	0
$3003y$	5949	5949	0
$3003z$	13704	13704	0

（续）

名称	全局坐标系/(N/mm)	局部坐标系/(N/mm)	差值/(N/mm)
3105x	26101	52527	26426
3105y	6148	5438	-710
3105z	16834	16835	1

5）安装点动刚度与静刚度比值分析结果。从安装点动刚度与静刚度比值中可以看出，车身安装点动静刚度比平均在 2.30~2.40 左右，此值仅供参考，见表 17.18。

表 17.18　车身安装点动静刚度比结果

名称	全局坐标系/(N/mm)			局部坐标系/(N/mm)		
3001x	动刚度	静刚度	动/静	动刚度	静刚度	动/静
3001y	15876	7893	2.01	16325	8045	2.03
3001z	8838	5587	1.58	9283	5757	1.61
3003x	17382	8285	2.10	16019	7788	2.06
3003y	25779	15924	1.62	25779	15924	1.62
3003z	5949	3570	1.67	5949	3570	1.67
3105x	13704	3426	4.00	13704	3426	4.00
3105y	26101	15106	1.73	52527	18450	2.85
3105z	6148	3294	1.87	5438	3169	1.72

6）在进行安装点静刚度或动刚度分析时，若安装点与整车位置不一致，建议建立局部坐标系，进行相关的分析和优化，此时与实际更加接近。

17.4　BIP 与 TB 状态下安装点动刚度的对比研究

车身安装点的分析模型是采用 BIP 还是 TB 状态，理论上采用 TB 模型进行动刚度分析更接近实车状态，对后面的 VTF、NTF 以及整车级的响应分析更具有指导意义；但是由于车身数据发布比较早，特别是 TG0 阶段，这时 BIP 已有初步的三维数据，可以进行 BIP 骨架类的相关分析，如车身模态、车身弯曲及扭转刚度以及车身安装点动刚度等，在这个时候进行安装点动刚度分析，可以在早期识别风险点进而进行优化改进，另外考虑到安装点动刚度主要是局部问题；若要等到 TB 模型出来，一般要到 TG1 阶段，此时相对比较晚，不利于安装点动刚度问题的识别及优化，所以车身安装点动刚度分析一般会在车身数据出来可以进行安装点动刚度分析时进行。但是待后续的 TB 模型出来后，会再一次进行安装点动刚度分析，作为前期 BIP 安装点动刚度分析的补充和验证。

基于此，本小节重点讨论 BIP 及 TB 两种状态下的车身安装点动刚度结果对比，为后期的动刚度分析及相关传递函数分析优化提供基础。

17.4.1　分析模型说明

分析模型包括 BIP 及 TB 两种状态，如图 17.62 所示。

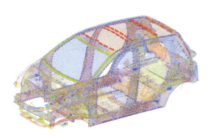

a) BIP 分析模型　　　　　　　b) TB 分析模型

图 17.62　BIP 及 TB 模型图示

17.4.2　两种状态动刚度分析

1）采用模态频率响应分析方法进行安装点动刚度计算，计算结果见表 17.19。

表 17.19　车身安装点动刚度计算结果

名称	方向	BIP/(N/mm)	TB/(N/mm)	(TB-BIP)/BIP/(N/mm)
前悬置 2501	X	1353	1317	-2.66%
	Y	8580	6409	-25.30%
	Z	6929	4184	-39.62%
右悬置 2502	X	5896	3934	-33.28%
	Y	2113	1993	-5.68%
	Z	5821	4851	-16.66%
后悬置 2503	X	21968	20324	-7.48%
	Y	6762	4787	-29.21%
	Z	3980	3451	-13.29%
左前减振器安装点 3001	X	15876	12136	-23.56%
	Y	8838	5729	-35.18%
	Z	17382	15331	-11.80%
右前减振器安装点 3002	X	15933	12746	-20.00%
	Y	8599	5762	-32.99%
	Z	17774	15659	-11.90%
左后减振器安装点 3003	X	25779	25210	-2.21%
	Y	5949	4617	-22.39%
	Z	13704	11016	-19.61%
右后减振器安装点 3004	X	19713	17856	-9.42%
	Y	4754	3448	-27.47%
	Z	17286	14546	-15.85%
下摆臂左前点 2701	X	18714	17424	-6.89%
	Y	16724	14027	-16.13%
	Z	3867	3679	-4.86%

(续)

名称	方向	BIP/(N/mm)	TB/(N/mm)	(TB-BIP)/BIP/(N/mm)
下摆臂右前点 2702	X	19079	17860	-6.39%
	Y	16877	14587	-13.57%
	Z	4152	3235	-22.09%
下摆臂左后点 2703	X	19111	17791	-6.91%
	Y	39456	32719	-17.07%
	Z	5647	5607	-0.71%
下摆臂右后点 2704	X	18712	17379	-7.12%
	Y	38546	32460	-15.79%
	Z	5385	4343	-19.35%
扭力梁左后点 3105	X	26101	25769	-1.27%
	Y	6148	4401	-28.42%
	Z	16834	16152	-4.05%
扭力梁右后点 3106	X	26047	25952	-0.36%
	Y	6049	4413	-27.05%
	Z	16701	16629	-0.43%
弹簧座左后点 3107	X	39050	39563	1.31%
	Y	9201	8349	-9.26%
	Z	15803	13383	-15.31%
弹簧座右后点 3108	X	38125	38041	-0.22%
	Y	9091	8285	-8.87%
	Z	16261	13812	-15.06%

2) 从 BIP 与 TB 安装点动刚度分析结果中可以看出，TB 状态由于其质量增加，整体安装点动刚度有不同程度的增大和减小，平均减小约 14.4%。最大降低为前悬架 2501 的 Z 方向，达到 39.62%，降低最小的为左后弹簧座（0.22%）。

17.5 动刚度优化实例

车身与底盘的接附点动刚度是一个非常重要的性能指标，对振动传递函数（VTF）和噪声传递函数（NTF）的结果有着重要的影响，对整车 NVH 的性能也有着直接影响，所以接附点动刚度在前期应尽可能优化至目标值。

从 BIP 与 TB 安装点动刚度分析结果中可以看出，TB 状态由于其质量增加，整体安装点动刚度有所下降；在汽车研发前期阶段，一般只有车身数据，建立 TB 模型不具备，此时对车身进行安装点动刚度分析及优化十分必要，可以在这个阶段进行大量的优化迭代，以满足安装点动刚度要求。此时应设定合理的车身安装点动刚度参考值，可以考虑 BIP 状态与 TB 状态之间的大致差异进行综合确定。

17.5.1 车身安装点动刚度基础分析

某车身刮水器电动机以及左后减振器安装点如图 17.63 和图 17.64 所示，其刮水器电动机及左后减振器安装点 20~200Hz 范围内的基础动刚度不满足要求，计算结果见表 17.20。

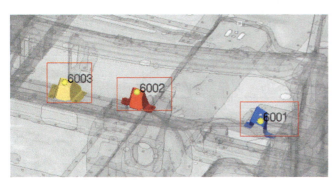

图 17.63 刮水器电动机安装点图示

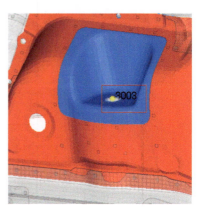

图 17.64 左后减振器安装点图示

表 17.20 刮水器电动机及左后减振器安装点动刚度计算结果

名称	方向	基础/(N/mm)	参考/(N/mm)
刮水器电动机左安装点 6001	X	32	—
	Y	57	—
	Z	115	500
刮水器电动机中安装点 6002	X	90	—
	Y	481	—
	Z	711	500
刮水器电动机右安装点 6003	X	164	—
	Y	305	—
	Z	153	500
左后减振器安装点 3003	X	25253	10000
	Y	4853	6000
	Z	12617	10000

17.5.2 车身安装点动刚度优化分析

1) 首先采用惯性释放方法（添加控制卡片 PARAM、INREL、-2）对刮水器电动机安装点以及左后减振器进行静刚度分析，输出应变能，分析模型如图 17.65 和图 17.66 所示。

2) 其次查看应变能结果，根据应变分布情况进行受力分析，如图 17.67 和图 17.68 所示。

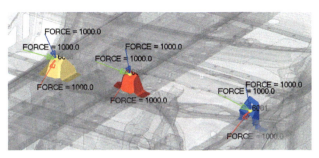

图 17.65　刮水器电动机安装点静刚度分析模型图示

图 17.66　左后减振器安装点静刚度分析模型图示

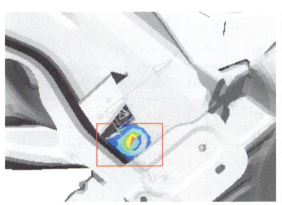

图 17.67　刮水器电动机安装点静刚度应变能图示（Z 向）

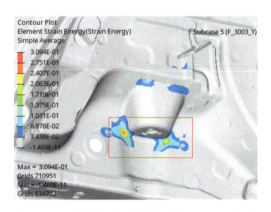

图 17.68　左后减振器安装点静刚度应变能图示（Y 向）

3）优化方案提出。刮水器电动机左右安装点法向（Z 向）刚度较弱主要是由于前后方向无支撑，导致变形相对较大；而左后减振器 Y 向刚度低主要是侧向无支撑，导致侧向受力时变形较大。据此提出以下优化方案，刮水器电动机增加前后支撑、左后减振器增加侧向支撑，具体方案如图 17.69 所示。

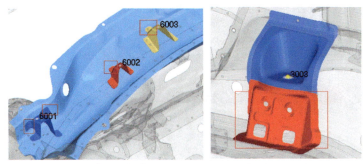

图 17.69　刮水器电动机及左后减振器安装点优化方案图示

17.5.3　车身安装点动刚度优化结果对比

1）将优化后的方案重新进行分析，得到优化结果见表 17.21。

表 17.21　刮水器电动机及左后减振器安装点动刚度优化结果

名称	方向	基础/(N/mm)	优化/(N/mm)	参考/(N/mm)
刮水器电动机左安装点 6001	X	32	424	—
	Y	57	920	—
	Z	115	2835	500
刮水器电动机中安装点 6002	X	90	131	—
	Y	481	517	—
	Z	711	939	500
刮水器电动机右安装点 6003	X	164	418	—
	Y	305	320	—
	Z	153	433	500
左后减振器安装点 3003	X	25253	25779	10000
	Y	4853	5949	6000
	Z	12617	13704	10000

2）安装点动刚度优化曲线对比如图 17.70 所示。

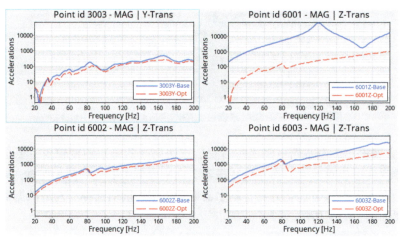

图 17.70　刮水器电动机及左后减振器安装点动刚度优化方案曲线图示

17.6 小结

本章对单自由度和多自由度的动刚度相关理论,以及动刚度目标值制定方法等进行了详细讲述,并采用两种方法对动刚度分析的流程及技巧进行了阐述,同时采用四种方法对动刚度后处理进行了详细的说明和演示,对动刚度的工程优化思路和流程进行了分析。

思考题

1. 动刚度与静刚度的关系是什么?
2. 动刚度中单自由度和多自由度的相关理论联系是什么?
3. 动刚度目标值制定的方法有哪些?
4. 动刚度的分析流程和方法有哪些?
5. 动刚度的实际工程优化思路和流程有哪些?

第 18 章
TB 振动传递函数分析及优化方法

振动传递函数（Vibration Transfer Function，VTF）分析能够较为直观地给出车身结构对振动激励的响应程度，可在设计初期对结构振动传递性能进行评价，针对隔振性能较差的路径进行识别，为后续的结构优化指明方向。

振动传递函数（VTF）主要是指输入激励载荷与输出振动之间的对应函数关系，用于评价车身结构对振动的灵敏度特性。VTF 分析主要通过在动力总成、底盘、排气系统等与车身接附点施加单位力激励，计算得到车内振动响应。车身关键连接点在外力的激励作用下在车内产生振动，有些激励点对车内某个响应点比较灵敏，有些可能不灵敏，通过 VTF 分析可以识别出关键的连接点，从而对其进行分析及优化。

18.1 VTF 分析的相关设置

车内关键点（转向盘、座椅导轨、变速杆等）对激励大小的敏感程度，称为声振传递函数或者灵敏度。

18.1.1 VTF 分析的边界设置

1. VTF 分析的激励点与响应点

振动传递函数分析的激励点位置与白车身动刚度分析的激励点位置相同，但是对于 VTF 分析而言，响应点位置为座椅安装点、变速杆、转向盘等，如图 18.1 所示。由于 VTF 主要是考察低频的振动响应，所以一般分析的频率段为 100Hz 以内。

2. VTF 分析参数设置

1) 分析频率范围：0~200Hz。
2) 扫频范围：20~80Hz。
3) 载荷定义。车身关键安装点定义示意图如图 18.2 所示，各关键安装点定义见表 18.1。

① 冷却模块安装点分别施加 X、Y、Z 方向的激励，大小 1N。

② 动力总成安装点处分别施加

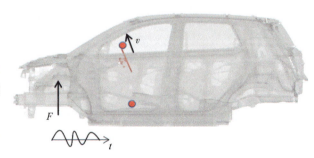

图 18.1　VTF 激励-响应图示

X、Y、Z 方向的激励，大小 1N。

③ 减振器（悬架）安装点处分别施加 X、Y、Z 方向的激励，大小 1N。

④ 摆臂安装点处分别施加 X、Y、Z 方向的激励，大小 1N。

⑤ 后扭力梁安装点处分别施加 X、Y、Z 方向的激励，大小 1N。

⑥ 后悬弹簧安装点处分别施加 X、Y、Z 方向的激励，大小 1N。

4）响应点示意图如图 18.3 所示，响应点定义列表见表 18.2。

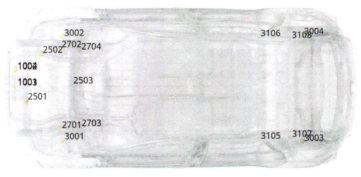

图 18.2　车身关键安装点定义示意图

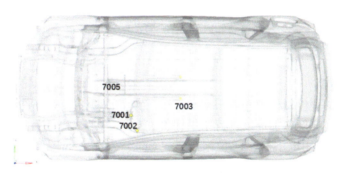

图 18.3　VTF 分析响应点图示

表 18.1　车身关键安装点定义

编号	名称	方向
1001	冷却模块左上安装点	X、Y、Z
1002	冷却模块右上安装点	X、Y、Z
1003	冷却模块左下安装点	X、Y、Z
1004	冷却模块右下安装点	X、Y、Z
2501	前悬置	X、Y、Z
2502	右悬置	X、Y、Z
2503	后悬置	X、Y、Z
3001	前减振器左连接点	X、Y、Z
3002	前减振器右连接点	X、Y、Z

(续)

编号	名称	方向
3003	后减振器左连接点	X、Y、Z
3004	后减振器右连接点	X、Y、Z
2701	下摆臂左前连接点	X、Y、Z
2702	下摆臂右前连接点	X、Y、Z
2703	下摆臂左后连接点	X、Y、Z
2704	下摆臂右后连接点	X、Y、Z
3105	后扭力梁左连接点	X、Y、Z
3106	后扭力梁右连接点	X、Y、Z
3107	左弹簧座连接点	X、Y、Z
3108	右弹簧座连接点	X、Y、Z

表 18.2　VTF 分析响应点定义

编号	名称	方向
7001	转向盘 12 点（局部坐标系）	X、Z
7002	转向盘 9 点（局部坐标系）	Y
7003	驾驶员座椅导轨右后安装点	X、Y、Z
7005	加速踏板点	X、Y、Z

3. VTF 分析目标

振动传递函数的评价目标值一般根据参考车、实车问题，以及同平台车型等进行综合考虑，可以采用位移、速度或加速度进行结果评价。

1) 振动一般可以用以下三个单位来表示：mm、mm/s、mm/s^2，即振动位移、振动速度、振动加速度。

振动位移一般用于低频率段或低转速机械的振动评定，一般在 20Hz 以下，如典型的座椅低频抖动，可通过校核和优化其静刚度，进而改善抖动问题。

振动速度一般用于中频率段或中等转速机械的振动评定，一般在 100Hz 以下，如典型的转向盘抖动，其频率一般较低，采用速度评价相对较为合理。

振动加速度一般用于较高频率段或较高转速机械的振动评定，一般在 300Hz 以下，如典型的车身接附点动刚度，其频率一般考察到 200Hz 或 300Hz，采用加速度评价相对较为合理。

工程中的振动速度一般用速度的有效值，表征的是振动的能量；而加速度一般用峰值，表征振动中冲击力的大小。

2) 位移、速度、加速度都是振动测量的度量参数，三者分别有 90°、180° 的相位差。现实中，对于低转速机器（如转速小于 1000r/min）来说，位移是最好的测量方法。而对于那些加速度很小、位移较大的机器，一般采用速度测量。对于高转速或高频机器，有时尽管位移很小，速度也适中，但其加速度却可能很高，采用加速度测量相对更为合理。

3) 采用速度响应评价其参考值如下。如减振器左前安装点到转向盘 12 点的分析结果如

图 18.4 所示。

① 转向盘不大于 0.3（mm/s）/N。
② 座椅导轨不大于 0.1（mm/s）/N。
4）采用加速度响应评价其参考值如下：
① 转向盘不大于 300（mm/s^2）/N。
② 座椅导轨不大于 100（mm/s^2）/N。

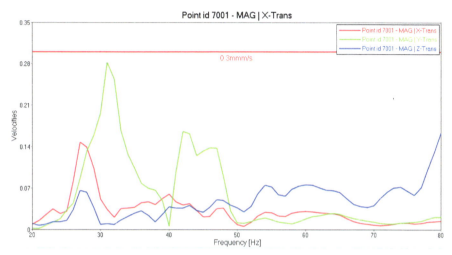

图 18.4　减振器左前安装点到转向盘 12 点 VTF 分析结果

18.1.2　VTF 分析设置流程

1. VTF 分析设置方法一

对于车身底盘安装点 VTF 分析，可以采用头文件的形式进行，即将计算出的求解参数、计算点定义以及分析工况等在头文件中进行设置，并关联需要计算的模型，直接提交头文件即可完成安装点 VTF 分析。

1）如图 18.5 所示，方框中第一个框为使用的求解器类型，本计算采用的是模态频率响应分析，即 SOL 111。

2）第二个方框表示需要计算的响应点定义，具体见表 18.2。

```
SOL 111
CEND
$
ECHO=NONE
$HMSET       1       1 "steer,seat,accpedal"
SET 1 = 7001,7002,7003,7005
  MPC =       501
  NSM =       500
  METHOD(STRUCTURE) =      100
  FREQUENCY =       102
  SDAMPING(STRUCTURE) =      104
  VELOCITY(SORT2,PUNCH,PHASE) = 1
```

图 18.5　计算头文件参数定义

3）第三个方框表示计算所共用的特征值提取频率、阻尼、扫频范围，以及非结构质量相关参数代号。

4）工况定义。每个安装点有三个方向的工况，输出加速度响应。对于冷却模块以及刮水器电动机，若要计算其安装点到响应点的VTF，需要将冷却模块和刮水器电动机的质量模型去除，即删除CONM2+RBE3单元或CONM2+RBE2+CBUSH单元，生成单独一个专用于计算冷却模块的TB模型，如图18.6所示。

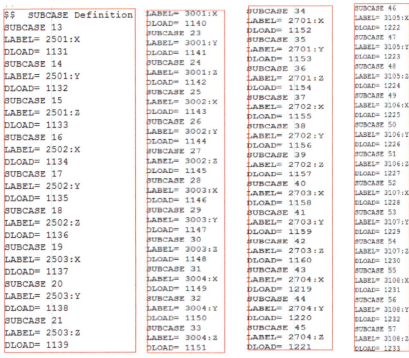

图18.6　悬置、前后减振器、下摆臂及扭力梁工况定义图

5）控制卡片及相关参数定义，包括特征值提取、阻尼、激励力的幅值以及扫频等相关参数，如图18.7所示。

```
$$$$$$$$$$$$$$$$$$$$$$$$$$$$$$$$$$$$$$$$$$$
BEGIN BULK
param,amses,yes
param,checkel,no
PARAM    AUTOSPC        YES
PARAM    DBALL          SCRATCH
PARAM    RESVEC         YES
$$
FREQ1       102     20.0       1.0      60
TABLED1     499     LINEAR     LINEAR
+           0.0     1.0        1000.0   1.0ENDT
$$
TABDMP1     104     CRIT
+           1.0     0.03       400.0    0.03ENDT
EIGRL       100                200.0
$
```

图18.7　控制参数定义图

6) 组合载荷 DLOAD 工况定义。此关键字一般用于多个工况的组合，如多个激励点同时起作用。在此只定义一个工况，即 RLOAD1 工况，如图 18.8 所示。

DLOAD	1131	1	1	2131	DLOAD	1152	1	1	2152
DLOAD	1132	1	1	2132	DLOAD	1153	1	1	2153
DLOAD	1133	1	1	2133	DLOAD	1154	1	1	2154
DLOAD	1134	1	1	2134	DLOAD	1155	1	1	2155
DLOAD	1135	1	1	2135	DLOAD	1156	1	1	2156
DLOAD	1136	1	1	2136	DLOAD	1157	1	1	2157
DLOAD	1137	1	1	2137	DLOAD	1158	1	1	2158
DLOAD	1138	1	1	2138	DLOAD	1159	1	1	2159
DLOAD	1139	1	1	2139	DLOAD	1160	1	1	2160
DLOAD	1140	1	1	2140	DLOAD	1219	1	1	2219
DLOAD	1141	1	1	2141	DLOAD	1220	1	1	2220
DLOAD	1142	1	1	2142	DLOAD	1221	1	1	2221
DLOAD	1143	1	1	2143	DLOAD	1222	1	1	2222
DLOAD	1144	1	1	2144	DLOAD	1223	1	1	2223
DLOAD	1145	1	1	2145	DLOAD	1224	1	1	2224
DLOAD	1146	1	1	2146	DLOAD	1225	1	1	2225
DLOAD	1147	1	1	2147	DLOAD	1226	1	1	2226
DLOAD	1148	1	1	2148	DLOAD	1227	1	1	2227
DLOAD	1149	1	1	2149	DLOAD	1228	1	1	2228
DLOAD	1150	1	1	2150	DLOAD	1229	1	1	2229
DLOAD	1151	1	1	2151	DLOAD	1230	1	1	2230
					DLOAD	1231	1	1	2231
					DLOAD	1232	1	1	2232
					DLOAD	1233	1	1	2233

图 18.8　DLOAD 工况定义图

7) 激励载荷 RLOAD1 定义。该参数包括激励点单位力 DAREA 以及力的幅值 TABLED 1500。图 18.9 所示第二列为 RLOAD1 的序号，第三列为激励点 DAREA 的序号，第四列为力的幅值 TABLED1 的序号。

RLOAD1	2131	2131	499	RLOAD1	2152	2152	499
RLOAD1	2132	2132	499	RLOAD1	2153	2153	499
RLOAD1	2133	2133	499	RLOAD1	2154	2154	499
RLOAD1	2134	2134	499	RLOAD1	2155	2155	499
RLOAD1	2135	2135	499	RLOAD1	2156	2156	499
RLOAD1	2136	2136	499	RLOAD1	2157	2157	499
RLOAD1	2137	2137	499	RLOAD1	2158	2158	499
RLOAD1	2138	2138	499	RLOAD1	2159	2159	499
RLOAD1	2139	2139	499	RLOAD1	2160	2160	499
RLOAD1	2140	2140	499	RLOAD1	2219	2219	499
RLOAD1	2141	2141	499	RLOAD1	2220	2220	499
RLOAD1	2142	2142	499	RLOAD1	2221	2221	499
RLOAD1	2143	2143	499	RLOAD1	2222	2222	499
RLOAD1	2144	2144	499	RLOAD1	2223	2223	499
RLOAD1	2145	2145	499	RLOAD1	2224	2224	499
RLOAD1	2146	2146	499	RLOAD1	2225	2225	499
RLOAD1	2147	2147	499	RLOAD1	2226	2226	499
RLOAD1	2148	2148	499	RLOAD1	2227	2227	499
RLOAD1	2149	2149	499	RLOAD1	2228	2228	499
RLOAD1	2150	2150	499	RLOAD1	2229	2229	499
RLOAD1	2151	2151	499	RLOAD1	2230	2230	499
				RLOAD1	2231	2231	499
				RLOAD1	2232	2232	499
				RLOAD1	2233	2233	499

图 18.9　RLOAD 工况定义图

8）安装点的单位力激励 DAREA 定义，包括三个方向 $X/Y/Z$，如图 18.10 所示。

DAREA	2131	2501	11	DAREA	2152	2701	11
DAREA	2132	2501	21	DAREA	2153	2701	21
DAREA	2133	2501	31	DAREA	2154	2701	31
DAREA	2134	2502	11	DAREA	2155	2702	11
DAREA	2135	2502	21	DAREA	2156	2702	21
DAREA	2136	2502	31	DAREA	2157	2702	31
DAREA	2137	2503	11	DAREA	2158	2703	11
DAREA	2138	2503	21	DAREA	2159	2703	21
DAREA	2139	2503	31	DAREA	2160	2703	31
DAREA	2140	3001	11	DAREA	2219	2704	11
DAREA	2141	3001	21	DAREA	2220	2704	21
DAREA	2142	3001	31	DAREA	2221	2704	31
DAREA	2143	3002	11	DAREA	2222	3105	11
DAREA	2144	3002	21	DAREA	2223	3105	21
DAREA	2145	3002	31	DAREA	2224	3105	31
DAREA	2146	3003	11	DAREA	2225	3106	11
DAREA	2147	3003	21	DAREA	2226	3106	21
DAREA	2148	3003	31	DAREA	2227	3106	31
DAREA	2149	3004	11	DAREA	2228	3107	11
DAREA	2150	3004	21	DAREA	2229	3107	21
DAREA	2151	3004	31	DAREA	2230	3107	31
				DAREA	2231	3108	11
				DAREA	2232	3108	21
				DAREA	2233	3108	31

图 18.10　DAREA 载荷定义图

9）调整需要计算的模型。如本例为 TB 模型，模型只有节点、单元、属性、材料，以及非结构质量等，无工况、求解参数等内容，需要设置 OMIT 参数，即去除 BEGIN BULK 和 ENDDATA 等参数，如图 18.11 所示；或直接调用 TB 模型的头文件 Interface 文件，在头文件中加上 INCLUDE 'N01_TB_model.fem'，如图 18.12 所示。整个用于计算的 TB 模型树如图 18.13 所示。

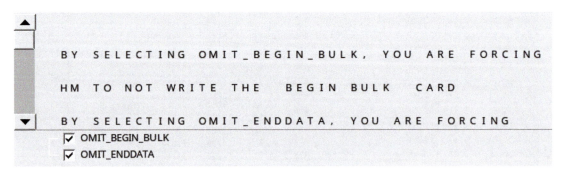

图 18.11　OMIT 参数设置图示

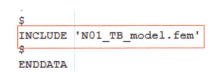

图 18.12　Interface 中 TB INCLUDE 模型定义图

2. VTF 分析设置方法二

方法一中采用头文件方法进行 TB VTF 的设置，也可采用 Tools 中的流程进行设置。该方法为 Step by Step，建模设置流程简洁清晰，适用于首次操作设置传递函数分析，具体操作可参照如下。

1）采用 Tools＞Freq Resp Process＞Unit input frequency response（或 General frequency response）方法进行设置，具体可参照以下流程进行。

注：采用全局阻尼 PARAM、G、0.06 时，可能有些激励点计算结果与头文件设置的 TABDMP1 阻尼结果略有出入，建议两种阻尼设置方式一致，推荐通过 TABDMP1 或每个材料进行设置。

2）加载进入 Unit input frequency response 模块，并进行图 18.14 所示操作。

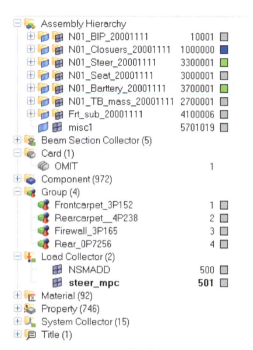

图 18.13　TB 模型树显示图示

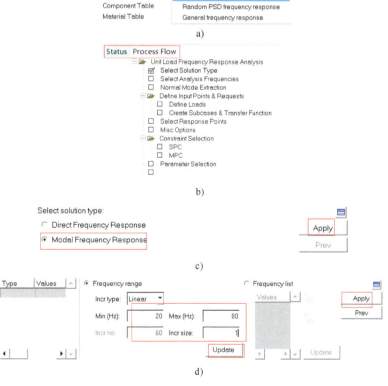

图 18.14　VTF 分析设置方法二流程图示

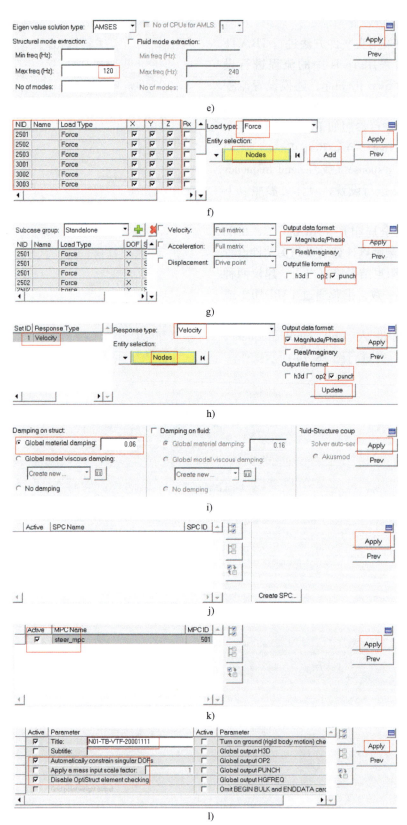

图18.14 VTF 分析设置方法二流程图示（续）

3）完成的 VTF 计算模型包括载荷、计算参数以及工况等内容。VTF 计算模型树如图 18.15 所示，部分工况如图 18.16 所示，计算模型如图 18.17 所示。

图 18.15　VTF 计算模型树图示

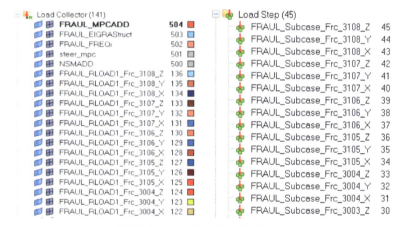

图 18.16　VTF 计算部分工况图示

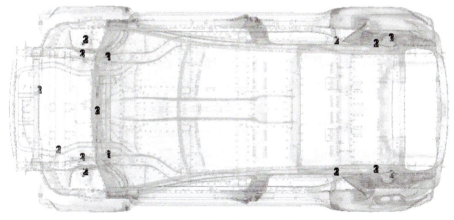

图 18.17　VTF 计算模型工况显示图示

4）进入控制卡片，将非结构质量 NSMADD 添加到全局参数卡片中，如图 18.18 所示。

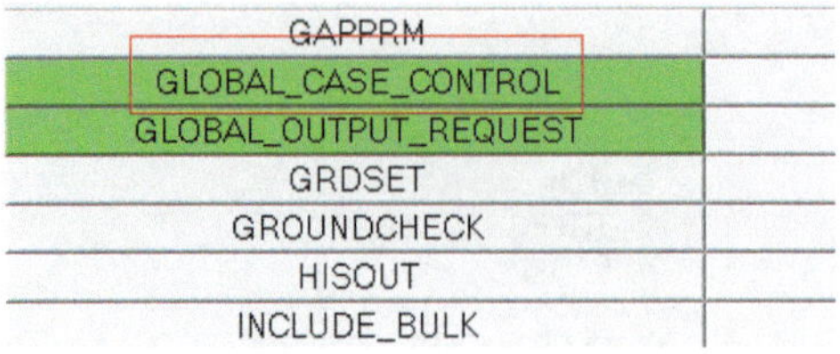

图 18.18　VTF 求解参数设置流程图示

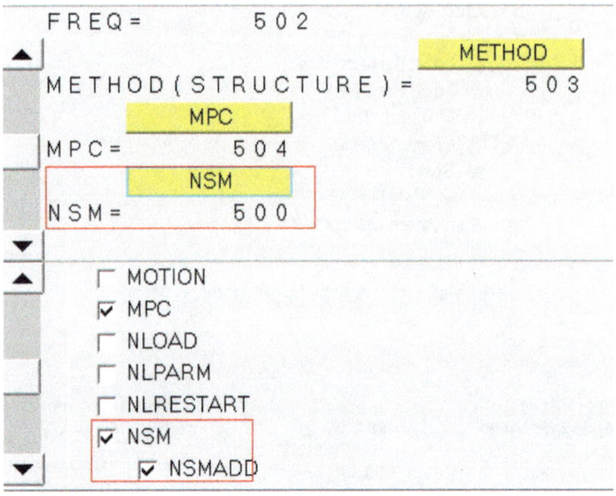

5）导出模型 N01_TB_VTF_20001111.fem，提交计算即可，如图 18.19 所示。

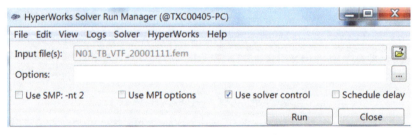

图 18.19　VTF 提交计算界面图示

3. VTF 分析设置方法三

也可采用 Tools>Freq Resp Process>General frequency response 方法进行设置，此方法主要是针对单一工况或多个工况组合求解进行设置的，如图 18.20 所示。

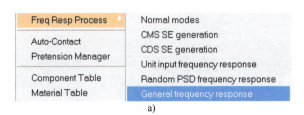

图 18.20　VTF 分析设置方法三流程图示

第 18 章　TB 振动传递函数分析及优化方法

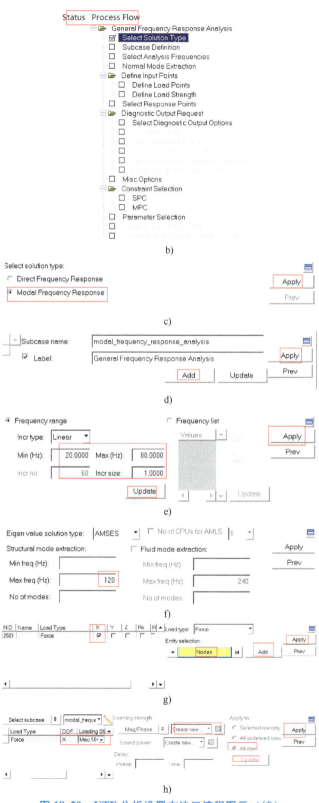

图 18.20　VTF 分析设置方法三流程图示（续）

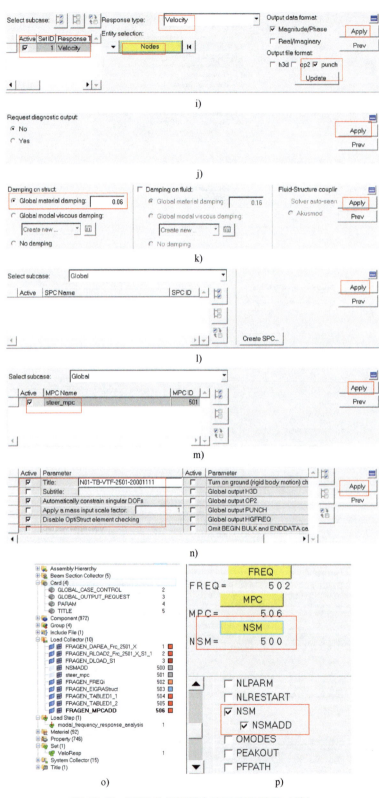

图 18.20 VTF 分析设置方法三流程图示（续）

4. VTF 分析设置方法四

也可采用常规方法进行设置，即每个激励点的定义以及设置均在软件界面中操作完成，具体方法如下。

1）特征值提取设置。本例激励频率计算范围为 20~80Hz，模态提取为扫频的 1.5~2.0 倍，如图 18.21 所示。

注：若采用 OPTISTRUC 进行求解，可以采用 EIGRL 进行特征值的提取，采用该方法并配合 PARAM、AMSES、YES，计算时间会加速。

2）阻尼设置。本例采用 TABDMP1，阻尼比为 0.03，即阻尼为 0.06，如图 18.22 所示。

图 18.21　特征值提取设置图示　　　图 18.22　模态阻尼设置图示

3）激励频率（扫频）范围设置。根据需要进行设置，如本例采用 FREQ1，范围为 20~80Hz，如图 18.23 所示。

4）激励力的幅值 TABLED1 定义。由于 VTF 分析为灵敏度分析，一般设置为等幅值 1.0，如图 18.24 所示。

图 18.23　激励频率设置图示　　　图 18.24　激励力幅值设置图示

5）激励点单位力 DAREA 定义。图 18.25 所示为左前减振器 X 向单位力定义图示。

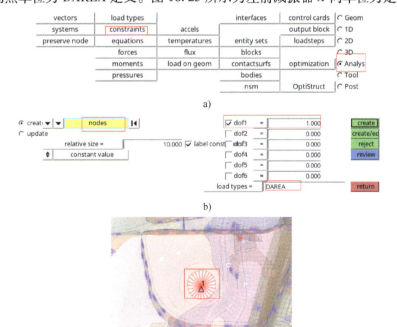

图 18.25　激励点单位力设置流程图示

6）激励载荷 RLOAD1 定义。每一个 RLOAD1 包括单位激励力 DAREA 和 TABLED1，DAREA 的序号可以定义为与 RLOAD1 相同，TYPE 默认类型为 LOAD，如图 18.26 所示。

图 18.26　激励载荷集设置图示

7）工况组合 DLOAD 定义。该关键字可以不定义，直接调用 RLOAD1 即可。此关键字只针对多个 RLOAD1 的组合，如图 18.27 所示。

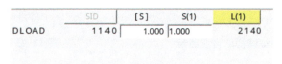

图 18.27　工况组合设置图示

8）关键点定义。即每个激励点需要单独定义一个 SET，如图 18.28 所示。

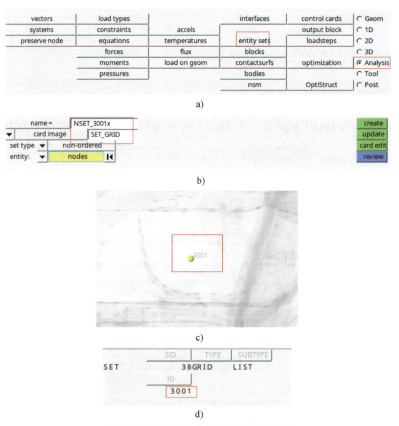

图 18.28　激励点 SET 设置流程图示

9）每个激励点工况定义。在定义工况名称时可参照图 18.29，这样可保持与测试中的一致，便于测试互通。以 PUNCH 格式输出计算结果，同时要关联对应的激励点 SET。

第 18 章　TB 振动传递函数分析及优化方法

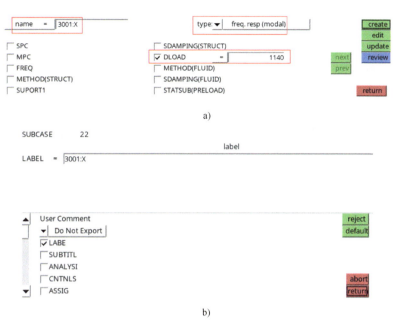

图 18.29　激励点计算工况设置流程图示

10）控制卡片全局参数定义。将每个工况共用的参数在全局参数卡片中定义，包括 FREQ、EIGRL、NSM 以及 SDAMPING 等，如图 18.30 所示，结果输出如图 18.31 所示。

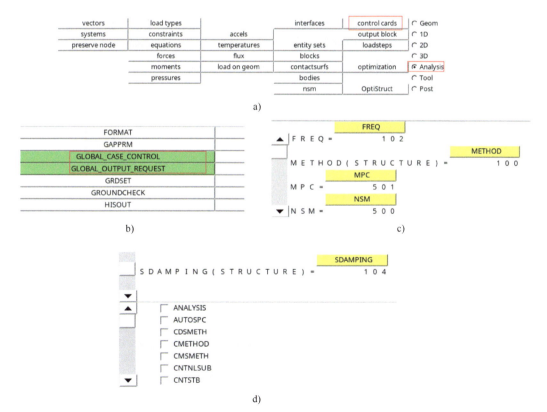

图 18.30　求解参数设置流程图示

323

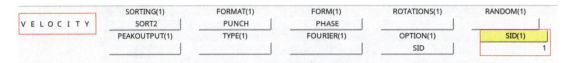

图 18.31　结果输出设置流程图示

11）求解控制参数定义，如自动约束 AUTOSPC 等，如图 18.32 所示。

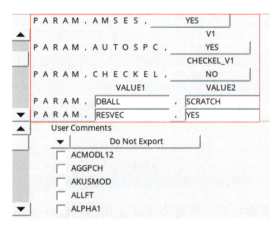

图 18.32　计算控制参数图示

12）响应点 SET 定义。在 VTF 中一般定义转向盘 12 点和 9 点、驾驶员座椅右后安装点，以及加速踏板点等，具体可根据实际要求进行调整或增加。其中转向盘响应点需要建立局部坐标系，如图 18.33 所示。

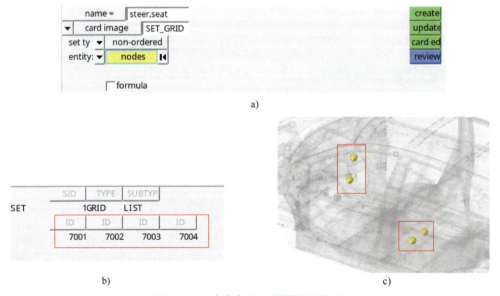

图 18.33　响应点 SET 设置流程图示

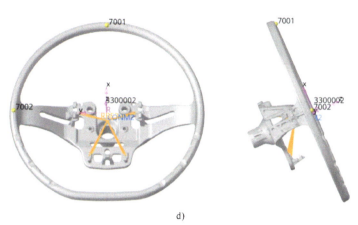

d)

图 18.33　响应点 SET 设置流程图示（续）

18.1.3　VTF 后处理操作流程

通过计算可得到 VTF 结果 PCH 文件，如 N01_TB_VTF_head_20001111.pch。通过读取该文件可以得到各个激励点到响应点的数值，具体方法如下。

1）打开 Hypergraph，导入计算结果 PCH 文件，Subcase 中显示的是激励点工况，Y Type 为速度，Y Request 为响应点名称，Y Component 为响应点每个方向的结果，包括 X、Y 以及 Z 三个方向。对于转向盘 12 点 7001 读取 X 和 Z 方向的响应结果，9 点 7002 读取 Y 方向的响应结果。其余响应点均读取 X、Y 和 Z 三个方向的响应结果。分别读取每条曲线中的最大值以及对应的频率，如图 18.34 所示。

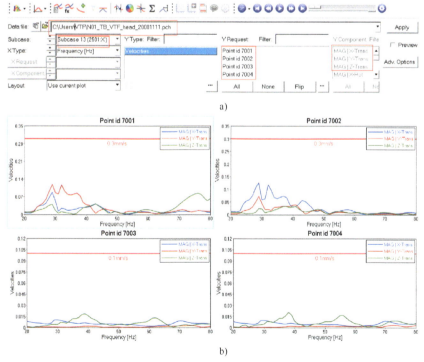

图 18.34　VTF 后处理流程图示

2) 读取各个激励点到响应点的结果并进行汇总，得到以下结果列表。从结果中可以看出有哪些激励点、哪个频率超差，找出共同超差的频率，进而通过识别等方法进行优化分析。悬置安装点到响应点的结果见表 18.3~表 18.6。

表 18.3　悬置安装点-转向盘 12 点结果

名称	响应点	方向	最大值/(mm/s)	对应频率/Hz	目标值/(mm/s)
2501：X	7001	X-Trans	0.09	29	0.3
2501：X	7001	Z-Trans	0.083	76	0.3
2501：Y	7001	X-Trans	0.137	41	0.3
2501：Y	7001	Z-Trans	0.185	78	0.3
2501：Z	7001	X-Trans	0.402	29	0.3
2501：Z	7001	Z-Trans	0.247	48	0.3
2502：X	7001	X-Trans	0.051	32	0.3
2502：X	7001	Z-Trans	0.083	80	0.3
2502：Y	7001	X-Trans	0.137	48	0.3
2502：Y	7001	Z-Trans	0.182	48	0.3
2502：Z	7001	X-Trans	0.324	31	0.3
2502：Z	7001	Z-Trans	0.274	48	0.3
2503：X	7001	X-Trans	0.146	29	0.3
2503：X	7001	Z-Trans	0.064	29	0.3
2503：Y	7001	X-Trans	0.112	31	0.3
2503：Y	7001	Z-Trans	0.089	49	0.3
2503：Z	7001	X-Trans	0.227	48	0.3
2503：Z	7001	Z-Trans	0.425	80	0.3

表 18.4　悬置安装点-转向盘 9 点结果

名称	响应点	方向	最大值/(mm/s)	对应频率/Hz	目标值/(mm/s)
2501：X	7002	Y-Trans	0.069	29	0.3
2501：Y	7002	Y-Trans	0.408	41	0.3
2501：Z	7002	Y-Trans	0.198	29	0.3
2502：X	7002	Y-Trans	0.052	30	0.3
2502：Y	7002	Y-Trans	0.34	41	0.3
2502：Z	7002	Y-Trans	0.164	42	0.3
2503：X	7002	Y-Trans	0.087	29	0.3
2503：Y	7002	Y-Trans	0.166	34	0.3
2503：Z	7002	Y-Trans	0.074	29	0.3

……

表18.5 悬置安装点-座椅导轨点结果

名称	响应点	方向	最大值/(mm/s)	对应频率/Hz	目标值/(mm/s)
2501：X	7003	X-Trans	0.011	30	0.1
2501：X	7003	Y-Trans	0.002	74	0.1
2501：X	7003	Z-Trans	0.019	39	0.1
2501：Y	7003	X-Trans	0.006	40	0.1
2501：Y	7003	Y-Trans	0.024	80	0.1
2501：Y	7003	Z-Trans	0.061	61	0.1
2501：Z	7003	X-Trans	0.021	29	0.1
2501：Z	7003	Y-Trans	0.015	69	0.1
2501：Z	7003	Z-Trans	0.102	36	0.1
2502：X	7003	X-Trans	0.009	30	0.1
2502：X	7003	Y-Trans	0.007	76	0.1
2502：X	7003	Z-Trans	0.027	39	0.1
2502：Y	7003	X-Trans	0.008	69	0.1
2502：Y	7003	Y-Trans	0.015	76	0.1
2502：Y	7003	Z-Trans	0.049	40	0.1
2502：Z	7003	X-Trans	0.017	29	0.1
2502：Z	7003	Y-Trans	0.009	65	0.1
2502：Z	7003	Z-Trans	0.065	36	0.1
2503：X	7003	X-Trans	0.013	30	0.1
2503：X	7003	Y-Trans	0.003	75	0.1
2503：X	7003	Z-Trans	0.032	38	0.1
2503：Y	7003	X-Trans	0.004	29	0.1
2503：Y	7003	Y-Trans	0.01	76	0.1
2503：Y	7003	Z-Trans	0.031	40	0.1
2503：Z	7003	X-Trans	0.019	70	0.1
2503：Z	7003	Y-Trans	0.008	69	0.1
2503：Z	7003	Z-Trans	0.046	37	0.1

表18.6 悬置安装点-加速踏板点结果

名称	响应点	方向	最大值/(mm/s)	对应频率/Hz	目标值/(mm/s)
2501：X	7005	X-Trans	0.012	28	0.1
2501：X	7005	Y-Trans	0.021	75	0.1

(续)

名称	响应点	方向	最大值/(mm/s)	对应频率/Hz	目标值/(mm/s)
2501：X	7005	Z-Trans	0.007	80	0.1
2501：Y	7005	X-Trans	0.03	61	0.1
2501：Y	7005	Y-Trans	0.067	80	0.1
2501：Y	7005	Z-Trans	0.018	62	0.1
2501：Z	7005	X-Trans	0.032	36	0.1
2501：Z	7005	Y-Trans	0.06	71	0.1
2501：Z	7005	Z-Trans	0.083	80	0.1
2502：X	7005	X-Trans	0.01	37	0.1
2502：X	7005	Y-Trans	0.013	70	0.1
2502：X	7005	Z-Trans	0.007	80	0.1
2502：Y	7005	X-Trans	0.026	61	0.1
2502：Y	7005	Y-Trans	0.045	62	0.1
2502：Y	7005	Z-Trans	0.027	80	0.1
2502：Z	7005	X-Trans	0.019	36	0.1
2502：Z	7005	Y-Trans	0.034	71	0.1
2502：Z	7005	Z-Trans	0.053	80	0.1
2503：X	7005	X-Trans	0.011	28	0.1
2503：X	7005	Y-Trans	0.004	29	0.1
2503：X	7005	Z-Trans	0.008	37	0.1
2503：Y	7005	X-Trans	0.017	52	0.1
2503：Y	7005	Y-Trans	0.031	73	0.1
2503：Y	7005	Z-Trans	0.012	52	0.1
2503：Z	7005	X-Trans	0.009	60	0.1
2503：Z	7005	Y-Trans	0.037	79	0.1
2503：Z	7005	Z-Trans	0.101	80	0.1

18.2 VTF优化方法及思路

通过VTF可以得到各个激励点到响应点的结果，对结果进行分析找出超差的频率，以及每个激励点在某个频率点均超差的共性问题，通过一些方法进行识别找出问题进行分析。对于VTF超差一般可采用模态贡献量的方法进行识别分析，进而通过对VTF贡献较大的模态进行应变能分析，找出薄弱区域，从而加强结构，进行优化。

18.2.1 VTF 常见的优化方法

VTF 常见优化方法有应变能法、模态法、ODS（Operation Defletion Shape）、模态贡献量法等。

1）应变能法主要是对结构模态应变能的集中区域进行优化，如典型的转向系统模态提升，在找到转向系统结构薄弱区域后，需要通过加支撑、调整厚度、优化搭接等方法提升转向系统的模态，进而优化转向系统的 VTF。

2）模态法以及 ODS 基于结构的模态振型，通过优化结构的模态，降低整车激励点的 VTF 响应。

3）模态贡献量法即通常所说的 MPA（Modal Participation Analysis），通过模态贡献量分析定位到底是哪个模态引起指定频率下的 VTF 超差，通过对系统的模态进行提升和优化，进而优化 VTF，该方法在整车 VTF 优化中应用较为广泛。

18.2.2 VTF 中模态贡献量优化流程

举例如下：后悬置 2501 的 Z 方向对转向盘 12 点的 X 方向的响应在 29Hz 超差，如图 18.35 所示。通过进行模态贡献量分析，找到问题的根源并进行初步的优化研究，进而优化 VTF。

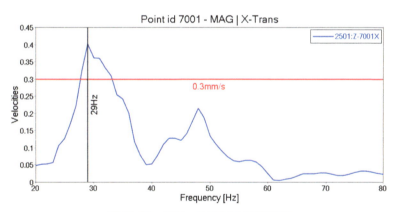

图 18.35 2501：Z-7001X 结果图示

1）模态贡献量分析设置流程，如图 18.36 所示。

2）模态贡献量的后处理，如图 18.37a~c 所示。

选择 Complex component = Projected，即由于贡献量是复数，所以考虑贡献时，不能仅仅考虑其数值大小，还要考虑相位角，选择 Project 会按照不同模态贡献量投影到总响应上的分量进行排序，如图 18.37d、e 所示。

从模态贡献量结果可以看出，Mode32 及 Mode30 对 29Hz 的贡献分别为 37.4% 和 23.87%，其中 In phase 指正贡献量，即增大该模态贡献量，响应会增加，Out of phase 指负贡献量，即增大该模态贡献量，响应会降低。

通过在 Hyperview 中进行 Study（研究），将 Mode32 贡献去除 40%，29Hz 左右峰值明显降低，降低约 14.9%，如图 18.38 所示。

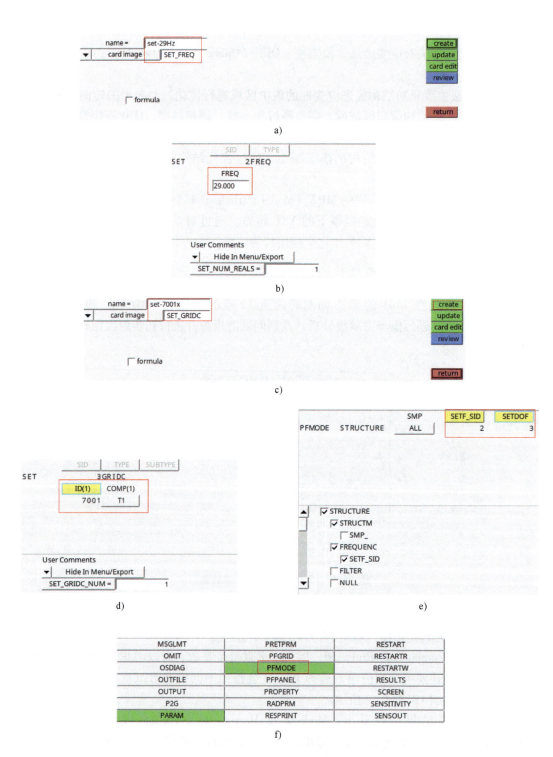

图 18.36　模态贡献量分析设置流程图示

第 18 章　TB 振动传递函数分析及优化方法

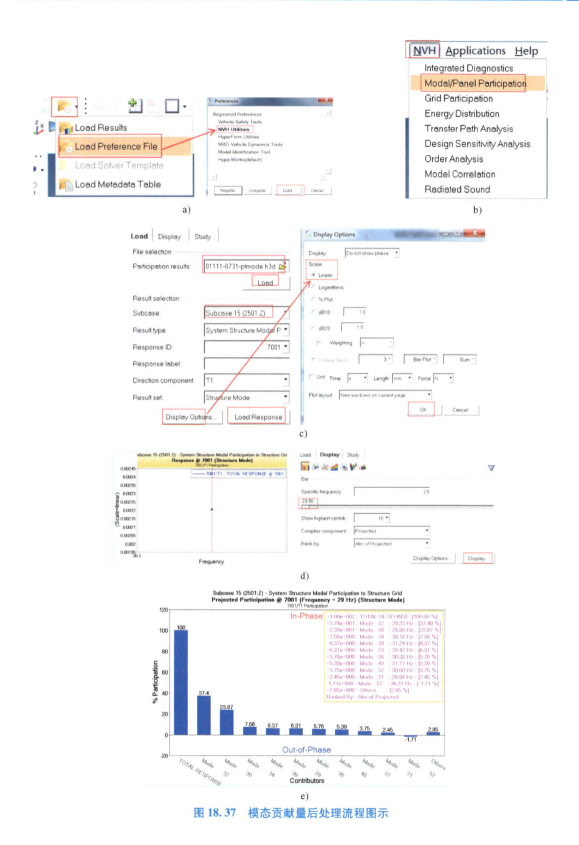

图 18.37　模态贡献量后处理流程图示

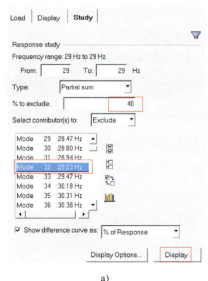

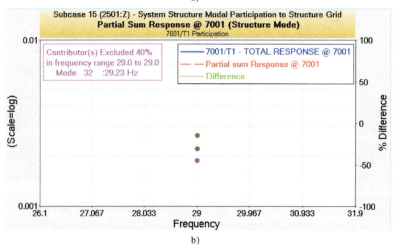

图 18.38　模态贡献量 Study 流程图示

3）模态贡献量和模态关联流程。模态贡献量和模态的关联，可以按图 18.39 所示进行操作。若要实时查看是哪个模态的贡献，首先需要计算模态结果，再在诊断结果中选中已计算的 TB 模态，即可显示该 Mode32 真实的模态分析结果。通过该方法可以很直观地察看具体的模态振型，进而进行对应的结构优化，降低关注频率下的 VTF 响应。

18.2.3　VTF 优化实例

下面以左悬置 Z 方向激励，在 29Hz 产生的转向盘 12 点前后方向（即 7001X）为例进行讲解。从 2501Z 方向的 VTF 结果中可以看出，在 29Hz 左右转向盘 12 点出现较大的峰值，达到 0.4mm/s；而该点 IPI 在 29Hz 未出现明显的峰值，29Hz 为转向盘的垂向模态，由此可见该点激励在 29Hz VTF 超差主要是由转向盘垂向模态导致，如图 18.40 所示。

第 18 章 TB 振动传递函数分析及优化方法

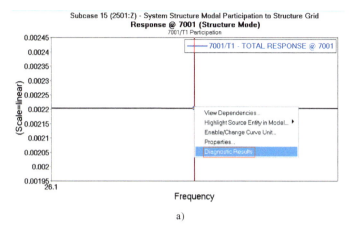

a)

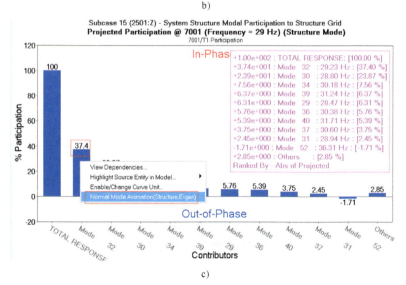

b)

c)

图 18.39 模态贡献量和模态关联流程图示

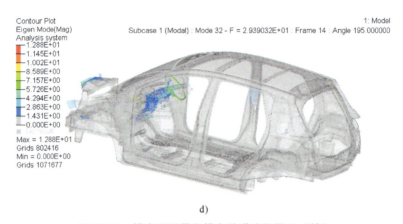

d)

图18.39 模态贡献量和模态关联流程图示（续）

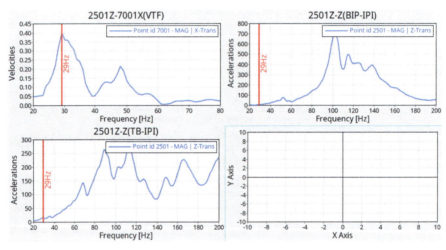

图18.40 29Hz VTF 及 IPI 结果图示

对于 VTF 超差频率点，需要结合模态分布表，考察激励源频率、其他子系统频率等。如该 29Hz 与冷却风扇激励频率耦合，此时必须进行 VTF 优化；若 29Hz 不与任何频率耦合，则可不进行优化。因此 VTF 超标频率点需要结合激励源以及各子系统的模态频率进行综合考虑，然后再决定是否进行优化。

1) 转向盘模态分析结果。首先进行转向系统模态分析，截取一部分车身，同时装有转向系统以及附件等，将截面约束 1~6 自由度，进行模态分析，得到转向系统的模态频率，如图 18.41 所示。基础状态转向系统一阶垂向模态为 28.5Hz，与 29Hz 接近，即可初步判定该模态为 VTF 在 29Hz 的主要贡献模态。

2) 根据基础状态的转向系统模态分析结果，查看其应变能分布。从图 18.42 中可以看出，28.5Hz 模态应变能主要集中在仪表横梁与 A 柱连接区域、与前围连接区域、与中通道连接区域等，其中与 A 柱连接区域占主要贡献，为此进行图 18.43 所示优化方案。

3) 转向系统模态分析优化方案分析结果。优化后转向系统一阶垂向模态频率为 30.3Hz，较基础状态提升 1.8Hz，如图 18.44 所示。

第 18 章　TB 振动传递函数分析及优化方法

图 18.41　转向系统模态分析结果图示（基础状态）

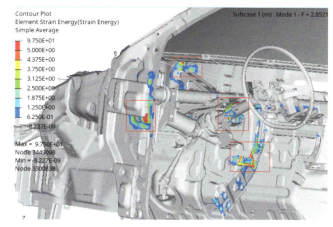

图 18.42　转向系统应变能分析结果图示（基础状态）

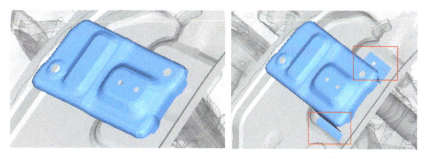

图 18.43　28.5Hz 优化方案图示（增加与 A 柱内板搭接）

4) 对优化方案重新进行激励点的 VTF 分析，分析结果如图 18.45 所示。在 29.5Hz 最大峰值由 0.402mm/s 降为 0.282mm/s，降幅达到 29.9%，且原与激励源共振的频率 29.5Hz 无峰值，理论满足要求；通过实车验证，优化方案在各种路况下均能满足振动性能和主观评价要求。而新出现的 33Hz 峰值是由于转向系统一阶模态提升导致，此时需要结合激励源和其他子系统模态频率进行综合判定。

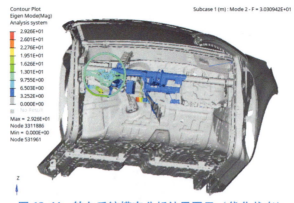

图 18.44　转向系统模态分析结果图示（优化状态）

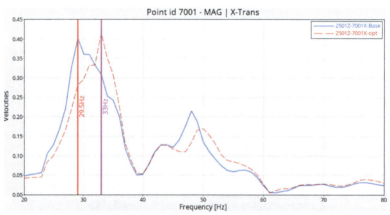

图 18.45　2501Z-7001X VTF 分析结果图示

18.3　小结

本章通过采用四种方法对 VTF 分析的流程及技巧等进行了详细阐述和对比，同时对 VTF 常见的优化方法进行了总结和归纳，对实际工程中 VTF 的优化思路和流程进行了分析，使读者对 VTF 分析及处理中的一些注意事项和细节有一个清晰的认识和理解。

思考题

1. VTF 的分析方法和流程有哪几种？
2. VTF 常见的优化方法有哪些？
3. VTF 的实际工程优化思路和流程有哪些？

第 19 章
TB 噪声传递函数分析及优化方法

车身是噪声与振动的传递通道，无论是来自路面的激励还是来自发动机的激励，都会引起车身的振动响应，振动的车身通过与车内空腔的相互耦合产生声波，声波传递到人耳从而被人体感受到。在 NVH 性能开发工作中，就是要设法把外界激励产生的噪声降低，其中方向性地分析出导致车内噪声严重的原因，就需要用到仿真的方法进行分析和优化。

噪声能够较为直观地给出车身与声腔对结构激励噪声的影响程度，为后续的噪声结构优化指明方向。噪声传递函数（NTF）直接反映了人的听觉感受情况，诸如怠速声、加速轰鸣声等，直接的感受就是在某个频率或频率段感觉非常难受。

19.1 NTF 分析的相关基础

19.1.1 NTF 的定义

噪声传递函数（Noise Transfer Function，NTF）的定义为线性系统响应量（输出）与激励量（输入）之比，通常输出量与输入量经过拉普拉斯变换计算而来，是关于频率的变量，而不是关于时间的变量。一般情况下对车身进行低频率响应分析，可以把车身假设为一个线性系统。

$$F(s) = R(s)/I(s)$$

式中　$F(s)$——传递函数；

$R(s)$——输出量；

$I(s)$——输入量。

为了完整地考察激励点的位置与激励方向对 NTF 的影响，每个位置需要分析 X、Y、Z 三个主要激励方向。即为了得到车身底盘接附点的 NTF，需要获取两个基本分析数据，$R(s)$ 与 $I(s)$，即输出与输入，如图 19.1 所示。

1）车内噪声对激励大小的敏感程度，称为声振传递函数或者灵敏度。

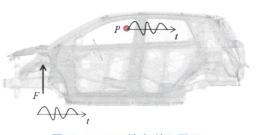

图 19.1　NTF 输出-输入图示

2）人耳能听到20Hz~20kHz的声压。人耳刚能听到的声音叫听阈，听起来受不了的声音叫痛阈。

声压从可听阈到痛阈，范围很大，为便于比较，噪声大小用声压来度量，即由空气压力波动的幅值来度量，通常用对数表示，称为声压级（dB），声压是标量。

19.1.2　NTF 分析计算公式

$$L_p = 20\log\frac{P_e}{P_0}，或 L_p = 10\log\left(\frac{P_e}{P_0}\right)^2 \tag{19-1}$$

式中　P_e——声压（Pa）；

P_0——人耳对1000Hz 空气声能感觉到的最低声音 $P_0 = 2\times10^{-5}$ Pa；0dB 对应 2×10^{-5} Pa。

19.2　NTF 分析的相关设置

车内关键点（驾驶员、前排乘客右耳位置，后排乘客内外耳位置等）对激励大小的敏感程度，称为声传递函数或者灵敏度。

19.2.1　NTF 分析的激励点与响应点设置

NTF 的激励点位置与 VTF 相同，NTF 的响应位置为驾驶员、前排乘客右耳位置，后排乘客内外耳位置等。由于 NTF 主要是考察中低频的噪声响应，所以一般分析的频率段为 20~200Hz 或 20~300Hz。

1. 参数设置

1）分析频率范围：0~400Hz。

2）扫频范围：20~200Hz。

3）载荷定义，一般定义为车身与底盘的关键安装点，如图19.2所示，具体见表19.1。

① 冷却模块安装点分别施加 X、Y、Z 方向的激励，大小 1N。

② 动力总成安装点处分别施加 X、Y、Z 方向的激励，大小 1N。

③ 减振器（悬架）安装点处分别施加 X、Y、Z 方向的激励，大小 1N。

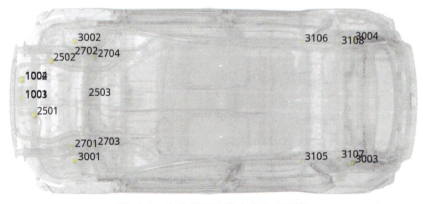

图 19.2　车身关键安装点定义示意图

表 19.1　车身关键安装点定义

编号	名称	方向
1001	冷却模块左上安装点	X、Y、Z
1002	冷却模块右上安装点	X、Y、Z
1003	冷却模块左下安装点	X、Y、Z
1004	冷却模块右下安装点	X、Y、Z
2501	前悬置	X、Y、Z
2502	右悬置	X、Y、Z
2503	后悬置	X、Y、Z
3001	前减振器左安装点	X、Y、Z
3002	前减振器右安装点	X、Y、Z
3003	后减振器左安装点	X、Y、Z
3004	后减振器右安装点	X、Y、Z
2701	下摆臂左前安装点	X、Y、Z
2702	下摆臂右前安装点	X、Y、Z
2703	下摆臂左后安装点	X、Y、Z
2704	下摆臂右后安装点	X、Y、Z
3105	后扭力梁左安装点	X、Y、Z
3106	后扭力梁右安装点	X、Y、Z
3107	左弹簧座安装点	X、Y、Z
3108	右弹簧座安装点	X、Y、Z

④ 摆臂安装点处分别施加 X、Y、Z 方向的激励，大小 1N。

⑤ 后扭力梁安装点处分别施加 X、Y、Z 方向的激励，大小 1N。

⑥ 后悬弹簧安装点处分别施加 X、Y、Z 方向的激励，大小 1N。

4）响应点定义。根据项目需要进行定义，如本例定义的响应点模型图如图 19.3 所示，具体见表 19.2。

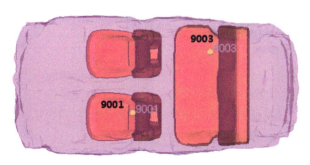

图 19.3　NTF 分析响应点图示

表 19.2　NTF 分析响应点定义

编号	名称	方向
9001	驾驶员右耳位置	声源 S
9003	右后排乘客内耳位置	声源 S

2. 参考目标

噪声传递函数的评价目标值一般根据参考车、实车问题以及同平台车型等进行综合考虑，一般需要考虑主次方向，如减振器的 Z 方向为主方向，摆臂的 Y 方向为主方向等，参考值如下；如某车型前减振器左前安装点-驾驶员右耳的 NTF 分析结果如图 19.4 所示。

1）主方向不大于 55dB 或 60dB。

2）次方向不大于 60dB 或 65dB。

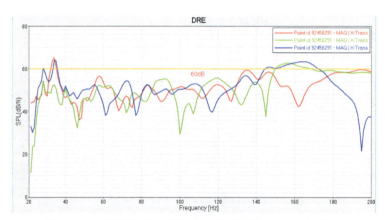

图 19.4　减振器左前安装点-驾驶员右耳的 NTF 分析结果

19.2.2　NTF 分析设置流程

1. NTF 分析设置方法一

对于车身底盘安装点 NTF 分析，可以采用头文件的形式进行，即将计算的求解参数、计算点定义以及分析工况等在头文件中进行设置，并关联需要计算的模型，直接提交头文件即可完成安装点 NTF 的计算。

1）如图 19.5 所示，方框中第一个框为使用的求解器类型，本计算采用的是模态频率响应分析，即 SOL 111。

2）第二个方框表示需要计算的响应点定义，具体见表 19.2。

3）第三个方框表示计算所共用的特征值提取频率、阻尼、扫频范围，以及非结构质量相关参数代号。

4）工况定义。每个安装点有三个方向的工况，输出加速度响应。对于冷却模

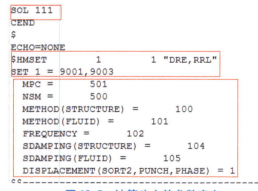

图 19.5　计算头文件参数定义

块以及刮水器电动机,若要计算其安装点到响应点的 NTF,需要将冷却模块和刮水器电动机的质量模型去除,即删除 CONM2+RBE3 单元或 CONM2+RBE2+CBUSH 单元,生成单独一个专用于计算冷却模块的 TB 模型,如图 19.6 所示。

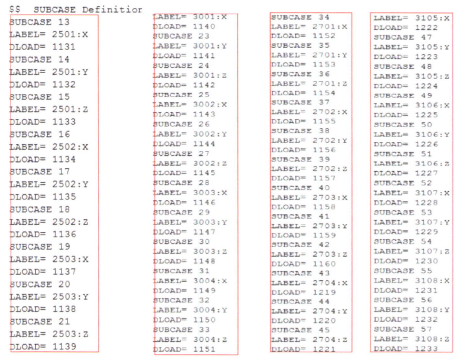

图 19.6 悬置、前后减振器、下摆臂及扭力梁工况定义图

5) 控制卡片及相关参数定义,包括特征值提取、阻尼、激励力的幅值以及扫频等相关参数,如图 19.7 所示。

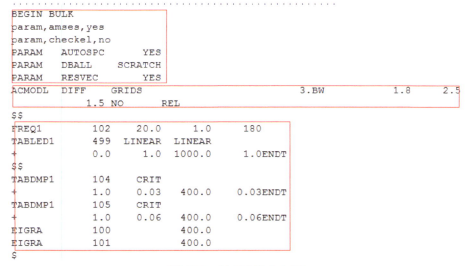

图 19.7 控制参数定义图

6）组合载荷 DLOAD 工况定义。此关键字一般用于多个工况的组合，如多个激励点同时起作用。在此只定义一个工况，即一个 RLOAD1 工况，如图 19.8 所示。

DLOAD	1131	1	1	2131	DLOAD	1155	1	1	2155
DLOAD	1132	1	1	2132	DLOAD	1156	1	1	2156
DLOAD	1133	1	1	2133	DLOAD	1157	1	1	2157
DLOAD	1134	1	1	2134	DLOAD	1158	1	1	2158
DLOAD	1135	1	1	2135	DLOAD	1159	1	1	2159
DLOAD	1136	1	1	2136	DLOAD	1160	1	1	2160
DLOAD	1137	1	1	2137	DLOAD	1219	1	1	2219
DLOAD	1138	1	1	2138	DLOAD	1220	1	1	2220
DLOAD	1139	1	1	2139	DLOAD	1221	1	1	2221
DLOAD	1140	1	1	2140	DLOAD	1222	1	1	2222
DLOAD	1141	1	1	2141	DLOAD	1223	1	1	2223
DLOAD	1142	1	1	2142	DLOAD	1224	1	1	2224
DLOAD	1143	1	1	2143	DLOAD	1225	1	1	2225
DLOAD	1144	1	1	2144	DLOAD	1226	1	1	2226
DLOAD	1145	1	1	2145	DLOAD	1227	1	1	2227
DLOAD	1146	1	1	2146	DLOAD	1228	1	1	2228
DLOAD	1147	1	1	2147	DLOAD	1229	1	1	2229
DLOAD	1148	1	1	2148	DLOAD	1230	1	1	2230
DLOAD	1149	1	1	2149	DLOAD	1231	1	1	2231
DLOAD	1150	1	1	2150	DLOAD	1232	1	1	2232
DLOAD	1151	1	1	2151	DLOAD	1233	1	1	2233
DLOAD	1152	1	1	2152					
DLOAD	1153	1	1	2153					
DLOAD	1154	1	1	2154					

图 19.8　DLOAD 工况定义图

7）激励载荷 RLOAD1 定义。该参数包括激励点单位力 DAREA 以及力的幅值 TABLED1 500。图 19.9 所示第二列为 RLOAD1 的序号，第三列为激励点 DAREA 的序号，第四列为力的幅值 TABLED1 的序号。

RLOAD1	2131	2131	499	RLOAD1	2155	2155	499
RLOAD1	2132	2132	499	RLOAD1	2156	2156	499
RLOAD1	2133	2133	499	RLOAD1	2157	2157	499
RLOAD1	2134	2134	499	RLOAD1	2158	2158	499
RLOAD1	2135	2135	499	RLOAD1	2159	2159	499
RLOAD1	2136	2136	499	RLOAD1	2160	2160	499
RLOAD1	2137	2137	499	RLOAD1	2219	2219	499
RLOAD1	2138	2138	499	RLOAD1	2220	2220	499
RLOAD1	2139	2139	499	RLOAD1	2221	2221	499
RLOAD1	2140	2140	499	RLOAD1	2222	2222	499
RLOAD1	2141	2141	499	RLOAD1	2223	2223	499
RLOAD1	2142	2142	499	RLOAD1	2224	2224	499
RLOAD1	2143	2143	499	RLOAD1	2225	2225	499
RLOAD1	2144	2144	499	RLOAD1	2226	2226	499
RLOAD1	2145	2145	499	RLOAD1	2227	2227	499
RLOAD1	2146	2146	499	RLOAD1	2228	2228	499
RLOAD1	2147	2147	499	RLOAD1	2229	2229	499
RLOAD1	2148	2148	499	RLOAD1	2230	2230	499
RLOAD1	2149	2149	499	RLOAD1	2231	2231	499
RLOAD1	2150	2150	499	RLOAD1	2232	2232	499
RLOAD1	2151	2151	499	RLOAD1	2233	2233	499
RLOAD1	2152	2152	499				
RLOAD1	2153	2153	499				
RLOAD1	2154	2154	499				

图 19.9　RLOAD 工况定义图

8）安装点的单位力 DAREA 载荷定义，包括三个方向 $X/Y/Z$，如图 19.10 所示。

9）调整需要计算的模型。如本例中为 TB 模型，模型只有节点、单元、属性、材料以及非结构质量等，无工况、求解参数等内容。需要设置 OMIT 参数，即去除 BEGIN BULK 和

第 19 章　TB 噪声传递函数分析及优化方法

DAREA	2131	2501	11	DAREA	2155	2702	11
DAREA	2132	2501	21	DAREA	2156	2702	21
DAREA	2133	2501	31	DAREA	2157	2702	31
DAREA	2134	2502	11	DAREA	2158	2703	11
DAREA	2135	2502	21	DAREA	2159	2703	21
DAREA	2136	2502	31	DAREA	2160	2703	31
DAREA	2137	2503	11	DAREA	2219	2704	11
DAREA	2138	2503	21	DAREA	2220	2704	21
DAREA	2139	2503	31	DAREA	2221	2704	31
DAREA	2140	3001	11	DAREA	2222	3105	11
DAREA	2141	3001	21	DAREA	2223	3105	21
DAREA	2142	3001	31	DAREA	2224	3105	31
DAREA	2143	3002	11	DAREA	2225	3106	11
DAREA	2144	3002	21	DAREA	2226	3106	21
DAREA	2145	3002	31	DAREA	2227	3106	31
DAREA	2146	3003	11	DAREA	2228	3107	11
DAREA	2147	3003	21	DAREA	2229	3107	21
DAREA	2148	3003	31	DAREA	2230	3107	31
DAREA	2149	3004	11	DAREA	2231	3108	11
DAREA	2150	3004	21	DAREA	2232	3108	21
DAREA	2151	3004	31	DAREA	2233	3108	31
DAREA	2152	2701	11				
DAREA	2153	2701	21				
DAREA	2154	2701	31				

图 19.10　DAREA 载荷定义图

ENDDATA 等参数，如图 19.11 所示；或直接调用 TB 模型的头文件 Interface 文件，如图 19.12 所示；整个用于计算的 TB 模型树如图 19.13 所示。

图 19.11　OMIT 参数设置图示

图 19.12　INCLUDE 模型定义图　　　　图 19.13　TB 模型树显示图示

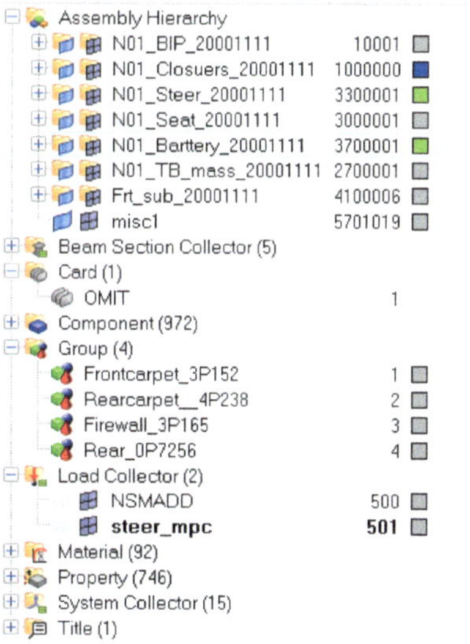

343

2. NTF 分析设置方法二

方法一中采用头文件的方法进行传递函数的设置，也可采用 Tools 中的流程进行设置。该方法为 Step by Step，建模设置流程简洁清晰，适用于首次操作设置传递函数分析，具体操作可参照如下。

1）采用 Tools>Freq Resp Process>Unit input frequency response 方法进行设置。

2）加载进入 Unit input frequency response 模块，并进行图 19.14 所示操作。

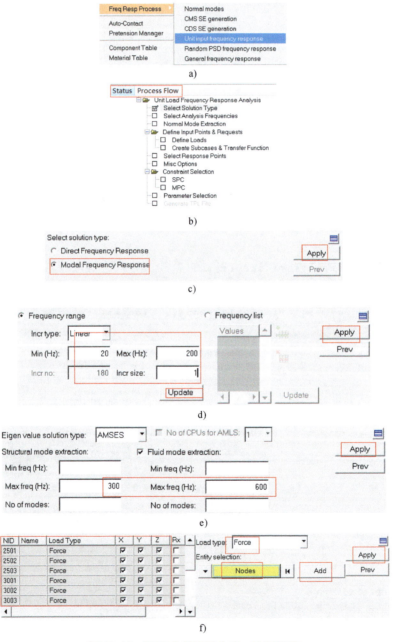

图 19.14　NTF 分析设置方法二流程图示

第19章 TB 噪声传递函数分析及优化方法

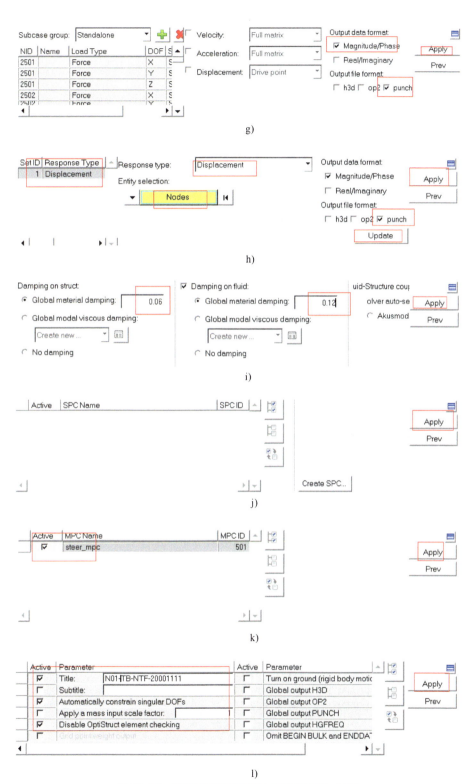

图 19.14 NTF 分析设置方法二流程图示（续）

3）完成的 NTF 计算模型，包括载荷、计算参数以及工况等内容。NTF 计算模型树如图 19.15 所示，部分工况如图 19.16 所示，计算模型如图 19.17 所示。

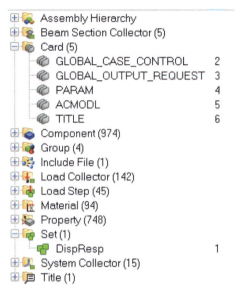

图 19.15　NTF 计算模型树图示

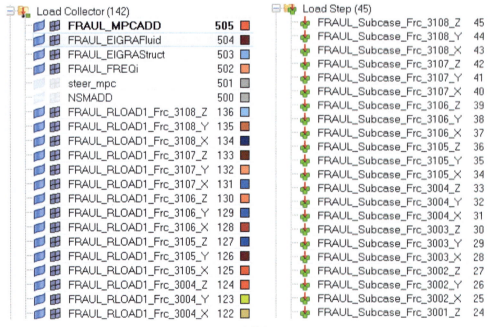

图 19.16　NTF 计算部分工况图示

4）进入控制卡片，将非结构质量 NSMADD 等添加到全局参数卡片中，如图 19.18 所示。

5）导出模型 N01_TB_NTF_20001111.fem，提交计算即可，如图 19.19 所示。

第 19 章　TB 噪声传递函数分析及优化方法

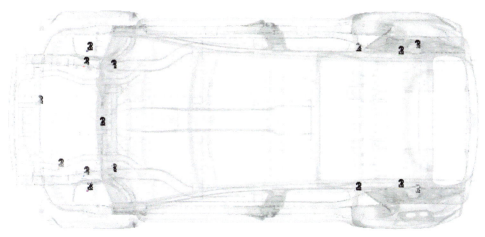

图 19.17　NTF 计算模型工况显示图示

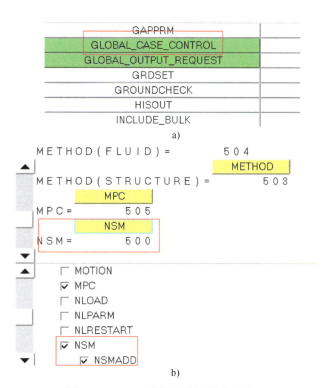

图 19.18　NTF 求解参数设置流程图示

3. NTF 分析设置方法三

也可采用常规方法进行设置，即每个激励点的定义以及设置均在软件界面中操作完成。

1）特征值提取设置。本例激励频率计算范围为 20~200Hz，模态提取为扫频的 1.5~2.0 倍，包括结构模态和流体模态，如图 19.20 和图 19.21 所示。

注：若采用 OPTISTRUCT 进行求解，可以采用 EIGRA 进行特征值的提取，采用该方法并配合 PARAM、AMSES、YES，计算时间会加速。

347

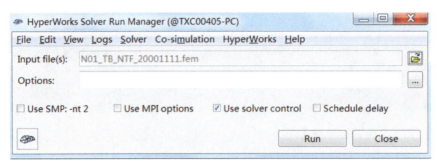

图 19.19　NTF 提交计算界面图示

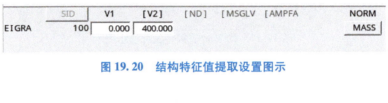

图 19.20　结构特征值提取设置图示

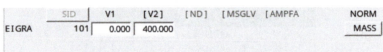

图 19.21　流体特征值提取设置图示

2）阻尼设置。本例采用 TABDMP1，结构阻尼为 0.06，流体阻尼为 0.12，如图 19.22 和图 19.23 所示。

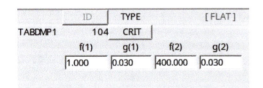

图 19.22　结构阻尼设置图示

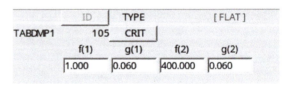

图 19.23　流体阻尼设置图示

3）激励频率（扫频）范围设置。根据需要进行设置，如本例采用 FREQ1，扫频范围为 20~180Hz，如图 19.24 所示。

4）激励力的幅值 TABLED1 定义。由于 NTF 分析为灵敏度分析，一般设置为等幅值 1.0，如图 19.25 所示。

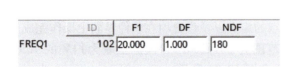

图 19.24　激励频率设置图示

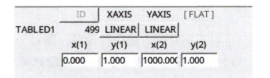

图 19.25　激励力幅值设置图示

5）激励点单位力 DAREA 定义。图 19.26 所示为左前减振器 X 向单位力定义图示。

第 19 章 TB 噪声传递函数分析及优化方法

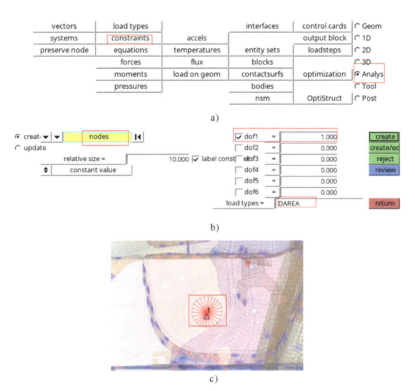

图 19.26 激励点单位力设置流程图示

6）激励载荷 RLOAD1 定义。每一个 RLOAD1 包括单位激励力 DAREA 和 TABLED1，DAREA 的序号可以定义为与 RLOAD1 相同，TYPE 默认类型为 LOAD，如图 19.27 所示。

图 19.27 激励载荷集设置图示

7）工况组合 DLOAD 定义。该关键字可以不定义，即直接调用 RLOAD1 即可。此关键字只针对多个 RLOAD1 的组合，如图 19.28 所示。

图 19.28 工况组合设置图示

8）关键点定义。即每个激励点需要单独定义一个 SET，如图 19.29 所示。

9）每个激励点工况定义。在定义工况名称时可参照图 19.30，这样可保持工况名与测试中的一致，便于与测试互通。以 PUNCH 格式输出计算结果，同时要关联对应的激励点 SET。

349

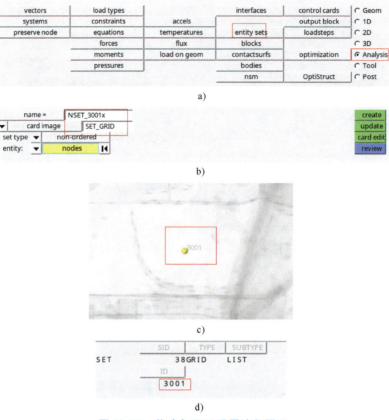

图 19.29 激励点 SET 设置流程图示

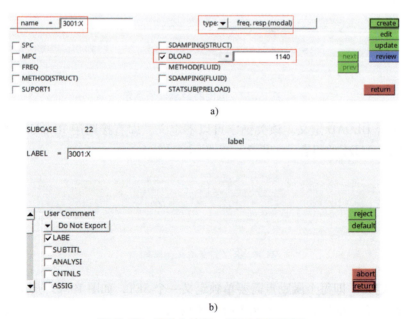

图 19.30 激励点计算工况设置流程图示

10）控制卡片全局参数定义。将每个工况共用的参数在全局参数卡片中定义，包括 FREQ、EIGRL、NSM 以及 SDAMPING 等，如图 19.31 所示，结果输出如图 19.32 所示。

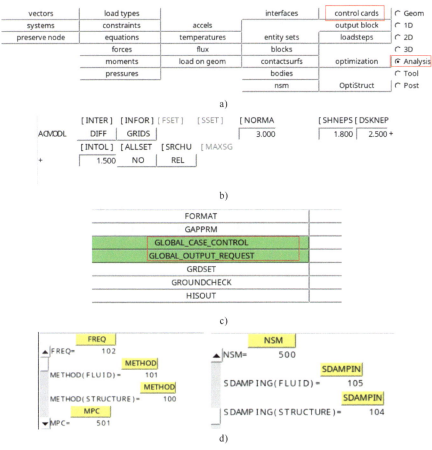

图 19.31　求解参数设置流程图示

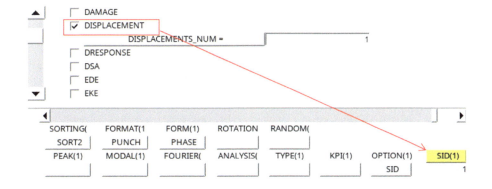

图 19.32　结果输出设置流程图示

11）求解控制参数定义，如自动约束 AUTOSPC 等，如图 19.33 所示。

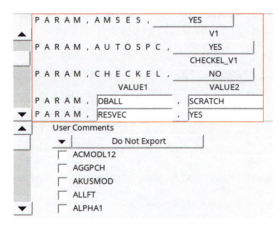

图 19.33　求解参数设置流程图示

12）响应点定义。在 NTF 中一般定义在驾驶员、前排乘客右耳位置，后排乘客内外耳位置等，具体可根据实际要求进行调整或增加，如图 19.34 所示。

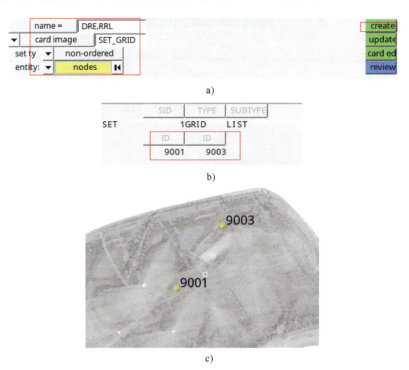

图 19.34　响应点 SET 设置流程图示

19.2.3　NTF 后处理操作流程

通过计算可得到 NTF 结果 PCH 文件，如 N01_TB_NTF_head_20001111.pch。通过读取该文件可以得到各个激励点到响应点的数值。

1. NTF 的后处理流程

1）打开 Hypergraph，导入计算结果 PCH 文件，Subcase 中显示的是激励点工况，Y Type 为速度，Y Request 为响应点名称，Y Component 为响应点每个方向的结果，包括 X、Y 以及 Z 三个方向。分别读取每条曲线中的最大值以及对应的频率，如图 19.35 所示。

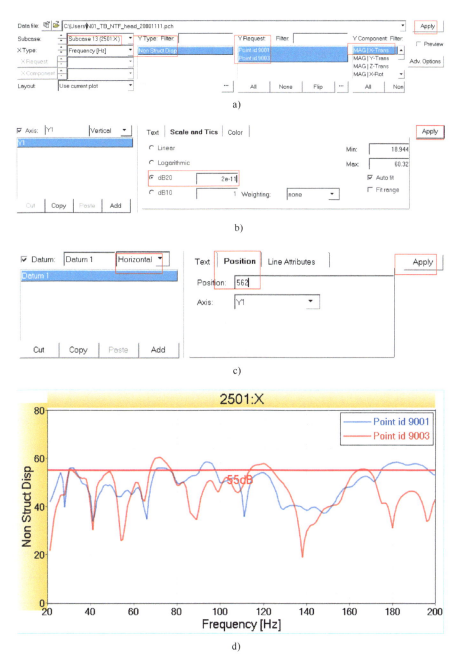

图 19.35　NTF 后处理流程图示

注：参考线 55dB 是由公式

$$L_p = 20\log_{10}\frac{P_e}{P_0}$$

计算得到的，$L_p = 55$，$P_0 = 2\times 10^{-11}$ MPa，通过计算得到 $P_e = 10^{\frac{55}{20}} = 562$，即 55dB 对应于 562 的声压线。

2）读取各个激励点到响应点的结果并进行汇总，得到以下结果列表。从结果中可以看出有哪些激励点、哪个频率超差，还要找出各点共同超差的频率，进而通过识别等方法进行优化分析。限于篇幅，本书仅列出悬置安装点至驾驶员右耳安装点 9001、9003 的响应结果汇总，见表 19.3 和表 19.4。

表 19.3 悬置安装点-9001 响应结果

名称	方向	最大值/dB	频率/Hz	参考值/dB
2501：X	9001	58.951	31	60
2501：Y	9001	59.027	158	60
2501：Z	9001	66.644	71	60
2502：X	9001	58.878	31	60
2502：Y	9001	61.284	94	60
2502：Z	9001	63.615	71	60
2503：X	9001	57.099	31	60
2503：Y	9001	54.205	103	60
2503：Z	9001	66.904	97	60

表 19.4 悬置安装点-9003 响应结果

名称	方向	最大值/dB	频率/Hz	参考值/dB
2501：X	9003	60.194	72	60
2501：Y	9003	60.479	50	60
2501：Z	9003	67.989	70	60
2502：X	9003	60.137	71	60
2502：Y	9003	60.401	70	60
2502：Z	9003	63.057	70	60
2503：X	9003	57.129	38	60
2503：Y	9003	53.057	48	60
2503：Z	9003	65.108	84	60

2. 分析结果曲线汇总

为了更直观地查看每个激励点的响应结果，将各激励点的计算曲线进行汇总，在软件中，X/Y/Z 三个方向的颜色建议采用红、绿、蓝，这样显示比较明亮、清晰，更容易对比查看。限于篇幅，本书仅列出悬置安装点到响应点 9001、9003 的噪声传递函数，如图 19.36 和图 19.37 所示。

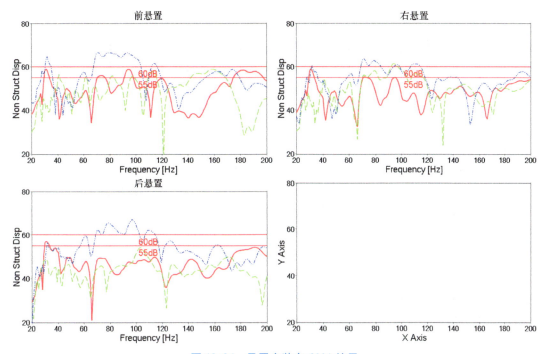

图 19.36　悬置安装点-9001 结果

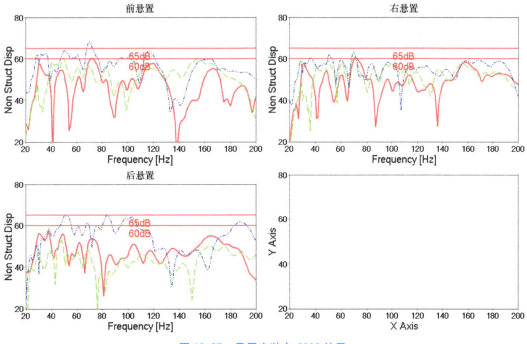

图 19.37　悬置安装点-9003 结果

19.3 NTF 优化方法及思路

通过分析可以得到各个激励点到响应点的结果，对结果进行分析找出超差的频率以及每个激励点在某个频率点均超差的共性问题，通过一些方法进行识别找出问题进行分析。对于 NTF 超差一般可采用节点贡献量、模态贡献量等方法进行识别分析，进而通过对 NTF 贡献较大的模态进行应变能分析，找出薄弱区域，从而加强结构进行优化。

19.3.1 NTF 优化的一般流程

一般 NTF 的优化思路可参考如下：
1）首先找出各个激励点的共性频率，即每个激励点在某些频率下均出现峰值或超差。
2）采用常规的节点贡献量（GPA）分析方法找出共性频率的响应位置。
3）结合面板贡献量方法（PACA）、模态贡献量方法（MPA）、工作变形方法（ODS）等进行综合确认，找到共性频率超差或共性问题的原因。
4）结合 TB 模型激励点的动刚度曲线进行综合确认，查看动刚度在关注频率下是否超差；若动刚度响应有较大峰值，有可能是安装点动刚度不足引起，首先需要优化动刚度，使其关注频率的峰值降低或移频。
5）若动刚度曲线无峰值，可结合前述方法在找到原因后，进行相应的优化，包括但不限于结构优化、模态移频、阻尼片、动力吸振器等。

19.3.2 NTF 优化实例

前悬置安装点 $X/Y/Z$ 三个方向到驾驶员右耳的 NTF 结果如图 19.38 所示，实线、虚线以及双点虚线分别表示 $X/Y/Z$ 三个方向。从图中可以看出在 32Hz，X 及 Z 方向均出现明显峰值。

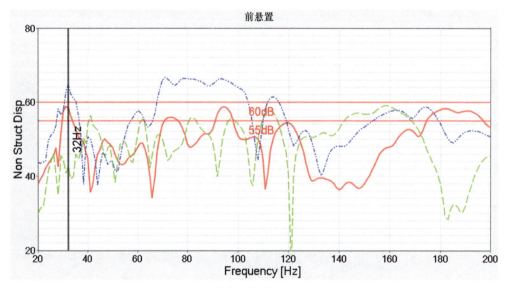

图 19.38　前悬置安装点到驾驶员右耳的 NTF 结果图示

1）首先进行节点贡献量分析，可以定频分析，也可以全频分析。

节点贡献量设置可以根据自身的需要进行，如全频段节点贡献量计算和离散频率节点贡献量计算。全频段计算时间相对较长，但全频段还可以通过 Peakout 定义输出，此时求解时间大大缩短。离散频率点（也称为关注频率点）计算时间相对较短，在实际工程应用更为广泛。

① 节点贡献量定义。首先在计算文件开头定义节点贡献量输出，其关键字是 PFGRID，这个关键字可以设置输出许多参数，一般定义流体节点输出即可，如图 19.39 所示。

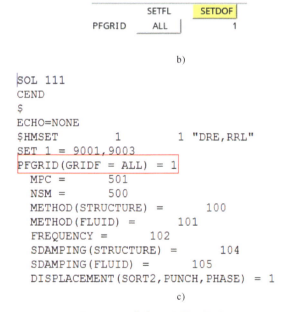

图 19.39 节点贡献量设置流程图示

② 全频段 FREQ1 关键字输出设置。如需要计算 20~200Hz 范围内的节点贡献量，可按图 19.40 所示进行设置。

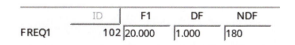

图 19.40 全频段 FREQ1 设置图示

在全频段输出时，也可以通过 PEAKOUT 关键字输出峰值频率，如图 19.41a 所示。若采用 PEAKOUT 输出，需要在全局参数设置 PEAKOUT 及 PFGRID，如图 19.41b 所示。

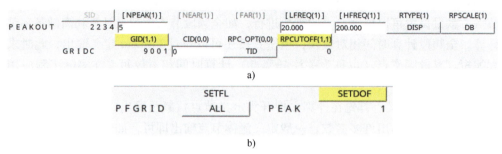

图 19.41　PEAKOUT 及 PFGRID 设置图示

③ 离散频率输出设置。可以通过 FREQ 关键字设置输出，即输出所关注的频率，如图 19.42 所示。

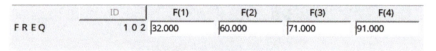

图 19.42　离散频率输出设置图示

2）节点贡献量后处理。节点贡献量分析可按如下操作流程进行，首先导入节点贡献量计算文件 H3D，如图 19.43 所示。

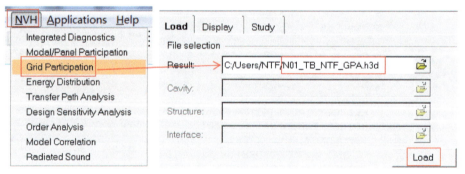

图 19.43　节点贡献量结果导入

① 全频段节点贡献量后处理。对于 NTF 一般不勾选声压计权，如图 19.44 所示。

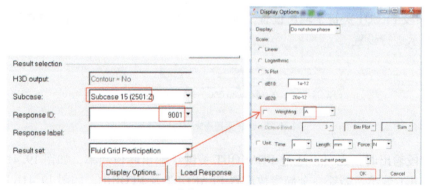

图 19.44　节点贡献量工况选择图示

358

② 选择所要考察的频率点，如 32Hz，节点贡献量结果如图 19.45 所示。

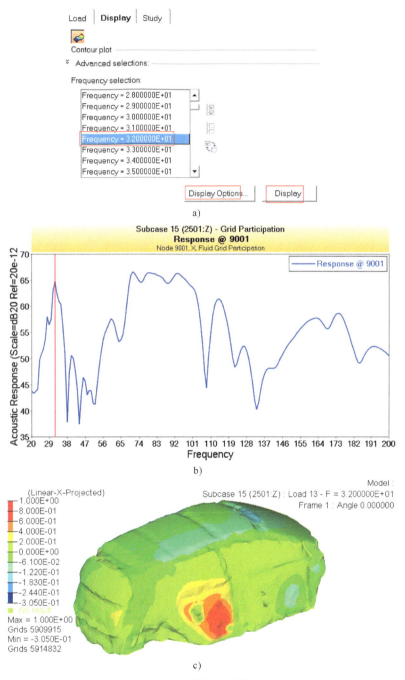

图 19.45　32Hz 节点贡献量流程图示

③ 从节点贡献量结果可以定位所需要关注的频率峰值，并进行节点位置查看，进而找到产生问题的初步来源，同时还可做一些 Study，从节点贡献角度看其影响大小。如将右后门内板节点去除 40%贡献，如图 19.46a 所示，在 32Hz 频率下 NTF 峰值降低 2.09dB，即若将门内板贡献降低（内板加强筋形貌优化，模态提升），理论分析效果明显，该方法可用于

前顶横梁、尾门等位置的 NTF 方案优化中，如图 19.46b 所示。

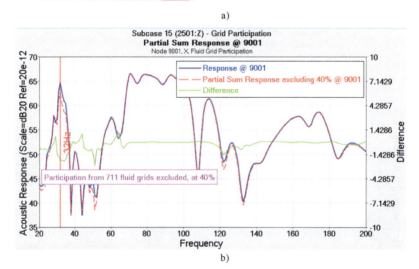

图 19.46 32Hz 节点贡献量 Study 流程图示

3）针对 2501 Z 方向激励下的 32Hz NTF 峰值。首先分析其安装点动刚度是否存在峰值，BIP 状态及 TB 状态下的动刚度曲线，如图 19.47 所示。从图中可以看出，在 32Hz 安装点动刚度无明显峰值，即安装点动刚度不是主要原因，原因可能是路径贡献导致。

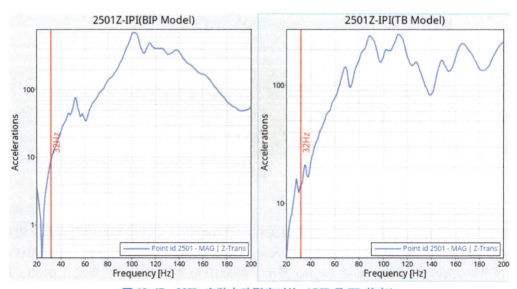

图 19.47 32Hz 安装点动刚度对比（BIP 及 TB 状态）

4)根据节点贡献量分析结果。单独对右后门进行约束模态分析,约束车身侧密封条、锁扣以及铰链等1~6自由度,同时输出应变能结果,如图19.48所示。

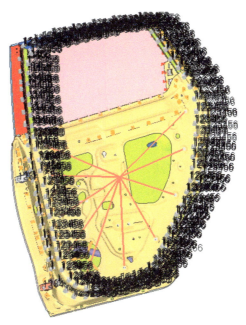

图 19.48　单独右后门模态分析模型图示

5)对比单独状态及 TB 状态结果,两者差 1.9Hz,为提升优化方案效果,可采用单独内饰门进行内板模态优化,进行相对量化对比,如图 19.49 所示。

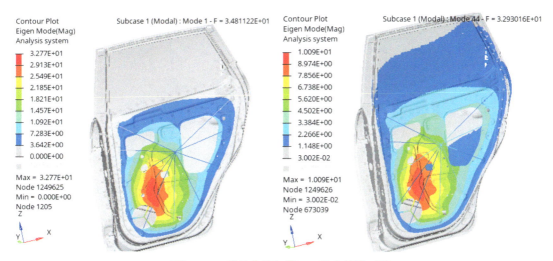

图 19.49　单独内饰门及 TB 状态结果对比
注:左侧为单独内饰门:34.8Hz,TB 状态:32.9Hz

① 方案 1。采用动力吸振器方案(近似质量等效方案)。
采用模态位移归一方法进行特征值的提取,如图 19.50 所示。
② 分析得到模态质量信息,如图 19.51 所示。

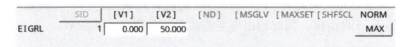

图19.50 模态特征值提取图示

Subcase	Mode	Frequency	Eigenvalue	Generalized Stiffness	Generalized Mass
1	1	3.481122E+01	4.784079E+04	4.454331E+01	9.310740E-04
1	2	4.665806E+01	8.594351E+04	1.681164E+02	1.956127E-03

图19.51 模态结果图示

③ 参考传动轴动力吸振器计算方法，可得其质量 $m = 0.1862$ kg，$k = 8.902$ N/mm，$f = 34.8$ Hz。

④ 动力吸振器的布置位置为位移最大处，如图19.52所示。

⑤ 添加动力吸振器的门内板结果对比。添加动力吸振器后门内板模态为27.4Hz和34.7Hz，其中34.7Hz为动力吸振器的模态，即原先的34.8Hz门内板无模态，从而降低了在此频率下的NTF，如图19.53所示。

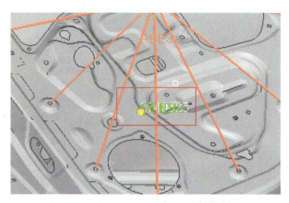

图19.52 34.8Hz门内板动力吸振器位置图示

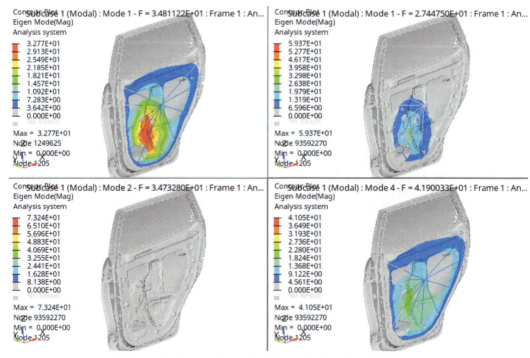

图19.53 单独内饰门及TB状态结果对比

⑥ 优化后的 2501 Z 向的 NTF 对比结果如图 19.54 所示，在 32Hz 频率下 NTF 降低约 4.2dB，优化后满足 60dB 参考要求。

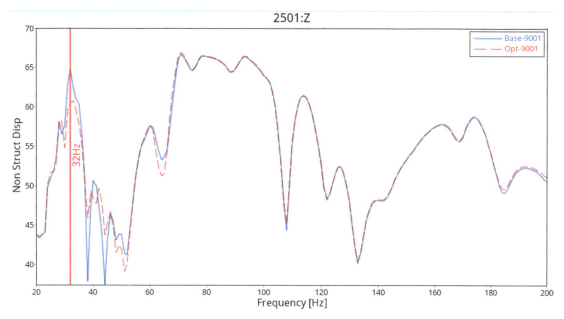

图 19.54　优化前后 32Hz NTF 结果对比

⑦ 对于 NTF 优化问题，若是共性问题需要找出问题点，如列举出各激励点对同一响应出现峰值的频率点，并统计峰值频率点的次数；对出现次数较多（如 5 次以上）的频率点进行专项优化，见表 19.5、图 19.55 及表 19.6。为解决这些共性问题，要尝试一些有效的方案，即使通过评估得出这个共性频率峰值可以接受的结论，建议仍应预留相应的方案，以备后续实车问题出现时直接参考或采纳，节省开发时间。

同时，对于车身上一些平板件，如前围、地板、轮罩及备胎池等应避免出现平面结构，尽可能布置一些翻边、十字或几字形加强筋等，提升局部刚度，避免出现过多的局部模态。

表 19.5　某车型各激励点对驾驶员右耳 9001 响应峰值的频率点统计

激励点	频率（Hz）																		
	25	27	33	35	37	55	58	63	84	100	103	107	115	145	147	162	153	156	170
前减振器左连接点	1			1	1						1	1		1	1	1			
前减振器右连接点	1			1	1						1	1		1	1				
后减振器左连接点	1		1			1			1								1		
后减振器右连接点	1			1	1			1			1			1	1				
下摆臂左前连接点	1				1		1			1			1		1				1
下摆臂右前连接点	1						1			1				1				1	
下摆臂左后连接点	1				1					1			1						1
下摆臂右后连接点	1						1			1					1	1		1	

（续）

激励点	频率（Hz）														
	25	27	33	35	37	55	58	63	84	100	103	107	115	145	147	162	153	156	170
后扭力梁左连接点	1	1		1			1	1		1							1		
后扭力梁右连接点	1	1		1		1	1		1				1	1				1	
左后弹簧座连接点	1	1	1				1			1		1			1				
右后弹簧座连接点	1			1	1		1			1	1		1		1	1			
合计（次）	12	3	3	6	4	4	3	5	5	5	4	5	3	5	5	6	4	3	2

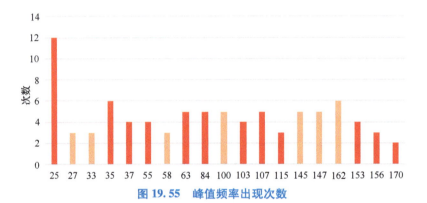

图19.55 峰值频率出现次数

根据统计峰值频率出现次数较多的峰值频率主要是25Hz、35Hz、37Hz、55Hz、63Hz、84Hz、100Hz、107Hz、145Hz、147Hz、162Hz等。

表19.6 驾驶员右耳9001（NTF-9001）响应峰值共性频率点方案

共性频率点	问题点识别位置	当前状态	初步方案
25Hz	侧门内板模态	各激励点共同NTF峰值，最大74dB	1. 侧门内板结构加强筋优化及加强 2. 预留damper 0.6kg，可降5~8dB
33Hz	后围局部模态	各激励点共同NTF峰值，最大67dB	1. 增加连接 2. 背门锁支架优化 3. 降低约5-9dB
55Hz	后地板模态	各激励点共同NTF峰值，最大69dB	预留沥青板，可降5-8dB
62Hz	前顶横梁模态	各激励点共同NTF峰值，最大67dB	预留damper 0.6kg，可降5-7dB
84Hz	前地板后部模态	各激励点共同NTF峰值，最大66dB	预留沥青板，可降2-4dB
100Hz	备胎池模态	多个激励点共同NTF峰值，最大65dB	预留沥青板，可降3-5dB
105Hz	顶棚前部及前围局部模态	多个激励点共同NTF峰值，最大63dB	预留阻尼板，可降5-7dB
145Hz	前围局部模态	多个激励点共同NTF峰值，最大67dB	预留沥青板，可降3-5dB

第 19 章 TB 噪声传递函数分析及优化方法

如图 19.56 所示，参考其他车型前顶横梁结构，通过增加加强件，右后排位置 NTF 在 34Hz 左右较原方案有 4~6dB 的降低；通过增加 0.5kg 质量块，NTF 在 60Hz 左右峰值降低约 6dB。

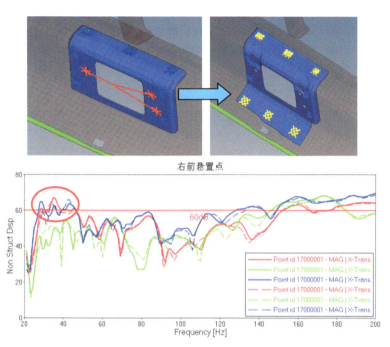

a) 某车型尾门锁扣结构优化NTF效果前后对比图(各激励点在34Hz NTF 降低约 3~5dB)

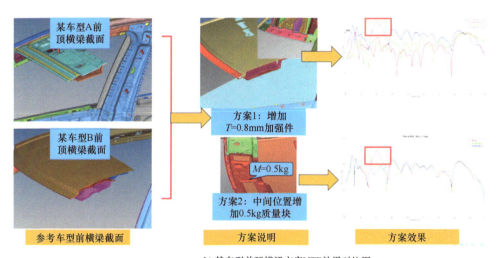

b) 某车型前顶横梁方案NTF效果对比图

图 19.56　尾门及前顶横梁 NTF 方案效果对比图

19.3.3　阻尼片在 NTF 优化中的应用

随着科技的快速发展，人们对汽车品质也提出了更高的要求，特别是振动噪声方面，NVH 性能越来越受到人们关注。因此作为改善振动噪声措施之一的阻尼片在汽车振动噪声领域应用也越来越广泛。

1. 概述

一般阻尼片直接敷设在车体钢板壁上，起减振降噪的作用，现有市场上几乎所有的汽车都贴有阻尼片。在一些发达国家，汽车阻尼片一般使用高分子树脂或橡胶材料，这些物质一般不会挥发有毒有害的气体。随着技术的深入发展，阻尼材料的种类不断增加，汽车上使较多的有高分子阻尼材料、橡胶阻尼材料、磁性沥青阻尼材料、热熔性沥青阻尼材料、水性阻尼材料等。常用阻尼材料见表19.7。

表 19.7　常用阻尼材料属性列表（仅参考）

名称	弹性模量/MPa	泊松比	密度/(t/mm³)	阻尼系数（23℃）
汉高水性阻尼板	965	0.4	1.06×10^{-9}	0.27
依多科水性阻尼板	1000	0.4	1.06×10^{-9}	0.2
同盟水性阻尼板	302	0.28	1.12×10^{-9}	0.23
热熔性沥青阻尼板	732	0.323	1.7×10^{-9}	0.16
磁性沥青阻尼板	787	0.322	2.35×10^{-9}	0.18

当前用得相对较多的有沥青阻尼材料和水性阻尼材料，沥青阻尼材料价格相对低一些，其主要是采用沥青作为原料进行加工制作。我们知道，沥青是指煤油或石油提炼后产生的残渣，可能含有多环芳烃及硫、酚等一些有害的物质，这些物质长期会对人体有一定的伤害。一般热熔性沥青板通过烧烤粘附到钣金上，冷却后会比较硬，有一定的阻尼和刚度作用，但其在烧烤时会释放出 VOC 等有害物质，如图 19.57 所示。

而水性阻尼材料主要由基础乳液、填料、阻燃剂等组成，阻尼性能主要来源于基体聚合物的性能。水性阻尼涂料是一种

图 19.57　沥青阻尼片图

具有减振降噪功能的环保涂料，对人体的伤害比较小，在现在的汽车上应用比较广泛。

2. 阻尼位置的一般分析方法

在汽车前期开发过程中，因结构、成本、周期等各种原因，有些性能需要辅助一些辅料进行性能提升，这些一般都是控制措施。汽车阻尼片位置分析方法较多，每个企业都有自己的一套方法，一般常用的有：

（1）频率响应法　这种方法一般基于白车身进行分析，将白车身大钣金分割成许多小块，在底盘关键点施加激励，通过响应结果进行统计分析，得到车身结构相对薄弱的区域。该方法前处理及后处理花费的时间相对较长，可通过 virtulab 进行操作，如图 19.58 所示。

（2）声功率法　这种方法通过在关键点施加激励力，得到车身钣金辐射能量集中的区

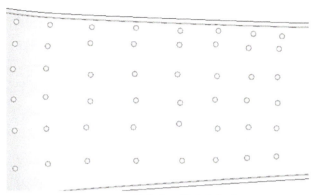

图 19.58 某汽车顶篷响应布点

域,以及路径的贡献、相关零件的贡献等。等效辐射声功率（Equivalent Radiated Power, ERP）分析能辨别出结构板件的最大辐射位置,通过板件最大辐射位置进行结构优化或采用增加阻尼片等方法降低板件的振动。

（3）模态综合位移法　通过对白车身在一定频率范围内（如 20~200Hz）进行模态分析,将这些频率范围内的所有模态位移进行叠加,得到位移相对较大的区域。一般叠加后的位移有一个参考阈值,据此进行阻尼布置。

（4）模态综合应变能法　通过计算 BIP 在一定频率范围内（如 20~200Hz）的应变能,并将这些频率范围内的所有模态应变能进行叠加,得到应变能相对集中的区域,即相对薄弱的区域。这些位置较容易传递振动或噪声,需要考虑阻尼片的布置,从而降低板件的振动或噪声等,如图 19.59 所示。

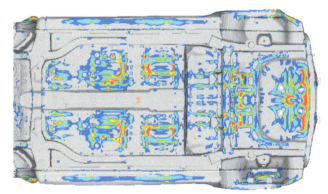

图 19.59 应变能叠加集中区域图示（20~200Hz）

（5）整车路噪法　这种方法模拟整车在实际路面行驶过程中,通过路面-轮胎-悬架-接附点-车体-响应点等的传递路径,其主要作用是通过阻尼改善某些频率点的整车路噪水平。这种方法计算规模、资源及输入等有一定的要求,但更接近实际,对工程的参考意义更大。

当前在实际工程应用相对较广泛的是 ERP 法、模态综合位移法、模态综合应变能法等。得到阻尼片的初步位置后,可将相应的阻尼材料施加到分析位置,进行效果验证。阻尼材料可根据供应商提供的参数进行设置。阻尼片模拟方法有很多种,不同的模拟方法对结果有一定的影响,甚至有可能产生不正确的结果。

3. 阻尼片在 NTF 中的应用

某车前悬置点 2501 Z 方向激励下的右后排内耳声压有明显的峰值,如图 19.60 所示。

1) 从节点贡献量结果中可以看出,70Hz 主要来自于备胎池的贡献,如图 19.61 所示;若将备胎池节点去除 40% 贡献,在 70Hz 频率下 NTF 峰值降低 2.44dB,即备胎池振动降低,

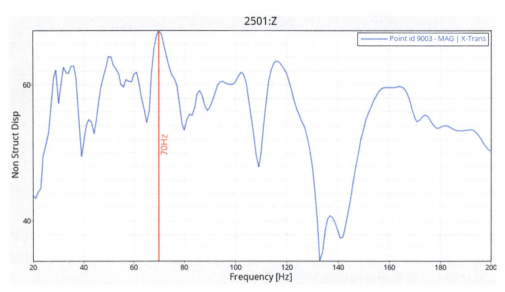

图 19.60 2501 Z 方向激励 9003 NTF 图示

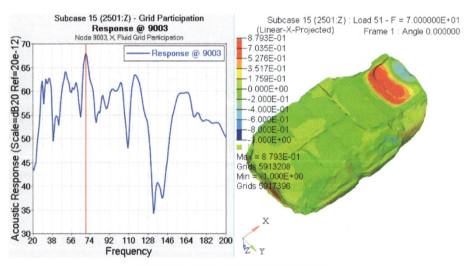

图 19.61 70Hz 节点贡献量结果图示

NTF 会有所下降，如图 19.62 所示。

2）针对 2501 Z 方向激励下的 9003 响应点在 70Hz NTF 峰值，首先分析其安装点动刚度是否存在峰值，BIP 状态及 TB 状态下的动刚度曲线如图 19.63 所示。从图中可以看出，70Hz BIP 状态安装点动刚度无明显峰值，而 TB 状态安装点动刚度有一定峰值，即安装点动刚度有可能是导致 NTF 峰值的原因，同时也有可能是路径贡献导致；本例主要从路径进行分析及优化。

3）针对 70Hz NTF 峰值，根据节点贡献量结果主要是备胎池贡献，在备胎池添加阻尼片，对比其效果。

4）阻尼片采用汉高水性阻尼板参数，厚度为 2mm，材料及属性如图 19.64 所示。

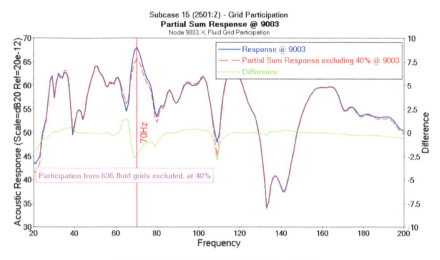

图 19.62　70Hz 节点贡献量 Study 结果

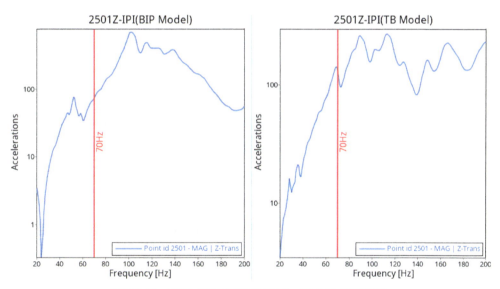

图 19.63　70Hz 安装点动刚度对比（BIP 及 TB 状态）

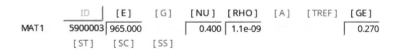

图 19.64　阻尼片材料属性图示

5）采用实体单元建模的备胎池阻尼片，如图 19.65 所示。

6）在 70Hz 频率下 NTF 降低约 1.6dB，效果明显；但还有一定峰值，由此可见安装点动刚度是主要原因，若要大幅度降低此峰值，需要进行安装点动刚度优化，如图 19.66 所示。

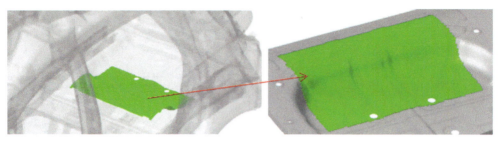

图 19.65　备胎池阻尼片图示

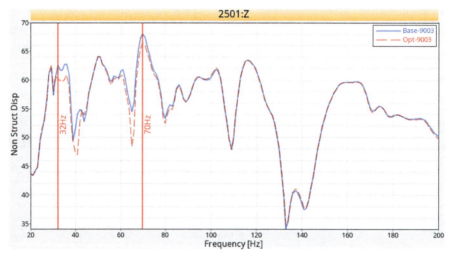

图 19.66　优化前后 70Hz NTF 结果对比

7）针对 70Hz 驾驶员右耳 9001 和右后排内耳 9003 噪声具有明显的峰值，查看 2501 Z 向的 TB 状态安装点动刚度曲线，如图 19.67 所示。

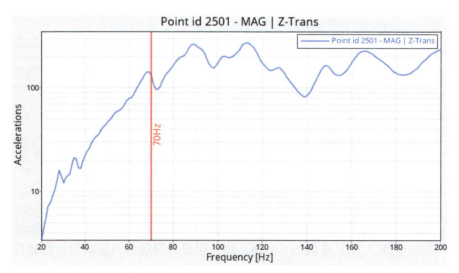

图 19.67　70Hz 安装点动刚度曲线（TB 状态）

通过动刚度曲线可以看出，在70Hz左右有明显的峰值，应对该频率点进行动刚度提升。

① 首先在TB模型上进行安装点静刚度分析，在2501 Z向施加1000N的作用力，采用惯性释放分析方法，分析结果如图19.68所示，最大应力位于两侧安装区域附近。

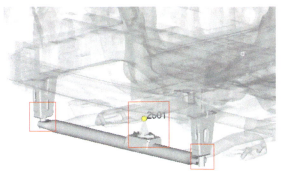

图19.68 2501 Z方向安装点静刚度应力云图

② 由于2501 Z方向安装点位于管梁上，且管梁通过两侧与车身连接，2501 Z方向安装点位置如图19.69所示。

③ 根据静刚度分析结果，基础状态该管梁厚度为2.0mm，将其厚度调整为3.0mm（也可考虑管径优化等），分析结果如图19.70所示。分析结果显示最大应力由97.3MPa降低为54.3MPa，降幅达到44.1%；Z向最大位移由0.470mm降低为0.375mm，降幅达到20.2%，效果明显，如图19.71所示。

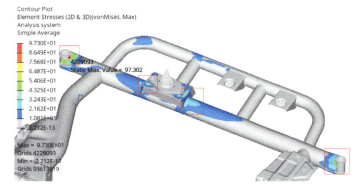

图19.69 2501 Z方向安装点图示

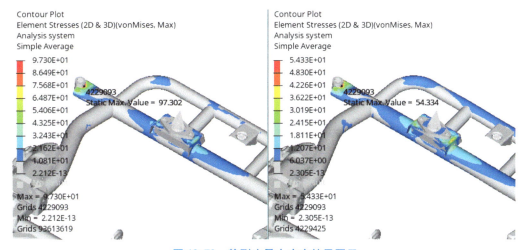

图19.70 静刚度最大应力结果图示

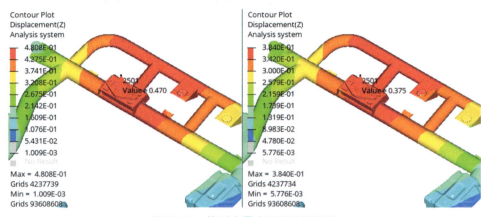

图 19.71 静刚度最大位移结果图示

④ 根据静刚度优化结果，进行 2501 Z 方向安装点动刚度分析，分析结果如图 19.72 所示。

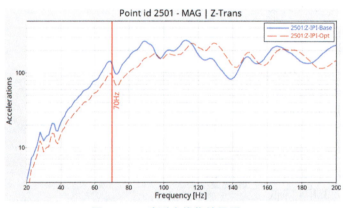

图 19.72 动刚度优化结果图示

⑤ 根据静刚度优化结果，进行 2501 Z 方向 NTF 分析，分析结果如图 19.73 和图 19.74 所示。从对比结果中可以看出，9001 在 71Hz 左右降低约 0.64dB，9003 在 70Hz 降低约 3dB，效果明显。

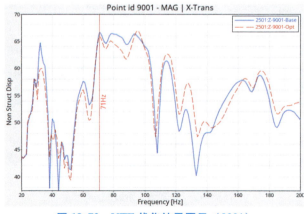

图 19.73 NTF 优化结果图示（9001）

第 19 章　TB 噪声传递函数分析及优化方法

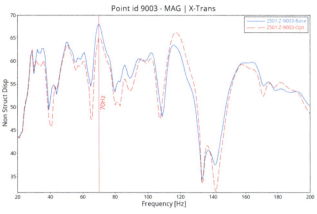

图 19.74　NTF 优化结果图示（9003）

19.4　小结

本章通过采用三种方法对 NTF 分析的流程及技巧等进行了详细阐述和对比，同时对 NTF 常见的优化方法进行了总结和归纳，对实际工程中 NTF 的优化思路和流程进行了分析，最后对阻尼片在 NVH 分析优化中的应用流程进行了讲解，使读者对 NTF 分析及处理中的一些注意事项和细节有一个清晰的认识和理解。

思考题

1. NTF 的分析方法和流程有哪几种？
2. NTF 常见的优化方法有哪些？
3. NTF 的实际工程优化思路和流程有哪些？
4. 阻尼片在 NTF 优化中如何应用，优化思路是什么？

第 20 章
整车传递路径分析方法及难点

传递路径分析（Transfer Path Analysis，TPA）可对复杂结构的振动噪声源及传递路径进行分解和排序，精准找到振动或噪声问题的根源，可应用于整车 NVH 开发的整个流程。

TPA 分析其实就是对"源-路径-接受者"这三者进行识别和分析，常见的源有路面、发动机或电机、冷却风扇等，路径主要包括结构和声学路径，接受者主要是人的听觉和触觉（噪声和振动等）。

20.1 传递路径分析的基本概念

传递路径分析可以通过试验或仿真进行，通常需要获得传递函数和载荷。载荷可以通过实际测试获取，一般是间接获取。如路噪载荷，可以通过测得转向节加速度进行求逆得到轮心载荷，也可以考虑轮胎模型添加实际路谱进行仿真。TPA 分析中的载荷识别方法包括直接测量、悬置动刚度法、逆矩阵法、单路径求逆法以及派生方法等。

通过实际载荷（如发动机载荷、路面载荷或冷却风扇载荷等）与传递函数进行传递路径分析，可以得到所关注的峰值频率是路径的问题，还是激励源的问题，亦或是二者都有问题；TPA 分析可以进行贡献量分析，快速找出是路径的贡献、接附点力的贡献还是接附点刚度的贡献，同时可以验证隔振垫的刚度是否合适，以及是否需要进一步优化等。

TPA 分析一般用于整车级分析，如整车路噪或加速噪声等，通过传递路径分析可以找出对关注频率响应较大的路径或响应面。TPA 分析主要是从整车的角度进行考察，即激励通过各条可能的路径传递到车内，包括结构声以及空气声。在中低频率下，主要以结构声为主；在高频率，如 1000Hz 以上，主要以空气声传递为主。本文主要从结构声的传递路径进行分析，如图 20.1 所示。

TPA 分析最基本的思路为源（Source）—路径（Path）—响应（Receiver）。

1) 整车两步法 TPA 计算的数学模型及原理为

$$y_k = \sum_{i=1}^{n} \text{TF}_{ik} \times F_i + \sum_{j=1}^{p} \text{TF}_{jk} \times Q_j \tag{20-1}$$

式中 y_k——各个路径传递到目标点 k 的振动或噪声的总贡献量；

$\sum_{i=1}^{n} \text{TF}_{ik} \times F_i$——通过结构传递到目标点 k 的贡献量；

$\sum_{j=1}^{p} \mathrm{TF}_{jk} \times Q_j$ ——通过空气传递到目标点 k 的贡献量;

n、p——结构传递和空气传递的路径数;

TF——传递路径到目标点的传递函数;

F——结构传递路径处的结构载荷;

Q——空气传递路径处的声学载荷。

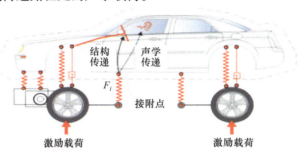

图 20.1 整车传递路径模型

因此,通过式(20-1)可以确定某一条路径对目标点的影响程度以及贡献量,贡献量的大小可帮助工程师快速判断出关键路径。通过式(20-1),还可以确定 TPA 分析时需要的传递函数和载荷。而载荷通常不可进行直接测量,绝大多数情况是通过间接方法测试计算得到的;传递函数通过定义完整的路径,包括结构传递和空气传递路径,需要单独进行计算;通过分析载荷和传递函数进行 TPA 计算,进而通过贡献量识别工程问题点和优化方案。

采用两步法进行整车传递路径分析,需要进行两步操作:首先利用整车计算关键接附点的作用力,即图 20.2 中的接附点载荷;其次,计算关键接附点的传递函数,即常规的 NTF、VTF 等,然后通过接附点的力和传递函数进行 TPA 计算。

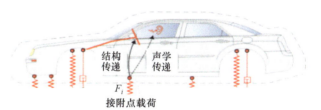

图 20.2 整车接附点载荷计算模型

2)整车传递路径一步法也是当前应用较为广泛的整车传递路径计算优化方法,其计算公式为

$$y_t = \sum_{\mathrm{paths}} |y_i| = \sum_{\mathrm{paths}} [(y/F)_i F_i] \tag{20-2}$$

式中 y_t——在某一位置的声学或结构响应;

$(y/F)_i$——路径 i 的声学或结构传递函数;

F_i——来自路径 i 的连接点的传递力和力矩。

这样整车两步法传递路径计算优化问题被转换为一步法计算问题,极大地简化了计算设置的流程,提高了计算的效率等。

20.2 一步法传递路径分析设置流程

一步法将底盘接附点的载荷和接附点的传递函数进行集成计算,即通过一个模型同时输出并进行关联计算。该方法通过关键字一步就可进行 TPA 的计算分析，非常便捷，省去了许多复杂的过程，也不用担心多个工况的设置等问题，见表 20.1。

表 20.1 一步法 TPA 的参数卡片设置

(1)	(2)	(3)	(4)	(5)	(6)	(7)	(8)
PFPATH	SID	CONPT	RID	RTYPE	CONEL	CONREL	CONVOL

关键字说明：

1）PFPATH 为传递路径关键字名称。

2）SID 为 PFPATH 的代号。

3）CONPT 为定义的可能的传递路径安装点 SET，为被动侧点。

4）RID 为响应点 ID，可为振动或噪声，一般为噪声点，即 GRIDC。

5）RTYPE 为响应类型，可为位移、速度或加速度。

6）CONEL 为安装点弹性连接单元，如衬套 CBUSH 单元。

7）CONREL 为安装点刚性连接单元，如球铰 RBE2 单元，非必选。

8）CONVOL 主要用于定义 control volume，老版本没有这个定义，可采用默认。设置 control volume 可以将整车模型从安装点进行分离，计算 control volume 与外界安装点的载荷，及分离结构内部安装点到相应点的传递函数，如图 20.2 所示的虚线框。

20.2.1 一步法传递路径关键字设置

1）CONPT 定义。将车身与底盘所有可能的安装点，即所有的路径进行定义，如图 20.3 所示。图 20.4 所示整车模型 CONPT 点包括悬置、前后减振器、摆臂、转向横拉杆、后扭力梁、弹簧座以及稳定杆等 21 个安装点。

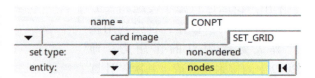

图 20.3 车身与底盘安装点设置图示

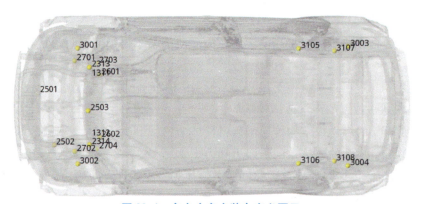

图 20.4 车身底盘安装点定义图示

2）RID 定义。振动响应点如转向盘、座椅导轨、踏板或地板等，噪声响应点如驾驶员右耳、右后排乘客外耳等；本例主要定义为噪声点，即 GRIDC，并选择驾驶员右耳、右后排乘客外耳等响应点，如图 20.5 所示。

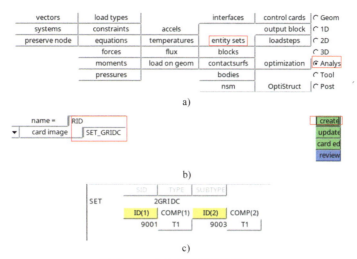

图 20.5 响应点设置流程图示

3) RTYPE 定义。本例为噪声响应点，即响应类型设置为位移，如图 20.6 所示。

图 20.6 RTYPE 响应类型设置图示

4) CONEL 定义。选取所有可能的安装点连接单元，如图 20.7 所示。

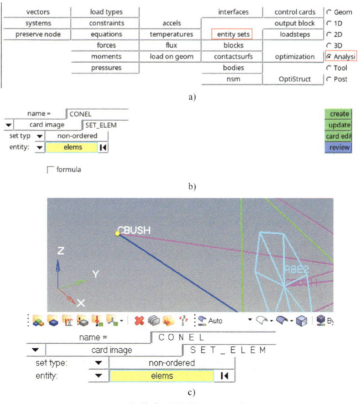

图 20.7 安装点连接单元设置流程图示

一般将底盘模型（带接附点衬套）作为一个整体，模型树如图 20.8 所示，并去除开始及结束的 OMIT 关键字，如图 20.9 所示；导出的完整底盘系统模型如图 20.10 所示，即 N01_Chassis_model_0810.fem。

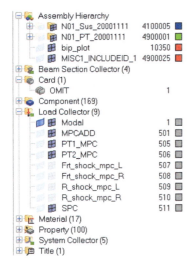

图 20.8 底盘系统模型树图示

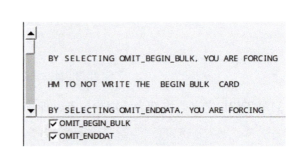

图 20.9 OMIT 关键字设置图示

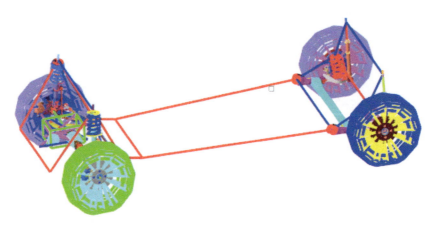

图 20.10 底盘系统模型定义图示

5) CONREL 非必选。
6) CONVOL 采用默认。

20.2.2 求解工况及参数设置

1) 载荷设置。如施加发动机转矩激励载荷，利用 TPA 进行贡献量分析，并分析其响应峰值原因，如图 20.11 所示。
2) 结构 eigrl_s 模态设置。频率范围为 0~600Hz，如图 20.12 所示。
3) 流体 eigrl_f 模态设置。频率范围为 0~1200Hz，如图 20.13 所示。

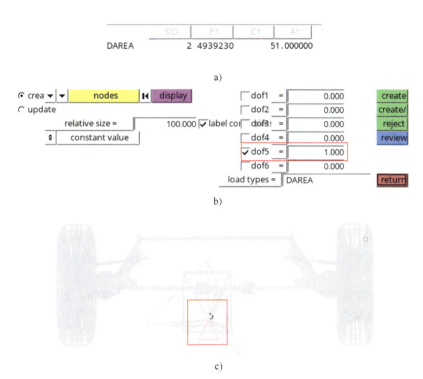

图 20.11 求解工况设置流程图示

图 20.12 结构特征值设置图示

图 20.13 流体特征值设置图示

4) 激励频率 freq1 范围设置。频率范围为 20~300Hz，如图 20.14 所示。

5) 激励力 tabled1 幅值设置，如图 20.15 所示。

图 20.14 激励频率设置图示　　图 20.15 激励力幅值设置图示

6) 动态激励力 rload1 载荷集设置，如图 20.16 所示。

图 20.16　激励力载荷集设置图示

7）结构阻尼 tabdmp1_s 设置，其值为 0.06，如图 20.17 所示。

8）流体阻尼 tabdmp1_f 设置，其值为 0.12，如图 20.18 所示。

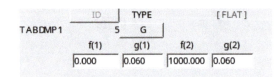 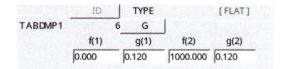

图 20.17　结构阻尼设置图示　　　　图 20.18　流体阻尼设置图示

9）MPC 运动方程集合 MPCADD 设置，包括转向及动力总成等，如图 20.19 所示。

10）非结构质量集合 NSMADD 设置，如图 20.20 所示。

图 20.19　MPCADD 设置图示　　　　图 20.20　NSMADD 设置图示

11）传递路径 PFPATH 设置。直接调用之前设置的 CONPT、RID 及 CONEL 等，如图 20.21 所示。

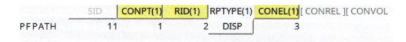

图 20.21　传递路径 PFPATH 设置图示

12）工况设置。在 DLOAD 中直接调用 rload1，如图 20.22 所示。

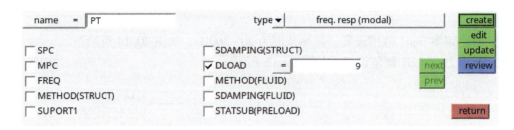

图 20.22　计算工况设置图示

13）全局控制卡片设置，包括求解参数、输出等，如图 20.23 和图 20.24 所示，结果输出如图 20.25 所示。

14）控制参数 PARAM 设置，如图 20.26 所示。

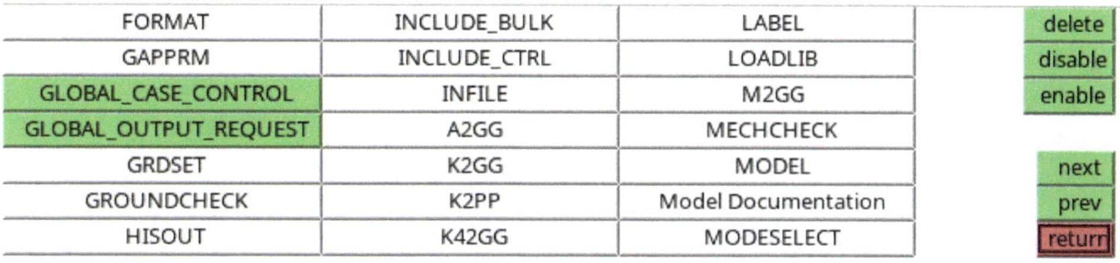

第20章 整车传递路径分析方法及难点

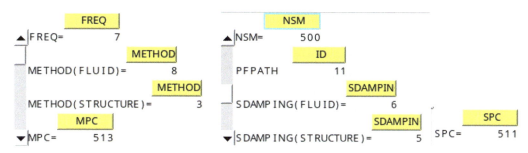

图 20.23　求解参数设置图示一

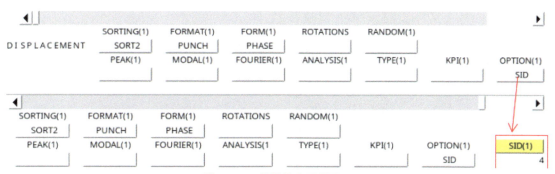

图 20.24　求解参数设置图示二

图 20.25　结果输出设置图示

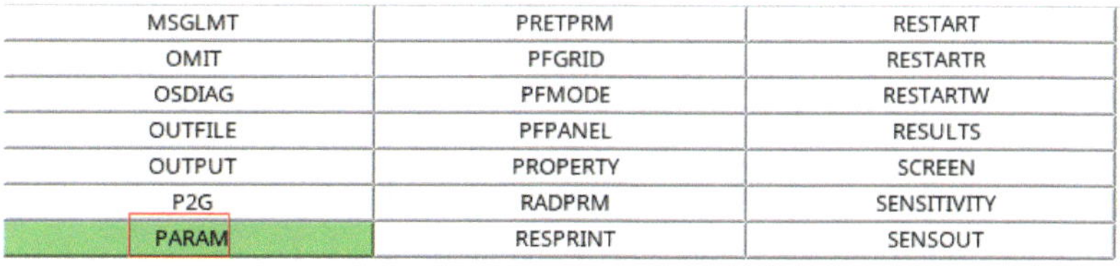

a)

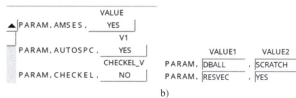

b)

图 20.26　控制参数设置图示

15）传递路径分析模型树、工况及参数如图 20.27 和图 20.28 所示。

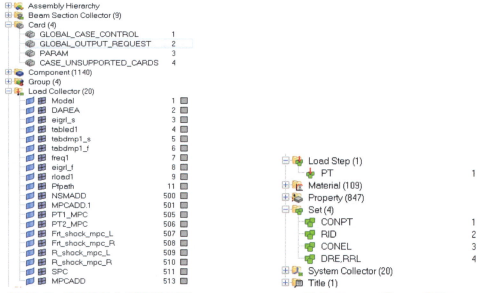

图 20.27　传递路径分析模型树图示　　　　图 20.28　工况及 SET 点图示

20.2.3　采用头文件设置求解工况及参数

1）求解参数编制，包括求解器类型、MPC、NSM 以及通用的全局求解参数等，如图 20.29 所示。

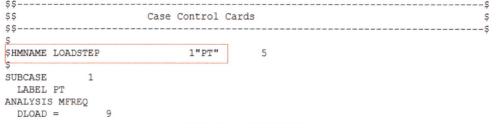

图 20.29　求解器类型及参数设置图示

2）工况设置，如图 20.30 所示。

3) 求解参数设置，如图 20.31 所示。

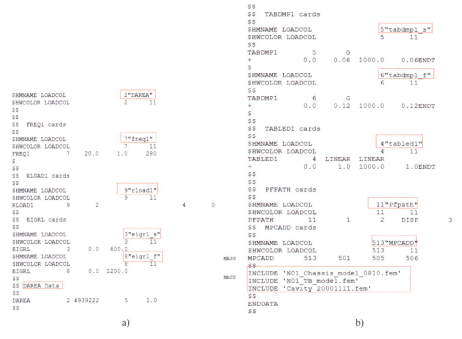

图 20.31　求解参数设置图示

20.2.4　一步法传递路径后处理流程

1) 首先进入后处理模块 Hypergrap，并加载及调出 NVH Utilities 模块，版本越高功能越全，本例以 HyperworksV14.0 为基础进行讲解，如图 20.32 所示。

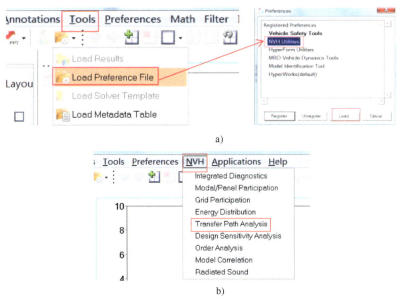

图 20.32　后处理流程图示

2）加载计算的 TPA 结果。分别在传递函数 Transfer function 和接附点载荷 Force 加载 h3d 文件（pch 文件不能读取），单击 Load 即可，如图 20.33 所示。

3）在 Path 中可以看到所有接附点的路径列表，如图 20.34a 所示，一般进行 TPA 分析时保持默认选择即可。

同时单击 Path Details 查看详细的路径，采用一步法传递路径分析时，会显示各个接附点 $X/Y/Z/RX/RY/RZ$ 六个方向的路径，如图 20.34 所示。若不想转动自由度路径参与 TPA 计算，可以在 Active Path 一列中将其勾选√改为×。

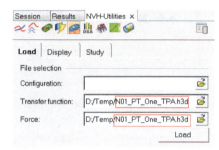

图 20.33　TPA 计算结果载入图示

图 20.34　Path 详细流程图示

① 在 Path Details 中可以看到所有接附点的路径等相关信息；在右侧有一个倒三角 Advanced selections 选项，可以打开查看并且进行实时显示，一般保持默认情况即可，如图 20.35 所示。

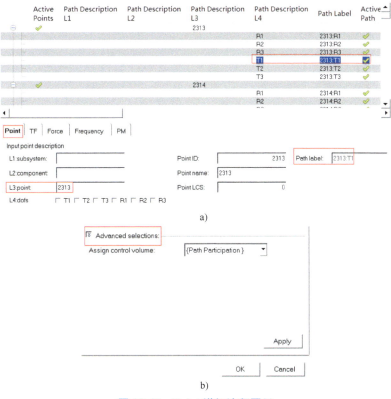

图 20.35　Point 详细流程图示

② 在 TF 中可以查看每个接附点的传递函数，以及响应点等；通过设置 TF 中 target 值（如 55dB），可以实时查看响应与目标值之间的差距以及哪些频率区间超差等，如图 20.36 所示。

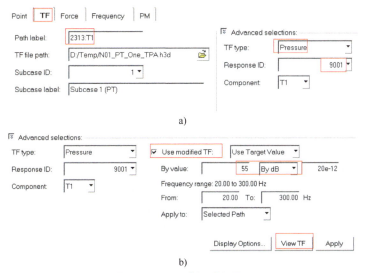

图 20.36　TF 详细流程图示

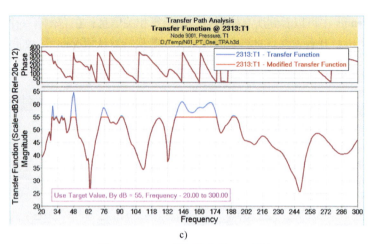

图 20.36 TF 详细流程图示（续）

③ 在 Force 中可以查看每个连接单元（CBUSH）的力信息。通过设置 Force 中 target 值（如 110dB），可以实时查看作用力在哪些频率区间相对较大等，如图 20.37 所示。

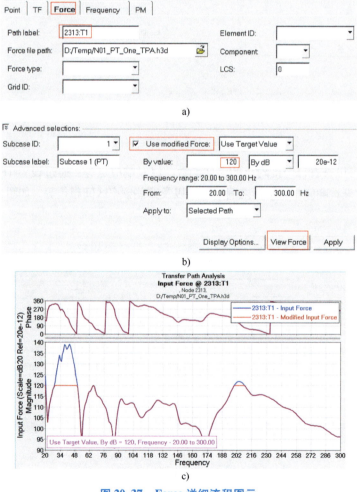

图 20.37 Force 详细流程图示

④ 在 Frequency 中可以查看 TPA 中 TF、Force 以及 TPA 的状态等信息，如图 20.38 所示。

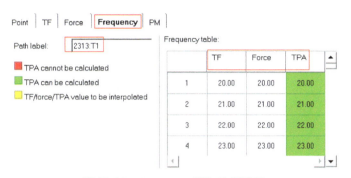

图 20.38　Frequency 详细流程图示

⑤ 在 Path 选项下单击 Apply 后进入 Subcase 工况选择，包括通用（General）、轮心力载荷（Spindle Loads）以及发动机载荷（Engine Loads）三个工况类型，这三个类型根据实际计算工况进行选择，本例为通用工况，即 General，如图 20.39 所示。

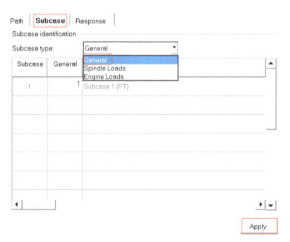

图 20.39　Subcase 选择图示

⑥ 在 Subcase 单击 Apply 后进入 Response，可选择响应类型，如本例包括驾驶员右耳 9001 以及右后排内耳 9003 等，声压方向分量只有 T1，即 X 方向；其中路径求和一般采用 Complex 叠加方式进行；同时可以单击 Display Options 进行响应结果类型选择，如是否计权，以及是否在新的窗口显示等，可以根据需要进行选择，如图 20.40 所示。

⑦ 在单击 Load Response 后进行整车 TPA 计算，图 20.41 所示为所有路径采用 Complex 方法叠加计算后的整车驾驶员右耳响应曲线，包括幅值和相位。

注意：整车 TPA 响应结果显示，其中深色线为各条路径叠加计算的总响应，浅色线为直接求解得到的响应，通常情况下这两条曲线基本重合。本例中由于计算机硬盘容量有限，采用超单元进行了一步法计算，这两条曲线除了在 202~240Hz 有一定偏差外，其余基本重合。如果考虑了所有路径，并且用于附着力输出的坐标系与用于 TF 输出的坐标系一致，则计算响应应与求解器直接响应匹配。

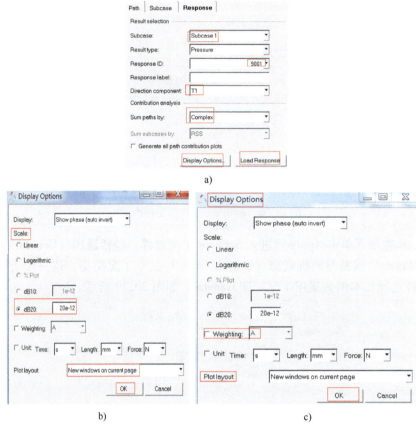

图 20.40　Response 操作流程图示

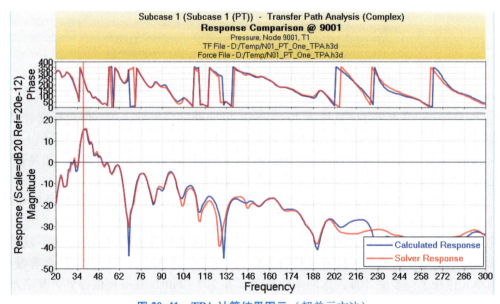

图 20.41　TPA 计算结果图示（超单元方法）

根据硬盘容量实际情况，仅用常规方法计算 20~200Hz 的 TPA 结果，如图 20.42 所示。从分析结果中可以看出，各路径叠加后的结果与直接求解的结果一致且基本重合。

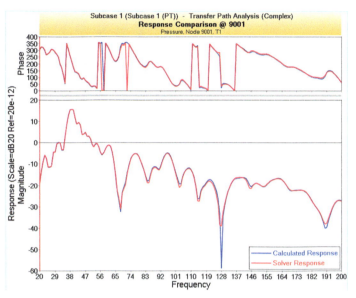

图 20.42　TPA 计算结果图示（常规方法）

⑧ TPA 分析结果中，包括路径贡献、传递函数、接附点作用力以及接附点的刚度等，如图 20.43 所示；若采用 Projected 投影的方式且用柱图（Bar）形式显示，考察在 38Hz 单频率点时的 TPA 分析结果，如图 20.44 所示。

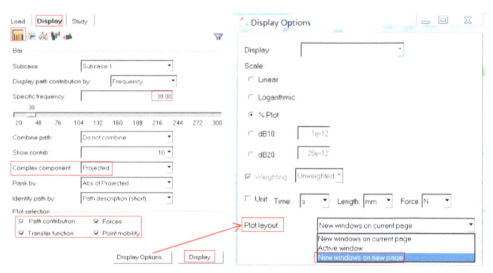

图 20.43　TPA 分析结果图示（Complex 方法）

⑨ 对于主要路径的贡献量比较，可以从传递函数、载荷、接附点原点导纳（接附点动刚度）进行分析。

如果传递函数相对目标值较高，可以从降低传递函数角度考虑。

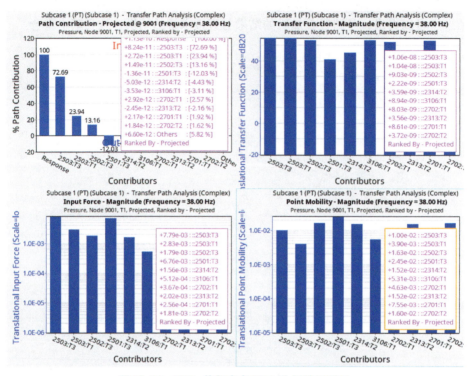

图 20.44　38Hz 单频率点 TPA 分析结果图示

如果载荷很高，可以考虑重新调整安装或隔振处理，以重新平衡载荷。

如果原点导纳较高，可以考虑优化或提升局部动刚度。

在实际工程中，可以根据需要采用不同的方法来解决和优化整车开发过程中的振动或噪声超差问题。

⑩ 在单频率点 38Hz 下的 TPA 分析结果中查看其路径贡献可以看出，2503（后悬置安装点）Z 向为主要贡献路径，占 72.69% 贡献，如图 20.45 所示。

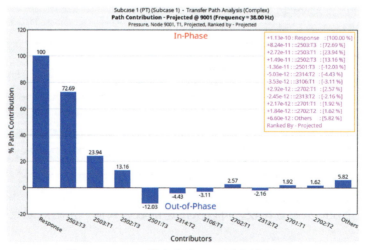

图 20.45　38Hz 单频率点 TPA 路径结果图示

在 TPA 分析结果中查看其路径贡献可以看出，2503 安装点的 Z 方向为主要贡献路径，将该路径响应降低 50% 后，查看全响应变化，如图 20.46 所示。在 38Hz 峰值下降 3.92dB，如图 20.47 所示。

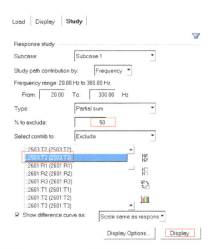

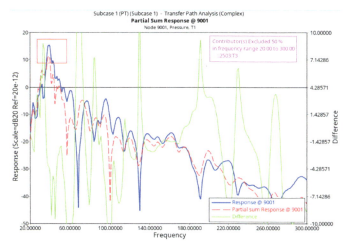

图 20.46　38Hz 单频率点 Study 设置图示　　　　图 20.47　38Hz 单频率点 Study 测试结果图示

20.3　两步法传递路径分析设置流程

采用两步法计算整车传递路径，需要分别计算接附点的传递函数，如 NTF 以及接附点的载荷；即需要两个模型，一个模型为 TB 模型，用于计算接附点的 NTF，另一个整车模型用于计算接附点的载荷（力和力矩），然后通过这两个计算结果进行整车传递路径分析。

20.3.1　TB 传递函数设置方法一

其设置流程可参考第 18 章。用于 TPA 计算的 TB 模型需要计算接附点的动刚度速度响应以及噪声响应，主要用于后续的 TPA 计算。计算时需要考虑与底盘连接的接附点，本例包括悬置、前后减振器、摆臂、转向横拉杆、稳定杆、后扭力梁及弹簧座等，如图 20.48 和图 20.49 所示。

图 20.48　车身关键点定义示意图　　　　图 20.49　NTF 分析响应点图示

1）求解器类型设置，如图 20.50 所示。

2）接附点速度响应 SET 设置，如图 20.51 所示。

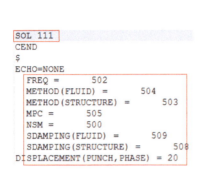

```
SOL 111
CEND
$
ECHO=NONE
  FREQ =        502
  METHOD(FLUID) =        504
  METHOD(STRUCTURE) =        503
  MPC =        505
  NSM =        500
  SDAMPING(FLUID) =        509
  SDAMPING(STRUCTURE) =        508
DISPLACEMENT(PUNCH,PHASE) = 20
```

图 20.50　求解器类型设置图示

```
$---------------
$HMSET
SET 1  = 2313
SET 2  = 2314
SET 3  = 2601
SET 4  = 2602
SET 5  = 2501
SET 6  = 2502
SET 7  = 2503
SET 8  = 3001
SET 9  = 3002
SET 10 = 3003
SET 11 = 3004
SET 12 = 2701
SET 13 = 2702
SET 14 = 2703
SET 15 = 2704
SET 16 = 3105
SET 17 = 3106
SET 18 = 3107
SET 19 = 3108
$---------------
```

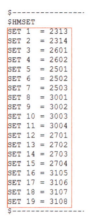

图 20.51　接附点 SET 设置图示

3）工况设置，包括工况、激励载荷以及激励力等，如图 20.52～图 20.55 所示。

```
$HMNAME LOADSTEP                1"FRAUL_Subcase_Frc_2313_X"      5
$
SUBCASE       1
  LABEL 2313:+X
  DLOAD =       59
  VELOCITY(H3D,PHASE) = 1
  VELOCITY(PUNCH,PHASE) = 1
$Generated by FRA PMT
$
$HMNAME LOADSTEP                2"FRAUL_Subcase_Frc_2313_Y"      5
$
SUBCASE       2
  LABEL 2313:+Y
  DLOAD =       60
  VELOCITY(H3D,PHASE) = 1
  VELOCITY(PUNCH,PHASE) = 1
$Generated by FRA PMT
$
$HMNAME LOADSTEP                3"FRAUL_Subcase_Frc_2313_Z"      5
$
SUBCASE       3
  LABEL 2313:+Z
  DLOAD =       61
  VELOCITY(H3D,PHASE) = 1
  VELOCITY(PUNCH,PHASE) = 1
$Generated by FRA PMT
```

图 20.52　工况设置图示（部分）

```
$$  RLOAD1 cards
$$
RLOAD1     116     2                    1     0     LOAD
RLOAD1     117     3                    1     0     LOAD
RLOAD1     118     4                    1     0     LOAD
RLOAD1     119     5                    1     0     LOAD
RLOAD1     120     6                    1     0     LOAD
RLOAD1     121     7                    1     0     LOAD
RLOAD1     122     8                    1     0     LOAD
RLOAD1     123     9                    1     0     LOAD
RLOAD1     124    10                    1     0     LOAD
RLOAD1     125    11                    1     0     LOAD
RLOAD1     126    12                    1     0     LOAD
RLOAD1     127    13                    1     0     LOAD
RLOAD1     128    14                    1     0     LOAD
RLOAD1     129    15                    1     0     LOAD
RLOAD1     130    16                    1     0     LOAD
```

图 20.53　RLOAD1 设置图示（部分）

```
$$
$$  DLOAD cards
$$
DLOAD       59     1.0     1.0     116
DLOAD       60     1.0     1.0     117
DLOAD       61     1.0     1.0     118
DLOAD       62     1.0     1.0     119
DLOAD       63     1.0     1.0     120
DLOAD       64     1.0     1.0     121
DLOAD       65     1.0     1.0     122
DLOAD       66     1.0     1.0     123
DLOAD       67     1.0     1.0     124
DLOAD       68     1.0     1.0     125
DLOAD       69     1.0     1.0     126
DLOAD       70     1.0     1.0     127
DLOAD       71     1.0     1.0     128
DLOAD       72     1.0     1.0     129
DLOAD       73     1.0     1.0     130
```

图 20.54　DLOAD 设置图示（部分）

```
$$ DAREA Data
$$
DAREA        2     2313     1     1.0
DAREA        3     2313     2     1.0
DAREA        4     2313     3     1.0
DAREA        5     2314     1     1.0
DAREA        6     2314     2     1.0
DAREA        7     2314     3     1.0
DAREA        8     2501     1     1.0
DAREA        9     2501     2     1.0
DAREA       10     2501     3     1.0
DAREA       11     2502     1     1.0
DAREA       12     2502     2     1.0
DAREA       13     2502     3     1.0
DAREA       14     2503     1     1.0
DAREA       15     2503     2     1.0
DAREA       16     2503     3     1.0
```

图 20.55　DAREA 设置图示（部分）

4）求解参数设置，如图 20.56 所示。

```
$
BEGIN BULK
ACMODL                                  3.0             6.0
$$
$
$HMSET        20         1 "DispResp"
$HMSETTYPE         20 "regular"
SET      20      GRID     LIST
+        9001     9003
PARAM,DBALL,SCRATCH
PARAM,RESVEC,YES
PARAM,AMSES,YES
PARAM,AUTOSPC,YES
PARAM,CHECKEL,NO
```

a)

```
$$  MPCADD cards
$$
$HMNAME LOADCOL                505"FRAUL_MPCADD"
$HWCOLOR LOADCOL               505       17
MPCADD        505      501
$$
$$
$$  FREQi cards
$$
$HMNAME LOADCOL                502"FRAUL_FREQi"
$HWCOLOR LOADCOL               502       25
FREQ1         502     20.0     1.0       280
$$
$$  TABDMP1 cards
$$
$HMNAME LOADCOL                508"TABDMP1508"
$HWCOLOR LOADCOL               508         3
$$
TABDMP1       508     CRIT
+             1.0     0.03    600.0     0.03ENDT
$
$HMNAME LOADCOL                509"TABDMP1509"
$HWCOLOR LOADCOL               509         4
$$
TABDMP1       509     CRIT
+             1.0     0.06   1200.0     0.06ENDT
$
```

b)

```
$$
$$  TABLED1 cards
$$
$HMNAME LOADCOL                1"FRAUL_TABLED1"
$HWCOLOR LOADCOL               1       50
TABLED1          1  LINEAR  LINEAR
+            20.0     1.0   300.0     1.0ENDT
$$
$Generated by FRA PMT
$$  EIGRA cards
$$
$HMNAME LOADCOL              503"FRAUL_EIGRAStruct"
$HWCOLOR LOADCOL             503       30
EIGRA          503       600.0                                    MASS
$Generated by FRA PMT
$HMNAME LOADCOL              504"FRAUL_EIGRAFluid"
$HWCOLOR LOADCOL             504       20
EIGRA          504       1200.0                                   MASS
$
INCLUDE 'N01_TB_model.fem'
INCLUDE 'Cavity_20001111.fem'
$
ENDDATA
```

c)

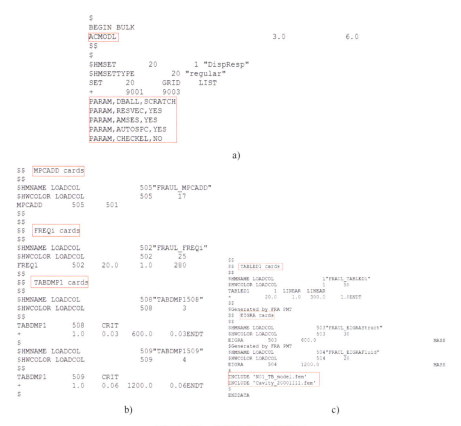

图 20.56　求解参数设置图示

5）提交计算，得到各接附点的速度响应及噪声响应结果。

20.3.2　TB 传递函数设置方法二

方法一中采用头文件的方法进行传递函数的设置，也可采用 Tools 中的流程进行设置。该方法为 Step by Step，建模设置流程简洁清晰，适用于首次操作设置传递路径分析。

1）采用 Tools>Freq Resp Process>Unit input frequency response 方法进行设置。

注：采用全局阻尼 PARAM、G、0.06 时，可能有些激励点的计算结果与头文件设置的 TABDMP1 阻尼结果略有出入，建议两者阻尼设置方式一致。

2）加载进入 Unit input frequency response 模块，并进行相关操作，具体可参考第 19 章。

```
$
SOL 111
CEND
$
ECHO=NONE
  MPC =       513
  NSM =       500
  SPC =       511
  FREQ =        7
  METHOD(FLUID) =          8
  METHOD(STRUCTURE) =          3
  SDAMPING(FLUID) =          6
  SDAMPING(STRUCTURE) =          5
  DISPLACEMENT(SORT2,PUNCH,PHASE) = 4
  GPFORCE(PUNCH,PHASE) = 1
  GPFORCE(h3d,PHASE) = 1
```

图 20.57　求解器类型设置图示

20.3.3　整车接附点的载荷计算

1）求解器类型及计算工况设置。采用头

文件的形式进行设置，如图20.57和图20.58所示。

```
$$-------------------------------------------------------------$
$$                    Case Control Cards                       $
$$-------------------------------------------------------------$
$
$HMNAME LOADSTEP           1"PT"           5
$
SUBCASE        1
  LABEL PT
ANALYSIS MFREQ
  DLOAD =      9
$$-------------------------------------------------------------
```

图20.58　计算工况设置图示

2）求解参数设置，如图20.59所示。

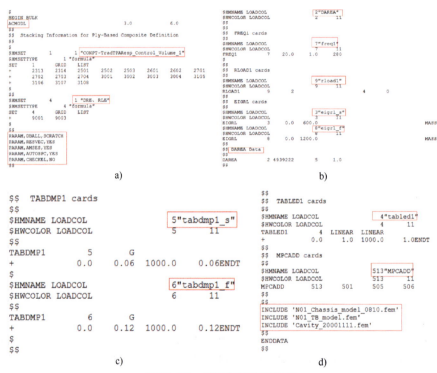

图20.59　求解参数设置图示

3）进行工况计算，得到各接附点的载荷，包括力及力矩等，如图20.60所示。

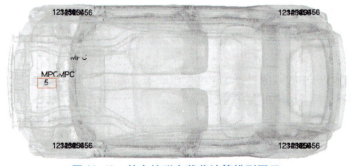

图20.60　整车接附点载荷计算模型图示

20.3.4 两步法传递路径分析后处理流程

1) 首先进入后处理模块 Hypergrap，并加载及调出 NVH Utilities 模块。

2) 加载已经计算的传递函数 NTF 以及接附点载荷 Force，单击 Load 按钮即可，如图 20.61 所示。

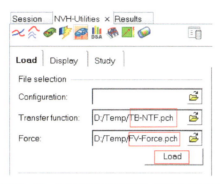

图 20.61　两步法传递路径分析后处理图示

3) 在 Path 中可以看到所有接附点的路径列表，同时可单击 Path Details 按钮查看详细的路径，由于本例只计算了 $X/Y/Z$ 三个方向的平动自由度的载荷，所以只有这三个方向的路径列表；具体详细说明可参考一步法传递路径，如图 20.62 所示。

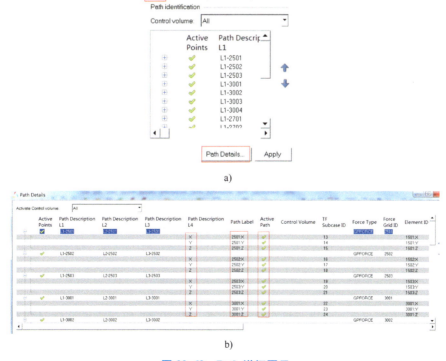

图 20.62　Path 详细图示

4）在 Path 选项下单击 Apply 后进入 Subcase 工况选择，选择通用（General）工况类型，如图 20.63 所示。

图 20.63　Subcase 选择图示

5）在 Subcase 单击 Apply 后进入 Response，可选择响应类型，如驾驶员右耳 9001，以及是否计权，是否在新的窗口显示等，可以根据需要进行选择，如图 20.64 所示。

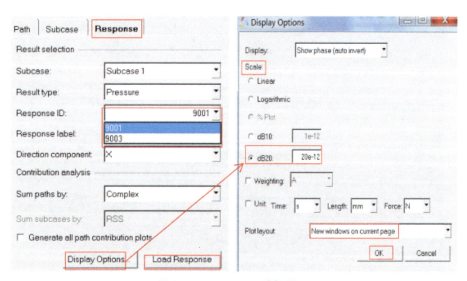

图 20.64　Response 选择图示

6）单击 Load Response 后进行整车 TPA 计算，图 20.65 所示为两步法计算的整车 TPA 分析结果。

7）TPA 分析结果中，包括路径贡献、传递函数、接附点作用力以及接附点的刚度等。如需要考察在 38Hz 时的 TPA 分析结果，如图 20.66 所示。

第 20 章 整车传递路径分析方法及难点

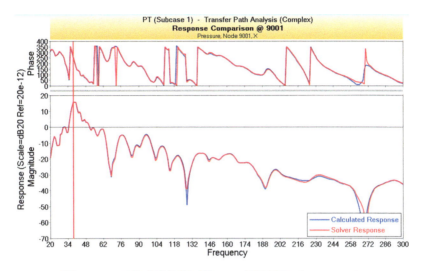

图 20.65 两步法计算得到的 TPA 结果图示（20~300Hz）

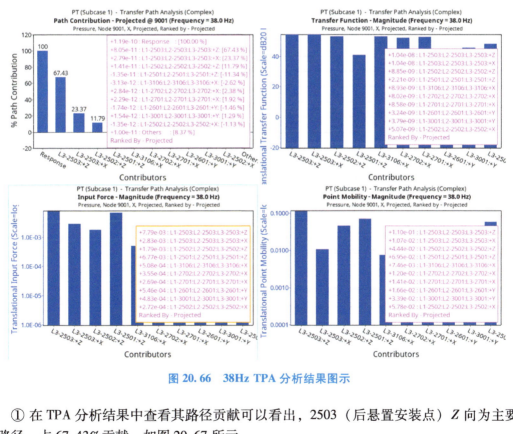

图 20.66 38Hz TPA 分析结果图示

① 在 TPA 分析结果中查看其路径贡献可以看出，2503（后悬置安装点）Z 向为主要贡献路径，占 67.43% 贡献，如图 20.67 所示。

② 在 TPA 分析结果中查看其路径贡献可以看出，2503 安装点的 Z 方向为主要贡献路径，将该路径贡献去除 50%，在 38Hz 峰值下降 3.56dB，如图 20.68 所示。

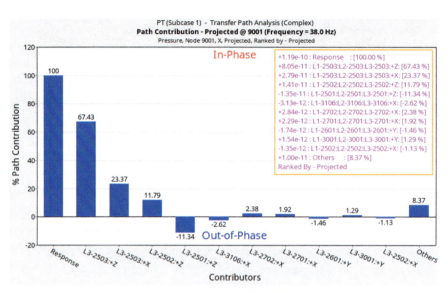

图 20.67　38Hz 路径贡献量计算结果图示

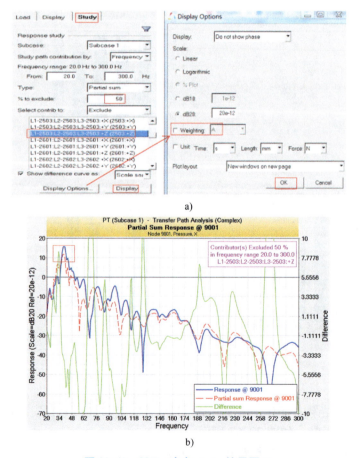

图 20.68　38Hz 响应 study 结果图示

8）本章采用两种方法进行整车 TPA 计算，分别是一步法和两步法。一步法通过一个模型计算接附点的传递函数和力；而两步法通过两个模型，即 TB 模型计算接附点的传递函数，整车模型计算接附点的力。

在后处理中，一步法直接调整计算结果 h3d 文件进行整车 TPA 计算，两步法需要分别调入传递函数和接附点的力 pch 文件进行整车 TPA 计算；但在求解时间上，一步法明显需要耗费大量的内存和存储空间，而两步法耗费的内存和存储空间相对较少，且计算时间明显减少，在实际工程中如果资源有限，建议采用两步法。

图 20.69 所示为两种 TPA 计算结果对比，由于硬盘限制，一步法采用超单元方法，从结果中可以看出两条曲线基本重合。图 20.70 所示两种方法的 TPA 曲线完全重合，其中一步法采用常规的计算结果。

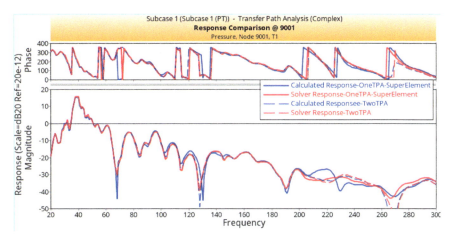

图 20.69　超单元一步法和两步法 TPA 结果对比图示（20~300Hz）

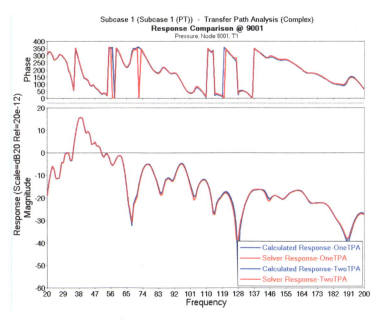

图 20.70　常规一步法和两步法 TPA 结果对比图示（20~200Hz）

20.4 整车路噪工程案例简析

20.4.1 整车模型建立及分析

根据整车结构建立整车模型,整车模型共分为内饰车身、转向系统、前悬架、后悬架及动力总成五个部分,如图20.71所示。

某型车在研发阶段,后排乘客在50~60Hz感觉到轰鸣声,如图20.72所示,主观评价难以接受。首先建立整车模型,计算整车路噪声压响应。同时对故障频率进行诊断,发现声腔模态与结构模态耦合,进而进行结构优化。

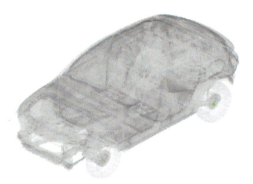

图 20.71 某型车整车模型

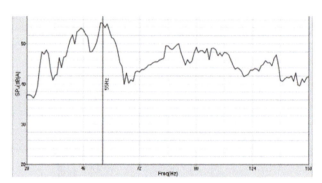

图 20.72 整车路噪计算结果

20.4.2 整车路噪分析

轮心载荷是通过采集转向节上的加速度信号,利用逆矩阵法得到的。将每个轮心载荷施加在整车模型上,计算出粗糙路面下的整车路噪结果,后排乘客在55Hz左右峰值非常明显,不满足要求。

20.4.3 节点贡献量分析

根据整车路噪分析结果,进行贡献量分析,图20.73所示为节点贡献量计算结果,可以看出背门与声腔耦合区域为主要贡献区域。

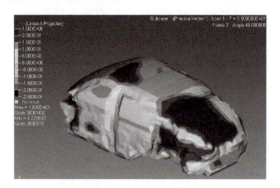

图 20.73 贡献量计算结果

20.4.4 优化分析

1. 模态分析

结合整车路噪及诊断结果，分别对背门和声腔进行模态分析。分析结果显示，背门两侧局部模态频率 53Hz 与声腔一阶模态频率 52.5Hz 接近，易耦合产生共振。模态频率图如图 20.74 所示，模态分析结果见表 20.2。

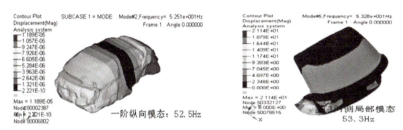

图 20.74　背门及声腔模态结果

表 20.2　模态分析结果

名称	频率/Hz
声腔一阶模态	52.5
背门两侧局部模态	53

2. 结构优化分析

根据分析结果，对后背门结构进行优化，避开声腔一阶模态，优化结果见表 20.3。

表 20.3　后背门两侧局部模态优化结果

名称	效果	方案描述
原始模型	53Hz	
优化方案	60Hz	两边增加加强筋，并优化支架结构形式

20.4.5　实车方案验证

根据优化方案通过制作手工样件进行实车验证，在粗糙路面行驶时车内后排噪声为 55Hz 左右，降低 2~3dB（A），主观评价满足性能要求，如图 20.75 所示。

20.4.6　结论

通过建立某型车整车模型，对问题频率进行 NVH 分析及诊断，通过优化两侧加强支架提升后背门局部模态。经实车路试验证，优化方案噪声降低 2~3dB（A），满足性能要求，解决了实车轰鸣问题；此方法为解决同类问题提供了参考和借鉴。

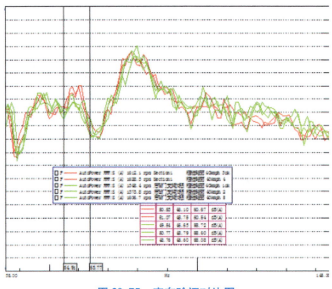

图 20.75 实车验证对比图

20.5 小结

本章对整车 NVH 中传递路径分析（TPA）的基本概念，以及采用两种方法对 TPA 分析的流程及技巧等进行了详细阐述和对比，同时对在实际工程中如何应用 TPA 进行了分析和讲解，使读者对 TPA 分析及处理中的一些注意事项和细节有一个清晰的认识和理解。

思考题

1. TPA 的分析方法和流程有哪几种？
2. TPA 常见的优化方法有哪些？
3. TPA 的实际工程优化思路和流程是什么？

第 21 章
车身弯曲及扭转刚度目标值制定方法

通常所讲的白车身刚度主要包括车身弯曲刚度和扭转刚度，这两个整体性能对整车NVH、强度耐久以及操纵稳定性等方面有着非常重要的影响。车身弯曲及扭转刚度的加载方法、计算方法及结果评价方法等多种多样，每个企业也有不同的要求。车身弯曲刚度及扭转刚度目标值也有不同的要求和确定方法，比较常见的如竞品车、同类车型以及数据库等。本章将从车身刚度目标制定与操纵稳定性两个方面进行研究和探讨。

21.1 车身刚度目标的来源

车身刚度目标来源有不同的出处，通过查找相关文献主要有以下几种。

1）弯曲刚度要求。车辆在不规则路面上行驶时的厚重感。厚重感是一种主观感觉，即表现为车辆"组装良好""类似跳跃"，而不是"松散"或"摇晃"。这种主观感觉与工程参数有关，其中一个更重要的参数是车身共振。

2）扭转刚度要求。为了确保良好的操纵性能，车身相对于悬架刚度应具有扭转刚度。为了确保有一个结实的结构感，并使导致摩擦和敲击异响声的相对变形降至最低。这与车身扭转模态的基础自然频率有关。

总结以上两点，即车身弯曲刚度目标来源主要是整车弯曲模态，扭转刚度目标来源主要是操纵稳定性和整车扭转模态。

21.2 车身弯曲刚度目标值的确定方法

21.2.1 均匀梁弯曲刚度理论公式

根据振动力学，我们知道均匀梁的频率可以用如下公式表述，而整车可假设为均匀梁，如图21.1所示。

根据振动力学，可得均匀梁弯曲圆频率为

$$\omega_n = \frac{22.4}{L^2}\sqrt{\frac{EIg}{\omega}} \quad (21\text{-}1)$$

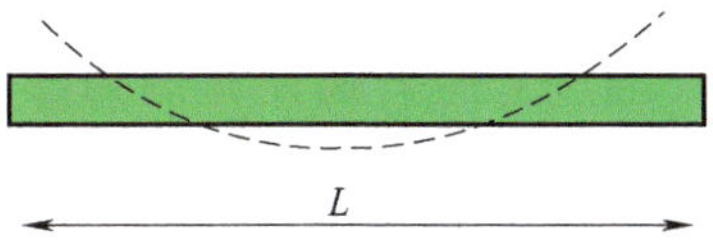

图 21.1 均匀梁弯曲简化模型

由式（21-1），以及 $M=\dfrac{\omega L}{g}$，可得

$$\omega_n = 22.4 L^{-\left(\frac{3}{2}\right)} \sqrt{\dfrac{EI}{M}} \tag{21-2}$$

式中　ω——单位长度的质量；
　　　M——总质量；
　　　ω_n——弯曲共振频率；
　　　L——均匀梁的长度。

21.2.2　均匀梁弯曲刚度与弯曲频率关系

可以将均匀梁弯曲刚度简化为图 21.2 所示模型。通过转换可以将弯曲刚度与弯曲模态圆频率表述为

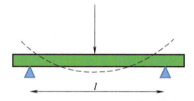

图 21.2　均匀梁弯曲刚度简化模型

$$K = \dfrac{48EI}{l^3},\ EI = \dfrac{Kl^3}{48} \tag{21-3}$$

$$\omega_n = 22.4 L^{-\left(\frac{3}{2}\right)} \sqrt{\dfrac{Kl^3}{48M}} \tag{21-4}$$

由式（21-3）和式（21-4）可得

$$\omega_n = \dfrac{22.4}{\sqrt{48}} \left(\dfrac{l}{L}\right)^{\left(\frac{3}{2}\right)} \sqrt{\dfrac{K}{M}} \tag{21-5}$$

式中　l——轮距；
　　　L——整车长度；
　　　M——刚性安装质量；
　　　K——车身弯曲刚度；
　　　ω_n——整车弯曲共振频率。

21.2.3　车身弯曲刚度目标值制定方法案例

1）某车型整备质量 $M=1450\text{kg}$，轴距 $l=2700\text{mm}$，整车长 $L=4500\text{mm}$。预计整车弯曲模态频率为 28~30Hz，刚性连接到车身的质量为 0.4~0.6 倍整备质量，即 580~870kg。

通过上述公式计算得到弯曲刚度为 7951~13690N/mm。其中 7951N/mm 的计算过程如下：

$$K = \dfrac{(2\pi f)^2 \cdot 48M}{22.4^2}\left(\dfrac{L}{l}\right)/1000$$

$$= \frac{[(2\times\pi\times28)^2\times48\times580\times4.5^3]/(22.4^2\times2.7^3)}{1000}\text{N/mm}$$

$$= 7951\text{N/mm}$$

当系数取 0.5 倍整备质量，弯曲刚度为 11409N/mm。

2) 当频率 f=30Hz 时，弯曲刚度与整备质量关系曲线如图 21.3 所示。

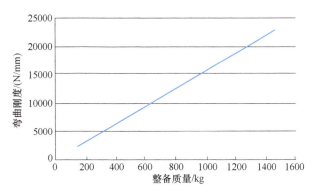

图 21.3　弯曲刚度与整备质量关系曲线

3) 当质量 m=725kg 时，弯曲刚度与模态频率关系曲线如图 21.4 所示。

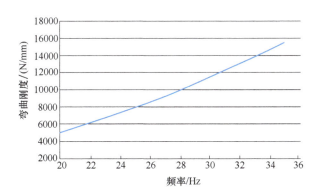

图 21.4　弯曲刚度与模态频率关系曲线

从弯曲刚度与模态频率关系曲线可以看出，当弯曲模态固有频率为定值时，弯曲刚度与整备质量呈线性关系；当整备质量为定值时，弯曲刚度与弯曲模态频率成二次方关系。

21.3　车身扭转刚度目标值的确定方法

当车辆转向时，车身会发生侧倾，这种侧倾会导致质量从一侧转移至另一侧，并会影响车辆的转向特性。在设计悬架时，车身假设为刚体，而悬架参数是基于此假设设计的，所以我们希望车身的扭转刚度要求足够高，以符合车身刚体的假设。上述假设的正确性，可以通过使车身扭转刚度是悬架刚度的很多倍来实现，即车身扭转刚度主要是基于操纵稳定性确定。

21.3.1 悬架侧倾刚度相关基础

车身扭转刚度与操纵稳定性之间的关系可通过图 21.5~图 21.7 所示进行关联和转换，图 21.5 为操纵稳定性侧倾模型，图 21.6 为车身为柔性体的悬架侧倾刚度模型，图 21.7 为真实的悬架侧倾刚度模型。

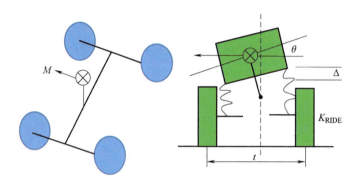

图 21.5　操纵稳定性侧倾模型

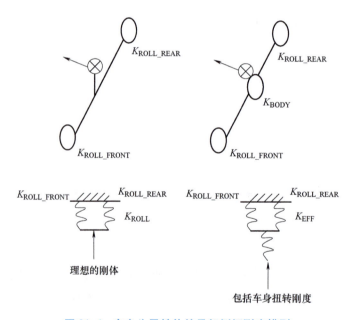

图 21.6　车身为柔性体的悬架侧倾刚度模型

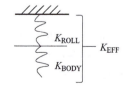

图 21.7　真实的悬架侧倾刚度

21.3.2 车身扭转刚度与悬架刚度关系

1) 车身扭转刚度与操纵稳定性之间的关系可通过图 21.8 所示进行关联和转换，计算公式为

$$K_{\text{EFF}} = \frac{K_{\text{ROLL}} K_{\text{BODY}}}{K_{\text{ROLL}} + K_{\text{BODY}}} \tag{21-6}$$

通过转换公式（21-6）可得修正后的悬架侧倾刚度为

$$\frac{K_{\text{EFF}}}{K_{\text{ROLL}}} = \frac{1}{\dfrac{K_{\text{ROLL}}}{K_{\text{BODY}}} + 1} \tag{21-7}$$

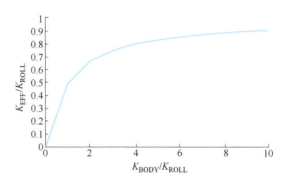

图 21.8 车身扭转刚度与悬架刚度关系曲线

2) 当车身刚度是悬架刚度的 10 倍时，$K_{\text{EFF}} = 0.9 \times K_{\text{ROLL}}$，所以车身扭转刚度设计时，一般定义为悬架侧倾刚度的 10 倍以上。

3) 从操纵稳定性角度考虑，根据悬架侧倾刚度与车身刚度的理论关系，如某车型扭转刚度计算值应该大于 12350N·m/(°)；而从门洞变形量角度考虑，为减小开闭件与车身的异响概率，应该尽可能提高车身的扭转刚度；其次从车身强度耐久角度考虑，适当地提升车身的扭转刚度，可以有效地提升强度耐久性能。采用同一种方法得到某车型的弯曲刚度和扭转刚度对比见表 21.1。

表 21.1 某车型刚度理论计算结果对比

参数	车型 A	车型 B	车型 C
轴距/mm	2395	2115	2495
BIP 重量/kg	279	225	265
弯曲刚度/(N/mm)	16569	15782	16687
扭转刚度/N·m/(°)	15871	14934	15757

21.4 小结

通过对悬架侧倾刚度与车身扭转刚度之间的关系进行推导，可以得出以下初步结论。

1）车身弯曲刚度和扭转刚度与整车模态有着紧密联系。
2）车身弯曲刚度目标值确定主要是基于弯曲模态制定。
3）车身扭转刚度目标值确定主要是基于操纵稳定性能制定。
4）无论是弯曲刚度还是扭转刚度的目标值确定，都需要理论方法与实际相结合，包括相近车型计算或实测值作为参考，尽可能地综合相关数据来制定刚度目标值。

所有的方法都不是唯一的，必须结合实际工程进行综合考虑，制定适合自身的刚度性能目标，为产品开发提供依据。

思考题

1. 车身刚度的分析来源有哪些？是否还有其他考虑？
2. 车身弯曲刚度目标值制定主要考虑什么？
3. 车身扭转刚度目标值制定主要考虑什么？

第 22 章
车身弯曲及扭转刚度分析方法

车身刚度主要分为整体刚度和局部刚度,而整体刚度中弯曲及扭转刚度设计是车身 NVH 性能的基础。车身刚度与整车动力学、整车 NVH 性能、疲劳耐久和操稳性能等密切相关。

在第 21 章中详细介绍了车身弯曲及扭转刚度目标值定义的由来。一般情况下,白车身的弯曲刚度目标来源主要是整车弯曲模态,扭转刚度目标来源主要是操纵稳定性(与悬架侧倾刚度有关)和整车扭转模态。白车身的弯曲刚度不足时,可能会导致车身弯曲模态低,易与其他系统共振,影响整车 NVH 性能及整车耐久等;而白车身扭转刚度不足时,可能导致整车异响,门洞产生较大的变形量,以至于门关不上,影响整车的动态密封性能等。白车身扭转刚度对整车操稳性能也有明显影响。

一般情况下,通过合理的整车模态匹配和车身振型调制等方法,设计开发车身结构的整体和局部刚度,如图 22.1 所示,以达到良好的整车振动水平和操稳性能。

图 22.1 车身整体刚度的分类

22.1 车身弯扭刚度与整车 NVH 的关系

一般来说,车身刚度越高,NVH 性能越好,如图 22.2 所示。随着时代的发展,车身的刚度越来越高,高刚度和轻量化成为车身开发的趋势。

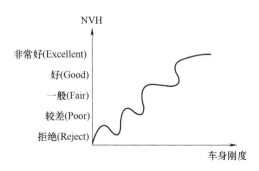

图 22.2 车身刚度与 NVH 之间的关系

22.2 车身弯曲及扭转刚度分析基础

22.2.1 车身弯曲及扭转刚度的常用分析方法

通过查阅相关文献及资料，白车身的弯曲及扭转刚度分析方法较多，见表22.1；每个车企不尽相同，对刚度结果的读取及评判也有不同的方法和标准，如图22.3和图22.4所示。

表 22.1 弯曲及扭转刚度常见分析方法

名称	弯曲刚度常见分析方法	扭转刚度常见分析方法
载荷方式	门槛梁加载、座椅安装点加载等	前减振器加载力矩、MPC加载力等
边界位置	前减振器左和右、后减振器左和右等	前冷却模块下横梁中点、后减振器、后弹簧座等
计算模型	BIW、BIP、BIP+副车架、BIP+副车架+电池包等	BIW、BIP、BIP+副车架、BIP+副车架+电池包等
取点区域	沿纵梁中间位置取点、沿门槛梁中间位置取点	前减振器加载点、前减振器对应的纵梁点、前减振器对应的纵梁前后各100mm节点取平均差值后计算等
结果计算	通过纵梁或门槛梁PLOT线上最大的位移点计算、通过最大位移及考虑消除局部刚度的影响后计算等	通过扭转角计算；通过扭转角，并考虑消除局部刚度的影响后计算等

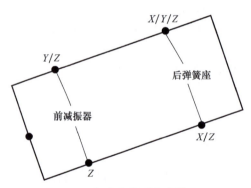

图 22.3 车身弯曲刚度边界图示

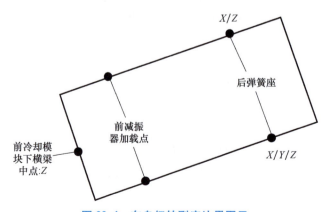

图 22.4 车身扭转刚度边界图示

22.2.2 车身弯曲刚度常见分析方法

1. 弯曲刚度分析方法一

1）载荷：座椅 R 点投影到门槛梁左右分别加载 Z 向 1500N。

2）约束：约束为左前减振器 dof3、右前减振器 dof23、左后弹簧座 dof13、右后弹簧座 dof123。

3）输出：输出门槛梁处的最大位移，如图 22.5 所示。

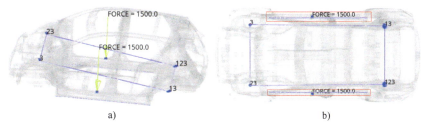

图 22.5 车身弯曲刚度分析方法一边界图示

2. 弯曲刚度分析方法二

1）载荷：座椅 R 点投影到门槛梁左右分别加载 Z 向 1500N。

2）约束：约束为左前减振器 dof3、右前减振器 dof23、左后弹簧座 dof13、右后弹簧座 dof123。

3）输出：输出纵梁处的最大位移，如图 22.6 所示。

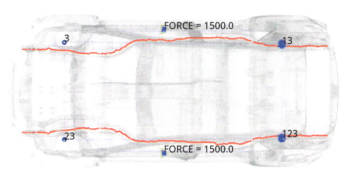

图 22.6 车身弯曲刚度分析方法二边界图示

3. 弯曲刚度分析方法三

1）载荷：座椅 R 点投影到门槛梁左右分别加载 Z 向 1500N。

2）约束：约束为左前减振器 dof3、右前减振器 dof23、左后弹簧座 dof13、右后弹簧座 dof123。

3）输出：输出纵梁处的最大位移，以及前减振器投影到纵梁处和后弹簧座安装点前后各 100mm 的位移，然后进行位移修正（目的是去除前后悬约束点的影响），单独计算左侧和右侧的弯曲刚度，再进行平均得到整体弯曲刚度，如图 22.7 所示。

4. 弯曲刚度分析方法四

1）载荷：座椅 R 点投影到门槛梁左右分别加载 Z 向 1500N；

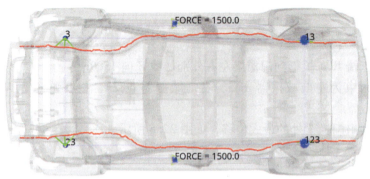

图 22.7　车身弯曲刚度分析方法三边界图示

2）约束：约束为左前减振器 dof3，右前减振器 dof23，左后弹簧座 dof13，右后弹簧座 dof123。

3）输出：输出门槛梁或纵梁处的最大位移，以及前减振器投影到纵梁处和后弹簧座安装点投影到纵梁处的位移；然后分别将左/右侧门槛梁或纵梁处最大位移减去前减振器投影到纵梁处位移和后弹簧座安装点投影到纵梁处位移的平均值，再单独计算左侧和右侧的弯曲刚度，最后进行平均得到整体弯曲刚度。

22.2.3　车身扭转刚度常见分析方法

1. 扭转刚度分析方法一

1）载荷：前减振器安装点加载 2000N·m 扭矩。

2）约束：约束为前防撞梁 dof3、左后弹簧座 dof13、右后弹簧座 dof123。

3）输出：输出并读取前减振器加载点处的 Z 向位移，如图 22.8 所示。

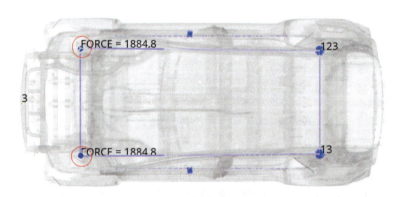

图 22.8　车身扭转刚度分析方法一边界图示

2. 扭转刚度分析方法二

1）载荷：前减振器安装点加载 2000N·m 扭矩。

2）约束：约束为前防撞梁 dof3、左后弹簧座 dof13、右后弹簧座 dof123。

3）输出：输出并读取前减振器加载点投影到纵梁处的 Z 向位移，以及前减振器加载点和后弹簧座安装点前后各 100mm 的位移，然后进行位移修正，单独计算左侧和右侧的扭转刚度，再进行平均得到整体扭转刚度。

3. 扭转刚度分析方法三

1）载荷：前减振器安装点加载 2000N·m 扭矩；

2）约束：约束为前防撞梁 dof3，左后弹簧座 dof13，右后弹簧座 dof123；

3）输出：输出并读取前减振器加载点投影到纵梁处的 Z 向位移，以及前减振器加载点和后弹簧座安装点的位移，然后分别将前减振器投影到纵梁处位移减去后弹簧座安装点投影到纵梁处位移，然后单独计算左侧和右侧的扭转刚度，再进行平均得到整体扭转刚度。

22.2.4　车身刚度修正方法计算公式

一般取车身两侧位移的平均值作为车身的位移值，同时还需要考虑到车身安装点局部刚度的影响，取修正后的最大位移来计算车身的弯曲刚度值，读取点定义如图 22.9 所示，即将前减振器安装点 3001 和 3002 分别投影到前纵梁处，然后再沿 X 坐标前后各 100mm 分别定义两个点；后弹簧座采用同样的方法将 4007 和 4008 点投影到后纵梁处，然后再沿 X 坐标前后各 100mm 分别定义两个点。

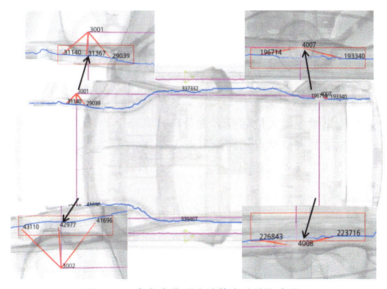

图 22.9　车身弯曲刚度计算方法读取点图示

1. 弯曲刚度计算方法一

1）最大位移计算公式为

$$D_z = (D_{zL} + D_{zR})/2 \tag{22-1}$$

式中，D_{zL} 和 D_{zR} 分别为左、右两侧门槛梁下边缘或纵梁的 Z 向最大位移值。

2）整体弯曲刚度计算公式为

$$K_B = F/D_z \tag{22-2}$$

2. 弯曲刚度计算方法二

1）最大位移修正公式同式（22-1）。

$$D_z^{GA} = D_z - D_{FS} - X(D_{RS} - D_{FS})/L \qquad (22\text{-}3)$$

式中　D_{FS}——左前和右前支撑点位移平均值（如左前或右前减振器投影到纵梁处前 100mm 和后 100mm）；

　　　D_{RS}——左后和右后支撑点位移平均值（如左后或右后弹簧座安装点投影到纵梁处前 100mm 和后 100mm）；

　　　L——前后支撑点距离；

　　　X——加载点的纵坐标。

2）整体弯曲刚度计算公式为

$$K_B = F/D_z^{GA} \qquad (22\text{-}4)$$

式中　K_B——修正后的弯曲刚度值。

3. 弯曲刚度计算方法三

1）左侧前支撑点的位移插值为

$$D_{FS}^l = D_{FS\text{-}1} + (X_{FS} - X_{FS\text{-}1})(D_{FS\text{-}1} - D_{FS+1})/(X_{FS\text{-}1} - X_{FS+1}) \qquad (22\text{-}5)$$

式中　$D_{FS\text{-}1}$ 和 D_{FS+1}——左侧前支撑点在纵梁上的前、后未修正 Z 向位移值；

　　　X_{FS}——前支撑点纵向坐标；

　　　$X_{FS\text{-}1}$ 和 X_{FS+1}——左侧前支撑点在纵梁上的前、后测点的纵向坐标。

2）左侧后支撑点的位移插值为

$$D_{RS}^l = D_{RS\text{-}1} + (X_{RS} - X_{RS\text{-}1})(D_{RS\text{-}1} - D_{RS+1})/(X_{RS\text{-}1} - X_{RS+1}) \qquad (22\text{-}6)$$

3）消除约束影响的位移：

$$D_{LS}^l = D_{Lrail\_max} - D_{FS}^l - [D_{Lrail\_max\text{-}frontspc}(D_{RS}^l - D_{FS}^l)]/D_{frontspc\text{-}rearspc}^l \qquad (22\text{-}7)$$

式中　D_{Lrail_max}——左侧纵梁上最大位移点 Z 向位移；

　　　$D_{Lrail\_max\text{-}frontspc}$——左纵梁最大位移点到前约束点 X 距离；

　　　$D_{frontspc\text{-}rearspc}^l$——前后约束点 X 向距离。

4）左侧弯曲刚度为

$$K_{LB} = F/D_{LS}^l \qquad (22\text{-}8)$$

右侧弯曲刚度与左侧相同。

5）整体弯曲刚度为

$$K_B = (K_{LB} + K_{RB})/2 \qquad (22\text{-}9)$$

4. 弯曲刚度计算方法四

1）最大位移计算公式为

$$D_{xL} = D_{xLmax} - (D_{FS\_L} + D_{RS\_L})/2 \qquad (22\text{-}10)$$

式中，D_{xL}、D_{xLmax}、D_{FS_L} 和 D_{RS_L} 分别为左侧门槛梁下边缘或纵梁的最大位移值修正值、左侧门槛梁下边缘或纵梁的最大位移值、左前支撑点（左前减振器）投影到纵梁处位移值、左后支撑点（左弹簧座安装点）投影到纵梁处位移值。右侧修正位移与左侧相同。

2）左侧弯曲刚度为

$$K_{LB} = F/D_{xL} \qquad (22\text{-}11)$$

右侧弯曲刚度与左侧相同。

3) 整体弯曲刚度为

$$K_B = (K_{LB} + K_{RB})/2 \tag{22-12}$$

5. 扭转刚度计算方法一

1) 最大位移计算公式为

$$\theta_T = (D_{zL} + D_{zR})/W_{LR} \tag{22-13}$$

式中，θ_T、D_{zL} 和 D_{zR} 分别为左右减振器加载点的相对扭转角及 Z 向位移值。

2) 整体扭转刚度计算公式为

$$K_T = T/(\theta_T \times 57.3) \tag{22-14}$$

6. 扭转刚度计算方法二

1) 左侧前支撑点的扭转角插值为

$$\phi_{FS}^l = \phi_{FS-1} + (X_{FS} - X_{FS-1})(\phi_{FS-1} - \phi_{FS+1})/(X_{FS-1} - X_{FS+1}) \tag{22-15}$$

式中 ϕ_{FS-1} 和 ϕ_{FS+1} ——支撑前、后纵梁未修正扭转角；

X_{FS} ——前支撑点纵向位置；

X_{FS-1} 和 X_{FS+1} ——支撑前、后测点的纵向坐标。

2) 左侧后支撑点的扭转角插值为

$$\phi_{RS}^l = \phi_{RS-1} + (X_{RS} - X_{RS-1})(\phi_{RS-1} - \phi_{RS+1})/(X_{RS-1} - X_{RS+1}) \tag{22-16}$$

3) 左侧扭转刚度为

$$K_{LT} = T/(\phi_{FS}^l - \phi_{RS}^l) \tag{22-17}$$

右侧扭转刚度与左侧相同。

4) 整体扭转刚度为

$$K_T = T/(K_{LT} + K_{RT})/2 \tag{22-18}$$

7. 扭转刚度计算方法三

1) 左前减振器投影到纵梁处扭转刚度计算

$$\theta_{LF} = D_{LF}/Y_{LF} \times 57.3 \tag{22-19}$$

式中，θ_{LF}、D_{LF} 和 Y_{LF} 分别为左前减振器投影到纵梁处的扭转角、Z 向位移值及 Y 向坐标。

同理，可计算出左后弹簧座投影到纵梁处扭转角。

2) 左侧修正后扭转角为

$$\theta_L = \theta_{LF} - \theta_{LR} \tag{22-20}$$

3) 左侧扭转刚度为

$$K_{LT} = T/\theta_L \tag{22-21}$$

右侧扭转刚度与左侧相同。

4) 整体扭转刚度为

$$K_T = T/(K_{LT} + K_{RT})/2 \tag{22-22}$$

22.2.5 车身弯曲刚度计算结果

根据弯曲刚度的两种计算公式，分别按要求读取各点的结果，方法一结果为 15957N/mm，方法二结果为 16175N/mm，两者相差 1.4%；两种方法原理基本相同，在实际工程中可根据需要选择，方法一相对简洁易懂。详细计算结果见表 22.2～表 22.4；不同方法取值结果对比见表 22.5。

表 22.2 弯曲刚度计算方法一结果

类型	前点				类型	后点			
	左前点		右前点			左后点		右后点	
	前 100mm	后 100mm	前 100mm	后 100mm		前 100mm	后 100mm	前 100mm	后 100mm
ID	31440	29039	43110	41696	ID	196714	193340	226843	223716
Z 向位移	0.0269	0.0622	0.025	0.0606	Z 向位移	0.0068	0.0063	0.0089	0.0093
平均值	0.04455		0.0428		平均值	0.00655		0.0091	
左右平均值	0.043675				左右平均值	0.007825			
纵梁	左侧最大	0.2112				右侧最大	0.2184		
D_x	左右平均	0.2148							
D_{fs}	0.043675	Drs	0.007825		X	1124.321	DxGA	0.188003572	
L	2388.052	F	3000		K	15957	—	—	

表 22.3 左侧弯曲刚度计算方法二结果

类型	左前点		左后点	
	前 100mm	后 100mm	前 100mm	后 100mm
ID	31440	29039	196714	193340
Z 向位移	0.0269	0.0622	0.0068	0.0063
X 向坐标	−71.871	117.567	2322.638	2516.208
纵梁上最大 Z 向位移点 337332	0.2184			
纵梁上最大 X 向位移	1050			
前约束点 3001X 坐标	30.581		后约束点 4007X 坐标	2418.633
差值后的前点位移	0.045990972		差值后的后点位移	0.006552041
左纵梁最大点到前约束点 X 距离	1019.419			
前后约束点 X 距离	2388.052			
消除约束影响的位移	0.18924484			
加载力	3000		左侧弯曲刚度	15852

表 22.4 右侧弯曲刚度计算方法二结果

类型	右前点		右后点	
	前 100mm	后 100mm	前 100mm	后 100mm
ID	43110	41696	226843	223716
Z 向位移	0.025	0.0606	0.0089	0.0093
X 向坐标	−71.871	117.567	2322.638	2516.208
纵梁上最大 Z 向位移点 337332	0.2112			
纵梁上最大 X 向位移	1042.5			
前约束点 3001X 坐标	30.581		后约束点 4007X 坐标	2418.633
差值后的前点位移	0.044253218		差值后的后点位移	0.009098368

(续)

类型	右前点		右后点	
	前 100mm	后 100mm	前 100mm	后 100mm
左纵梁最大点到前约束点 X 距离	1011.919			
前后约束点 X 距离	2388.052			
消除约束影响的位移	0.181843384			
加载力	3000		右侧弯曲刚度	16498
整体弯曲刚度=(左侧弯曲刚度+右侧弯曲刚度)/2			(15852+16498)/2=16175	

表 22.5 弯曲刚度计算结果对比

方法	弯曲刚度/(N/mm)	差值	采用方法
门槛梁取点	10558	—	计算方法一
门槛梁取点修正方法一	11657	+10.41%	计算方法二
门槛梁取点修正方法二	11979	+2.76%	计算方法四
纵梁取点	13966	—	计算方法一
纵梁取点修正方法一	15957	+14.26%	计算方法二
纵梁取点修正方法二	16175	+15.82%	计算方法三
纵梁取点修正方法三	16560	+2.38%	计算方法四

22.2.6 车身扭转刚度计算结果

根据扭转刚度的计算公式,分别按要求读取各点的结果,其扭转刚度为13151N·m/(°),若不修正其结果为12197N·m/(°),相差7.83%;详细计算结果见表 22.6 和表 22.7;不同方法取值结果对比见表 22.8。某车型的车身弯曲及扭转刚度仿真与实验结果对比见表 22.9 和表 22.10。

表 22.6 左侧扭转刚度计算结果

类型	左前点		左后点	
	前 100mm	后 100mm	前 100mm	后 100mm
ID	31440	29039	196714	193340
Z 向位移	1.2101	1.1263	0.0318	-0.0518
Y 向坐标	-443.296	-429.528	-491.017	-482.781
前点扭转角	-0.002729779	后点扭转角	-0.002622181	$-6.47635×10^{-5}$	0.000107295
加载点 3001X 坐标	30.581		约束点 4007X 坐标	2418.633
前插值点 31440X 坐标	-71.871	后插值点 29039X 坐标	117.567	2322.638	2516.208
前扭转角	-0.002671587		后扭转角	$2.05635×10^{-5}$
前-后扭转角	-0.002692151	加载扭矩	2000Nm	左侧扭转刚度	-12965

表 22.7 右侧扭转刚度计算结果

类型	左前点		左后点	
	前 100mm	后 100mm	前 100mm	后 100mm
ID	43110	41696	226843	223716
Z 向位移	-1.2188	-1.1418	-0.0435	-0.0376
Y 向坐标	443.296	429.528	491.017	482.781
前点扭转角	-0.002749404	后点扭转角 -0.002658267	-8.85916×10^{-5}	-7.78821×10^{-5}
加载点 3002X 坐标	30.581		约束点 4008X 坐标	2418.633
前插值点 43110X 坐标	-71.871	后插值点 41696X 坐标 117.567	2322.638	2516.208
前扭转角	-0.002700115		后扭转角	-8.32806×10^{-5}
前-后扭转角	-0.002616835	加载扭矩 2000Nm	右侧扭转刚度	-13338
整体扭转刚度=(左侧扭转刚度+右侧扭转刚度)/2		[(-12965)+(-13338)]/2=-13151.5≈-13152		

表 22.8 扭转刚度计算结果对比

方法	扭转刚度/[N·m/(°)]	差值	采用方法
减振器安装点取点	12197	—	计算方法一
减振器安装点取点修正方法一	13152	+7.83%	计算方法二
减振器安装点取点修正方法二	12475	-5.15%	计算方法二

表 22.9 某车型弯曲刚度不同计算方法仿真与试验结果对比

方法	试验值/(N/mm)	仿真值/(N/mm)	差值
门槛梁取点	13253	10116	-23.67%
门槛梁取点修正方法一		10774	-18.71%
门槛梁取点修正方法二		12163	-8.22%
纵梁取点		10325	-22.09%
纵梁取点修正方法一		11704	-11.69%
纵梁取点修正方法二		12799	-3.43%
纵梁取点修正方法三		12467	-5.93%

表 22.10 某车型扭转刚度不同计算方法仿真与试验结果对比

方法	试验值/[N·m/(°)]	仿真值/[N·m/(°)]	差值
减振器安装点取点	12984	10410	-19.82%
减振器安装点取点修正方法一		13992	7.76%
减振器安装点取点修正方法二		11997	-7.60%

注：表格中差值=(仿真-试验)/试验，试验中弯曲及扭转刚度分别采用纵梁取点修正方法三和减振器安装点取点修正方法二。图 22.10 为弯曲刚度对比曲线，图 22.11 为扭转刚度对比曲线。

从表 22.9 弯曲刚度对标结果中可以看出，门槛梁取点修正方法二、纵梁取点修正方法二和三与试验较为接近，推荐采用纵梁取点修正方法二或三。

从表 22.10 扭转刚度对标结果中可以看出，减振器安装点取点修正方法一和二与试验较为接近，推荐采用减振器安装点取点修正方法一或二。

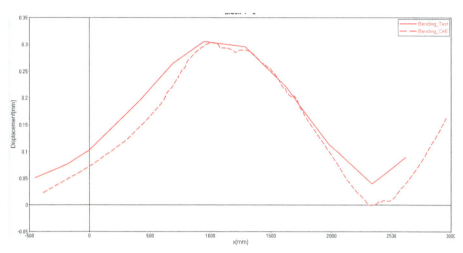

图 22.10　某车型弯曲刚度对比曲线图示

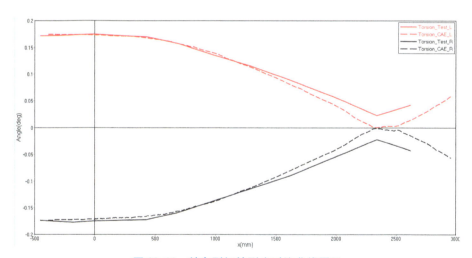

图 22.11　某车型扭转刚度对比曲线图示

22.3　车身弯扭刚度提升方法

22.3.1　结构应变能原理

应变能是指结构在外力作用下，因变形而储存的能量。应变能方法是结构优化的鼻祖，也是最为有效的方法，掌握应变能方法，也就打开了结构优化大门的一半。由结构应变能可知,应变能大小和外力、结构初始形状、材料特性以及横截面积等有关,充分理解这几个参数,对掌握结构优化至关重要。

22.3.2 车身刚度常见的优化方法

在车身弯曲和扭转刚度分析过程中,大多都需要优化,以达到预期的目标或参考值。白车身弯扭刚度提升方法比较多,如接头法、截面法、对标法、应变能法、灵敏度法等。在实际工程中灵敏度法、应变能法应用相对较多,而且效果非常明显。

1)截面刚度。根据截面形状及相关特性,考虑提升截面刚度。截面的形状对截面刚度影响巨大,如有些支架是L形安装,此时为提升刚度,可考虑几字形或工字形结构,有时一点小改变对性能提升非常明显。封闭的盒子比开口的盒子整体刚度要高,L形支架刚度一般比几字形小等,如图22.12所示。

2)接头刚度的影响因素有截面惯性参数、抗扭截面系数以及截面积大小等。相关研究表明,车身的主要接头对车身结构的性能影响非常大,对车身整体刚度达到50%~80%的贡献。可通过对标相应的接头刚度提升白车身弯扭刚度,也可通过接头灵敏度分析识别出关键接头,如图22.13所示。

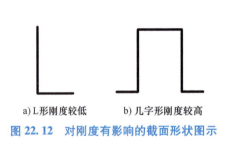

a) L形刚度较低   b) 几字形刚度较高

图22.12 对刚度有影响的截面形状图示

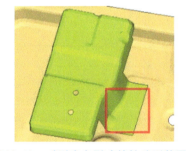

图22.13 对刚度有影响的接头形状图示

3)粘接刚度。随着汽车用胶工艺的快速发展,结构胶及膨胀胶等应用越来越广泛,在有些地方添加结构胶或膨胀胶可提升车身整体弯曲和扭转刚度20%~30%,特别是一些关键受力位置,如门槛梁、背门框、减震塔等。

4)通过查看应变能集中的区域或变形大的区域,对这些地方进行结构加强,如进行关键焊点布局,包括焊点间距、增加焊点或调整焊点层级、接头是否搭接合理等。搭接对某些性能影响巨大,而且成本重量等变化较小,如图22.14所示。

5)加强筋的布置。加强筋有些时候效果非常明显,此时可以利用各种优化技术,如形貌优化技术等。加强筋起凸是向

图22.14 对刚度有影响的局部连接图示

外还是向内;对于一些关键受力折弯件,其折弯角度是接近直角还是钝角等,这些细节有时对结果有着不一样的影响。

22.4 小结

1）白车身的弯曲刚度和扭转刚度与加载方式、边界条件、结果取值及计算方式等因素有关，且结果会有一定的差异。

2）一般情况下，弯曲刚度采用门槛梁取点且考虑修正局部影响时比不修正要高 10.4% 左右；而若采用纵梁取点且考虑修正局部影响比不修正要高 14% 左右。

3）一般情况下，扭转刚度采用加载点取点且考虑修正局部影响时比不修正要高 7.8% 左右。

4）常见的车身弯曲及扭转刚度优化方法有接头法、截面法、对标法、应变能法、灵敏度法等。

5）白车身的弯曲及扭转刚度计算方法很多，建议在计算时考虑局部刚度的影响，这样计算结果更具有工程参考意义。

思考题

1. 车身弯曲刚度常见的分析方法和流程有哪几种？
2. 车身扭转刚度常见的分析方法和流程有哪几种？
3. 车身刚度常见的优化方法有哪些？

第 23 章 BIP、TB 及整车状态下弯曲及扭转刚度分析

在汽车的设计生产过程中，车身刚度是非常重要的评判指标与设计基础。一辆汽车想要具有良好的操纵稳定性能，良好的车身刚度是基础。车身刚度并不能直接提升车辆的操纵稳定性能，但却是汽车相关性能调校的基础。若汽车的刚度太差，车身就会吸收一部分能量发生形变，最终将会出现转向问题或行走线路达不到预期等情况，或者给人感觉整车松散，从而影响车辆的操纵稳定性。

白车身刚度主要包括弯曲刚度和扭转刚度；弯曲刚度可用车身在垂直载荷作用下产生的挠度大小来描述，扭转刚度可以用车身在扭转载荷作用下产生的扭转角大小来描述。TB 由于带了门盖系统，其刚度也会相应变化，这对车身弯曲刚度及扭转刚度目标值的制定有一定的影响。本章分别在五种状态下对车身的弯曲及扭转刚度进行分析研究。

23.1 刚度分析设置流程

23.1.1 刚度分析模型说明

本章要研究的分析模型包括 BIW、BIP、BIP + Battery、TB 以及整车模型，如图 23.1 所示。

23.1.2 弯曲刚度分析边界设置

1）载荷：座椅 R 点投影到门槛梁左右分别加载 1500N。
2）约束：约束为左前减振器 dof3、右减振器 dof23、左后弹簧座 dof13、右后弹簧座 dof123。
3）输出：输出并读取门槛梁底边缘处的 Z 向位移，如图 23.2 所示。

23.1.3 扭转刚度分析边界设置

1）载荷：前减振器安装点加载 2000N·m 扭矩。
2）约束：约束为前防撞梁 dof3、左后弹簧座 dof13、右后弹簧座 dof123。
3）输出：输出并读取门槛梁底边缘处的 Z 向位移，如图 23.3 所示。

第 23 章 BIP、TB 及整车状态下弯曲及扭转刚度分析

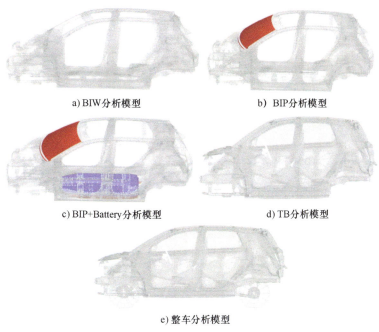

a) BIW分析模型　　　　b) BIP分析模型

c) BIP+Battery分析模型　　　　d) TB分析模型

e) 整车分析模型

图 23.1　刚度分析模型图示

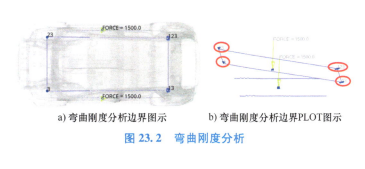

a) 弯曲刚度分析边界图示　　　　b) 弯曲刚度分析边界PLOT图示

图 23.2　弯曲刚度分析

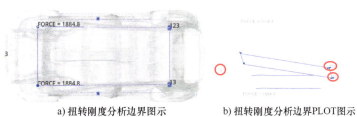

a) 扭转刚度分析边界图示　　　　b) 扭转刚度分析边界PLOT图示

图 23.3　扭转刚度分析

23.2　刚度分析结果处理流程

23.2.1　弯曲刚度分析结果处理流程

1) 各状态的弯曲刚度分析结果如图 23.4 所示。从门槛梁的最大位移结果中可以看出，

TB 和整车刚度接近，且 TB 及整车状态门槛梁位移最小。

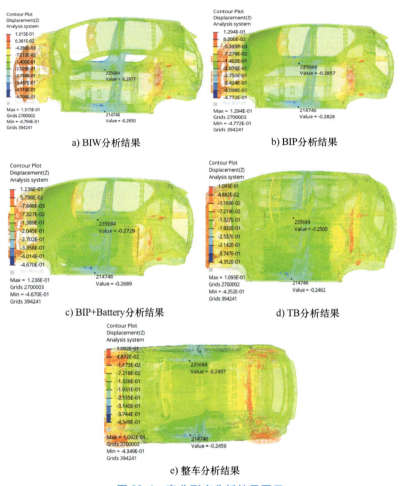

a) BIW 分析结果　　　　b) BIP 分析结果

c) BIP+Battery 分析结果　　　d) TB 分析结果

e) 整车分析结果

图 23.4　弯曲刚度分析结果图示

2) 各状态的弯曲刚度分析曲线对比如图 23.5 所示。从曲线中可以看出，TB 和整车刚度接近，且 TB 及整车状态变形最小，即刚度最大。

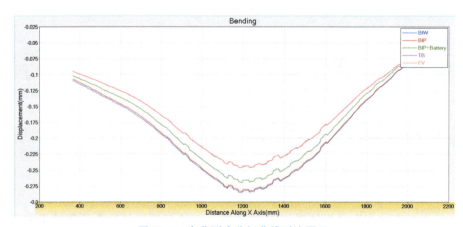

图 23.5　弯曲刚度分析曲线对比图示

23.2.2 扭转刚度分析结果处理流程

1）各状态的扭转刚度分析结果如图 23.6 所示。从前减振器加载点的最大位移结果中可以看出，TB 和整车刚度接近，且 TB 及整车状态 Z 向位移最小。

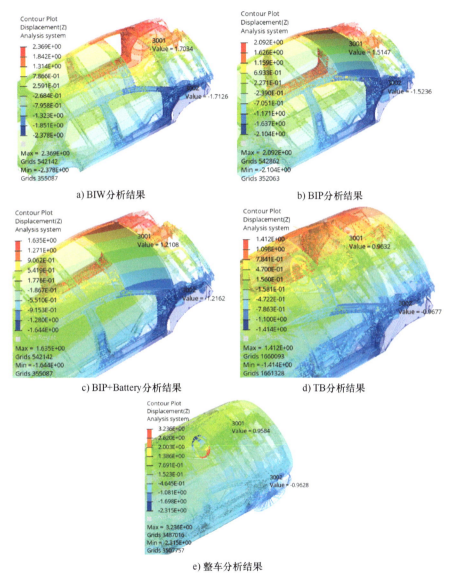

图 23.6 扭转刚度分析结果图示

2）扭转刚度分析曲线对比如图 23.7 所示。从曲线中可以看出，TB 和整车刚度接近，且 TB 及整车状态变形最小，即刚度最大。

23.2.3 刚度分析结果汇总

本章中各状态的弯曲及扭转刚度仅用于对比，不考虑加载及约束点的局部刚度影响，分

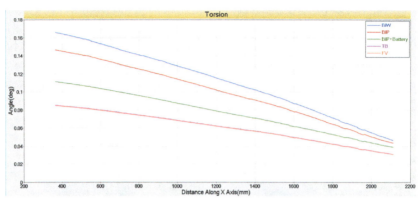

图 23.7　扭转刚度分析曲线对比图示

析结果见表 23.1。

表 23.1　各状态刚度分析结果列表

分析模型	弯曲刚度/(N/mm)	差值（%）	扭转刚度/[N·m/(°)]	差值（%）
轴距/mm		2495		
前减振器安装点间距/mm		1060		
后弹簧座安装点间距/mm		1012		
门槛加载点间距/mm		1340		
BIW	10477	—	10843	—
BIP	10554	+0.74%	12190	+12.43%
BIP+Battery	11074	+4.93%	15296	+25.48%
TB	12092	+9.19%	19182	+25.40%
FV	12107	+0.12%	19279	+0.50%

注：差值计算公式为（后-前）/前。

23.3　小结

1）从分析结果中可以看出，车身弯曲及扭转刚度从大到小排序为：FV＞TB＞BIP+Battery＞BIP＞BIW。

2）对于车身弯曲刚度而言，TB 刚度最大，较 BIP+Battery 增加 9.19%左右，电池包会增加 4.93%，整车与 TB 刚度接近。

3）对于车身扭转刚度而言，TB 刚度最大，较 BIP+Battery 增加 25.40%左右，电池包会增加 25.48%，前风窗会增加 12.43%，整车与 TB 刚度接近。

4）电池包对车身弯曲及扭转刚度增加较多，主要是因为电池包布置于车身纵梁之间，对车身进行了整体加强；若电池包框架较小，贡献量会有限。

5）前副车架对车身的弯曲刚度及扭转刚度影响较小，在 5%以内，具体数值与副车架结构及安装方式有关。

6）在前期定义车身弯曲及扭转刚度时，可综合考虑电池包及 TB 状态的影响。

思考题

1. 常见的车身刚度分析模型有哪几种？
2. 前风窗、电池包等对车身刚度的影响如何？
3. 不同模型状态对车身刚度的影响如何？

第 24 章
车身关键接头灵敏度分析

车身接头指车身结构中承载构件相互交接的部位,其对白车身的刚度、模态等性能有非常大的影响,特别是关键接头。相关研究表明,车身的主要接头对车身结构的性能影响非常大,对车身整体刚度可达到 50%~80%的贡献。

24.1 车身接头灵敏度分析相关基础

结构的灵敏度是指结构性能参数 u_j 对结构设计参数 x_i 变化的敏感性:

$$\text{sen}\left(\frac{u_j}{x_i}\right) = \frac{\partial u_j}{\partial x_i}$$

性能参数可以是模态频率、弯曲刚度以及扭转刚度等,设计变量可以是厚度、材料参数以及连接形式等。

对于车身或副车架等结构件的关键接头灵敏度分析,一般有以下几种方法。

1) 以结构件的材料弹性模量作为设计变量进行接头灵敏度分析,这种方法在实际工程中应用较为广泛。

2) 以结构件的厚度作为设计变量进行接头灵敏度分析。

24.2 车身接头定义流程

24.2.1 车身接头位置定义流程

车身关键接头灵敏度分析一般是分析车身上关键的连接区域,如 A 柱、B 柱、C 柱及 D 柱等。

1) 首先定义需要进行灵敏度分析的接头,如图 24.1 所示,共包括 16 个接头。

2) 在定义的接头区域复制一层接头单元,选择的区域包括该处接头所有零部件壳单元,同时复制的单元需要与原单元进行合并;将复制的接头单元作为接头灵敏度分析的设计变量,可通过 Tool→edges→componets(选择所有)→preview equiv(tolerance = 0.001)→equivalence 操作,完成后在单元质量 2D 检查中单击 duplicates 显示重复单元,此时表明创建成功。

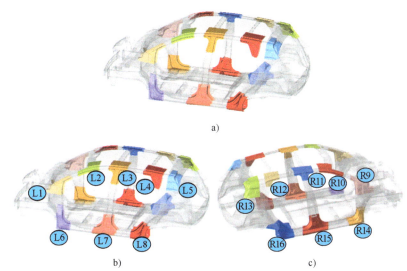

图 24.1 车身关键接头图示

24.2.2 车身接头工况定义流程

分析工况包括模态工况、弯曲刚度工况以及扭转刚度工况。

1. 弯曲刚度分析工况

1）载荷：座椅 R 点投影到门槛梁左右分别加载 Z 向 1500N。

2）约束：约束为左前减振器 dof3、右前减振器 dof23、左后弹簧座 dof13、右后弹簧座 dof123。

3）输出：输出门槛梁底边缘处的 Z 向位移，如图 24.2 所示。

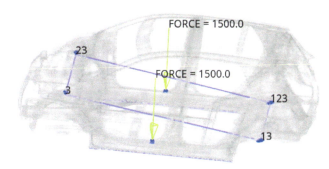

图 24.2 弯曲刚度分析工况图示

2. 扭转刚度分析工况

1）载荷：前减振器安装点加载 2000N·m 扭矩。

2）约束：约束为前防撞梁 dof3、左后弹簧座 dof13、右后弹簧座 dof123。

3）输出：输出并读取前减振器加载点处的 Z 向位移，如图 24.3 所示。

3. 模态分析工况

1）载荷：定义 EIGRL，输出 20~80Hz 模态。

2）约束：无。

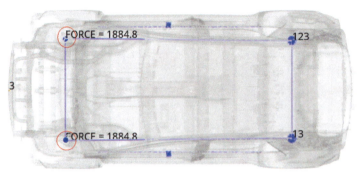

图 24.3 扭转刚度分析工况图示

24.2.3 车身接头材料定义流程

通常以材料弹性模量作为设计变量进行接头灵敏度分析。首先需要定义每个接头的独立材料，本例共需要定义 16 个接头的材料，如图 24.4 所示。

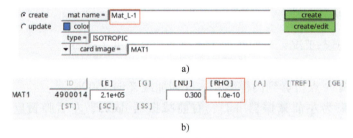

图 24.4 车身关键接头材料定义图示

24.2.4 车身接头属性定义流程

每个接头单独定义一个属性，本例共需要定义 16 个接头的属性，接头的厚度一般定义为 0.2mm 左右，避免给车身增加附加的质量，其流程如图 24.5 所示。

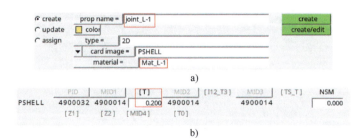

图 24.5 车身关键接头属性定义图示

24.2.5 车身接头部件定义流程

每个接头单独定义一个部件，即独立的 component，本例共需要定义 16 个接头的 component，其流程如图 24.6 所示。

第 24 章 车身关键接头灵敏度分析

图 24.6 车身关键接头 component 定义图示

24.3 车身接头灵敏度分析流程

24.3.1 接头设计变量定义流程

将材料弹性模量作为设计变量,并赋予相应的设计区间。车身接头设计变量定义流程如图 24.7 所示。

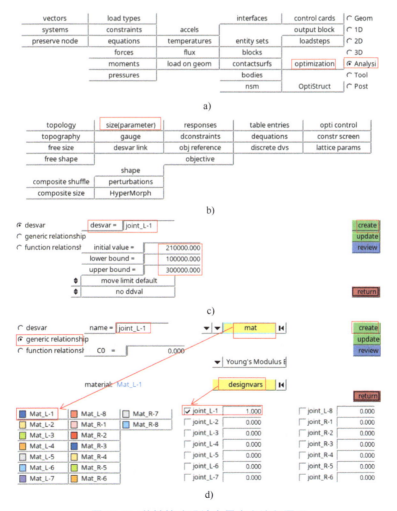

图 24.7 关键接头设计变量定义流程图示

24.3.2 接头灵敏度响应定义流程

车身接头灵敏度响应定义界面如图 24.8 所示，可根据实际需要定义各参数响应。

topology	size(parameter)	responses	table entries	opti control
topography	gauge	dconstraints	dequations	constr screen
free size	desvar link	obj reference	discrete dvs	lattice params
free shape		objective		
composite shuffle	shape perturbations			
composite size	HyperMorph			

图 24.8 响应定义界面图示

1) 加权综合应变能响应定义，如图 24.9 所示。

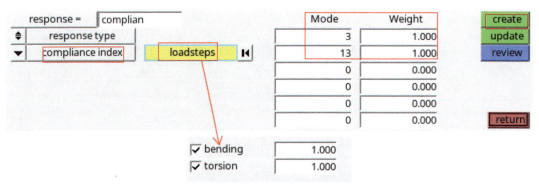

图 24.9 加权综合应变能响应定义图示

2) 一阶扭转模态响应定义。该模态为车身一阶整体扭转模态，如图 24.10 所示。

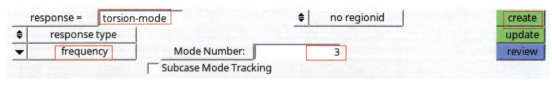

图 24.10 一阶扭转模态响应定义图示

3) 一阶弯曲模态响应定义。该模态为车身一阶整体弯曲模态，如图 24.11 所示。

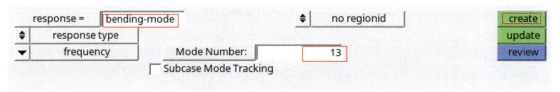

图 24.11 一阶弯曲模态响应定义图示

4）弯曲刚度响应点定义。分别读取弯曲刚度工况门槛梁左右侧最大节点位移编号，如图 24.12 所示。

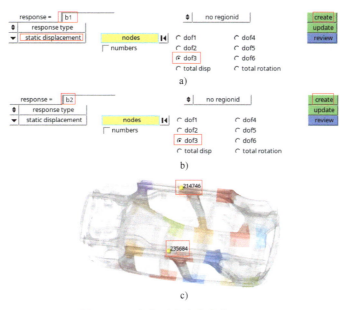

图 24.12　弯曲刚度响应点定义图示

5）扭转刚度响应点定义，如图 24.13 所示。

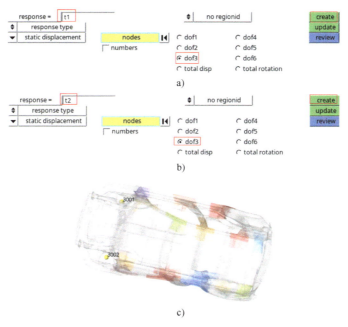

图 24.13　扭转刚度响应点定义图示

6）弯曲及扭转刚度方程定义，如图 24.14 所示。

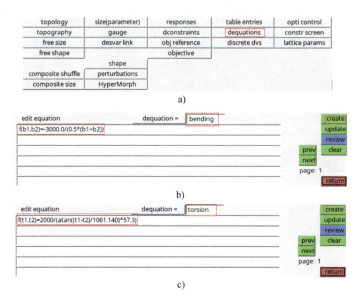

图 24.14 弯曲及扭转刚度方程定义图示

7）弯曲刚度方程响应定义，如图 24.15 所示。

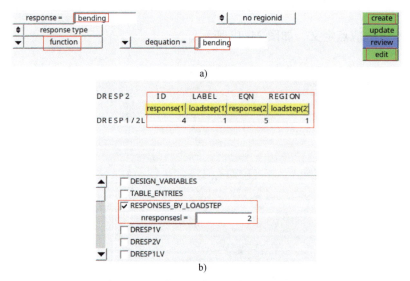

图 24.15 弯曲刚度方程响应定义图示

8）扭转刚度方程响应定义，如图 24.16 所示。

24.3.3　接头灵敏度约束定义流程

车身接头灵敏度约束定义流程如图 24.17 所示，具体可根据基础状态的车身模态频率或刚度计算结果进行定义，目的是基于当前状态找出对关注性能敏感的关键接头。

1）扭转模态约束定义，如图 24.18 所示。

第 24 章　车身关键接头灵敏度分析

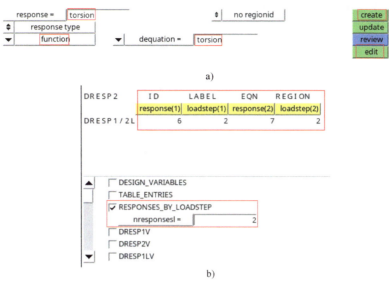

图 24.16　扭转刚度方程响应定义图示

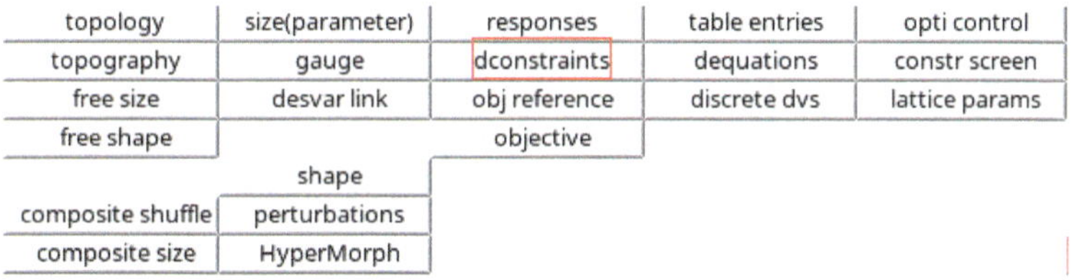

图 24.17　约束定义图示

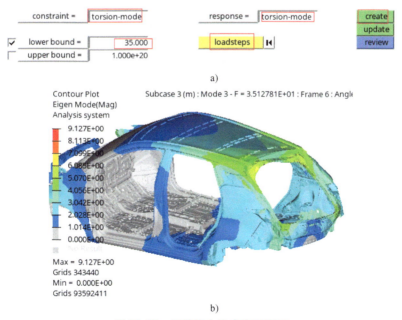

图 24.18　扭转模态约束定义图示

2）弯曲模态约束定义，如图24.19所示。

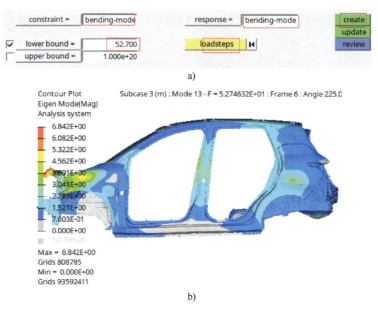

图 24.19 弯曲模态约束定义图示

3）弯曲刚度约束定义，如图24.20所示。

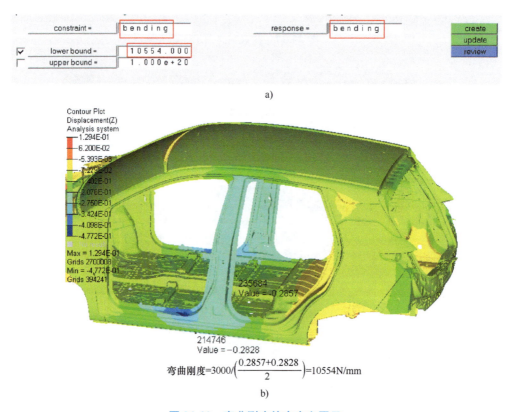

弯曲刚度=$3000/\left(\dfrac{0.2857+0.2828}{2}\right)=10554\text{N/mm}$

b)

图 24.20 弯曲刚度约束定义图示

4）扭转刚度约束定义，如图 24.21 所示。

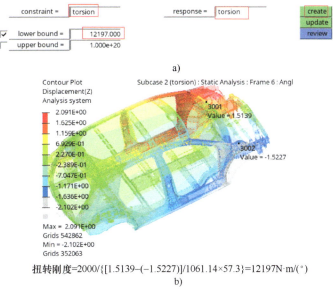

图 24.21 扭转刚度约束定义图示

24.3.4 接头灵敏度目标定义流程

车身接头灵敏度目标函数定义流程如图 24.22 所示。本例定义总质量最小，也可定义多目标。

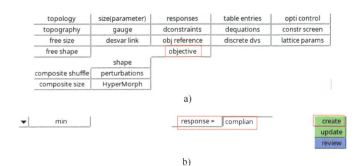

图 24.22 目标函数定义图示

24.3.5 控制参数定义流程

求解参数以及输出定义如图 24.23 所示。

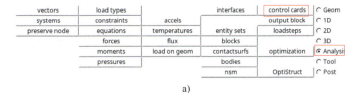

图 24.23 控制参数定义图示

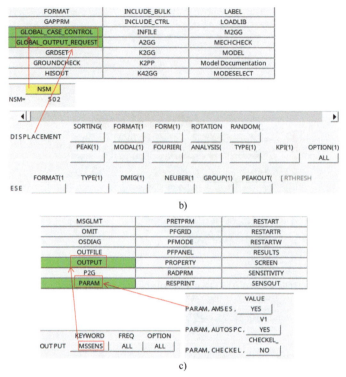

图 24.23 控制参数定义图示（续）

24.4 车身接头灵敏度后处理流程

首先从分析结果中找到 A10_BIP_joint_0p2-0908.0.slk，也就是第一步的计算结果，即为灵敏度结果。

24.4.1 扭转模态灵敏度结果分析

图 24.24 所示为一阶扭转模态灵敏度结果，从图中可以看出，13 和 5 两个接头对其影响较大。

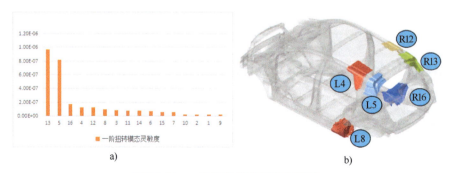

图 24.24 一阶扭转模态灵敏度图示

24.4.2 弯曲模态灵敏度结果分析

图 24.25 所示为一阶弯曲模态灵敏度结果,从图中可以看出,14、3、6、7、15、11 等接头对其影响较大。

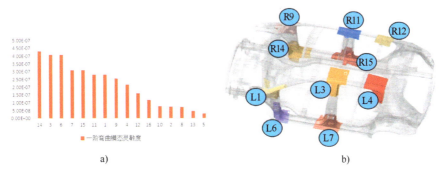

图 24.25　一阶弯曲模态灵敏度图示

24.4.3 弯曲刚度灵敏度结果分析

图 24.26 所示为一阶弯曲刚度灵敏度结果,从图中可以看出,15 和 7 两个接头对其影响较大。

图 24.26　一阶弯曲刚度灵敏度图示

24.4.4 扭转刚度灵敏度结果分析

图 24.27 所示为一阶扭转刚度灵敏度结果,从图中可以看出,13、16、5、14、6、15、7、8 等接头对其影响较大。

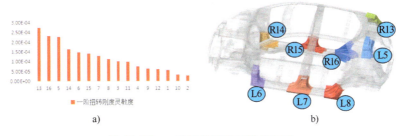

图 24.27　一阶扭转刚度灵敏度图示

24.5 小结

通过进行接头灵敏度分析，可快速找到哪个接头对某些性能的影响，从而对这些灵敏度高的接头进行分析及优化。对车身关键接头进行灵敏度分析，可以快速准确地定位灵敏度高的接头，这些接头的性能、结构以及连接方式等在设计过程中必须引起足够的重视，通过CAE 分析，可为设计提供设计参考及优化改进建议。

思考题

1. 车身接头灵敏度分析应考虑哪些位置接头？
2. 车身接头灵敏度分析应考虑哪些细节？
3. 车身接头灵敏度分析结果在实际工程中如何应用？

第 25 章 车身钣金灵敏度分析及工程应用

随着世界范围内能源的紧缺，汽车轻量化越来越成为汽车研发企业关注的重点。影响车身结构性能的设计变量很多，在车身结构优化中，为了避免结构修改的盲目性，通过灵敏度分析，找出对车身结构性能影响较大的结构参数作为车身优化的设计变量，这对提高车身结构性能具有十分重要的意义。

25.1 钣金灵敏度分析基础

1) 优化目的：在满足主要模态、白车身弯曲和扭转刚度的前提下，尽可能降低白车身的重量。

2) 优化变量：白车身 142 个零件厚度（根据实际情况进行定义，本章中左右对称件设计变量相关联，共计 58 组对称件）。

3) 变量范围：初始厚度±20%。

4) 优化约束：

① 白车身一阶扭转模态大于原始值（35Hz）。

② 白车身一阶弯曲模态大于原始值（52.7Hz）。

③ 白车身扭转刚度大于原始值[12197N·m/(°)]。

④ 白车身弯曲刚度大于原始值（10554N/mm）。

5) 优化目标：模型总重量最小。

25.2 钣金灵敏度定义流程

1) 车身钣金灵敏度分析一般为车身上关键的钣金，主要是壳单元类型，不包括小支架、体单元（如焊点）等。

2) 定义需要进行钣金灵敏度分析的零件，如图 25.1 所示，共包括 142 个零件。

图 25.1 车身钣金图示

25.3 钣金灵敏度分析流程

25.3.1 设计变量创建方法一

1) 在定义设计变量时，可以考虑左右对称件，优化后左右两个零件厚度相等，以避免优化后出现不一致的现象。当然也可直接将左右零件同时进行优化，这样工作量相对减少。车身钣金设计变量定义流程如图 25.2 所示。

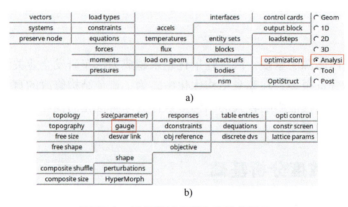

图 25.2 钣金设计变量定义流程图示

2) 在界面中选择所有参与优化分析的钣金，即可生成设计变量以及设计关系属性，此时生成的设计变量左右零件是独立的，即优化后左右侧同一类型的零件厚度可能会出现不一致现象。但此方法应用相对较为普遍，且创建设计变量较为快捷，如图 25.3 所示。

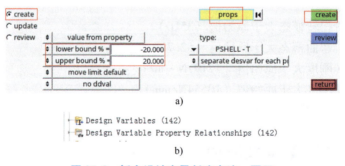

图 25.3 钣金设计变量创建方法一图示

25.3.2 设计变量创建方法二

1) 考虑左右对称件，以侧围为例进行说明，其余零件创建类似，如图 25.4 所示。
2) 左右对称件关联定义，如图 25.5 所示。
3) 其余零件可参考该方法创建。创建完成的设计变量，其中对称的变量有 58 对，共有 142 个设计变量，如图 25.6 所示。

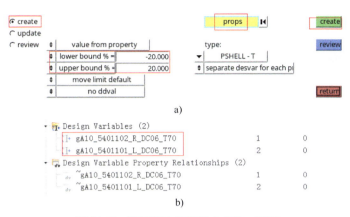

图 25.4 钣金设计变量创建方法二图示

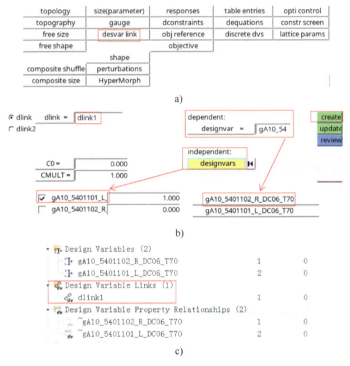

图 25.5 钣金设计变量左右对称件关联定义图示

图 25.6 创建完成的设计变量及关联定义图示

25.3.3 钣金灵敏度响应定义流程

车身钣金灵敏度分析优化的响应设置可参考 24.3.2 节所述流程。

25.3.4 钣金灵敏度约束定义流程

车身钣金灵敏度分析优化的约束设置可参考 24.3.3 节所述流程。

25.3.5 钣金灵敏度目标定义流程

车身钣金灵敏度目标函数定义流程如图 25.7 所示。此处定义总质量最小，也可定义多目标。

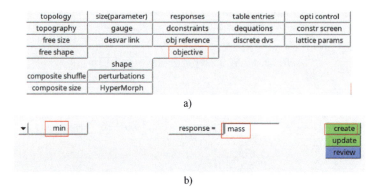

图 25.7　目标函数定义图示

25.4　钣金灵敏度后处理流程

25.4.1 钣金灵敏度分析结果

首先从分析结果中找到 A10_BIP_sens_0908-1.0.slk，也就是第一步的计算结果，即为灵敏度结果。

1）质量灵敏度结果。图 25.8 所示为排名前 10 的灵敏度结果，从结果中可以看出，侧围、顶盖、前后地板、前围等对其影响较大。

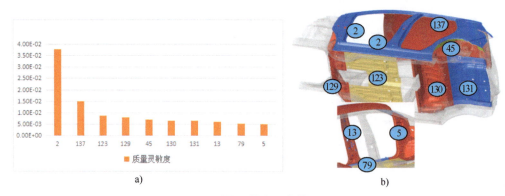

图 25.8　质量灵敏度排名前 10 图示

2) 扭转模态灵敏度结果。图 25.9 所示为一阶扭转模态灵敏度结果,从图中可以看出,尾门洞区域零件对其影响较大。

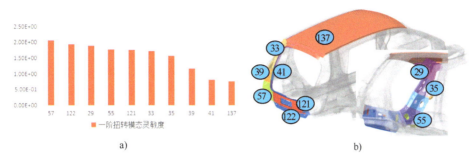

图 25.9　一阶扭转模态灵敏度排名前 10 图示

3) 弯曲模态灵敏度结果。图 25.10 所示为一阶弯曲模态灵敏度结果,从图中可以看出,侧围、B 柱以及门槛梁等对其影响较大。

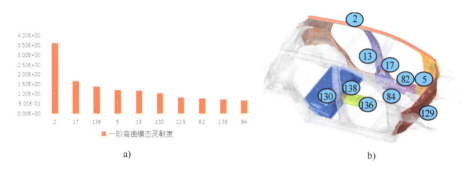

图 25.10　一阶弯曲模态灵敏度排名前 10 图示

4) 弯曲刚度灵敏度结果。图 25.11 所示为弯曲刚度灵敏度结果,从图中可以看出,侧围、内外门槛梁、后纵梁、前减振器支架等对其影响较大。

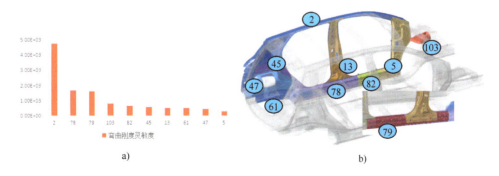

图 25.11　弯曲刚度灵敏度排名前 10 图示

5) 扭转刚度灵敏度结果。图 25.12 所示为扭转刚度灵敏度结果,从图中可以看出,侧围、后纵梁、后围连接件、备胎池、后地板等对其影响较大。

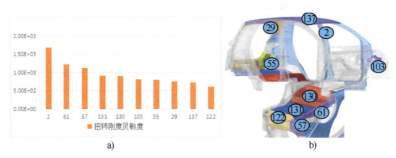

图 25.12 扭转刚度灵敏度排名前 10 图示

25.4.2 钣金灵敏度分析响应迭代图

通过多次迭代求解,在满足给定条件下,目标函数迭代收敛图如图 25.13 所示,一阶扭转模态迭代收敛图如图 25.14 所示,一阶弯曲模态迭代收敛图如图 25.15 所示,弯曲刚度迭代收敛图如图 25.16 所示,扭转刚度迭代收敛图如图 25.17 所示。

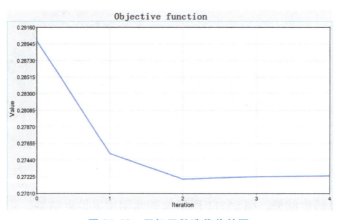

图 25.13 目标函数迭代收敛图

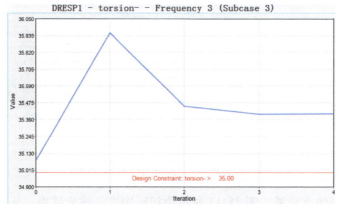

图 25.14 一阶扭转模态迭代收敛图

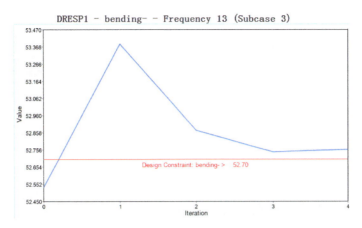

图 25.15　一阶弯曲模态迭代收敛图

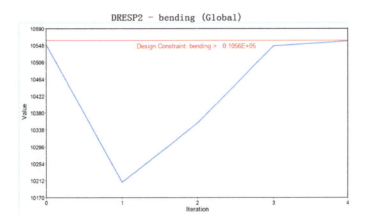

图 25.16　弯曲刚度迭代收敛图

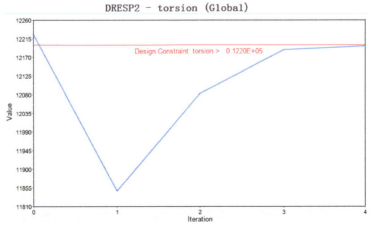

图 25.17　扭转刚度迭代收敛图

25.4.3　钣金灵敏度分析结果对比

通过 4 次迭代求解，钣金厚度优化结果见表 25.1 和表 25.2，性能结果对比见表 25.3（优化料厚未圆整状态，实际需要结合材料的厚度进行圆整）；在满足整体模态及弯曲扭转刚度的条件下，根据板厚灵敏度优化结果，理论初步减重约 18.2kg。

表 25.1　钣金灵敏度分析优化结果（未圆整）　　　　　　　　　（单位：mm）

序号	原始料厚	料厚下限	料厚上线	优化料厚	序号	原始料厚	料厚下限	料厚上线	优化料厚
2	0.70	0.56	0.84	0.57	85	1.20	0.96	1.44	0.96
3	1.00	0.80	1.20	0.81	87	1.50	1.20	1.80	1.39
5	1.20	0.96	1.44	1.25	89	1.20	0.96	1.44	0.96
7	1.20	0.96	1.44	0.96	91	1.20	0.96	1.44	0.96
9	1.00	0.80	1.20	0.85	94	1.50	1.20	1.80	1.37
11	1.20	0.96	1.44	1.29	95	1.50	1.20	1.80	1.20
13	1.20	0.96	1.44	1.24	97	1.00	0.80	1.20	0.92
15	1.00	0.80	1.20	1.20	100	1.00	0.80	1.20	0.88
17	1.20	0.96	1.44	1.43	101	1.20	0.96	1.44	0.96
19	1.60	1.28	1.92	1.28	103	1.80	1.44	2.16	2.16
21	1.20	0.96	1.44	1.37	105	1.20	0.96	1.44	0.96
23	1.00	0.80	1.20	0.80	107	2.00	1.60	2.40	1.60
25	0.70	0.56	0.84	0.74	110	1.40	1.12	1.68	1.23
27	1.20	0.96	1.44	1.44	112	1.80	1.44	2.16	1.44
29	1.20	0.96	1.44	1.14	113	1.60	1.28	1.92	1.28
31	1.20	0.96	1.44	0.96	115	0.80	0.64	0.96	0.71
33	0.70	0.56	0.84	0.84	116	0.60	0.48	0.72	0.50
35	0.70	0.56	0.84	0.75	117	1.20	0.96	1.44	1.21
37	1.50	1.20	1.80	1.20	118	1.00	0.80	1.20	0.83
39	0.70	0.56	0.84	0.73	119	1.00	0.80	1.20	1.20
41	0.70	0.56	0.84	0.70	120	0.70	0.56	0.84	0.56
43	0.70	0.56	0.84	0.61	121	0.70	0.56	0.84	0.83
45	0.70	0.56	0.84	0.56	122	0.70	0.56	0.84	0.67
47	1.00	0.80	1.20	0.87	123	0.70	0.56	0.84	0.56
49	1.80	1.44	2.16	1.44	124	0.70	0.56	0.84	0.56
51	2.00	1.60	2.40	1.60	125	0.60	0.48	0.72	0.48
53	2.00	1.60	2.40	1.97	126	0.80	0.64	0.96	0.64
55	0.70	0.56	0.84	0.84	127	1.00	0.80	1.20	0.80
57	0.70	0.56	0.84	0.84	128	0.60	0.48	0.72	0.48
59	1.50	1.20	1.80	1.20	129	0.80	0.64	0.96	0.64
61	1.50	1.20	1.80	1.76	130	0.70	0.56	0.84	0.59
63	1.20	0.96	1.44	0.96	131	0.70	0.56	0.84	0.62
65	1.60	1.28	1.92	1.92	132	1.00	0.80	1.20	0.80
67	1.20	0.96	1.44	1.44	133	1.50	1.20	1.80	1.69
69	1.60	1.28	1.92	1.40	134	1.20	0.96	1.44	0.96
71	1.80	1.44	2.16	1.44	135	1.20	0.96	1.44	1.07
73	1.40	1.12	1.68	1.12	136	1.20	0.96	1.44	1.44
75	1.20	0.96	1.44	1.01	137	0.70	0.56	0.84	0.56
78	1.00	0.80	1.20	1.20	138	1.20	0.96	1.44	1.44
79	0.70	0.56	0.84	0.84	139	1.20	0.96	1.44	0.96
82	1.00	0.80	1.20	1.20	140	1.20	0.96	1.44	0.96
84	1.20	0.96	1.44	1.40	141	1.20	0.96	1.44	1.18

表 25.2 钣金灵敏度分析优化结果（圆整后） （单位：mm）

序号	原始料厚	优化值	圆整值	序号	原始料厚	优化值	圆整值
1	0.70	0.57	0.60	66	1.60	1.92	2.00
2	0.70	0.57	0.60	67	1.20	1.44	1.40
3	0.70	0.57	0.80	68	1.20	1.44	1.40
4	1.00	0.81	0.80	69	1.60	1.40	1.40
7	1.20	0.96	0.10	70	1.60	1.40	1.40
8	1.20	0.96	0.10	71	1.80	1.44	1.40
15	1.00	1.20	1.20	72	1.80	1.44	1.40
16	1.00	1.20	1.20	73	1.40	1.12	1.20
17	1.20	1.43	1.40	74	1.40	1.12	1.20
18	1.20	1.43	1.40	75	1.20	1.01	1.00
19	1.60	1.28	1.40	76	1.20	1.01	1.00
20	1.60	1.28	1.40	77	1.00	1.20	1.20
21	1.20	1.37	1.40	78	1.00	1.20	1.20
22	1.20	1.37	1.40	79	1.00	1.20	1.20
23	1.00	0.80	0.80	80	1.00	1.20	1.20
24	1.00	0.80	0.80	81	1.00	1.20	1.20
27	1.20	1.44	1.40	82	1.00	1.20	1.20
28	1.20	1.44	1.40	83	1.20	1.40	1.40
31	1.20	0.96	1.00	84	1.20	1.40	1.40
32	1.20	0.96	1.00	85	1.20	0.96	1.00
33	0.70	0.84	0.80	86	1.20	0.96	1.00
34	0.70	0.84	0.80	87	1.50	1.39	1.40
35	0.70	0.75	0.80	88	1.50	1.39	1.40
36	0.70	0.75	0.80	89	1.20	0.96	1.00
37	1.50	1.20	1.20	90	1.20	0.96	1.00
38	1.50	1.20	1.20	91	1.20	0.96	1.00
43	0.70	0.61	0.60	92	1.20	0.96	1.00
44	0.70	0.61	0.60	93	1.50	1.37	1.40
45	0.70	0.56	0.60	94	1.50	1.37	1.40
46	0.70	0.56	0.60	95	1.50	1.20	1.20
55	0.70	0.84	0.80	96	1.50	1.20	1.20
56	0.70	0.84	0.80	101	1.20	0.96	1.00
57	0.70	0.84	0.80	102	1.20	0.96	1.00
58	0.70	0.84	0.80	103	1.80	2.16	2.00
59	1.50	1.20	1.20	104	1.80	2.16	2.00
60	1.50	1.20	1.20	105	1.20	0.96	1.00
61	1.50	1.76	1.80	106	1.20	0.96	1.00
62	1.50	1.76	1.80	107	2.00	1.60	1.60
65	1.60	1.92	2.00	108	2.00	1.60	1.60

(续)

序号	原始料厚	优化值	圆整值	序号	原始料厚	优化值	圆整值
109	1.40	1.23	1.20	127	1.00	0.80	0.80
110	1.40	1.23	1.20	130	0.70	0.59	0.60
111	1.80	1.44	1.40	131	0.70	0.62	0.60
112	1.80	1.44	1.40	132	1.00	0.80	0.80
113	1.60	1.28	1.40	133	1.50	1.69	1.60
114	1.60	1.28	1.40	134	1.20	0.96	1.00
118	1.00	0.83	0.80	135	1.20	1.07	1.00
119	1.00	1.20	1.20	136	1.20	1.44	1.40
120	0.70	0.56	0.60	137	0.70	0.56	0.60
121	0.70	0.83	0.80	138	1.20	1.44	1.40
123	0.70	0.56	0.60	139	1.20	0.96	1.00
124	0.70	0.56	0.60	140	1.20	0.96	1.00
126	0.80	0.64	0.60				

表 25.3 性能结果分析对比

名称	基础结果	未圆整优化结果	圆整优化结果	质量变化（圆整-基础）	质量变化（%）
质量/kg	290.5	272.3	279.2	-11.3	-3.89%
车身一阶扭转/Hz	35.0	35.4	35.5	0.5	+1.43%
车身一阶弯曲/Hz	52.7	52.8	53.1	0.4	+0.76%
车身扭转刚度/[N·m/(°)]	12197	12197	12539	342	+2.80%
车身弯曲刚度/(N/mm)	10558	10558	10891	333	+3.15%

优化后的车身弯曲刚度如图 25.18 所示，扭转刚度如图 25.19 所示，一阶扭转模态如图 25.20 所示，一阶弯曲模态如图 25.21 所示。

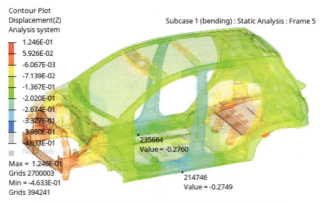

图 25.18 弯曲刚度优化结果图示（圆整后结果）

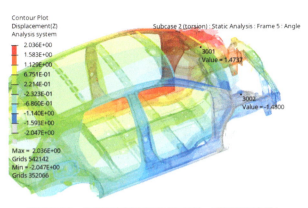

图 25.19　扭转刚度优化结果图示（圆整后结果）

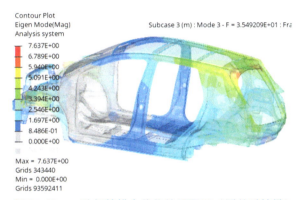

图 25.20　一阶扭转模态优化结果图示（圆整后结果）

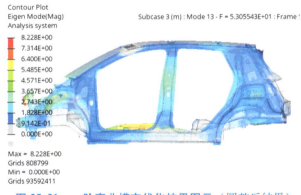

图 25.21　一阶弯曲模态优化结果图示（圆整后结果）

25.5　小结

对车身钣金进行灵敏度分析，可以快速准确地定位灵敏度高的钣金，这些钣金的性能、结构以及连接方式等在设计过程中必须引起足够的重视。同时在优化减重时，对那些灵敏度不高的零件进行轻量化，在保证性能的同时，实现车身的轻量化，进而为设计提供参考及优化改进建议。

> **思考题**
>
> 1. 车身钣金灵敏度分析三要素是指哪些？
> 2. 车身钣金灵敏度分析设计变量创建方法有哪些？
> 3. 车身钣金灵敏度分析结果在实际工程中如何应用？

第26章

基于 Shrink Wrap 的车身拓扑优化分析及工程应用

拓扑优化（Topology Optimization）是一种根据给定的负载情况、约束条件和性能指标，在给定的区域内对材料分布进行优化的数学方法，是结构优化的一种。在现在的汽车或其他行业中，拓扑优化技术应用越来越广泛，特别是在产品设计前期，基于多目标、多工况等条件下，可以进行单个结构件（如摆臂）、白车身、整车等拓扑优化研究。通过拓扑优化，可以找到关键的传力路径以及关键的区域。

26.1 拓扑分析相关基础

26.1.1 拓扑分析的目的

从整车开发的概念设计阶段，一直到数据冻结前，可能会涉及较多的整车和零部件的结构性能分析和优化。由于项目开发节点的要求，通常需要仿真工程师快速地进行性能验算。若一旦涉及结构修改，对于经验丰富的工程师往往能够快速地发现和找到关键问题点，并通过改进方案，就可以得到比较有效的工程化方案；而对于经验不足的工程师来说，往往不能快速找到结构设计存在的问题点以及提出有效的改进方案。基于这种现状，通过拓扑优化方法识别出车身结构薄弱区域显得尤为重要。

26.1.2 拓扑分析的范围

从单个零部件→车身系统→TB→整车，拓扑分析均可以对其薄弱区域进行识别。许多性能分析均可以采用此方法进行，如刚度、模态、碰撞、NTF、VTF、路噪等。

26.1.3 拓扑分析的流程

拓扑分析的流程为定义设计空间→定义分析模型→定义优化三要素（目标、响应及约束条件）→求解计算→拓扑结果解读→验证优化方案，具体如图26.1所示。

图 26.1 拓扑分析流程

26.2 拓扑分析操作流程

26.2.1 拓扑分析的工况

若在前期白车身需要通过拓扑优化技术进行车身整体刚度、模态以及碰撞等性能优化分析，具体步骤如下。

1. 目的

采用拓扑优化技术，通过对车身整体模态及刚度进行分析，识别出车身结构相对薄弱区域。

2. 工况

1）弯曲及扭转刚度分析工况。
2）弯曲及扭转模态分析工况。
3）碰撞工况。

3. 目标函数

1）响应：包括弯曲刚度、扭转刚度、扭转模态、弯曲模态、综合应变能、体积分数等。
2）约束：弯曲刚度大于 10558N/mm，扭转刚度大于 12197N·m/(°)，扭转模态大于 35Hz，弯曲模态大于 52.7Hz，体积分数小于 0.2。
3）目标：综合应变能最小。

26.2.2 拓扑空间设置步骤

1. 定义设计空间

选取下车体包络面区域作为设计空间。打开 Mesh→Shrink Wrap Mesh→elems（设置好相关的参数）→选取需要的拓扑区域→mesh，如图 26.2 所示，拓扑变量定义前后对比如图 26.3 所示。

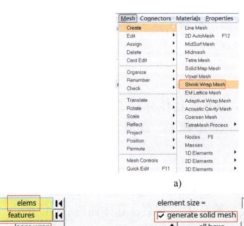

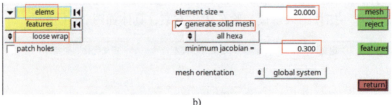

图 26.2 拓扑优化分析步骤

第 26 章　基于 Shrink Wrap 的车身拓扑优化分析及工程应用

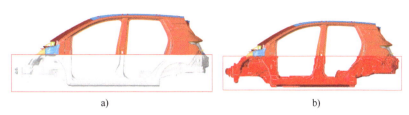

图 26.3　拓扑变量定义后图示

2. 单元 SET 定义

包括拓扑连接中的主面单元及从面单元，如图 26.4 和图 26.5 所示。

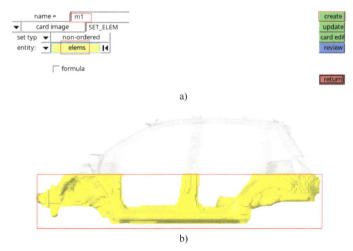

图 26.4　拓扑连接主面单元定义图示

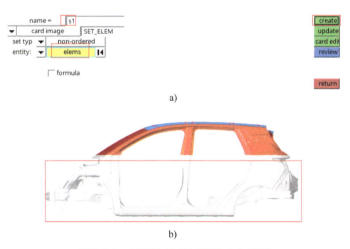

图 26.5　拓扑连接从面单元定义图示

3. 设计空间与 BIP 模型的连接

即拓扑连接主面与从面之间的连接，亦即拓扑与非拓扑区域之间的连接。需要通过 tie

455

连接，具体流程如图 26.6 所示。

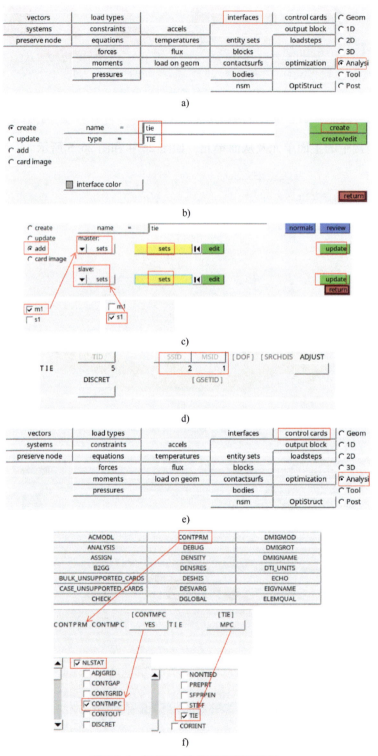

图 26.6　拓扑 tie 连接定义流程图示

4. 定义设计空间材料

1）弹性模量取值依据。实体网格尺寸均值一般为 20mm，拓扑优化设置最小宽度 40mm，为了使 40mm 填充实体与 3mm 左右 AL 等价，设弹性模量为 70000×3/40＝5250，约等于 5300，如图 26.7 所示。

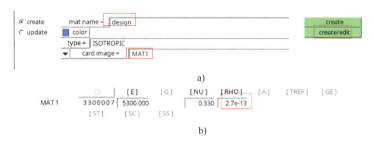

图 26.7　拓扑设计空间材料定义流程图示

2）密度取值依据。在考虑碰撞工况时，采用的是惯性释放的方法，为了不使设计空间本身对碰撞工况产生附加质量，密度要尽量降低。另外，如果密度比较大，则拓扑优化时可能产生实体内部的局部模态，而实际上最后优化出来的隔板不会在低频有局部模态。因此，尽量设置较小的密度，使填充实体只起支撑作用。

5. 定义分析工况

如弯曲扭转刚度工况、弯曲扭转模态工况等。

（1）弯曲刚度分析工况

1）载荷：座椅 R 点投影到门槛梁左右分别加载 Z 向 1500N。

2）约束：约束为左前减振器 dof3、右前减振器 dof23、左后弹簧座 dof13、右后弹簧座 dof123。

3）输出：输出门槛梁处的最大位移。

（2）扭转刚度分析工况

1）载荷：前减振器安装点加载 2000N·m 扭矩。

2）约束：约束为前防撞梁 dof3、左后弹簧座 dof13、右后弹簧座 dof123。

3）输出：输出并读取前减振器加载点处的 Z 向位移。

（3）碰撞工况描述　根据需要施加以下工况，可基于白车身进行分析；若要模拟整车状态，需要配重至整车质量，通过对比两者结果相近。以下工况采用惯性释放方法。

1）正碰加载：用 RBE3 抓取前防撞梁表面区域，加载 X 向 1000N。

2）40%偏置碰加载：用 RBE3 抓取前防撞梁表面左侧 40%区域，加载 X 向 1000N。

3）侧碰加载：用 RBE3 抓取左 B 柱下半段和左门槛梁外表面，加载 Y 向 1000N。

4）柱碰加载：用 RBE3 抓取左 B 柱上下接头区域，加载 Y 向 1000N。

5）后碰加载：用 RBE3 抓取后防撞梁左侧 70%区域，加载 X 向 1000N。

26.2.3　拓扑设计变量定义流程

根据 26.2.2 节定义的拓扑空间，定义拓扑设计变量，如图 26.8 所示。

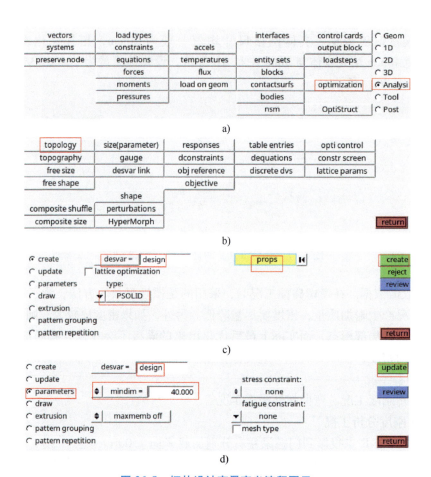

图 26.8 拓扑设计变量定义流程图示

26.2.4 拓扑响应定义流程

拓扑响应定义可参考 24.3.2 节。在拓扑优化综合应变能中需要勾选一些碰撞工况，如图 26.9 所示。

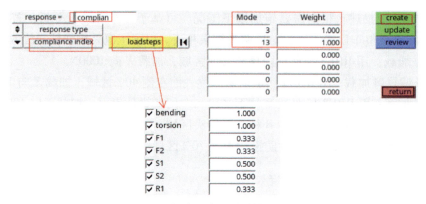

图 26.9 综合加权应变能定义图示

第 26 章　基于 Shrink Wrap 的车身拓扑优化分析及工程应用

通常情况下，车身受力的各种工况可以分为纵向力、侧向力、垂向力、扭转力偶、弯曲力矩五种受力形式。在车身设计阶段，对车身进行工况分析时，为了避免过多或过少地考虑某种工况的影响，这五种受力应该按照一定的比例去分配，即应该考虑它们的权重。为了避免拓扑结果过分地偏向某个方向的载荷工况，将纵向力、侧向力、扭转力偶、弯曲力矩的权重定义为相同。

26.3　拓扑优化结果解读

通过拓扑优化计算，在给定条件下，可以通过拓扑结果识别相对薄弱区域以及关键传力路径，为产品开发和结构优化提供极为重要的参考。

26.3.1　拓扑结果查看

导入拓扑优化结果 A10_BIP_topo_des.h3d 文件，选择最后一步迭代结果，其实第一步迭代结果就已显示出主要的传力路径，只是后续的迭代更加细化，如图 26.10 所示。拓扑优化结果如图 26.11 所示。

通过多次迭代计算，从拓扑优化结果中可以看出，以下位置需要重点加强。

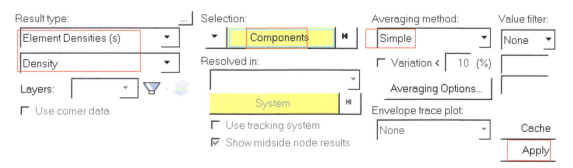

图 26.10　拓扑后处理操作图示

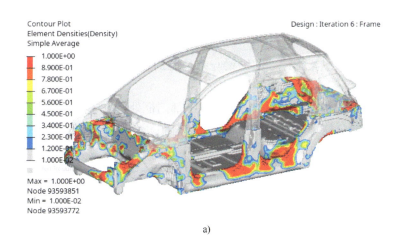

a)

图 26.11　拓扑结果图示

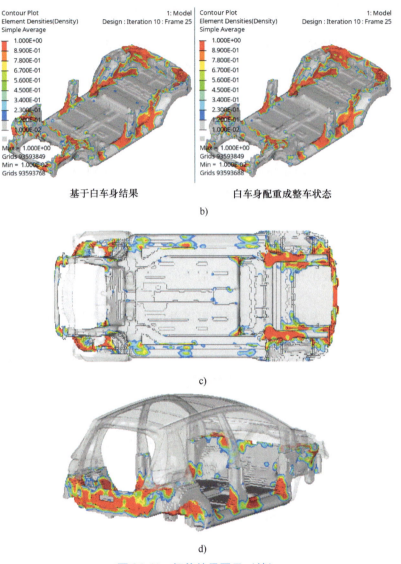

图 26.11 拓扑结果图示（续）

1）前纵梁区域：前纵梁本体、前纵梁与乘员舱的连接位置、前减振器轮罩区域、A 柱下部门框处。

2）门槛梁区域：门槛梁的中间位置、B 柱下部门框处等。

3）后纵梁区域：C 柱下部门框处、后纵梁本体、后纵梁与地板的连接位置、后围连接区域等。

26.3.2 拓扑响应迭代图

通过多次迭代求解，可以看出，在满足给定条件下，目标函数迭代收敛图如图 26.12 所示，综合应变能迭代收敛图如图 26.13 所示，一阶扭转模态迭代收敛图如图 26.14 所示，一阶弯曲模态迭代收敛图如图 26.15 所示，弯曲刚度迭代收敛图如图 26.16 所示，扭转刚度迭代收敛图如图 26.17 所示。

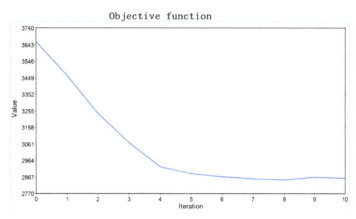

图 26.12　目标函数迭代收敛图

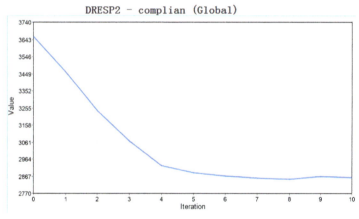

图 26.13　综合应变能迭代收敛图

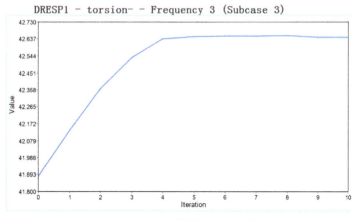

图 26.14　一阶扭转模态迭代收敛图

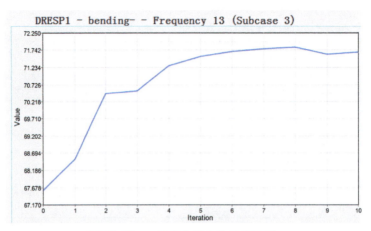

图 26.15　一阶弯曲模态迭代收敛图

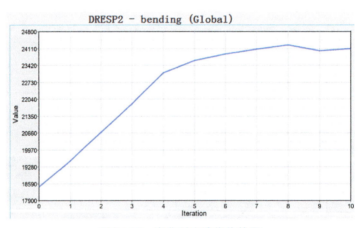

图 26.16　弯曲刚度迭代收敛图

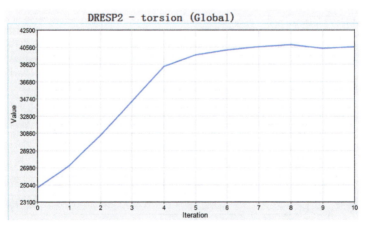

图 26.17　扭转刚度迭代收敛图

26.4 小结

基于拓扑优化技术，对白车身进行了多工况、多目标拓扑优化，得到了关键的传力路径和区域，这对于前期开发和后期优化等都具有一定的指导意义，不受限于经验也能提出合理的结构改进方案及思路。

思考题

1. 基于 Shrink Wrap 方法的车身拓扑优化分析流程和思路是什么？
2. 基于 Shrink Wrap 方法的车身拓扑优化分析应考虑哪些细节？
3. 基于 Shrink Wrap 方法的车身拓扑优化分析结果在实际工程中如何应用？

第 27 章

基于 Shell 的车身拓扑优化分析及工程应用

在第 26 章中我们讲解了基于 Shrink Wrap 方法进行车身及整车拓扑优化,这种方法应用非常广泛,实用价值很高,特别适用于传函优化,如噪声传函优化和动刚度结构优化等。但是该方法拓扑区域与非拓扑区域需要通过采用 tie 连接从面,操作相对复杂。

本章讲解另一种更容易操作的拓扑优化方法——壳单元方法,这种方法对车身及整车同样具有较高的实用价值。

27.1 拓扑分析操作流程

27.1.1 拓扑分析的流程

采用壳单元进行拓扑优化的流程和 ShrinkWrap 方法一致,如图 27.1 所示。

图 27.1 拓扑优化分析流程

27.1.2 拓扑分析的工况

若在前期白车身需要通过拓扑优化技术进行车身整体刚度及模态等性能的优化分析,具体步骤如下。

1. 目的

采用拓扑优化技术,通过对车身整体模态及刚度进行分析,识别出车身结构相对薄弱区域。

2. 工况

1)弯曲及扭转刚度分析工况。
2)弯曲及扭转模态分析工况。

3. 目标函数

1)响应:包括弯曲刚度、扭转刚度、扭转模态、弯曲模态、综合应变能等。

2）约束：弯曲刚度大于 10558N/mm，扭转刚度大于 12197N·m/(°)，扭转模态大于 35Hz，弯曲模态大于 52.7Hz，体积分数小于 0.2。

3）目标：综合应变能最小。

27.2 拓扑空间设置步骤

27.2.1 定义设计空间

在车身主要的连接件及传力件等壳单元区域复制一层单元，同时将复制的单元与原单元进行合并；将复制的单元作为拓扑优化分析的设计变量，如图 27.2 所示。

图 27.2 拓扑优化分析步骤

27.2.2 设计空间材料定义流程

为避免使整个分析模型产生附加质量，其密度可以定义一个相对较小值，如图 27.3a、b 所示，同时也可将材料的弹性模量设置得高一些，达到刚度支撑效果，一般设置为 2.1×10^7MPa，如图 27.3c 所示。

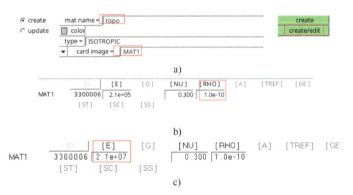

图 27.3 车身拓扑空间材料定义图示

27.2.3 设计空间属性定义流程

设计空间属性定义，厚度一般定义为 0.2mm 左右，如图 27.4 所示。

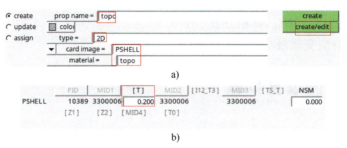

图 27.4　车身拓扑空间属性定义图示

27.2.4　设计空间部件定义流程

设计空间部件定义，如图 27.5 所示。

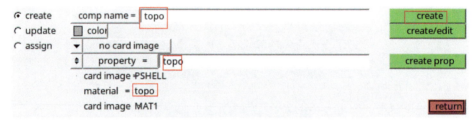

图 27.5　设计空间 topo 定义图示

27.2.5　拓扑设计变量定义流程

根据拓扑空间，定义拓扑设计变量，如图 27.6 所示。

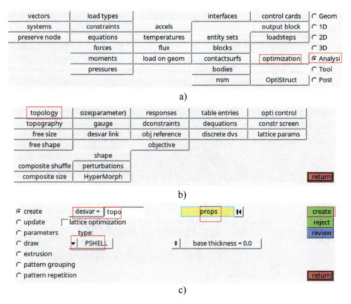

图 27.6　拓扑设计变量定义流程图示

27.2.6 拓扑响应、约束及目标定义流程

拓扑响应定义可参考 24.3.2 节。

27.3 拓扑优化结果解读

通过拓扑优化计算，在给定条件下，可以通过拓扑结果识别相对薄弱区域以及关键传力路径，为产品开发和结构优化提供极为重要的参考。

27.3.1 拓扑结果查看

根据拓扑优化结果，可以看出主要的传力路径以及需要加强的相对薄弱区域。图 27.7 所示为后处理操作界面，图 27.8 所示为拓扑单元密度显示云图。

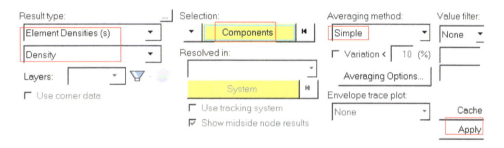

图 27.7 拓扑后处理图示

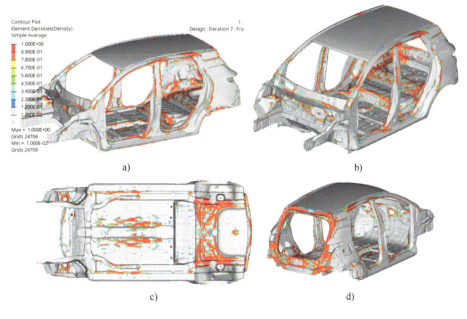

图 27.8 拓扑单元密度结果图示

通过多次迭代计算，从拓扑优化结果可以看出，主要的传力路径和关键区域如下：
1）前减振器塔、前纵梁连接区域以及前围等。
2）A 柱下部门框处、B 柱上下接头处、C 柱上接头处以及门槛梁区域等。
3）后尾门框、后纵梁以及后地板区域等。

27.3.2 拓扑响应迭代图

通过多次迭代求解，可以看出，在满足给定条件下，目标函数迭代收敛图如图 27.9 所示，综合应变能迭代收敛图如图 27.10 所示，一阶扭转模态迭代收敛图如图 27.11 所示，一阶弯曲模态迭代收敛图如图 27.12 所示，弯曲刚度迭代收敛图如图 27.13 所示，扭转刚度迭代收敛图如图 27.14 所示。

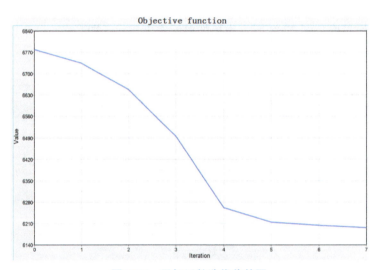

图 27.9　目标函数迭代收敛图

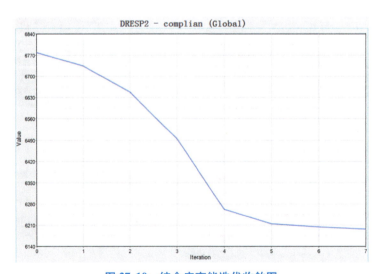

图 27.10　综合应变能迭代收敛图

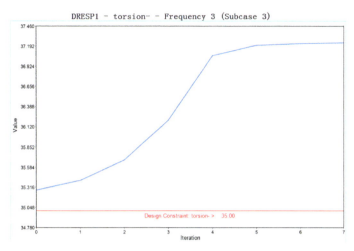

图 27.11　一阶扭转模态迭代收敛图

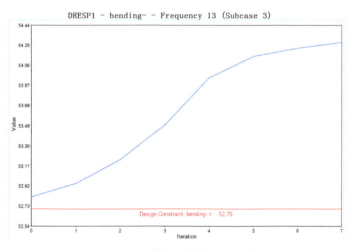

图 27.12　一阶弯曲模态迭代收敛图

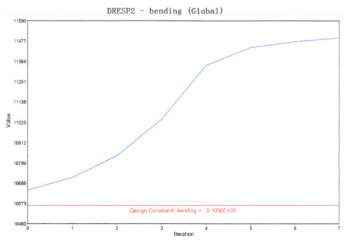

图 27.13　弯曲刚度迭代收敛图

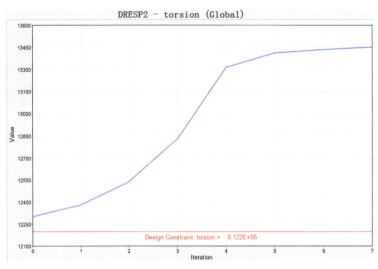

图 27.14 扭转刚度迭代收敛图

27.4 拓扑优化在整车路噪优化中的应用

路噪是指道路激励噪声,即由于轮胎受粗糙路面的激励,直接或由底盘间接传递到车身内部的噪声。路面不平度激励引起的振动是车辆不可避免的,车身振动频率为 5~60Hz,而以车身板件为主产生的振动噪声在 30~300Hz 的低、中频范围内,这是路面激励引起车内结构噪声的主要频率段,也是顾客容易感受到的频率段。本节为大规模、复杂的路噪等问题优化化提供了一种思路。

27.4.1 设计空间材料定义流程

在整车路噪拓扑优化过程中,材料的弹性模量通常设为常规的 100 倍左右,即 2.1×10^7 MPa,这相当于在车身与空腔之间贴合一层较高刚度的薄膜材料,如图 27.15 所示。

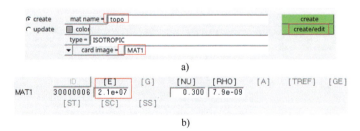

图 27.15 整车路噪拓扑空间材料定义图示

27.4.2 设计空间属性定义流程

厚度一般定义为 0.2mm 左右,如图 27.16 所示。

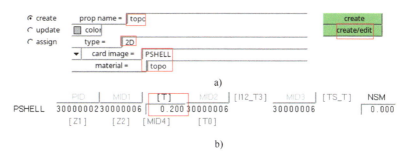

图 27.16 整车路噪拓扑空间属性定义图示

27.4.3 设计变量定义

在整车路噪拓扑优化过程中，一般将车身与声腔耦合的区域作为拓扑优化区域，即可采用本章介绍的方法，在耦合区域复制一层单元，其设计变量如图 27.17 所示。同时还可以考虑对称约束，如考虑关于 XY 截面对称，添加图 27.18 所示的对称约束，其中 anchor node 为 XY 对称面中通道上的锚点，first node 为起始点。

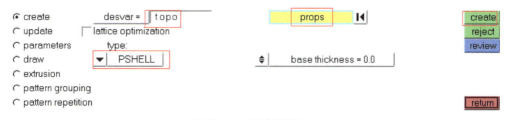

图 27.17 设计变量定义

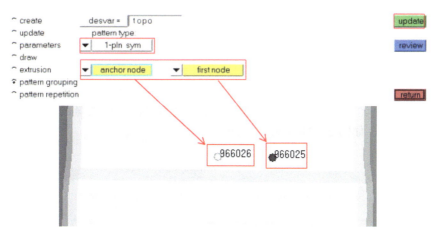

图 27.18 设计变量对称约束定义

27.4.4 优化响应定义

在路噪拓扑优化过程中，一般选取质量和关心的峰值（可定义多个峰值）作为优化响应，质量响应定义如图 27.19 所示，峰值频率响应定义如图 27.20 所示。

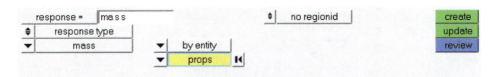

图 27.19 质量响应定义

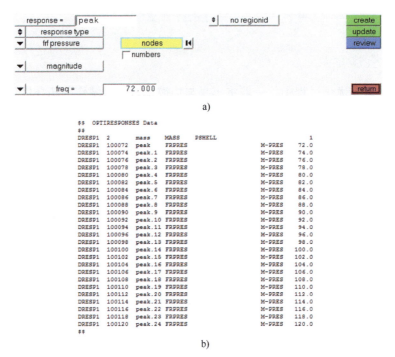

b)

图 27.20 峰值频率响应定义

27.4.5 优化约束定义

在整车路噪拓扑优化过程中，一般质量约束设置为设计变量质量的 10% 左右，一般质量上限为 10kg 左右，如图 27.21 所示。

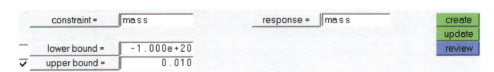

图 27.21 约束条件定义

27.4.6 目标函数定义

整车路噪拓扑优化中一般将各峰值频率设为目标函数，包括所有定义的关心峰值频率。

第 27 章 基于 Shell 的车身拓扑优化分析及工程应用

首先定义目标参考，如图 27.22 所示；目标值定义如图 27.23 所示。在拓扑优化过程中，为控制迭代收敛，一般可设置最大迭代步数为 15，通常设置 5 步即可达到效果，如图 27.24 所示。

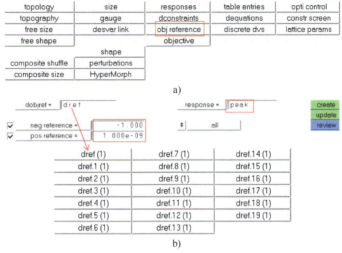

图 27.22　目标参考定义流程

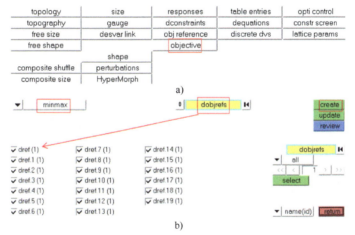

图 27.23　目标值定义流程

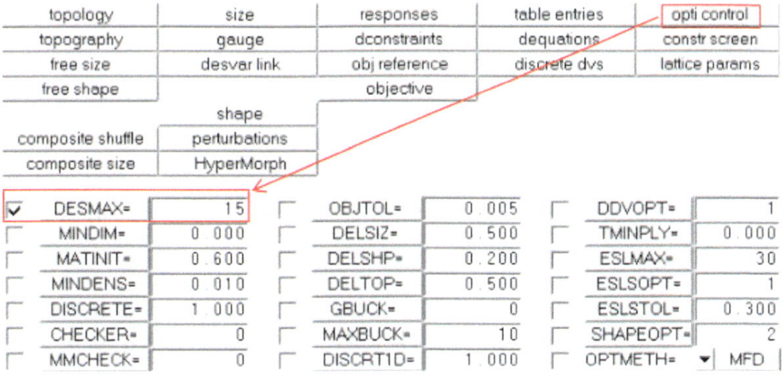

图 27.24　迭代控制参数定义

473

27.4.7 拓扑优化结果

对定义的峰值频率进行拓扑优化，经过多次迭代计算得到驾驶员右耳 DRE 的优化结果如图 27.25 所示。在拓扑优化结果中可以看出，设置的峰值有不同程度的降低。设计变量单元密度云图如图 27.26 所示，目标函数迭代收敛图如图 27.27 所示。

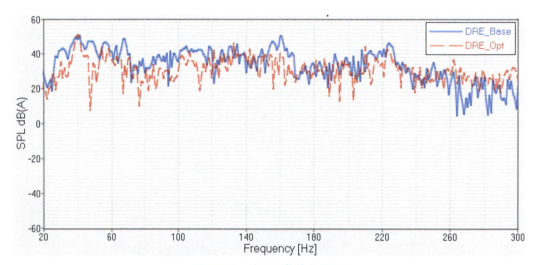

图 27.25　路噪拓扑优化结果

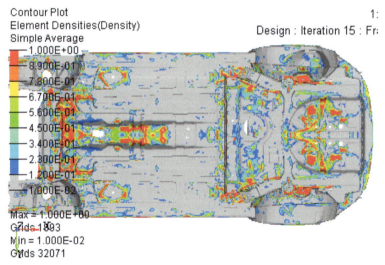

图 27.26　设计变量单元密度云图

通过查看设计变量的单元密度云图，并结合整体拓扑优化结果，可以看到哪些区域对峰值频率比较灵敏，即可通过优化进行改善。

整车拓扑优化方法为整车路噪、噪声传递函数（NTF）等复杂问题的优化改善提供了一种优化方向，可结合 PACA、GPA、ODS 及 TPA 等方法进行，从多个角度考虑问题，或许对问题的解决更有帮助和指导，因此在实际工程中具有非常重要的意义。

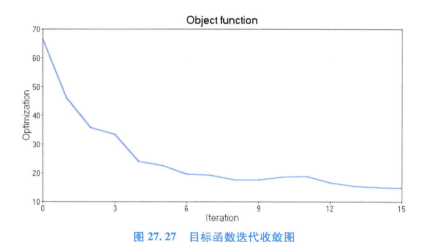

图 27.27　目标函数迭代收敛图

27.5　小结

本章采用壳单元对车身进行了多工况、多目标拓扑优化，得到了关键的传力路径和区域，进而进行相应的优化；该方法可应用于整车路噪等整车级 NVH 分析和优化，也可应用于其他类似的场合。

思考题

1. 基于 Shell 方法的车身拓扑优化分析流程和思路是什么？
2. 基于 Shell 方法的车身拓扑优化分析应考虑哪些细节？
3. 基于 Shell 方法的整车路噪拓扑优化分析在实际工程中如何应用？

第 28 章
车身阻尼片潜在位置分析及工程应用

通过进行车身阻尼片布置分析,可以为振动或噪声等提供潜在的阻尼片布置区域。在实际工程中通常采用 ERP 方法和综合位移及综合应变能方法等,本章将对这三个方法进行阐述。

28.1 BIP ERP 相关基础

ERP 全称为等效辐射声功率,在汽车开发中有着广泛的应用。ERP 分析主要是通过计算辐射面上的速度响应来进行能量评估,在特定的激励下可以计算钣金件最大可能的辐射能量。在前期车身开发中,根据 ERP 分析结果可预测出车身相对薄弱区域,进而进行优化或加强,同时也为车身阻尼片分布提供一定的技术支持和指导。

ERP 分析能辨别出结构板件的最大辐射位置,通过板件最大辐射位置进行结构优化或增加阻尼片等方法降低板件的振动。ERP 计算公式为

$$\text{ERP} = \frac{1}{2}\delta C\rho \sum_{i=1}^{n}(A_i v_i^2) \tag{28-1}$$

式中 ERP——等效辐射声功率;
   δ——辐射损耗因子;
   C——声速(m/s);
   ρ——流体密度(kg/m³);
   A_i——单元面积(m²);
   v_i——单元法向速度(m/s)。

式(28-1)通过换算得到

$$\text{ERP}_{dB} = 10\log_{10}\left(\alpha \times \frac{\text{ERP}}{\text{ERPREFDB}}\right) \tag{28-2}$$

式中 α——缩放因子(默认为 1);
ERPREFDB——参考功率值(默认为 1)。

注:公式(28-1)中的参数 δ、C 及 ρ 分别对应 OptiStruct 中的 ERPRIF、ERPC 及 ERPPHO。

28.2 BIP ERP 分析设置流程

28.2.1 ERP 分析边界设置

1）工况：车身与底盘接附点同时施加 20~500Hz 的单位力扫频，考察车身主要板件的等效辐射声功率。

2）激励点：前后减振器安装点、前后摆臂安装点、悬置安装点、扭力梁安装点以及弹簧座安装点 X/Y/Z 向等。

3）考察的主要车身板件如图 28.1 所示。

28.2.2 ERP 分析模型设置方法一

ERP 分析需要设置 ERPPNL 或 PANELG 关键字，用于 ERP 输出。本例 ERP 分析采用 PANELG 进行设置，包括定义所要考察的板件单元集、节点集以及 PANELG 等，具体流程可参考如下步骤。

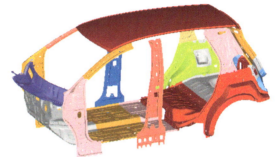

图 28.1 BIP ERP 分析板件分布图示

1）ERP 单元集设置，如图 28.2 所示。

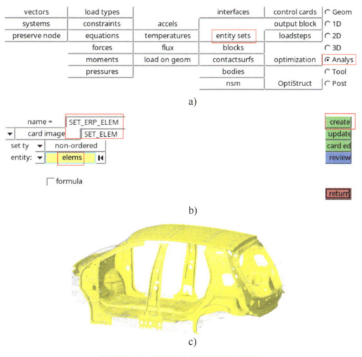

图 28.2 ERP 单元集设置图示

2）ERP 节点集设置，如图 28.3 所示。

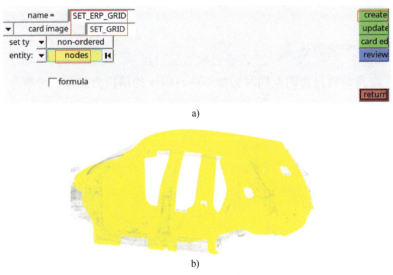

图 28.3　ERP 节点集设置图示

3）ERP 关键字设置。采用 PANELG 卡片定义，然后单击 card edit 编辑，选择 TYPE 为 ERP，ESID 为单元集，GSID 为节点集等，如图 28.4 所示。

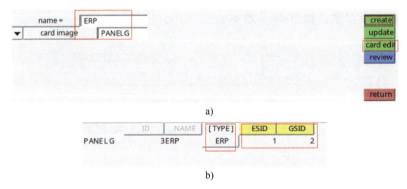

图 28.4　ERP 关键字设置图示

28.2.3　ERP 分析模型设置方法二

本例 ERP 分析采用 ERPPNL 进行设置，包括定义所要考察的板件单元集以及 ERPPNL 等。ERPPNL 可以通过定义多个不同板件进行 ERP 计算输出，在后处理中可以分别查看每个板件的 ERP 结果，具体流程可参考如下步骤。

1）建立需要输出的板件单元集合。在 Analysis 的 entity sets 中进行设置，如图 28.5 所示。

2）建立 ERPPNL 输出，其中 sets 选择 1）中建立的单元集合即可，该 set 可以是单个，也可以是多个不同的板件 set，如图 28.6 所示。

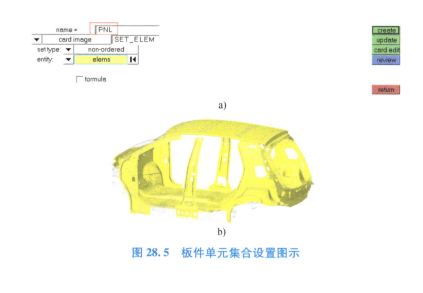

图 28.5 板件单元集合设置图示

图 28.6 ERPPNL 设置图示

28.2.4 ERP 分析控制卡片设置

1）ERP 通过 GLOBAL_OUTPUT_REQUEST 进行设置，一般输出 H3D 和 PUNCH 格式，如图 28.7 所示。其中 H3D 格式用于输出包含节点贡献量的信息，用于在后处理中读取声功率辐射曲线及节点贡献量结果；PUNCH 格式用于输出载荷频率下总的 ERP 结果，在每一个载荷频率下总 ERP 中分数占比以及在每一个载荷频率下的 ERP dB 表示。

在控制卡片中选择 GLOBAL_OUTPUT_REQUEST，勾选 ERP，可根据需要设置多种结果输出格式，图 28.7 所示为输出 H3D 和 PUNCH 结果；同时在 OMIT 中勾选 OMIT_BEGIN_BULK 和 OMIT_ENDDAT，如图 28.8 所示，然后导出计算模型 N01_BIP_ERP_0824.fem；亦可直接在模型中设置计算工况，只是采用头文件计算整体结构比较清晰。

图 28.7 ERP 输出设置图示

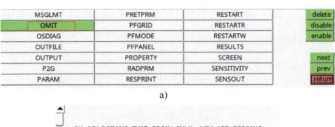

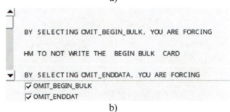

图 28.8 OMIT 关键字设置图示

2）计算头文件设置。由于 BIP ERP 分析主要是考察车身底盘接附点在某一频率范围内（通常为 20~500Hz）车身板件的辐射声功率，即能量集中区域，以便为后续的整车响应优化提供基础，如在能量集中区域考虑增加阻尼片、沥青板等，如图 28.9~图 28.13 所示。

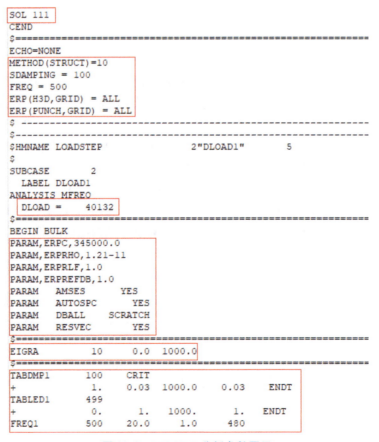

图 28.9 BIP ERP 分析参数图示

第 28 章 车身阻尼片潜在位置分析及工程应用

```
DLOAD  1131  1  1  2131    DLOAD  1154  1  1  2154
DLOAD  1132  1  1  2132    DLOAD  1155  1  1  2155
DLOAD  1133  1  1  2133    DLOAD  1156  1  1  2156
DLOAD  1134  1  1  2134    DLOAD  1157  1  1  2157
DLOAD  1135  1  1  2135    DLOAD  1158  1  1  2158
DLOAD  1136  1  1  2136    DLOAD  1159  1  1  2159
DLOAD  1137  1  1  2137    DLOAD  1160  1  1  2160
DLOAD  1138  1  1  2138    DLOAD  1219  1  1  2219
DLOAD  1139  1  1  2139    DLOAD  1220  1  1  2220
DLOAD  1140  1  1  2140    DLOAD  1221  1  1  2221
DLOAD  1141  1  1  2141    DLOAD  1222  1  1  2222
DLOAD  1142  1  1  2142    DLOAD  1223  1  1  2223
DLOAD  1143  1  1  2143    DLOAD  1224  1  1  2224
DLOAD  1144  1  1  2144    DLOAD  1225  1  1  2225
DLOAD  1145  1  1  2145    DLOAD  1226  1  1  2226
DLOAD  1146  1  1  2146    DLOAD  1227  1  1  2227
DLOAD  1147  1  1  2147    DLOAD  1228  1  1  2228
DLOAD  1148  1  1  2148    DLOAD  1229  1  1  2229
DLOAD  1149  1  1  2149    DLOAD  1230  1  1  2230
DLOAD  1150  1  1  2150    DLOAD  1231  1  1  2231
DLOAD  1151  1  1  2151    DLOAD  1232  1  1  2232
DLOAD  1152  1  1  2152    DLOAD  1233  1  1  2233
DLOAD  1153  1  1  2153
```

图 28.10　BIP ERP 分析 DLOAD 载荷图示

```
RLOAD1  2131  2131  499    RLOAD1  2154  2154  499
RLOAD1  2132  2132  499    RLOAD1  2155  2155  499
RLOAD1  2133  2133  499    RLOAD1  2156  2156  499
RLOAD1  2134  2134  499    RLOAD1  2157  2157  499
RLOAD1  2135  2135  499    RLOAD1  2158  2158  499
RLOAD1  2136  2136  499    RLOAD1  2159  2159  499
RLOAD1  2137  2137  499    RLOAD1  2160  2160  499
RLOAD1  2138  2138  499    RLOAD1  2219  2219  499
RLOAD1  2139  2139  499    RLOAD1  2220  2220  499
RLOAD1  2140  2140  499    RLOAD1  2221  2221  499
RLOAD1  2141  2141  499    RLOAD1  2222  2222  499
RLOAD1  2142  2142  499    RLOAD1  2223  2223  499
RLOAD1  2143  2143  499    RLOAD1  2224  2224  499
RLOAD1  2144  2144  499    RLOAD1  2225  2225  499
RLOAD1  2145  2145  499    RLOAD1  2226  2226  499
RLOAD1  2146  2146  499    RLOAD1  2227  2227  499
RLOAD1  2147  2147  499    RLOAD1  2228  2228  499
RLOAD1  2148  2148  499    RLOAD1  2229  2229  499
RLOAD1  2149  2149  499    RLOAD1  2230  2230  499
RLOAD1  2150  2150  499    RLOAD1  2231  2231  499
RLOAD1  2151  2151  499    RLOAD1  2232  2232  499
RLOAD1  2152  2152  499    RLOAD1  2233  2233  499
RLOAD1  2153  2153  499
```

图 28.11　BIP ERP 分析 RLOAD 载荷图示

```
DAREA  2131  2501  11
DAREA  2132  2501  21    DAREA  2154  2701  31
DAREA  2133  2501  31    DAREA  2155  2702  11
DAREA  2134  2502  11    DAREA  2156  2702  21
DAREA  2135  2502  21    DAREA  2157  2702  31
DAREA  2136  2502  31    DAREA  2158  2703  11
DAREA  2137  2503  11    DAREA  2159  2703  21
DAREA  2138  2503  21    DAREA  2160  2703  31
DAREA  2139  2503  31    DAREA  2219  2704  11
DAREA  2140  3001  11    DAREA  2220  2704  21
DAREA  2141  3001  21    DAREA  2221  2704  31
DAREA  2142  3001  31    DAREA  2222  3105  11
DAREA  2143  3002  11    DAREA  2223  3105  21
DAREA  2144  3002  21    DAREA  2224  3105  31
DAREA  2145  3002  31    DAREA  2225  3106  11
DAREA  2146  3003  11    DAREA  2226  3106  21
DAREA  2147  3003  21    DAREA  2227  3106  31
DAREA  2148  3003  31    DAREA  2228  3107  11
DAREA  2149  3004  11    DAREA  2229  3107  21
DAREA  2150  3004  21    DAREA  2230  3107  31
DAREA  2151  3004  31    DAREA  2231  3108  11
DAREA  2152  2701  11    DAREA  2232  3108  21
DAREA  2153  2701  21    DAREA  2233  3108  31
```

图 28.12　BIP ERP 分析 DAREA 载荷图示

```
$$  DLOAD cards
$$
$HMNAME LOADCOL           40132"load"
$HWCOLOR LOADCOL          40132      11
DLOAD   40132    1.0    1.0    2131    1.0    2132    1.0    2133
+                1.0    2134    1.0    2135    1.0    2136    1.0    2137
+                1.0    2138    1.0    2139    1.0    2140    1.0    2141
+                1.0    2142    1.0    2143    1.0    2144    1.0    2145
+                1.0    2146    1.0    2147    1.0    2148    1.0    2149
+                1.0    2150    1.0    2151    1.0    2152    1.0    2153
+                1.0    2154    1.0    2155    1.0    2156    1.0    2157
+                1.0    2158    1.0    2159    1.0    2160    1.0    2219
+                1.0    2220    1.0    2221    1.0    2222    1.0    2223
+                1.0    2224    1.0    2225    1.0    2226    1.0    2227
+                1.0    2228    1.0    2229    1.0    2230    1.0    2231
+                1.0    2232    1.0    2233
$$
INCLUDE 'N01_BIP_ERP_0824.fem'
$
ENDDATA
```

图 28.13　BIP ERP 分析 DLOAD 组合载荷图示

28.2.5　ERP 分析结果处理流程一

1）ERP 计算结果后处理。打开 Hyperview 或 Hypergraph，单击标题栏中 NVH 模块下的 Radiated Sound，如图 28.14 所示。

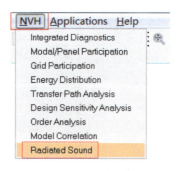

图 28.14　ERP 后处理操作图示

2）将分析结果导入，具体进行图 28.15 所示操作。ERP 分析结果曲线如图 28.16 所示。采用 PANELG 方法 Result component 只有 ERP 一个选择，如图 28.15b 所示；而采用 ERPPNL 方法会有多个选择，具体根据定义的单元集合 sets 数量决定。在图 28.15d 中，纵坐标显示方式可以自由选择，主要是为了便于查看 ERP 分析结果。

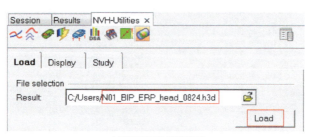

a）BIP ERP 后处理图示

图 28.15　ERP 分析操作

b) PANELG方法显示图示　　　　c) ERPPNL方法显示图示

d) 纵坐标显示选择图示

图 28.15　ERP 分析操作（续）

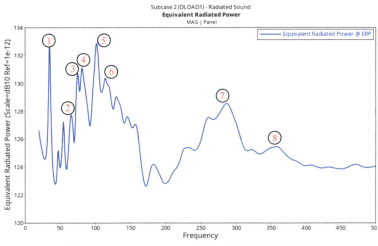

图 28.16　BIP ERP PANELG 方法分析结果图示

3）ERP 分析结果重点关注的频率点见表 28.1，频率点 ERP 操作如图 28.17 所示。

表 28.1　BIP ERP 分析结果列表（部分）

频率点	频率值/Hz	叠加应变能图示
1	35	图 28.18
2	66	图 28.19
3	75	图 28.20

(续)

频率点	频率值/Hz	叠加应变能图示
4	81	图 28.21
5	102	图 28.22
6	115	图 28.23
7	287	图 28.24
8	358	图 28.25

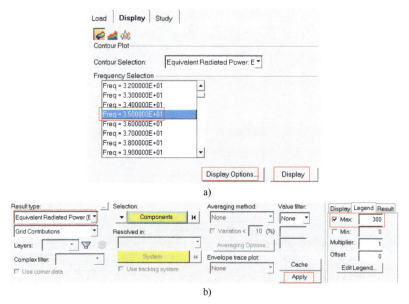

图 28.17　BIP ERP 分析频率点操作图示

4) 在显示关注频率点 ERP 结果时，为了更直观地查看应变集中区域，可以在 Legeng 的 Max 中适当修改阈值。从图 28.18~图 28.25 中可以看出，颜色较深的区域，即顶篷、前围、前地板、后地板、备胎池、车身尾部内板等为潜在需要考虑的车身阻尼片布置位置。

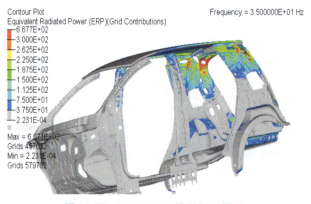

图 28.18　35Hz ERP 结果显示图示

第 28 章 车身阻尼片潜在位置分析及工程应用

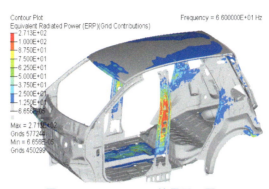

图 28.19　66Hz ERP 结果显示图示

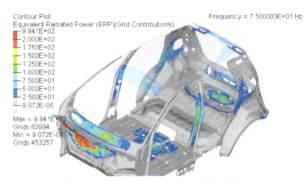

图 28.20　75Hz ERP 结果显示图示

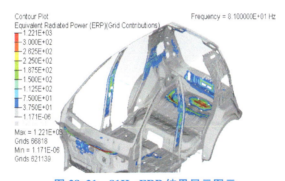

图 28.21　81Hz ERP 结果显示图示

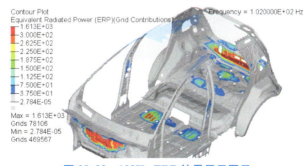

图 28.22　102Hz ERP 结果显示图示

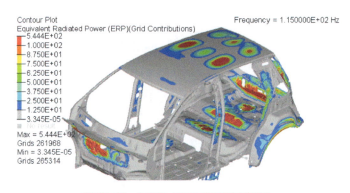

图 28.23　115Hz ERP 结果显示图示

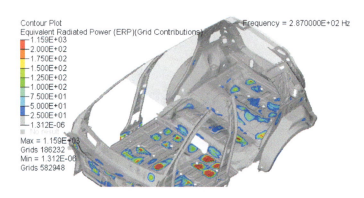

图 28.24　287Hz ERP 结果显示图示

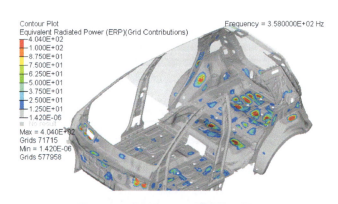

图 28.25　358Hz ERP 结果显示图示

5）在读取 ERP 结果后，可以将考察频率范围内的所有 ERP 结果叠加，如图 28.26 所示。通过叠加可以看出在关注频率范围内哪些区域声功率辐射较大，即能量集中较多，亦即较易引起振动或噪声等问题；本例中声功率辐射较大区域主要集中在前围、前地板、后地板、备胎池、后围及顶篷等。

注：在输出中选择 Grids，在结果中就有 Grid Contributions。

第 28 章 车身阻尼片潜在位置分析及工程应用

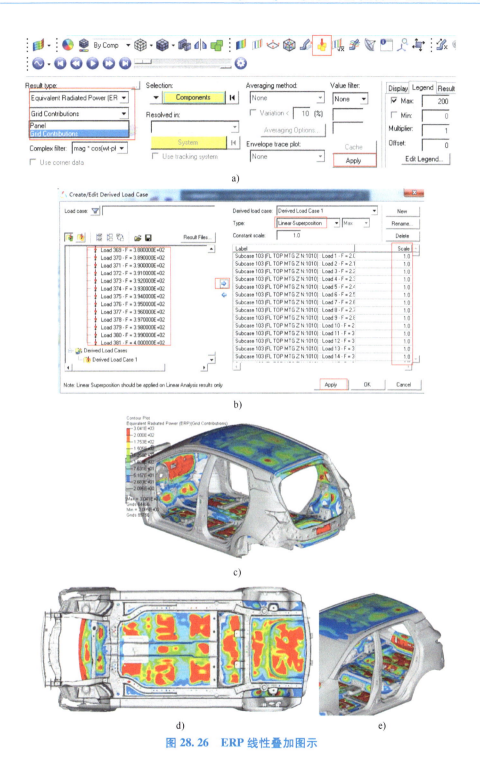

图 28.26 ERP 线性叠加图示

28.2.6 ERP 分析结果处理流程二

在 ERP 输出文件 PUNCH 中可以直接查看 ERP 结果曲线。PUNCH 计算文件结果读取流程为，加载 PUNCH 文件，在 Y Component 中有 ERP、FRACTION 以及 ERP（dB）三种分量，一般选择 ERP（dB），结果如图 28.27 和图 28.28 所示。用 PUNCH 计算得到的 ERP（dB）曲线和 H3D 的 ERP 曲线中的峰值及趋势是一致的；采用 ERPPNL 方法可以读取多个板件的 ERP 曲线及贡献排序，而采用 PANELG 只能读取一个板件单元集合，在实际工程中推荐采用 ERPPNL 方法。

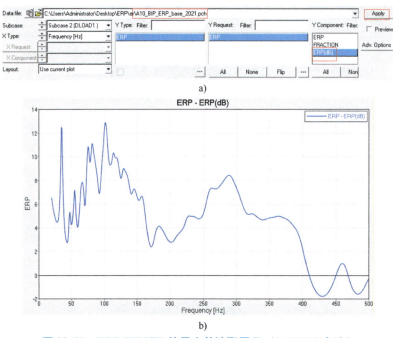

图 28.27　ERP PUNCH 结果文件读取图示（PANELG 方法）

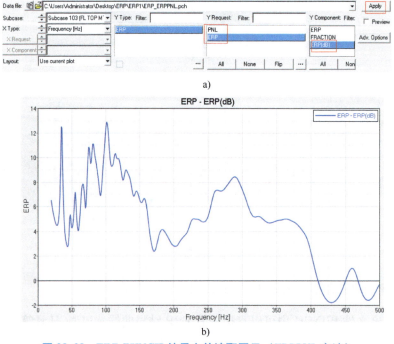

图 28.28　ERP PUNCH 结果文件读取图示（ERPPNL 方法）

28.3 BIP 模态综合应变能分析

在许多情况下,需要将一个结构或系统在一定频率范围内的所有模态进行叠加,通过观察模态叠加后的位移或应变能分布,进而进行相应的性能分析和优化。

在车身开发过程中,为了提升性能,通常需要在车身一些大板件位置添加阻尼贴片,以提升整车 NVH 性能或局部刚度等。一般对车身在 20~200Hz 范围内的频率进行模态叠加,可以非常直观地查看叠加后的变形或应变能集中区域,从而考虑是否增加阻尼贴片。

28.3.1 模态应变能分析设置流程

1)模态及计算工况设置,如图 28.29 和图 28.30 所示。

图 28.29 模态特征值提取设置图示

图 28.30 模态计算工况设置图示

2)输出设置,如图 28.31 所示。

图 28.31 模态结果输出设置图示

28.3.2 模态应变能分析后处理流程

1)计算结果导入操作,如图 28.32 所示。

图 28.32 模态应变能结果导入图示

2)选择显示栏 Derived Load Steps,如图 28.33 所示。

图 28.33 模态叠加工况操作图标

3）进入模态叠加栏，选择除刚体模态之外的所有模态结果，并加载到右侧栏，保持 scale 为统一值，如图 28.34a 所示。

4）在 Type 中选择线性叠加，单击 OK 即可，如图 28.34b 所示。

5）在左侧工况下选择刚叠加的 Derived Load Case2，即可查看相应结果，如图 28.34c 所示。

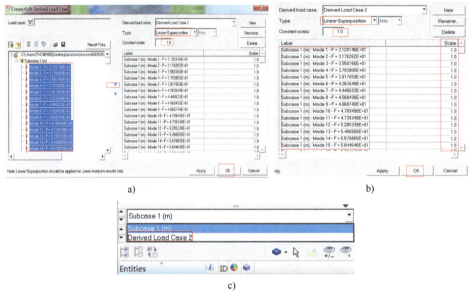

图 28.34　模态叠加工况操作图示

6）在结果类型中可以选择叠加后的模态位移云图，如图 28.35 所示；通过位移云图可查看哪些区域是较大变形区域。可以看出顶篷、前地板、后地板、尾门内板、备胎池等位移相对较大，即相对振动较大，可以考虑在这些区域布置阻尼片等。

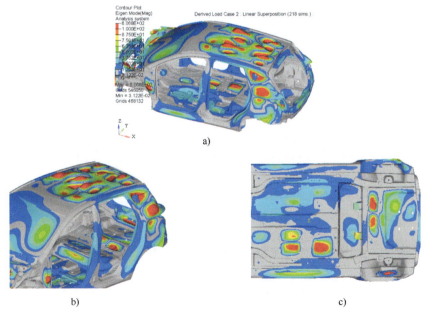

图 28.35　模态位移叠加结果图示

7）在结果类型中可以选择叠加后的应变能云图，通过应变能云图可查看哪些区域是能量集中区域。如图 28.36 所示。可以看出，顶篷、前地板、后地板、侧围外板、车身尾部内板、轮罩及备胎池等区域可考虑布置阻尼片。

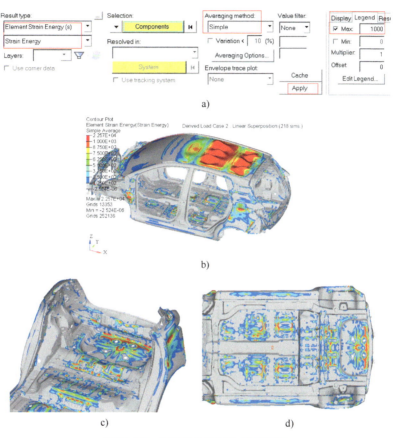

图 28.36　模态应变能叠加结果图示

28.4　小结

本章简述了车身阻尼片分析中涉及的 ERP 分析的基本理论，并详细阐述了 ERP 分析的设置细节和流程，以及后处理的详细操作流程，同时采用模态综合应变能方法进行了阻尼片的布置操作和结果解读，为读者在车身阻尼片布置时提供分析方法和参考。

思考题

1. 车身阻尼片 ERP 分析应考虑哪些区域？
2. 车身阻尼片 ERP 分析应考虑哪些细节？
3. 车身阻尼片 ERP 分析后处理如何解读？
4. 车身阻尼片 ERP 分析和模态综合应变能法在实际工程中如何应用？

第 29 章 整车模态超单元分析及工程应用

对于整车级 NVH 分析，整车节点及单元往往有数百万个，在计算资源相对紧缺及项目节点较短的前提下，如何快速高效地进行整车 NVH 分析和优化，在有限的时间内提出更多的方案，这对工程技术人员是一个大的挑战。超单元方法能加速计算及迭代优化。

超单元生成方法主要有 CMS 和 CDS 两种。

1) CMS 主要是基于模态方法，创建时间短，但求解时间相对较长，接附点很多时，传递函数很大；其包含正则化模态信息，即模态空间的刚度、质量、阻尼等，支持模态法和直接法。

2) CDS 主要是基于频响函数，创建时间长，但求解快，常用于连接点少于 1000 的情况下；其包含界面点之间的传递函数完整矩阵，一般支持直接法。

本章采用 CMS 方法进行超单元的分析及应用。

29.1 模态超单元相关基础

CMS（Component Mode Synthesis）全称为综合模态单元法，在汽车开发中有着广泛的应用。对于整车级模型来说，其自由度往往有几十万甚至数百万个单元和节点，而在某些情况下我们只关心某一参数或几个参数对整车的影响，此时采用超单元分析技术，其计算效率非常高。当单个分析耗费时间非常长的时候，采用超单元可以节省大量的时间，并且可以反复多次大量迭代设计。把相对不变的结构设计为超单元，可以迅速优化迭代出结果。

29.1.1 超单元法的相关理论

超单元法在线弹性结构模型中的作用是对自由度进行重新划分，即将一个复杂模型的各个子模型的内部自由度缩聚为边界自由度，将从属自由度缩聚为主自由度，这些消除了内部自由度的子结构称为超单元。然后将这些超单元或与有限元模型进行连接组合，最后进行求解，以达到提高计算效率且维持全模型计算精度的目的。本例通过静力学超单元推算出模态综合超单元法，这种方法基于精确的动力缩聚变换矩阵，可以得到精度很高的系统动力学方程和超单元结果。

一般系统静力学方程表示为

$$KU = F \tag{29-1}$$

式中 K——质量矩阵；

U——位移向量；

F——荷载向量。

将该静力学方程分解为 2 个自由度的集合，即边界自由度和内部自由度，则上述方程可以表示为

$$\begin{bmatrix} K_{mm} & K_{ms} \\ K_{sm} & K_{ss} \end{bmatrix} \begin{Bmatrix} U_m \\ U_s \end{Bmatrix} = \begin{Bmatrix} F_m \\ F_s \end{Bmatrix} \tag{29-2}$$

式中，下标 m、s 分别对应主自由度节点和从自由度节点。

在模型计算中，一般选择需要连接处的节点作为主自由度节点，其余整体作为从自由度节点，将式（29-2）分解，可得到：

$$K_{mm}U_m + K_{ms}U_s = F_m \tag{29-3}$$

$$K_{sm}U_m + K_{ss}U_s = F_s \tag{29-4}$$

由式（29-4）可得

$$U_s = K_{ss}^{-1}F_s - K_{ss}^{-1}K_{sm}U_m \tag{29-5}$$

将式（29-5）代入式（29-3）可得

$$(K_{mm} - K_{ms}K_{ss}^{-1}K_{sm})U_m = F_m - K_{ms}K_{ss}^{-1}F_s \tag{29-6}$$

式中 $K_{mm} - K_{ms}K_{ss}^{-1}K_{sm}$——超单元的刚度矩阵；

$F_m - K_{ms}K_{ss}^{-1}F_s$——超单元的载荷矩阵。

式（29-1）~式（29-6）即静力学中对超单元的处理过程，从中可以看出，子模型的主自由度变成了需要连接处的节点自由度；而子模型的从自由度则变成了无节点或者额外的自由度，故在设计计算中可以删除，即不参与计算。

在静力学超单元基础上，不考虑系统阻尼，构建模态超单元模型的超单元动力学方程，其表达式为

$$M\ddot{U} + KU = F \tag{29-7}$$

式中 M、K——超单元质量矩阵和刚度矩阵；

F——超单元所受外部载荷向量；

$\ddot{U}$——加速度向量；

U——位移向量。

根据分析目的，沿交界面将原系统分割成若干子系统，即为超单元。此时，超单元自由度集合由交界面上边界节点自由度集合和超单元内部节点自由度集合组成，从而超单元的质量矩阵 M_{ff} 和刚度矩阵 K_{ff} 可表示为

$$M_{ff} = \begin{bmatrix} M_{mm} & M_{ms} \\ M_{sm} & M_{ss} \end{bmatrix}; K_{ff} = \begin{bmatrix} K_{mm} & K_{ms} \\ K_{sm} & K_{ss} \end{bmatrix}$$

对式（29-7）进行内、外自由度展开，其表达式为

$$\begin{bmatrix} M_{mm} & M_{ms} \\ M_{sm} & M_{ss} \end{bmatrix} \begin{Bmatrix} \ddot{U}_m \\ \ddot{U}_s \end{Bmatrix} + \begin{bmatrix} K_{mm} & K_{ms} \\ K_{sm} & K_{ss} \end{bmatrix} \begin{Bmatrix} U_m \\ U_s \end{Bmatrix} = \begin{Bmatrix} F_m \\ F_s \end{Bmatrix} \tag{29-8}$$

式中 F_m 和 F_s——对应主自由度节点和从自由度节点的超单元界面结合力；

M_{mm} 和 K_{mm}——内部节点的质量矩阵和刚度矩阵；

M_{ms} 和 M_{sm} ——耦合质量矩阵，互为对称矩阵；

M_{ss} 和 K_{ss} ——边界节点的质量矩阵和刚度矩阵；

K_{ms} 和 K_{sm} ——耦合刚度矩阵，互为对称矩阵；

$\ddot{U}_m$ ——边界节点加速度向量；

$\ddot{U}_s$ ——内部节点加速度向量；

U_m ——边界节点位移向量；

U_s ——内部节点位移向量。

部件固定界面模态计算是根据部件固定界面模态和约束模态构造部件模态矩阵，即在完全固定边界面上的位移条件下部件子结构系统的主模态。固定边界模态 ϕ_{mm} 可由以下方程计算得到：

$$-\omega_r^2 M_{mm}\phi_{mm} + K_{mm}\phi_{mm} = 0 \tag{29-9}$$

式中　ω_r、ϕ_{mm} ——超单元边界固定条件下的特征值和特征向量。

建立超单元在模态坐标 p 下的运动方程，其表达式为

$$MP + KP = F \tag{29-10}$$

式中，$M = \begin{bmatrix} I_{mm} & M_{ms} \\ M_{sm} & M_{ss} \end{bmatrix}$；$K = \begin{bmatrix} I_{mm} & 0 \\ 0 & k_{ss} \end{bmatrix}$；$F = \begin{bmatrix} F_m \\ F_s \end{bmatrix}$；$P = \begin{bmatrix} \gamma_m \\ U_s \end{bmatrix}$；$\gamma_m$ 表示模态坐标向量。

得到缩减后的部件模态方程后，利用部件子结构间位移协调条件及力平衡条件，进行部件模态综合，得到整个结构系统的运动方程，进而计算整个结构系统的各阶固有频率和模态，再用模态叠加法求解系统的动力学特性，同时可得到系统各项求解参数。

超单元缩减后的运动方程，其表达式为

$$\tilde{F} = \tilde{m}\ddot{p} + \tilde{k}p \tag{29-11}$$

式中　$\tilde{m}$ ——缩减后质量矩阵；

$\ddot{p}$ ——缩减后系统加速度向量；

$\tilde{k}$ ——缩减后刚度矩阵；

p ——缩减后系统位移向量；

$\tilde{F}$ ——缩减后合力。

29.1.2　超单元法的主要分析流程

根据超单元理论，我们将位移特征向量划分为内部自由度（Oset）和外部自由度（Aset），Oset 就是内部迭代的自由度，Aset 就是和外部连接的边界。超单元的主要分析流程图如图 29.1 所示。

29.1.3　超单元主要计算方法

超单元计算方法有 CBN、GM、GUYAN、Craig-Bampton 和 Craig-Chang 等，建议采用 GM 方法。其中 CBN 和 GUYAN 方法结果一致，mode1～6 为零，而 GM 方法不但 mode1～6 为零，且 mode7～12 小于 0.2Hz。Craig-Bampton 和 Craig-Chang 部件模态综合超单元的主要差异如下。

1）Craig-Bampton 采用的是一系列的边界约束，一般用在硬连接结构上，如螺栓连接，

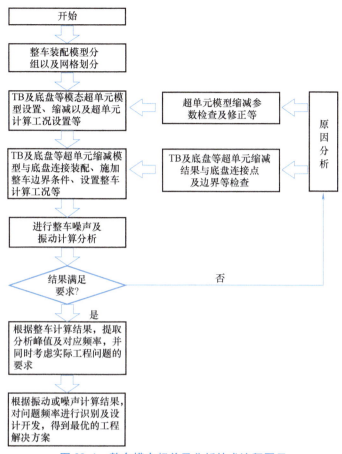

图 29.1 整车模态超单元分析技术流程图示

部件模态不包含 6 个刚体模态。

2) Craig-Chang 采用的是非约束边界，一般用在柔性连接上，部件包含 6 个刚体模态，等效载荷矩阵采用惯性释放法施加到残余结构上。

3) Generating Matrices 混合模式，刚度、质量、阻尼、流固耦合都可以采用此方法。

模态超单元关键字定义列表见表 29-1。

表 29-1 模态超单元关键字定义列表

(1)	(2)	(3)	(4)	(5)	(6)	(7)
CMSMETH	CMSID	METHOD	UB_FREQ	NMODES	SPID	SOLVER
(8)	(9)	(10)	(11)	(12)	(13)	
AMPFFACT	SHFSCL	UB_FREQ_F	NMODES_F	SPID_F	GPRC	

表 29-1 中，CMSID 为 CMSMETH 的 ID 号；METHOD 为模态综合方法，包括 CB、CC、CBN、GM、GUYAN 等；UB_FREQ 为结构特征值分析的上限频率，默认是空白；NMODES 为结构特征值分析提取的模态数，默认是空白；SPID 为用于 DMIG 矩阵输出的结构特征值模态的起始点 ID，在设置时不能是模型中的节点号，可尽量设置大点，如 80000000；SOLVER 为特征值计算方法，包括 Lanczos 和 AMSES，默认是 Lanczos；AMPFFACT 为放大

系数，子结构模态的求解达到了 AMPFFACT * V2 的频率，AMPFFACT 值越高，结果越准确，运行时间越长，默认值=5.0（实值或空白）；对于振动分析，SHFSCL 是对第一阶柔性模态频率的估计，默认是空白；UB_FREQ_F 为流体特征值分析的上限频率，如果为 0.0 或空白，则不使用上限；NMODES_F 为从流体特征值分析中提取的模态数，如果设置为-1 或空白，模态的数量是无限的；SPID_F 为用于 DMIG 矩阵输出的流体特征值模态的起始点 ID，在设置时不能是模型中的节点号，可尽量设置大点，如 90000000；GPRC 为节点参与因子恢复控制，它允许使用外部超单元计算和存储流体结构界面网格形状数据（即与流体结构界面相关联的模式），仅当在 METHOD 字段中输入 GM（通用模态公式），且所有边界自由度均为自由（BNDFREE）时适用，如果任何边界自由度是固定的，并且 GPRC 设置为 YES，则程序将以错误终止，默认值=NO（YES 或 NO）。

4）Craig_Bampton 的外部节点可以用来加载和约束，所采用的 H3D 文件，包含了所有需要的文件，引用简单；H3D 文件包含了刚度矩阵、质量矩阵及阻尼矩阵等一切模型特征。

5）Craig_Chang 方法引进了 BNDFREE 约束类型，该方法只能采用 AMSES 方法来分析，H3D 文件包含了刚度矩阵、质量矩阵及阻尼矩阵等一切模型特征。

6）CMS SE：采用*.H3D 文件引入超单元，通过采用关键字 ASSIGN、H3DDMIG command。

7）有两种方法可以得到残余矩阵，一种是静态凝聚 Craig-Bampton 采用，另外一种是部件模态综合。静态凝聚通过线性矩阵来表征外部连接点上的结构约束，它包含刚度矩阵和质量矩阵；部件模态综合是把模型的行为表征为外部连接点上一组柔性模态，是一种运动行为模式的替代。

29.2 模态超单元分析流程

29.2.1 模态超单元模型分解方法

根据需要将不变化的部分缩减为超单元，如在整车模型中，若对底盘零件或参数进行优化分析，通常将内饰车身（即 TB 模型）缩减为超单元，底盘模型保留详细的模型，TB 与底盘还是按正常的连接进行定义，进而提高分析效率。图 29.2 所示为整车模态超单元模型分解成 TB 模型和底盘模型。

29.2.2 模态超单元模型计算方法一

模态超单元通过模态综合方法进行缩减、边界定义（包括结构连接点及声学响应点），如将需要连接的点进行约束 1~6 自由度定义、声学响应点约束 1 自由度，以及模态频率范围求解设置等，如图 29.3 所示。

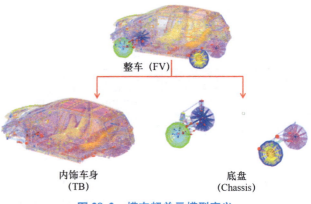

图 29.2 模态超单元模型定义

1)建立 TB 与底盘连接点。可采用 BNDFREE 或 BNDFRE1，dof1~6 自由度设置为零，如图 29.3 所示。

注：残余结构需要与超单元连接，其节点（包括声腔和振动响应点）有约束点和自由点之分，具体根据实际情况进行确定，其结果差异较小。若为约束点可通过以下关键字定义，如 ASET/ASET1、BSET/BSET1、BNDFIX/BNDFIX1；若为自由点可通过以下关键字定义，如 CSET/CSET1、BNDFREE/BNDFRE1。

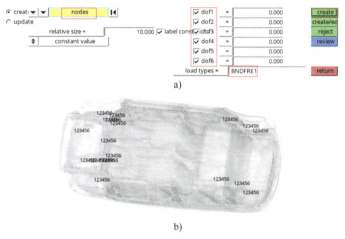

图 29.3　接附点约束定义

2)建立声腔响应点。可采用 BNDFREE 或 BNDFRE1，dof1 自由度设置为零，如图 29.4 所示。

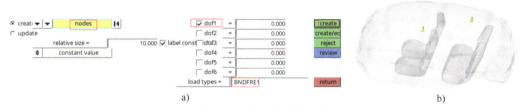

图 29.4　响应点约束定义

3)车身超单元采用 CMSMETH 关键字创建，并设置创建方法以及截止频率，其中创建方法有很多种，每种都有一定的针对性，建议采用 GM 方法。模态超单元定义模型树如图 29.5 所示，模态超单元参数设置如图 29.6 所示。

图 29.5　模态超单元定义模型树图示

图 29.6　模态超单元参数设置图示

29.2.3 模态超单元模型计算方法二

采用 Step by Step 方法生成模型的模态超单元,其主要操作流程如图 29.7 所示。

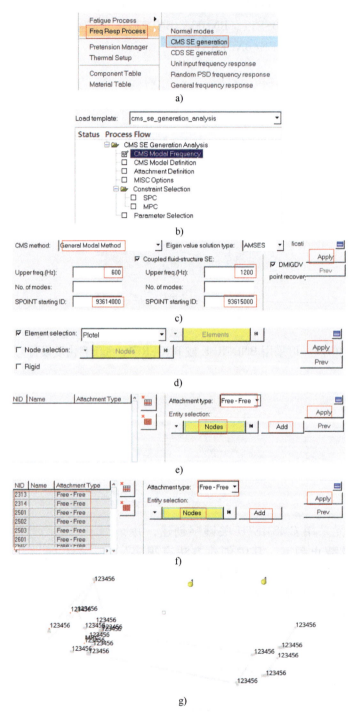

图 29.7 模态超单元模型计算方法二流程图示

第 29 章 整车模态超单元分析及工程应用

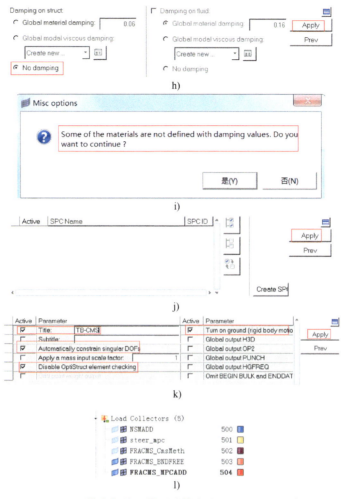

图 29.7 模态超单元模型计算方法二流程图示（续）

29.2.4 模态超单元参数设置

1）模态超单元求解参数定义。如整车声学计算工况一般包括声固耦合 ACMODL、模态超单元控制参数等，详细如图 29.8 所示。

a)

图 29.8 模态超单元控制参数设置流程图示

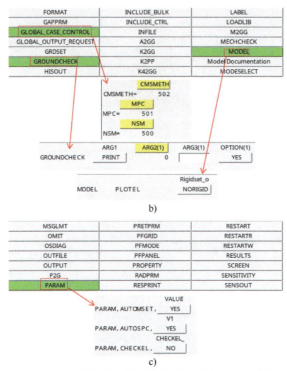

图 29.8　模态超单元控制参数设置流程图示（续）

2）整车传递路径分析中模态超单元结果调用。通过头文件将超单元与底盘进行关联，进而进行整车计算，如 ASSIGN，H3DDMIG，TB，'N01_TB_Cavity_CMS.h3d'，详细如图 29.9 所示。

图 29.9　模态超单元调用整车计算流程图示

第 29 章 整车模态超单元分析及工程应用

```
$$
$$ FREQi cards
$$
$HMNAME LOADCOL              7"freq1"
$HWCOLOR LOADCOL                  7      11
FREQ1        7    20.0    1.0   180
$$
$$ RLOAD1 cards
$$
$HMNAME LOADCOL              9"rload1"
$HWCOLOR LOADCOL                  9      11
RLOAD1       3      2            9      11      4      0
$$
$$ EIGRL cards
$$
$HMNAME LOADCOL              3"eigrl_s"
$HWCOLOR LOADCOL                  3      11
EIGRL        3    0.0    600.0
$HMNAME LOADCOL              8"eigrl_f"
$HWCOLOR LOADCOL                  8      11
EIGRL        8    0.0   1200.0
$$ DAREA Data
$$
DAREA        2 4939222     5      1.0
$$
$$ TABDMP1 cards
$$
$HMNAME LOADCOL              5"tabdmp1_s"
$HWCOLOR LOADCOL                  5      11
TABDMP1      5      G
+          0.0   0.06  1000.0  0.06ENDT
$HMNAME LOADCOL              6"tabdmp1_f"
$HWCOLOR LOADCOL                  6      11
TABDMP1      6      G
+          0.0   0.12  1000.0  0.12ENDT

$$
$$ TABLED1 cards
$$
$HMNAME LOADCOL                              4"tabled1"
$HWCOLOR LOADCOL                                  4      11
TABLED1      4   LINEAR   LINEAR
+          0.0    1.0   1000.0    1.0ENDT
$$
$$ PFPATH cards
$$
$HMNAME LOADCOL                             11"Pfpath"
$HWCOLOR LOADCOL                                 11      11
PFPATH      11      1              2    DISP     3
$$ MPCADD cards
$$
$HMNAME LOADCOL                            513"MPCADD"
$HWCOLOR LOADCOL                                513     11
MPCADD     513    501    505    506
$$
INCLUDE 'N01_Chassis_model_0810.fem'
$$
ENDDATA
```

b)

图 29.9 模态超单元调用整车计算流程图示（续）

29.3 模态超单元后处理流程

采用模态超单元技术得到的整车传递路径计算驾驶员右耳和右后排内耳声压响应，如图 29.10 和图 29.11 所示。从与常规结果对比中可以看出，两条结果曲线重合，对于一个近 200 万个单元的整车模型，其计算时间由原来的 12h 缩短至 4h。从计算结果可以看出，模态超单元精度较高，能满足整车计算要求，其余整车工况可采用该超单元结果进行工况求解。

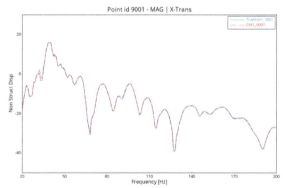

图 29.10 模态超单元整车计算结果（驾驶员右耳 9001）

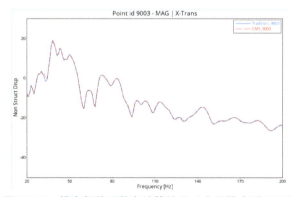

图 29.11 模态超单元整车计算结果（右后排内耳 9003）

29.4 小结

本章详细阐述了模态超单元的基本理论，以及模态超单元的三种创建方法和流程，同时对创建过程中的参数进行了详细讲解，使读者对模态超单元建模中的一些注意事项和细节有一个清晰的认识和理解，并为在整车仿真中如何应用超单元提供了方法和参考。

> **思考题**
>
> 1. 模态超单元的原理和应用场景是什么？
> 2. 模态超单元的常见建模方法有哪些？
> 3. 模态超单元在整车仿真中的应用方法和注意事项是什么？
> 4. 模态超单元在实际工程中如何应用？

第 30 章
整车频响函数超单元分析及工程应用

在第 29 章，我们讲解了模态超单元在整车级分析中的应用，从分析效率和结果中可以看出超单元的高效和实用，本章将讲解频率响应函数超单元。

30.1 频响函数超单元相关基础

系统的频率响应函数超单元（Component Dnamic Synthesis，CDS）分析技术，主要用于生成每一个载荷频率和动态矩阵，包含界面点之间的传递函数矩阵，其创建时间相对较长，但求解速度非常快，对于大型模型优势非常明显。

30.1.1 超单元法的主要分析流程

超单元的主要分析流程图如图 30.1 所示。

30.1.2 超单元主要计算方法

频率响应函数超单元刚度矩阵计算方法有 SVDNP 和 BEM 两种，一般推荐 SVDNP，其频响函数超单元关键字定义见表 30.1。

表 30.1 频响函数超单元关键字定义列表

(1)	(2)	(3)	(4)	(5)	(6)
CDSMETH	CDSID	GTYPE	TF	OSET	TOL
(7)	(8)	(9)	(10)	(11)	(12)
SSF	RSF	CMSOUT	SPID	SPID_F	GP_RC

表 30.1 中，CDSID 为 CDSMETH 的 ID 号。

GTYPE 为动刚度矩阵的计算方式，有 SVDNP 或 BME 两种方式。SVDNP 通过变换转动自由度后传递函数的奇异值分解计算动刚度矩阵；BME 采用块矩阵消元法计算动刚度矩阵。对于大型模型，块矩阵消除（BME）方法可能是一个问题。BME 选项仅在小型模型或其他方法不起作用时推荐使用。同时采用 SVDNP 时需要指定 OSET，即响应点 SET；若采用 BME 时可不指定 OSET，亦可指定 OSET。

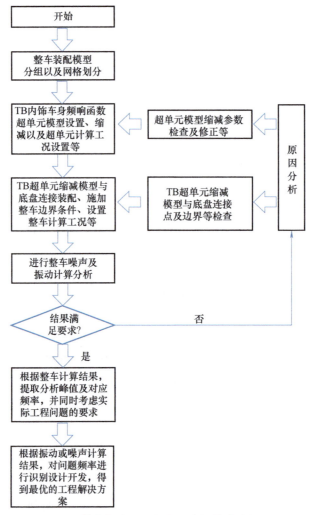

图 30.1 整车频响函数超单元分析技术流程图示

TF 在每个加载频率的连接点和内部点处生成传递函数，默认是 NO，当指定 OSET 时会自动打开。

OSET 为内部节点，一般为响应点；如果指定了 OSET，在残余矢量运行中，相应的内部节点可以被恢复，TF 将自动设置为 YES，默认是空白。

TOL 为奇异值分解（SVD）运算的容差值，该运算涉及传递函数矩阵的伪反演，以获得动刚度矩阵，默认是 $1×10^{-20}$。

SSF 为结构尺度因子，用于在奇异值分解（SVD）操作之前，对与结构自由度相关的传递函数项进行尺度变换，默认是 1。

RSF 为旋转标度因子，用于在奇异值分解（SVD）操作之前，对与旋转自由度相关的传递函数项进行标度，默认是 $1×10^{-3}$。

CMSOUT 是一个可选关键字，用于指定使用具有自由-自由边界的通用模态方法（Craig-Chang 方法）生成的组件模型合成（CMS）超元素的创建，默认是空白。

SPID 是用于 CDS 矩阵输出结构特征模态的起始点 ID，没有默认值。仅在指定 CDSOUT 时有效，在设置时不能是模型中的节点号，可尽量设置大点，如 80000000。

SPID_F 是用于 CDS 矩阵输出流体特征模态的起始点 ID。如果模型中存在流体网格，则不存在默认值。但是，如果模型中有流体网格，则必须使用此方法。只有在指定 cmout 时，此选项才有效；在设置时不能是模型中的节点号，可尽量设置大点，如 90000000。

GP_RC 是节点参与因子恢复控制。如果是 YES，则计算流体-结构界面连接矩阵，并将其存储为 CDS 超单元的一部分。只有在指定 cmout 时，此选项才有效，默认是 NO。

30.2 频响函数超单元分析流程

30.2.1 频响函数超单元模型分解方法

采用与模态超单元同样的模型分解思路。通常将 TB 进行频响函数超单元计算，缩减成超单元，然后将 TB 计算的等效频响函数超单元与底盘模型连接。图 30.2 所示为整车模型分解成 TB 模型和底盘模型。

30.2.2 频响函数超单元模型计算方法一

频响函数超单元通过频响函数综合方法进行缩减、边界定义（包括结构连接点及声学响应点），如将需要连接的点进行约束 1~6 自由度定义，如图 30.3 所示。

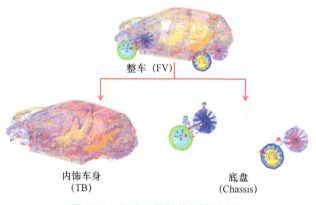

图 30.2 频响函数超单元模型定义

1）建立 TB 与底盘连接点，采用 BNDFRE1，dof1~6 自由度设置为零，如图 30.3 所示。

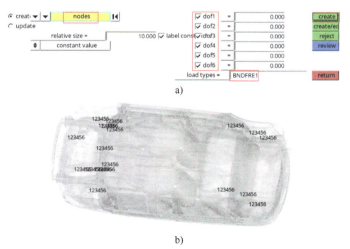

图 30.3 接附点约束定义

2）建立声腔响应点 SET，用于定义频率响应输出点，具体流程如图 30.4 所示。

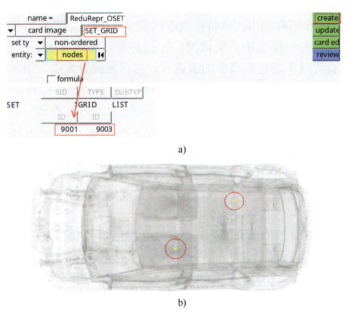

图 30.4　响应点定义流程图示

3）车身超单元采用 CDSMETH 关键字创建，并设置创建方法以及截止频率，详细的参数设置如图 30.5～图 30.9 所示。

图 30.5　频响函数超单元定义模型树图示

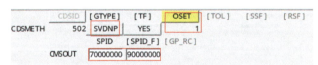

图 30.6　频响函数超单元定义图示

图 30.7　激励频率范围设置图示

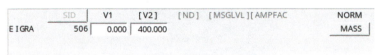

图 30.8　结构模态范围设置图示

第 30 章 整车频响函数超单元分析及工程应用

图 30.9 流体模态范围设置图示

30.2.3 频响函数超单元模型计算方法二

采用 Step by Step 方法生成模型频响函数超单元，其主要操作流程如图 30.10 所示。

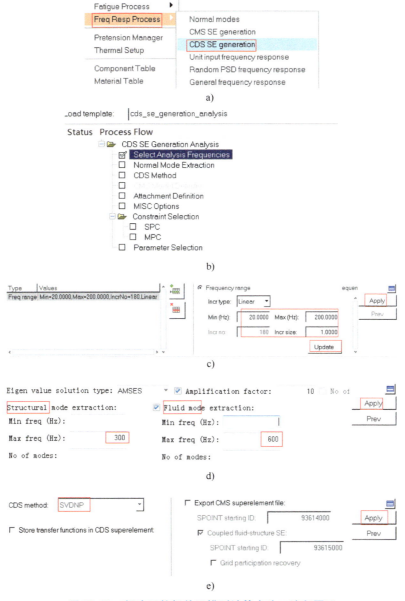

图 30.10 频响函数超单元模型计算方法二流程图示

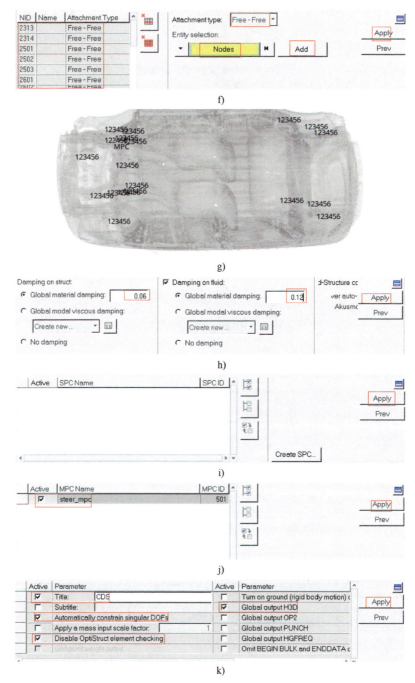

图 30.10 频响函数超单元模型计算方法二流程图示（续）

30.2.4 频响函数超单元参数设置

1）频响函数超单元求解参数定义。如整车声学计算工况一般包括声固耦合 ACMODL、频响函数超单元控制参数等，详细如图 30.11 所示。

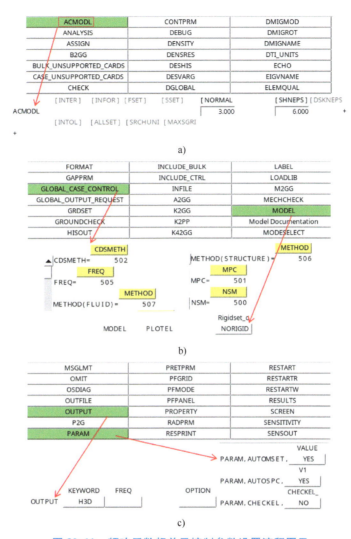

图 30.11 频响函数超单元控制参数设置流程图示

2）频响函数超单元结果调用。通过头文件将超单元与底盘进行关联，进而进行整车计算，如 ASSIGN，H3DDMIG，TB，'N01_TB_Cavity_CDS-0825.h3d'，详细如图 30.12 所示。

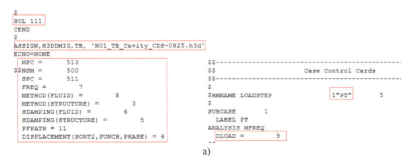

图 30.12 频响函数超单元调用整车计算流程图示

```
$$--------------------------------------------------------
$$ HYPERMESH TAGS
$$--------------------------------------------------------
$$BEGIN TAGS
$$END TAGS
$
BEGIN BULK
$$
$$  Stacking Information for Ply-Based Composite Definition
$$
$$
$
$HMSET        1         1 "CONPT"
$HMSETTYPE         1 "regular"
SET    1       GRID    LIST
+      2313    2314    2501    2502    2503    2601    2602    2701
+      2702    2703    2704    3001    3002    3003    3004    3105
+      3106    3107    3108
$
$HMSET        2        10 "RID"
SET    2       GRIDC
+      9001    T1      9003    T1
$
$HMSET        3         2 "CONEL"
$HMSETTYPE         3 "regular"
SET    3       ELEM    LIST
+      1313    1314    1501    1502    1503    1601    1602    1701
+      1702    1703    1704    3001    3002    3003    3004    3105
+      3106    3107    3108
$HMSET        4         1 "DRE,RRL"
$HMSETTYPE         4 "regular"
SET    4       GRID    LIST
+      9001    9003
$$
PARAM,DBALL,SCRATCH
PARAM,RESVEC,YES
PARAM,AMSES,YES
PARAM,AUTOSPC,YES
PARAM,CHECKEL,NO
ACMODL                                   3.0              6.0
$$
```

b)

```
$$
$$  FREQi cards
$$
$HMNAME LOADCOL         7"freq1"
$HWCOLOR LOADCOL        7       11
FREQ1          7    20.0     1.0    180
$
$$  RLOAD1 cards
$$
$HMNAME LOADCOL         9"rload1"
$HWCOLOR LOADCOL        9       11
RLOAD1         9       2               4       0
$$
$$  EIGRL cards
$$
$HMNAME LOADCOL         3"eigrl_s"
$HWCOLOR LOADCOL        3       11
EIGRA          3     0.0   600.0
$HMNAME LOADCOL         8"eigrl_f"
$HWCOLOR LOADCOL        8       11
EIGRA          8     0.0  1200.0
$$
$$  DAREA Data
$$
DAREA          2 4939222       5     1.0
$$
$$  TABDMP1 cards
$$
$HMNAME LOADCOL         5"tabdmp1_s"
$HWCOLOR LOADCOL        5       11
TABDMP1        5   G
+            0.0    0.06  1000.0    0.06ENDT
$
$HMNAME LOADCOL         6"tabdmp1_f"
$HWCOLOR LOADCOL        6       11
TABDMP1        6   G
+            0.0    0.12  1000.0    0.12ENDT

$$
$$  TABLED1 cards
$$
$HMNAME LOADCOL         4"tabled1"
$HWCOLOR LOADCOL        4       11
TABLED1        4  LINEAR  LINEAR
+            0.0     1.0  1000.0     1.0ENDT
$$
$$
$$  PFPATH cards
$$
$HMNAME LOADCOL        11"Pfpath"
$HWCOLOR LOADCOL       11       11
PFPATH        11       1       2   DISP       3
$$  MPCADD cards
$$
$HMNAME LOADCOL       513"MPCADD"
$HWCOLOR LOADCOL      513       11
MPCADD       513     501     505     506
INCLUDE 'N01_Chassis_model_0810.fem'
$$
ENDDATA
$$
```

MASS
MASS

c)

图 30.12 频响函数超单元调用整车计算流程图示（续）

30.3 频响函数超单元后处理流程

1)进行整车传递路径噪声计算分析。采用频率响应函数超单元技术得到的驾驶员右耳和右后排内耳声压响应如图 30.13 和图 30.14 所示。从与常规结果对比中可以看出(图 30.15 和图 30.16),两条结果曲线重合,对于一个近 200 万个单元的整车模型,其计算时间由原来的 12h 缩短至 4h。从计算结果可以看出,频率响应函数超单元精度较高,能满足整车计算要求。

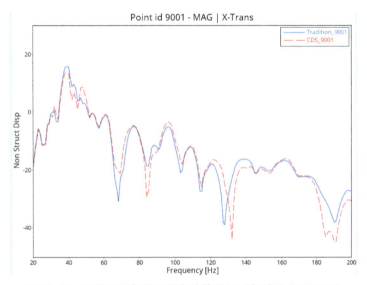

图 30.13 频响函数超单元整车计算结果(驾驶员右耳 9001)

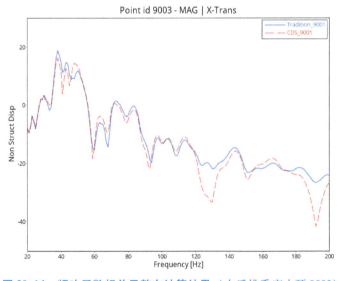

图 30.14 频响函数超单元整车计算结果(右后排乘客内耳 9003)

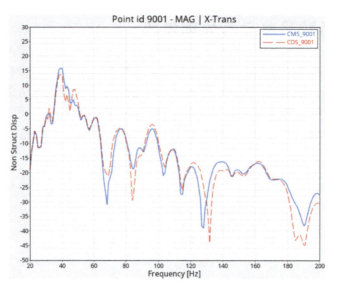

图 30.15　模态与频响函数超单元结果对比（驾驶员右耳 9001）

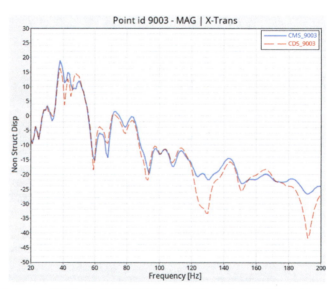

图 30.16　模态与频响函数超单元结果对比（右后排乘客内耳 9003）

2）频率响应函数超单元与模态超单元的主要区别有以下几点：

① 模态超单元计算方法主要是基于模态方法，包括结构模态和声腔模态，其超单元计算模型创建时间一般较短，模态求解时间也相对较短；但求解得到的模态信息非常丰富，如模态空间的刚度、质量、阻尼等，可以通过这些模态参数了解每个模态的特征和影响，为整车的振动和噪声问题解决提供较大的帮助。模态超单元计算可通过模态法和直接法进行求解得到。

② 频率响应函数超单元主要是基于接附点的频响函数来计算整车 NVH，其超单元计算模型创建时间相对较长，特别是接附点比较多时。但是由于不需要计算各个模态的参数信

息，所以其频率函数求解时间相对较长，一般用于接附点少于 1000 点情况下，接附点很多时，传递函数会很大，即其结果文件会很大。

③ 由于采用频率响应函数方法创建的超单元，其包含的是接附点和界面之间的传递函数完整矩阵，一般仅支持直接法求解。

某一整车模型分别采用模态超单元和频率响应函数超单元方法进行求解，其对比结果见表 30.2。

表 30.2 模态与频响函数超单元分析技术对比

名称	计算耗时
模态超单元	6h 29min
频率函数超单元	4h 18min
模态超单元计算整车 NVH 噪声响应	3h 3min
频率响应函数超单元计算整车 NVH 噪声响应	1h 23min

30.4 小结

本章详细阐述了频率响应函数超单元的创建思路，以及三种创建方法和流程，同时对创建过程中的参数进行了详细讲解，使读者对频响函数超单元建模中的一些注意事项和细节有一个清晰的认识和理解，并为在整车仿真中如何应用超单元提供了方法和参考。

思考题

1. 频响函数超单元的常见建模方法有哪些？
2. 频响函数超单元在整车仿真中的应用方法和注意事项是什么？
3. 频响函数超单元与模态超单元的差异性是什么？

参 考 文 献

[1] 陈家瑞. 汽车构造 [M]. 北京：机械工业出版社，2009.
[2] 庞剑. 汽车车身噪声与振动控制 [M]. 北京：机械工业出版社，2018.
[3] 谭祥军. 从这里学NVH 噪声、振动、模态分析的入门与进阶 [M]. 北京：机械工业出版社，2018.
[4] 李晓雷，等. 机械振动基础 [M]. 北京：北京理工大学出版社，1994.
[5] 长松昭男，等. 声振模态分析与控制 [M]. 于学华，译. 北京：科学出版社，2014.
[6] 余志生. 汽车理论 [M]. 北京：机械工业出版社，2009.
[7] 王志亮. 汽车NVH 性能设计与控制 [M]. 北京：机械工业出版社，2021.
[8] 刘勇，陈斌，罗峰. OptiStruct 结构分析与工程应用 [M]. 北京：机械工业出版社，2021.